한글을 알파벳으로 표기하기

가	갸	거	겨	고	교	구	규	그	기
ga	gya	geo	gyeo	go	gyo	gu	gyu	geu	gi
나	냐	너	녀	노	뇨	누	뉴	느	니
na	nya	neo	nyeo	no	nyo	nu	nyu	neu	ni
다	댜	더	뎌	도	됴	두	듀	드	디
da	dya	deo	dyeo	do	dyo	du	dyu	deu	di
라	랴	러	려	로	료	루	류	르	리
ra	rya	reo	ryeo	ro	ryo	ru	ryu	reu	ri
마	먀	머	며	모	묘	무	뮤	므	미
ma	mya	meo	myeo	mo	myo	mu	myu	meu	mi
바	뱌	버	벼	보	뵤	부	뷰	브	비
ba	bya	beo	byeo	bo	byo	bu	byu	beu	bi
사	샤	서	셔	소	쇼	수	슈	스	시
sa	sya	seo	syeo	so	syo	su	syu	seu	si

Hangul	Romanization
아	a
야	ya
어	eo
여	yeo
오	o
요	yo
우	u
유	yu
으	eu
이	i
자	ja
쟈	jya
저	jeo
져	jyeo
조	jo
죠	jyo
주	ju
쥬	jyu
즈	jeu
지	ji
차	cha
챠	chya
처	cheo
쳐	chyeo
초	cho
쵸	chyo
추	chu
츄	chyu
츠	cheu
치	chi
카	ka
캬	kya
커	keo
켜	kyeo
코	ko
쿄	kyo
쿠	ku
큐	kyu
크	keu
키	ki
타	ta
탸	tya
터	teo
텨	tyeo
토	to
툐	tyo
투	tu
튜	tyu
트	teu
티	ti
파	pa
퍄	pya
퍼	peo
펴	pyeo
포	po
표	pyo
푸	pu
퓨	pyu
프	peu
피	pi
하	ha
햐	hya
허	heo
혀	hyeo
호	ho
효	hyo
후	hu
휴	hyu
흐	heu
히	hi

나도/영어로/말할/수/있다!

왕초보 실생활
영어회화
+Plus 기본패턴

나도/영어로/말할/수/있다!

왕초보 실생활 영어회화  기본패턴

이형석 · 반인호 공저

머리말

　새천년에 들어와 세계화는 급속히 진행되고 있습니다. 그래서 영어 외에 제2외국어 하나쯤은 기본이라는 얘기가 흔히 들립니다. 하지만 영어 하나도 정복하기에 정말 힘든 고지입니다.

　세계화 시대에 가장 필요한 언어가 바로 영어입니다. 전체 인터넷 공간의 80% 정도가 영어이고 국적을 불문하고 영어로는 약간의 의사소통이 가능합니다. 영어를 대체할 수 있는 언어는 현재 보이지 않습니다.

　글로벌 시대답게 TV에도 외국인들이 많이 등장하고 있는데, 연예인이 아니라도 우리나라에 유학 온 학생이나 문화체험을 하러 온 사람, 한류를 좇아 찾아온 사람 등 여러 가지 이유로 입국하고 있으니 그들 중 친구를 만들어보면 영어 실력이 크게 향상될 것입니다. 아니면 인터넷 유튜브(Youtube)에 5분 이하 길이의 다양한 영상이 무수히 많이 있으니 반복 시청하여 hearing을 길러봅시다.

　일반 교재의 별로 흥미롭지 못한 이야기는 쉽게 싫증이 나므로 다양한 학습 교재가 필요합니다. 그래서 미국 드라마나 pop song을 반복 청취하는 것도 효과가 있습니다. 모로 가도 서울만 가면 된다는 속담처럼 영어를 정복하기 위해서는 다양한 길을 가볼 필요가 있습니다.

　이 책은 일상생활에서 필요한, 다양한 상황에 맞는 문장 표현을 담고 있습니다. 그래서 그때그때 필요한 표현을 쉽게 찾아볼 수 있게 편집되어 있습니다. 하지만 제가 권하는 방법은 전체를 쭉 읽어보라는 것입니다.

　그러면 식당에서 주문할 때나 뭔가 하고 싶을 때는 으레 '(I'd like to~)' 패턴을 사용하는구나!' 이렇게 감이 오기 마련이지요. 회화에서 제일 중요한 것은 hearing이지만 역시 자기 의사표현도 열심히 익히지 않으면 안됩니다. 술술 읽다 보면 재미있는 표현이 머리에 들어옵니다. 이렇게 대략 본문을 머리에 넣은 상태에서 음성 교재를 들으면 훨씬 hearing이 잘 됩니다.

　무작정 읽다 보면 막막하고 힘들기도 할 것입니다. 그래도 세상에 거저 얻을 수 있는 것은 없으니 처음의 힘든 과정을 넘기면 점점 쉬워집니다. 독자 여러분! 부디 이 책으로 영어회화의 중요한 열쇠를 얻으시길 바랍니다.

이형석

이 책의 구성

① 일상적인 의사소통에서 가장 기본적이고 가장 많이 쓰는 다양한 표현들을 인사, 감정, 화술, 테마별 화제, 사교, 해외여행, 비즈니스 등 7개의 파트별로 분류하여 학습자가 기본적으로 알아야 할 어법이나 표현, 문화에 관련된 상식 등과 함께 간략하게 해설하였습니다.

② 각 파트별로 분류하고 다시 unit으로 세분하여 원하는 장면을 쉽게 찾을 수 있을 뿐만 아니라 제목 아래에 팁을 넣어 회화에서 미처 다루지 못한 내용을 한층 더 자세히 설명하였습니다.

③ 일부러 사전을 찾지 않아도 바로 단어의 뜻을 확인할 수 있도록 관련단어를 수록하였습니다.

④ 대화문을 수록하여 뉘앙스까지 완벽하게 익힐 수 있습니다. 앞에서 배운 회화를 바탕으로 여러 가지 단어를 대신 넣어 다양한 표현을 만들어 볼 수 있습니다.

목차

머리말 • 4
이 책의 구성 • 5
영어를 잘 읽기 위하여 • 12
영어 문장 잘 만드는 방법 • 21

➕ PART 1 기본 인사

Unit 1 기본 인사
01 기본 인사 • 26
02 평소에 만났을 때 • 27
03 안부를 물을 때 • 28
04 안부에 답할 때 • 30
05 오랜만에 만났을 때 • 32
06 우연히 만났을 때 • 34

Unit 2 소개하기
01 자기소개 하기 • 37
02 상대 소개하기 • 38
03 당사자들이 인사할 때 • 40
04 초면의 인사 • 41

Unit 3 감사 표현
01 감사하는 말 • 44
02 도움에 대해 감사할 때 • 46
03 감사 인사에 응답할 때 • 47

Unit 4 사과 표현
01 실례, 사과할 때 • 50
02 사죄 표현 • 52
03 사죄에 응답하는 표현 • 54

Unit 5 축하 표현
01 축하할 때 • 57
02 축복 또는 조의 표현하기 • 59
03 환영할 때 • 61

➕ PART 2 감정 표현

Unit 1 즐거움
01 감탄을 나타낼 때 • 66
02 기쁨을 표현할 때 • 68

Unit 2 걱정 · 슬픔
01 걱정할 때 • 72
02 슬픔을 나타낼 때 • 73
03 위로할 때 • 74

Unit 3 분노 · 다툼
01 화가 났을 때 • 78
02 진정시킬 때 • 80
03 싸울 때의 표현 • 81
04 욕설 표현 • 83
05 짜증을 나타낼 때 • 84
06 화해하기 • 85

Unit 4 놀라움 · 긴장 · 두려움
01 놀랄 때 • 88
02 무서울 때 • 90
03 긴장, 초조감을 나타낼 때 • 91
04 부끄러울 때 • 92

05 후회, 아쉬움 표현 • 93

➕ PART 3 화술 표현

Unit 1 칭찬하기
01 성과 칭찬하기 • 98
02 격려하기 • 99
03 외모에 대한 칭찬 • 100
04 능력을 칭찬할 때 • 101
05 소유물을 칭찬할 때 • 103
06 칭찬에 대한 응답 • 104

Unit 2 비난·충고
01 비난할 때 • 109
02 비난에 반응할 때 • 111
03 질책 받는 상황 • 112
04 충고할 때 • 113
05 주의를 줄 때 • 115
06 지시할 때 • 117

Unit 3 질문하기
01 이해했는지 확인할 때 • 122
02 되묻는 표현 • 123
03 질문하기 • 124
04 의견을 물을 때 • 126
05 상대의 견해 묻기 • 127
06 의중을 탐색할 때 • 128

Unit 4 대답하기
01 이해했을 때 • 131
02 이해가 안 될 때 • 132
03 질문에 답할 때 • 133
04 재촉에 대한 응답 • 134

Unit 5 찬성·반대
01 찬성을 나타내기 • 137
02 동의하기 • 138
03 반대 표현하기 • 139
04 잘못 지적하기 • 141

Unit 6 제안·부탁
01 부탁할 때 • 144
02 권유할 때 • 146
03 제안할 때 • 147
04 재촉하기 • 149
05 양해 구하기 • 150

Unit 7 승낙·거절
01 부탁을 승낙할 때 • 153
02 부탁을 거절할 때 • 154
03 제안·권유를 승낙할 때 • 155
04 제안·권유를 거절할 때 • 156

Unit 8 자기 표현
01 자신의 견해를 밝힐 때 • 159
02 결심하기 • 161
03 결정하기 • 162
04 확신하는 표현 • 163
05 당위성 표현 • 164
06 예상과 추측 • 165

Unit 9 대화의 기술
- 01 말을 걸 때 • 168
- 02 맞장구치기 • 169
- 03 대화 도중 끼어들 때 • 170
- 04 말을 재촉할 때 • 171
- 05 화제 전환하기 • 172
- 06 말문이 막힐 때 • 173

✚ PART 4 테마별 화제

Unit 1 날씨 · 계절 표현
- 01 날씨 표현 • 178
- 02 계절 표현 • 179
- 03 악천후 • 180
- 04 계절에 대한 화제 • 181
- 05 일기예보 • 182

Unit 2 시간 · 날짜
- 01 시간을 물을 때 • 185
- 02 시간을 말할 때 • 186
- 03 연, 월, 일을 말할 때 • 187
- 04 날짜 표현 • 188
- 05 때 말할 때 • 190
- 06 장소 말하기 • 191

Unit 3 개인적인 화제
- 01 가족에 대한 질문 • 199
- 02 가족에 대해 말할 때 • 201
- 03 나이 표현 • 202
- 04 출신지에 관해 • 203
- 05 거주지에 관하여 • 204
- 06 학교 생활 • 205
- 07 공부와 시험 • 209
- 08 종교 이야기 • 210

Unit 4 취미 · 레저
- 01 취미를 말할 때 • 213
- 02 취향 말하기 • 214
- 03 영화 이야기 • 216
- 04 음악 이야기 • 218
- 05 미술 이야기 • 219
- 06 스포츠 화제 • 220
- 07 골프장에서 • 222
- 08 스포츠 관전 • 223
- 09 바둑 게임 • 225
- 10 독서에 관하여 • 226
- 11 신문과 잡지 • 227
- 12 강습 받기 • 228
- 13 TV 시청 • 230

Unit 5 성격 · 외모
- 01 긍정적 성격 • 234
- 02 부정적 성격 • 235
- 03 신체 특징 • 236
- 04 외모에 대하여 • 238
- 05 패션에 관하여 • 239

Unit 6 건강 · 보건
- 01 진찰 예약할 때 • 243

| 02 | 외상을 입었을 때 • 245
| 03 | 증상 말하기 • 246
| 04 | 의사와의 대화 • 247
| 05 | 약국에서 • 248
| 06 | 컨디션 표현 • 251
| 07 | 건강 어드바이스 • 252
| 08 | 건강 표현 • 253

✚ PART 5 사교

Unit 1 초대하기
| 01 | 초대 제안 • 258
| 02 | 약속 시간 • 259
| 03 | 약속 장소 • 260
| 04 | 허락과 거절 • 261

Unit 2 방문
| 01 | 손님맞이 • 264
| 02 | 선물 증정 • 265
| 03 | 음식 권유 • 267
| 04 | 파티 모임 • 268

Unit 3 작별
| 01 | 자리에서 일어날 때 • 271
| 02 | 배웅할 때 인사 • 272
| 03 | 헤어질 때 인사 • 273
| 04 | 작별할 때 인사 • 274

Unit 4 사랑&결혼
| 01 | 이상형 표현 • 277

| 02 | 상대에게 반했을 때 • 278
| 03 | 데이트 신청 • 279
| 04 | 감정 표현 • 280
| 05 | 사랑 고백 • 281
| 06 | 사랑이 어긋날 때 • 282
| 07 | 결별을 통보할 때 • 283
| 08 | 결혼 생활 • 284
| 09 | 이혼에 대한 화제 • 285

✚ PART 6 해외여행

Unit 1 항공편
| 01 | 항공 예약 • 290
| 02 | 환전하기 • 292
| 03 | 탑승 수속 • 293
| 04 | 기내에서 • 295
| 05 | 환승하기 • 297
| 06 | 입국 절차 • 298
| 07 | 세관 통과 • 300
| 08 | 공항에서 질문 • 301

Unit 2 교통편
| 01 | 길 묻기 • 304
| 02 | 길 안내하기 • 306
| 03 | 길을 잃었을 때 • 307
| 04 | 택시 이용하기 • 308
| 05 | 버스 이용하기 • 310
| 06 | 열차, 전철표 사기 • 312

07	열차를 탈 때 • 313
08	열차 객실에서 • 314
09	페리에서 • 315
10	렌터카 이용 • 316
11	운전하면서 • 317
12	교통 위반을 했을 때 • 318
13	자동차 트러블 • 320

Unit 3 레스토랑

01	식사 성향 • 323
02	식당을 찾을 때 • 324
03	식당을 말할 때 • 325
04	예약 및 좌석 잡기 • 326
05	주문 표현 • 327
06	식사할 때 • 328
07	서비스 표현 • 329
08	식욕을 말할 때 • 330
09	음식 맛 말하기 • 331
10	패스트푸드점에서 • 333

Unit 4 쇼핑

01	가게 찾기 • 336
02	상품 고르기 • 338
03	의복, 신발 매장 • 339
04	화장품 코너 • 341
05	가방, 모자 가게 • 342
06	보석점에서 • 343
07	문방구, 서점 • 344
08	선물가게 • 345

09	식료품점 • 346
10	이발소에서 • 348
11	미용실에서 • 350
12	세탁소에서 • 352
13	주유소, 카센터에서 • 353
14	가격 흥정 • 354
15	가격 지불 • 356
16	반품 · 교환 • 357

Unit 5 호텔

01	예약하기 • 360
02	체크인 하기 • 362
03	서비스 부탁하기 • 364
04	룸서비스 • 365
05	통신 이용하기 • 366
06	호텔 트러블 • 367
07	체크아웃 하기 • 369

Unit 6 관광

01	관광안내소에서 • 372
02	표 구입하기 • 373
03	여행사 직원과의 대화 • 374
04	명소 관광 • 376
05	박물관 관람 • 378
06	사진 찍기 • 380

Unit 7 오락

01	디스코텍에서 • 383
02	공연 관람 • 384
03	카지노에서 • 385

04	마사지 받기 • 386		03	사업 이야기 • 419
05	술을 제의하기 • 387		04	출퇴근 이야기 • 420
06	술 주문하기 • 388		05	휴가 말하기 • 421
07	술을 마시면서 • 389		06	근무 시간에 대하여 • 422
08	술에 대한 화제 • 390		07	봉급에 대하여 • 423

Unit 8 **여행 트러블**
- 01 언어 트러블 • 393
- 02 도난당했을 때 • 394
- 03 물건을 분실했을 때 • 395
- 04 사고 상황 • 396
- 05 교통사고 당했을 때 • 397

- 08 승진에 대하여 • 424
- 09 직장 상사에 대하여 • 425
- 10 사직, 퇴직 • 426
- 11 회의 시간 • 427

Unit 3 **공공시설**
- 01 관공서에서 • 429
- 02 은행에서 • 430
- 03 우체국에서 • 432

➕ **PART 7 비즈니스**

Unit 1 **전화 표현**
- 01 전화 걸기 • 402
- 02 전화 받기 • 404
- 03 전화를 받을 수 없을 때 • 406
- 04 대신 전화 받을 때 • 408
- 05 상대가 부재중일 때 • 409
- 06 메시지 전달 • 410
- 07 약속 잡기 • 411
- 08 전화 트러블 • 413
- 09 장거리 전화 • 414

➕ **왕초보 실생활 기본패턴**

PART 1 be 동사 · have 동사 • 434
PART 2 요청/소망 · 제안/허락 • 459
PART 3 의문사/의문문 · 과거 사실 · 의지 • 487
PART 4 판단/추측 • 520
PART 5 it/that구문 · 공식형 • 549
PART 6 접속사구·명령/축복/감탄· 단순구 • 570

Unit 2 **직장생활**
- 01 직업 묻기 • 417
- 02 직업 말하기 • 418

영어를 잘 읽기 위하여

영어를 잘 읽고 알아듣고 말하기 위해서는 교재를 읽는 것만이 아닌 다양한 노력이 필요합니다. 갓 태어난 아기가 말을 못 하고 오랫동안 듣기 과정을 거쳐서야 조금씩 말을 하게 되는 것처럼 듣기 자료를 가지고 많이 들어 보셔야 합니다. 그 다음엔 말하기 연습을 해야겠지요. 학교에서 수업할 때처럼 자기 입으로 소리 내어 읽는 연습을 많이 해두어야 외국인을 만났을 때 영어 표현이 밀로 자연스럽게 나올 겁니다.

1 인토네이션(intonation)

우리말로 억양이라고 하는데, 이것은 어떤 언어에나 있는 소리의 높낮이입니다. OK(오우케이)라는 말을 예로 들어 보겠습니다. 이 말의 끝을 높여서 말하면 OK?(알겠지?)가 됩니다. 반면에 그냥 끝을 내려서 말하면 OK.(알겠습니다.)라는 뜻이 되는 거지요. 영어에서는 중요한 말을 힘주어 발음하는 경우가 많습니다.

2 악센트(accent)

우리말로 강세라고 합니다. 하나의 단어에서도 강하게 발음하는 부분이 있고 약하게 발음하는 부분이 있는데, 제일 강한 강세를 제1강세(´)라고 하고 두 번째는 제2강세(`)라고 부릅니다. 강세 표시는 모음에만 붙습니다. 알파벳의 26글자 중 모음은 a, e, i, o, u 다섯 자이지만, y도 모음 역할을 합니다.

강세가 없는 단어
book [buk 북] 책
north [nɔːrθ 노-쓰] 북쪽

제1강세만 있는 단어

computer [kəmpjúːtər 컴퓨-터] 컴퓨터
'퓨'를 강하게 소리냅니다.

singer [síŋər 씽어] 가수
'씽'을 강하게 발음합니다.

제2강세도 있는 단어

playground [pléigràund 플레이그라운드] 운동장
'레'를 제일 강하게, '라'를 두 번째로 강하게 발음하고, 나머지는 평이하게 발음합니다.

businessman [bíznismæ̀n 비즈니스맨] 사업가
'비'를 강하게 하고, '맨'을 약간 강하게 발음하고, 나머지는 평이하게 발음합니다.

＊인토네이션과 악센트가 어우러져 영어는 우리말보다 훨씬 리듬감 있게 들립니다.

3 발음 기호

영어를 공부하는 데 작은 걸림돌이 하나 있는데 이것이 바로 발음 기호입니다. 발음 기호는 영어를 처음 공부하는 사람들이 발음을 익히기 위해 꼭 알아 두어야 할 도구입니다. 그런데 발음 기호가 왜 생겼냐고요? 그것은 한글과 다르게 영어에서 하나의 글자가 여러 가지로 소리가 나기 때문입니다. a는 [에이] [어] [애] [아] [이] 등으로, e는 [에] [어] 등으로 소리가 납니다. 주로 모음의 글자들이 다양한 발음을 가집니다. 영어를 오래 공부하다 보면 웬만한 단어는 그냥 읽을 수 있지만, 처음에는 발음 기호를 길잡이 삼아 읽는 연습을 해야 합니다.

1) 단모음

모음은 목구멍에서 나오는 공기가 혀나 치아의 영향을 받지 않고 입술 모양에 따라 나오는 소리입니다. 우리말로 비교하자면 '아, 어, 에, 오, 우, 으, 이……'가 있습니다.

[a]

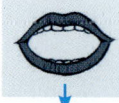

우리말의 [아]보다 입을 더 크게 벌리고 목 깊은 곳에서 [아]라고 소리를 냅니다.
clock [klɑk 클락] 시계
closet [klázit 클라짓] 벽장, 옷장

[e]

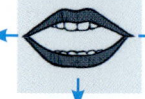

우리말 [에]보다 입술을 옆으로 더 벌린 형태를 유지하면서 아래턱을 살짝 내려 [에]라고 소리를 냅니다.
engine [éndʒin 엔진] 엔진
error [érər 에러] 실수

[ɛ]

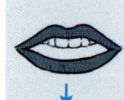

입을 크게 벌려 [에]라고 발음합니다. 뒤에는 꼭 ə발음이 따라와서 [ɛə(에어)]가 됩니다.
hair [hɛər 헤어] 머리털
rare [rɛər 레어] 드문, 희귀한

[i]

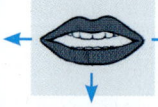

입술을 옆으로 최대한 벌리고 [이] 소리를 냅니다. 약간 [에]처럼 들리기도 합니다.
if [if 이프] 만약   inn [in 인] 여관

[ɔː]

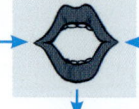

입술을 동그랗게 만들고, 우리말의 [오]보다 더 입 안쪽에서 [오] 소리를 냅니다.
order [ɔ́ːrdər 오-더] 주문, 명령
organ [ɔ́ːrgən 오-건] 오르간

[u]

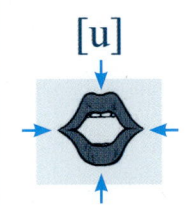

입술을 둥글게 앞으로 내민 상태에서 혀는 안쪽으로 당기고 [우] 소리를 냅니다.

wood [wud 우드] 나무
full [ful 풀] 가득 찬

[ʌ]

입술을 조금 벌린 형태를 유지하면서 [아]와 [오]의 중간 발음인 [어] 소리를 냅니다.

cover [kʌ́vər 커버] 덮개
sun [sʌn 썬] 태양

[ə]

이것은 [ʌ]와 같은 발음입니다. 다만 [ʌ]는 강한 강세가 있는 경우에 사용되고, [ə]는 약한 강세에 사용됩니다. 따라서 [어]라고 약하게 발음됩니다.

America [əmérikə 어메리커] 미국
away [əwéi 어웨이] 떨어진

[æ]

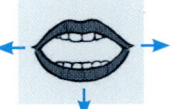

우리말의 [애]보다 입을 크게 벌리고 목에서 [애]라고 소리를 냅니다.

ad [æd 애드] 광고
apple [ǽpl 애플] 사과

[iː]

ː는 길게 발음하라는 표시입니다. 따라서 [iː]는 [이-]라고 발음합니다.

tea [tiː 티-] 차
people [píːpl 피-플] 사람들

2) 이중모음

[iər] [에]와 [이]의 사이음인 [이]를 강하게 발음하고 약한 소리 [어]가 붙습니다. 마무리는 혀끝을 말아서 [ㄹ]이 반쯤 발음됩니다.
hear [hiər 히어] 듣다   tear [tiər 티어] 눈물

[ɛər] 크게 [에]라고 하고 뒤에 약한 [어]를 붙입니다. 마무리는 혀끝을 말아서 [ㄹ]이 반쯤 발음됩니다.
fair [fɛər 페어] 공정한   care [kɛər 케어] 걱정, 관심

[uər] [우]를 강하고 길게 [어]를 짧게, 마무리는 혀끝을 말아서 [ㄹ]이 반쯤 발음됩니다.
poor [puər 푸어] 가난한   our [auər 아우어] 우리의

[ei] 입을 크게 벌리고 [에]를 강하게 발음하면서 [이]를 가볍게 붙입니다.
take [teik 테이크] 가지다   same [seim 세임] 같은

[ou] 입술을 둥글게 하여 [오]라고 하고 [우]를 살짝 붙입니다.
go [gou 고우] 가다   hotel [houtél 호우텔] 호텔

[ai] 입을 크게 벌리고 [아]는 강하게 하고 살짝 [이]를 붙입니다.
buy [bai 바이] 사다   lighter [láitər 라이터] 라이터

[au] 입을 크게 벌리고 [아]는 강하게 하고 살짝 [우]를 붙입니다.
how [hau 하우] 어떻게   cowboy [káubɔi 카우보이] 목동

[ɔi] 입술을 둥글게 내밀고 [오]라고 하고 [이]를 살짝 붙입니다.
toy [tɔi 토이] 장난감   coin [kɔin 코인] 동전

3) 자음

자음은 모음을 제외한 글자로서 우리말의 'ㄱ, ㄴ, ㄷ, ㄹ, ㅁ, ㅂ, ㅅ, ㅇ, ㅈ, ㅊ, ㅋ, ㅌ, ㅍ, ㅎ'에 해당하는 글자입니다.

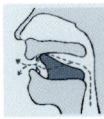

[l] 혀끝을 입천장 뒤쪽에 대고 [을] 소리를 내는 자세를 잡고 [ㄹ]을 발음합니다.

love [lʌv 러브] 사랑   lion [láiən 라이언] 사자

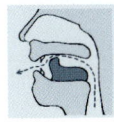

[r] 혀끝을 입천장에 대지 않고 롤케이크처럼 둥글게 말아 [ㄹ]을 발음합니다.

rain [rein 레인] 비   red [red 레드] 빨강

＊[l]과 [r]의 차이는 혀가 입천장에 닿느냐 안 닿느냐입니다. 이 두 발음은 우리나라 사람이 발음하기가 쉽지 않으므로 많이 듣고 연습하는 것이 좋습니다.

[j] 입술을 옆으로 살짝 벌리고 혀끝을 아랫니 뒤에 대고 혀에 힘을 주면서 짧게 [이]라고 발음합니다. 단독이 아닌 모음과 결합되어야 제대로 발음됩니다.

yes [jes 예스] 예, 네   young [jʌŋ 영] 젊은

[w] 입술을 둥글게 내밀고 혀의 뒷부분을 올려 짧게 [우] 발음합니다. 단독이 아닌 모음과 결합되어야 제대로 발음됩니다.

water [wɔ́:tər 워-터] 물   way [wei 웨이] 길, 방법

＊[j]와 [w]는 반자음이라고 합니다.

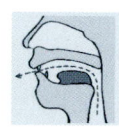

[f] [v] [f]는 윗니로 아랫입술을 누르고 [프] 소리를 내면서 입술에서 뗍니다. 입술은 좌우로 살짝 움직입니다. [v]는 [f] 발음과 똑같은 요령으로 [브] 소리를 냅니다.

<u>f</u>ive [faiv 파이브] 다섯

<u>f</u>ood [fuːd 푸―드] 음식

<u>v</u>ictory [víktəri 빅터리] 승리

<u>v</u>iolin [vàiəlín 바이얼린] 바이올린

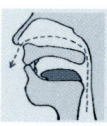

[m] 입술을 닫았다가 급하게 옆으로 살짝 벌리면서 [므]라고 소리 냅니다.

<u>m</u>an [mæn 맨] 남자

<u>m</u>eeting [míːtiŋ 미―팅] 만남

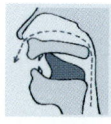

[n] 혀를 윗니 뒤쪽에 대고 코로 호흡을 통과시켜 [느]라고 소리 냅니다.

<u>n</u>ews [njuːz 뉴―즈] 뉴스   <u>n</u>ose [nouz 노우즈] 코

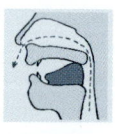

[ŋ] [응]의 끝소리 발음입니다.

so<u>ng</u> [sɔːŋ 쏘―ㅇ] 노래   ki<u>ng</u> [kiŋ 킹] 왕

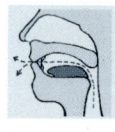

[p] [b] [p]는 입술을 닫고 있다가 입안의 공기를 터뜨리듯이 [프]라고 발음하면 됩니다. 입 밖으로 격한 바람이 나갑니다. [b]는 [브]라고 부드럽게 발음합니다.

<u>p</u>ineapple [páinæpl 파이내플] 파인애플

<u>p</u>rinter [príntər 프린터] 프린터

<u>b</u>ook [buk 북] 책

<u>b</u>est [best 베스트] 최고

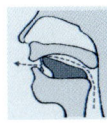

[t]
[d]

[t]는 혀를 윗니의 잇몸에 대고 [트]라고 강하게 터트리듯 발음하는 것이 요령입니다. [d]는 같은 요령으로 부드럽게 [드]라고 발음합니다.

time [taim 타임] 시간
today [tədéi 터데이] 오늘
door [dɔːr 도-어] 문
date [deit 데이트] 날짜

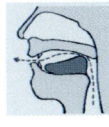

[k]
[g]
[h]

[k]는 혀의 안쪽을 들어 올려 입천장에 접근시키고 입술에서 공기가 터져나오게 하여 [크]라고 합니다. [g]는 같은 요령으로 [그]라고 합니다. [h]는 [흐]라고 목구멍 안쪽에서 숨을 내쉬며 소리를 냅니다.

kiss [kis 키스] 키스
Korea [kəríːə 커리-어] 한국
girl [gəːrl 거-ㄹ] 소녀
good [gud 굳] 좋은
house [haus 하우스] 집
hope [houp 호우프] 희망

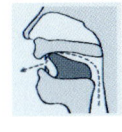

[s]
[z]

입술을 옆으로 많이 벌리고 혀끝을 윗니 잇몸에 대고 [스]라고 합니다. [z]는 같은 입모양으로 목떨림소리로 [즈]라고 소리를 냅니다.

sofa [sóufə 소우퍼] 소파
six [siks 씩스] 여섯
zoo [zuː 주-] 동물원
zebra [zíːbrə 지-브러] 얼룩말

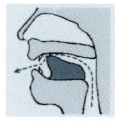 [ʃ] [ʒ] [ʃ]는 입술을 둥글게 모아서 내밀고 혀의 중간 부분을 들어올려 [쉬]라고 소리를 냅니다. [ʒ]는 같은 요령으로 [쥐]라고 발음합니다.

she [ʃiː 쉬–] 그녀

shoe [ʃuː 슈–] 구두

treasure [tréʒər 트레저] 보물

pleasure [pléʒər 플레저] 기쁨, 즐거움

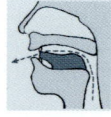 [θ] [ð] [θ]는 윗니와 아랫니로 혀를 가볍게 물고 그 사이로 공기를 마찰시켜 [쓰]라고 하면서 혀를 안쪽으로 당깁니다. [ð]는 같은 요령으로 [드] 소리를 냅니다.

thank [θæŋk 쌩크] 감사하다

birthday [bə́ːrθdèɪ 버–스데이] 생일

this [ðɪs 디스] 이것

mother [mʌ́ðər 머더] 어머니

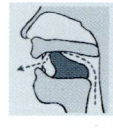 [tʃ] [dʒ] 혀를 윗니 안쪽에 대고 공기를 마찰시켜 발음합니다. [tʃ]는 [취]라고 하고 [dʒ]는 [쥐]라고 합니다.

child [tʃaɪld 촤일드] 어린이

question [kwéstʃən 퀘스천] 질문

age [eɪdʒ 에이쥐] 나이

jump [dʒʌmp 쥠프] 뛰다

영어 문장 잘 만드는 방법

　회화를 잘하기 위해서는 많은 단어를 알고 문장을 잘 이해하는 게 큰 도움이 되겠죠? 그래서 회화 연습을 시작하기 전에 잠깐 단어와 문장에 대해 살펴보겠습니다.

　각 단어는 자기 고유 이름이라고 할 수 있는 품사가 정해져 있고, 이 품사들의 문장 내 역할에 따라 문장 성분이 정해지게 됩니다. 하나의 품사가 그 품사가 사용된 문장에 따라 여러 문장 성분을 담당하게 될 수 있겠죠? 단어의 원래 형태는 고유하지만 문장 속에서의 역할에 따라 그 형태가 바뀌는 경우도 있고, 형태 변화 없이 문장 성분만 달라지는 경우도 있습니다.

　이러한 문장 성분들이 한 문장 내에 어떻게 서로 연결되어 있는가에 따라, 영어는 5가지 형식의 문장으로 구분합니다. 문장의 뜻이나 여러 문장 성분의 의미를 더 상세히 보조적으로 알려주는 부사나 부사구와 같은 수식어구들도 문장에 자주 사용하지만 이들은 문장의 형식을 좌우하진 않고 단지 의미를 더해주거나 제한해 주는 역할을 할 뿐입니다.

1 품사와 문장 성분

품사: 문장을 이루는 단어를 기능과 의미, 형태로 나눈 것으로 영어에는 8품사가 있다. 즉, 동사, 명사, 대명사, 부사, 형용사, 전치사, 감탄사, 접속사이다.

1) 동사: 사물의 동작이나 상태, 작용을 나타내는 단어로 사전적 기호로 v. go, think, feel, like, look 등이 있다.
2) 명사: 사물의 이름을 나타내는 품사로 사전적 기호로는 n. book, car, hat 등이 있다.
3) 대명사: 명사나 명사구 대신 사용되는 단어. 사전적 기호로는 pron. she, he, they 등이 있다.

4) 형용사: 사물의 성질이나 상태를 나타내는 품사로 사전적 기호로는 a./ adj.
   beautiful, happy, hot, dark 등이 있다.
5) 부사: 형용사, 동사, 또는 다른 부사를 수식하여 그 뜻을 분명하게 하는 품사. 사전적 기호로는 ad./adv.
   very, just, really 등이 있다.
6) 전치사: 명사나 대명사 앞에 위치하여 형용사나 부사의 기능을 한다. 사전적 기호로는 prep.
   in, on, off, at, from 등이 있다.
7) 감탄사: 감정을 표현하는 단어, 사전적 기호로는 int.
   gee, wow, oh 등이 있다.
8) 접속사 : 단어와 구, 절 등을 이어주는 단어로, 사전적 기호로는 conj.
   and, because, but 등이 있다.

문장 성분: 각 단어가 문장 내에서 하는 역할로 주어, 목적어, 보어(주격보어, 목적격 보어), 수식어(부사어구, 형용사구)

• 문장의 형식을 결정하는 기본 문장 성분 :
   주어 : 문장의 머리에 해당하며, 명사(대명사), 명사구(절)가 주어가 될 수 있다.
   동사(술어) : 주어의 행위나 상태를 설명한다. 동사가 술어가 되며 동사를 포함한 구가 그 문장의 술부가 된다.
   목적어 : 주어가 행한 어떤 동작의 영향을 받는 대상으로 (대)명사, 명사구(절)만이 목적어에 해당한다.
   보어(주격보어, 목적격보어) : 주어나 목적어를 보충하는 말로 (대)명사, 형용사 상당어구. (부사나 부사구는 안됨)

2 영문 기본 5형식

1형식: 주어 + 완전자동사(보어가 필요 없는 동사)

<u>This</u>　　<u>will work</u>　　<u>like a charm.</u>
대명사(주어)　동사구(서술어)　전치사구 (수식어)

2형식: 주어+불완전자동사+(주격)보어[(대)명사, 형용사, 명사구/절, 형용사 구/절]

*여기서 보어는 주어를 설명하거나 주어를 나타내는 주격보어가 됨

<u>It</u>　　<u>smells</u>　　<u>nice.</u>
대명사(주어)　동사(서술어)　형용사(주격보어)

3형식: 주어 + 완전타동사 + 목적어[(대)명사, 명사구/절]

<u>I</u>　　<u>like</u>　　<u>the book.</u>
대명사(주어)　동사(술어)　명사구(목적어)

4형식: 주어 + 수여동사 + 간접목적어 + 직접목적어

<u>I</u>　　<u>give</u>　　<u>him</u>　　<u>a candy.</u>
대명사(주어)　동사(술어)　대명사(목적어)　명사구(목적어)

5형식: 주어 + 불완전타동사 + 목적어 + 목적보어

*여기서 보어는 목적어를 설명해주거나 목적어를 나타내는 목적격보어가 됨

<u>We</u>　　<u>should elect</u>　　<u>them</u>　　<u>committee members.</u>
대명사(주어)　동사구(술어)　대명사(목적어)　명사구(보어)

왕초보 실생활 **영어회화 + 기본패턴**

PART 01

기본 인사
Basic Greetings

회화의 기본은 인사를 나누는 것이다. 인사란 만나자마자 서로의 어색함을 털어버리는 작업이다. 또 상대방을 인정하는 것에서 출발하므로 언어를 배우는 것도 중요하지만 역시 상대를 배려하는 눈빛이나 표정이 매우 중요하다.

기본 인사

Basic Greetings

01 기본 인사

• 미국이나 유럽 등에서는 길거리나 복도에서 누군가를 만나게 되면 설령 전혀 모르는 낯선 사람이라 하더라도 Hi. / Good morning. 이라고 가볍게 인사하며 지나간다. 특별한 의미 없이 습관처럼 하는 인사이므로 오해할 필요도 없고 웃으며 간단히 화답하는 게 좋다.

안녕하세요! (아침)	**Good morning!** 굿 모닝 * 친한 사이에는 앞의 Good을 생략하고 Morning! / Afternoon! 등으로 말한다.
안녕하세요! (점심)	**Good afternoon!** 굿 앺터눈
안녕하세요! (저녁)	**Good evening!** 굿 이브닝
안녕!	**Hi!** 하이
안녕하세요!	**Hello!** 헬로우
안녕하세요?	**How are you?** 하우 아 유 **How's it going?** 하우짓 고잉
별일 없지?	**What's up [new]?** (편한 사이의 표현) 왓스 업 [뉴]

● PART 01_ 기본 인사

02 평소에 만났을 때

• 평소의 일반적인 만남에서는 무미건조하게 날씨나 기분 등을 물으면서 대화를 시작하는데, 상대방의 신변의 변화(옷차림새, 헤어스타일 등)나 신변잡기적인 소재로 이야기를 나누면 좀 더 친밀한 느낌으로 대화를 할 수 있다.

날씨 좋죠?	**Beautiful weather, isn't it?** 뷰티펄 웨더 이즌잇 * 평소에 일반적으로 날씨 얘기를 하며 대화를 시작하는 경우가 많다.
주말[휴가]은 어떠셨어요?	**How was your weekend [vacation]?** 하우 워즈 유어 위켄드 [베이케이션]
휴일은 잘 보내셨어요?	**Did you have a nice holiday?** 디쥬 해버 나이스 할러데이
어제 저녁은 괜찮았어요?	**Did you have a nice evening?** 디쥬 해버 나이스 이브닝
오늘 컨디션은 좀 나아지셨어요?	**Are you feeling any better today?** 아 유 필링 애니 배러 투데이
뭔가 좋은 일 있으세요?	**Do you have any good news?** 두 유 햅 애니 굿 뉴즈
건강해 보이십니다.	**You look so well.** 유 룩 소우 웰
옷(정장)[드레스]이 잘 어울립니다.	**That's a nice suit [dress].** 댓쳐 나이 수트 [드레스] * 상대방의 옷이나 소지품을 칭찬하는 말은 호감을 사는 좋은 인사말이다.

03　안부를 물을 때

• 안부를 물을 때 일반적으로 How are you?라고 묻게 되지만 좀 더 성의 있게 관심을 가지고 있다는 느낌을 상대에게 전달하고 싶을 때는 How is everything?/ Are you doing okay?라고 묻는 게 좋다.

어떻게 지내세요?	**How are you doing?** 하우 아 유 듀잉 * 단순 인사이면서도 요즘 형편을 묻는 표현
어떻게 지냈어?	**How have you been?** 하우 해뷰 빈 **How have you been doing?** 하우 해뷰 빈 듀잉
요즘 어떻게 지내세요?	**How are you getting along these days?** 하우 알 유 게링 얼롱 디즈 데이즈
별일 없으세요?	**Anything new?** 애니씽 뉴
잘 되어 갑니까?	**How's everything with you?** 하우즈 에브리씽 위쥬 **How's business?** 하우즈 비즈니스 business: 장사, 거래, 용건, 관심사, 사건 **How goes it?** 하우 고우즈 잇

○ PART 01_ 기본 인사

잘 굴러가니?	**How's by you?** (속어) 하우즈 바이 유
식구들은 어때?	**How's the family?** 하우즈 더 패밀리
	How's your family? 하우즈 유어 패밀리
좀 좋아졌나요?	**Are you making any progress?** 아 유 메이킹 애니 프라그레스 make progress: 진보하다, 전진하다
무엇 때문에 바빴어요?	**What's keeping you so busy?** 왓스 키핑 유 소우 비지
잘 지냈어?	**Have you been keeping cool?** 햅 유 빈 키핑 쿨 keep cool: 잘 지내다
밀러는 어떻게 됐어요?	**What happened to Miller?** 왓 해픈드 투 밀러
미선이 소식은 들었어?	**Have you heard about Miseon?** 해뷰 허드 어바웃 미선
지수가 안부 전하더군요.	**Jisu sends her regards.** 지수 센즈 허 리가즈 regards: 안부 전해 달라는 인사말

04 안부에 답할 때

- 누군가 넘어졌을 때 How are you?라고 물으면 한국 사람 중 대부분은 I am fine. Thank you.라고 대답한다는 우스갯소리가 있다. 그만큼 안부 물음에 대한 대답으로 이 표현만 달달 외워서라는데 자신의 상태를 나타내는 다양한 표현을 익혀서 표현해 보자.

덕분에 다 좋습니다.	**Everything's fine, thanks.** 에브리씽스 파인 쌩스 *안부에 대한 답으로 일반적으로 특별한 일이 없다면 Fine. Fine, thanks. 를 많이 쓰고, 상대에게 And you? 하고 안부를 되물어 주는 게 예의다.
아주 최고야!	**Couldn't be better!** 쿠든 비 베러 *직역하면 '더 이상 좋을 수 없다'.
아직까진 좋아요.	**So far so good.** 소우 파 쏘 굿
괜찮아요.	**I'm doing just fine.** 아임 두잉 저슷 파인
그냥 그저 그래.	**Just so so.** 저슷 쏘 쏘
	So so. Nothing special. 쏘 쏘. 나띵 스페셜 * 친한 사이의 안부 물음에 '그냥 그렇다'는 표현으로 많이 쓴다.
똑같아.	**Same as usual.** 쎄임 애즈 유주얼
	About the same. 어바웃 더 세임

○ PART 01_ 기본 인사

별거 없어.	**Nothing much.** 나씽 머취
다들 잘 있어요.	**They are all very well.** 데이 아 올 베리 웰
그는 잘 지냅니다.	**He's in the pink.** 히즈 인더 핑크 the pink: 최고 상태, 최고조
좋지 않아요.	**Not so well.** 낫 소우 웰
죽겠어. (약간 속어)	**Torture.** 토춰 torture: 고문, 심한 고통, 고민 **Pretty lousy.** 프리디 라우지 lousy: 치사한, 엉망인, 비참한
소식을 모르겠어요. 하지만 그는 잘 있을 겁니다.	**No news. But I bet he's OK.** 노우 뉴즈 벗 아이 벳 히즈 오우케이

31

05 오랜만에 만났을 때

• 오랜만에 만났을 때는 Long time no see.라는 표현을 가장 많이 하는데 일반적으로 가까운 사이에 많이 하는 표현이다. 이 외에도 I haven't seen you for a while. 처럼 현재완료 형태를 써서 과거부터 지금까지 계속 못 봤다는 뉘앙스를 표현하면 친근한 사이가 아니라도 적절하게 오랜만에 만났다는 인사를 전달할 수 있다.

너무 오랜만이라 몰라보겠네요.	**You've been quite a stranger.** 유브 빈 콰이러 스트레인저 stranger: 낯선 사람
오랜만이야.	**It's been a long time.** 잇스 빈 어 롱 타임
	Long time no see. 롱 타임 노우 씨 * 오랜만에 만나서 하는 안부 인사 중 가장 일반적인 표현인데 이와 같은 표현으로 Such a long time./ It's been a long time.이 있다. 같은 의미이지만 자주 사용하지 않는 It seems like years./ It's been ages./ It seems like it's been forever. 를 한번 사용해 보는 것도 좋겠죠?
몇 년 만에 뵙는군요.	**I haven't seen you for ages.** 아 해븐트 씬 유 포 에이지즈
	I haven't seen you in a month of Sundays. 아 해븐트 씬 유 인 어 먼쓰 어브 썬데이즈 a month of Sundays: 오랜 기간
몇 달 만에 뵙네요.	**I haven't seen you in months.** 아 해븐트 씬 유 인 먼스

PART 01_ 기본 인사

그대로시네요.	**You haven't changed at all.** 유 해븐 체인쥐드 애롤
많이 달라지셨네요.	**You've really changed.** 유브 리얼리 체인쥐드
오래 소식을 못 드려 죄송합니다.	**I beg your pardon for my long silence.** 아이 벡 유어 파든 포 마이 롱 사일런스
세월 참 빠르네요.	**Time flies.** 타임 플라이즈 * Time flies like an arrow. '시간은 화살처럼 흐른다'라는 속담에서 나온 표현
보고 싶었습니다.	**I've missed you.** 아이브 미스트 유
다시 만나 반갑습니다.	**It's good to see you again.** 잇스 굿 투씨 유 어겐
여긴 어떻게 오게 되셨나요?	**What brought you here?** 왓 브로우츄 히어
어디 숨어 있었던 거야?	**Where've you been hiding yourself?** 웨어브 유 빈 하이딩 유어셀프

33

06 우연히 만났을 때

- 우연히 만났을 때, 약간은 과장되게 표현하는 것이 반가워하는 느낌을 잘 전달한다. 만나서 반갑다 정도가 아니라 이렇게 만나다니 꿈인 것 같아.라는 식으로 과장해서 표현하자. 일상적으로 만났을 때 주로 하는 표현인 Nice to meet you.는 처음 보는 상대에게 소개할 때나 업무적인 만남에 쓰는 말로 안면이 있는 사람에겐 Good to see you!라고 표현하는 게 맞다.

아니 이게 누구야!	**Look who's here!** 룩 후즈 히어
세상 정말 좁네요!	**What a small world!** 와러 스몰 월드
여기서 만날 줄이야!	**Fancy meeting you here!** 팬시 미팅 유 히어 (상투어구) fancy: 상상하다, 공상하다
여기서 만나다니 뜻밖이에요!	**What a surprise to meet you here!** 와러 서프라이즈 투 미츄 히어
	It's a pleasant surprise to meet you here! 잇처 플레전트 서프라이즈 투 미츄 히어
도서관에 있어야 되는 거 아냐?	**Shouldn't you be in the library?** 슈든츄 비 인 더 라이브러리
안 그래도 널 보고 싶었어.	**You're just the man I wanted to see.** 유어 저슷 더 맨 아 원틧 투씨

34

● PART 01_ 기본 인사

관련단어

good	좋은	same	같은
Hi	안녕	usual	일상적인
Hello	안녕하세요	nothing	아무 일(것) 없음
how	어떻게	long	긴
feeling	느낌, 기분	time	시간
what	무슨	see	보다
morning	아침	quite	꽤
afternoon	오후	miss	그립다, 보고 싶다
evening	저녁	again	다시
weather	날씨	fly	날아가다 (시간이 빨리간다는 표현에도 쓴다.)
weekend	주말		
vacation	방학, 휴가	small	적은
holiday	휴가	world	세상
nice	좋은	meet	만나다
beautiful	아름다운	fancy	좋은
news	소식	surprise	놀라움
better	나은, 더 좋은	pleasant	기분 좋은
dress	옷, 치마	today	오늘
suit	정장, 옷	look	보다, 바라보다
shoes	신발	well	잘, 좋게, 제대로
hairstyle	헤어스타일	these days	요즘에는
how	어떻게	make progress	진보하다, 전진하다
anything	어떤 일		
everything	모든 일	keep cool	잘 지내다
business	장사, 거래, 용건	special	특별한
happen	발생하다, 생기다	the pink	최고 상태, 최고조
family	가족	torture	고문, 심한 고통, 고민
progress	진보, 일의 진행	lousy	치사한, 엉망인, 비참한
busy	바쁜	hide	감추다, 숨기다
fine	좋은	library	도서관
so	그냥		

A: Hi, Marie.
　　Hello,
　　Good morning,
B: Hi, charlie. How's it going?
　　　　　　　How are you?
　　　　　　　How are you doing?
A: I'm very well. How about you?
　　Not bad.
　　Not good.
　　So so.
　　I'm terrible.
　　It couldn't be better.
B: Not bad. Thank you.

★ 우리말 해석

A: 안녕, 마리.
　　안녕,
　　안녕,
B: 안녕 찰리. 어떻게 지내?
　　　　　　어떻게 지내?
　　　　　　어떻게 지내?
A: 나는 아주 잘 지내. 너는 어때?
　　나쁘지 않아.
　　좋진 않네.
　　그냥저냥.
　　최악이야.
　　이보다 좋을 순 없네.(아주 좋아.)
B: 나쁘지 않아. 고마워.

Introduction

01 자기소개 하기

• 자기를 소개할 때 보통은 이름, 출신지, 직업 등을 나열한다. 이런 소개는 너무 식상하고 좋은 인상을 남기기엔 뭔가 부족하다. 자기가 잘하는 것, 좋아하는 것 등 약간은 개인적인 취향을 곁들여 소개를 하면 상대에게 신선하고 좋은 인상을 줄 수 있다.

제 소개를 하겠습니다.	**Let me introduce myself.** 렛 미 인트러듀스 마이셀프 * 면접에서 영어로 자기소개 할 때도 써먹을 수 있는 표현
제 소개를 할까요?	**May I introduce myself?** 메 아이 인트러듀스 마이셀프
제 소개를 드리겠습니다.	**Allow me to introduce myself.** 얼라우 미 투 인트러듀스 마이셀프
제 이름은 김태희입니다.	**My name is Taehee Kim.** 마이 네임 이즈 태히 킴
태희라고 불러 주세요.	**Please call me Taehee.** 플리즈 콜 미 태히
전 독신입니다.	**I'm single.** 아임 싱글 * 처음 만났을 때 묻는 질문 중에 결혼 여부나 국적, 나이, 직업 등은 상대(미국인을 비롯한 서양인)에게 불쾌감을 줄 수 있다. 한국에서 외국인과 대화할 때는 상대방도 그 정도 질문은 일상적인 질문임을 알고 이해하겠지만 외국에 나가서는 주의하는 편이 좋다.

02 상대 소개하기

- 누군가를 소개시킬 때는 This is ~를 사용하면 가장 간단한 소개법이 된다. This is my friend./ This is my co-worker./ This is Minsu.처럼 This is 뒤에 소개시키는 사람의 이름이나 나와의 관계를 표현하면 된다. 소개를 할 때 우선 순위는 원칙적으로 먼저 남성을 여성에게, 여성끼리인 경우는 연상의 여성을 연하의 여성에게 소개하면 된다.

그(그녀)를 나에게 소개시켜 주시겠어요?

Would you please introduce him (her) to me?
우쥬 플리즈 인트러듀스 힘(허) 투 미

*여럿이 있는 자리에서 다른 사람에게 자기의 소개를 부탁하거나 상대를 나에게 소개시켜 달라고 부탁하는 표현

저를 그(그녀)에게 소개시켜 주시겠어요?

Would you introduce me to him(her)?
우쥬 인트러듀스 미 투 힘(허)

*누군가에게 다른 사람을 인사시키려고 할 때는 A would love to say hello라는 표현을 사용하는데 'A가 인사하고 싶어한다'고 소개 의사를 전달할 수 있다.

두 분 서로 만난 적 있습니까?

Have you two met each other?
햅 유 투 멧 이치 아더

이쪽은 제 동료 김입니다.

This is my co-worker, Mr Kim.
디시즈 마이 코워커 미스터 킴

co-worker: 동료, 같이 일하는 사람

colleague는 한 직장 내에서 같은 지위에 있는 동료를 의미하는 반면 co-worker는 지위의 고하와 상관없이 같은 장소나 한 사무실에서 근무하는 사람을 말한다. 따라서 colleague는 같은 장소에서 근무하지는 않더라도 서로 연계하여 일을 하는 다른 파트의 동료도 포괄하여 공간적인 제약은 없더라도 지위에 관한 한정이 있는 반면 co-worker는 지위에 대한 한정이 없는 대신 공간에 대한 구분이 있다는 차이가 있다.

PART 01_ 기본 인사

| 제인을 소개합니다. | **I'd like you to meet Jane.**
아이드 라익 유 미트 제인 |

| 저는 리이고 이쪽은 제 아내 최입니다. | **I'm Lee and this is my wife, Choi.**
아임 리 앤 디스 이즈 마이 와입 최 |

| 제 친구 장 씨를 소개하죠. | **Let me introduce my friend, Mr. Jang.**
렛미 인트러듀스 마이 프렌드 미스터 장 |

| 소개팅 시켜드리겠습니다. | **I'll set you up with someone else.**
아일 세츄 업 윗 섬원 엘스 |

| 당신은 그가 마음에 들 겁니다. | **I'm sure you'll like him.**
아임 슈어 유일 라이킴 |

| 당신들은 좋은 친구가 될 겁니다. | **I think you'll be good friends.**
아 씽크 유일 비 굿 프렌즈

*우리는 영작이나 회화를 할 때 친구 사이라도 성별에 따라 동성 친구와 이성 친구를 구분해서 boyfriend와 girlfriend라는 단어를 사용한다. 하지만 실제 외국에서는 동성이든 이성이든 상관없이 friend라는 단어로 통칭하고, 특별히 가깝게 사귀는 이성 사이에서는 boyfriend나 girlfriend라는 단어를 사용한다. 예를 들어 부모님에게 그냥 학교의 이성인 친구를 소개할 때는 friend, 이성교제를 하고 있는 친구를 소개할 때는 boyfriend나 girlfriend라는 단어를 쓰면 된다. |

03 당사자들이 인사할 때

• 서로 소개를 받고 인사할 때 Hello. Nice meet you. 정도로 표현하면 무난하지만 So nice to meet you.처럼 so와 같은 부사를 붙여서 표현하면 만남을 훨씬 즐겁게 생각하고 있다는 느낌을 줄 수 있다.

낯이 익습니다.	**You look familiar.** 유 룩 퍼밀리어
한 번 뵌 적이 있는 것 같아요.	**I think I've seen you before.** 아이 씽크 아이브 씬 유 비포
죄송합니다. 성함을 못 들었습니다.	**I'm sorry. I didn't get your name.** 아임 쏘리 아이 디든 게츄어 네임
어떻게 불러드릴까요?	**What should I call you?** 왓 슈드 아이 콜 유
윤 씨가 당신에 대해 자주 얘기했습니다.	**Mr. Yun often speaks of you.** 미스터 윤 오픈 스픽스 어브 유
명함 한 장 주시겠어요?	**May I have your name card?** 메이 아이 햅 유어 네임 카드 **May I have your Business card?** 메이 아이 햅 유어 비지니스 카드
성함이 어떻게 되시죠?	**May I have your name?** 메이 아이 햅 유어 네임 * What's your name? 처럼 너무 딱딱한 표현보다는 May로 시작하는 정중한 표현이 호감을 줄 수 있다.
만나 뵈어 정말 기쁩니다!	**What a pleasure to meet you!** 와러 플레저 투 미츄

● PART 01_ 기본 인사

04 초면의 인사

• meet은 '만나다'라는 뜻뿐만 아니라 처음 만나는 사람이 인사한다는 의미도 포함되어 있다. 그래서 초면의 인사에서는 Nice to meet you./ Glad to meet you.처럼 만나서 반갑다는 표현에 meet이라는 동사를 사용하게 된다. 초면이 아닌 경우는 see라는 동사를 사용하여 Good to see you./ Nice to see you.로 반가움을 표현한다.

처음 뵙겠습니다.	**How do you do?** 하우 두 유 두
만나서 반갑습니다.	**Nice [Glad] to meet you.** 나이스 [글랫] 투 미츄
만나 뵈어 영광입니다. (정중한 표현)	**Charmed.** 촘드 charm: 매혹시키다, 마법을 걸다 **I'm honored to meet you.** 아임 아너드 투 미츄 * 뒤에 상대의 이름을 넣으면 더 좋다.
성함만 알고 있었습니다.	**I knew you just by name.** 아이 뉴 유 저슷 바이 네임
줄곧 뵙고 싶었습니다.	**I've always wanted to meet you.** 아이브 올웨이즈 원티드 투 미츄 **I've been looking forward to meeting you.** 아이브 빈 루킹 포워드 투 미츄
드디어 직접 뵙게 되었군요.	**We finally meet face-to-face.** 위 파이널리 미트 페이스투페이스 face-to-face: 정면으로 만나는

41

관련단어

myself	자기 자신	speak	말하다
my	나의	name card, Business card	명함
name	이름	meet	만나다
allow	허락하다	pleasure	즐거움, 기쁨, 즐겁다, 기쁘다
call	부르다, 명명하다	nice	좋은
single	독신의	glad	기쁜
married	결혼한	honored	영광으로 생각하여
each other	서로	look forward to ~ing	~을 고대하다, 기다리다
co-worker	동료	face to face	직접 마주하는
wife	부인	finally	마침내
husband	남편	always	항상
friend	친구	often	자주, 흔히, 보통
good friend	좋은 친구	charm	매혹시키다, 마법을 걸다
boyfriend	남자 친구	want	원하다, 바라다
girlfriend	여자 친구		
sure	분명한		
look	보이다		
familiar	낯익은, 익숙한		
before	~전에		
see	보다		

PART 01_ 기본 인사

A: Could you introduce me to your friend next to you?
B: This is my middle school friend, Jane.
   This is my wife, Susan.
              husband
              colleague
              business partner
              boyfriend
              girlfriend
A: Hi, Susan. Nice to meet you.
C: Hi, I'm glad to meet you, too.
   I've heard sometimes about you.

★ 우리말 해석

A: 옆에 있는 네 친구에게 나를 좀 소개시켜 줄래?
B: 얘는 내 중학교 동창 제인이야.
   이 사람은 내 아내 수잔이야.
              남편
              동료
              동업자
              남자친구
              여자친구
A: 안녕하세요, 수잔. 만나서 반가워요.
C: 안녕하세요. 저도 만나서 반가워요.
   가끔씩 당신에 대한 얘기 들었어요.

43

Unit 03 감사 표현
Gratitude

01 감사하는 말

• 감사를 표현할 때는 Thank you. 하나면 언제 어디서든 감사의 마음을 표현할 수 있다. 가끔 다른 부사적인 표현을 하는 단어들, 예를 들어, deeply, sincerely 등을 사용해서 더 간곡하게 표현할 수 있지만 무엇보다 중요한 건 표정에 모든 감사의 표현이 다 들어 있다는 걸 명심하자. 짧은 Thank you.에도 당신의 진심을 바디랭귀지로 표현할 수 있다.

고마워요.	**Thank you.** 쌩큐
매우 감사합니다.	**Thanks a lot.** 쌩쓰 얼랏
	Many thanks. 매니 쌩스
여러 모로 감사합니다.	**Thank you for everything.** 쌩큐 포 에브리씽 * Thank you for ~의 표현으로 for 뒤에 감사할 내용을 넣어 '어떤 것에 감사한다'라는 표현으로 사용한다. 예를 들어, Thank you for coming. 와줘서 감사하다. Thank you for inviting. 초대해 줘서 감사하다처럼 표현하면 된다.
어쨌든 감사합니다.	**Thank you anyway.** 쌩큐 애니웨이 * 상대가 호의를 베풀려고 했으나 이쪽에 도움이 되지 않았을 경우.

PART 01_ 기본 인사

진심으로 감사합니다.	**I heartily thank you.** 아이 하틸리 쌩큐 heartily 진심으로
	I'm deeply grateful. 아임 디플리 그레잇펄 deeply 깊이
너에게 신세를 졌어.	**I owe you one.** 아이 오우 유 원 owe 빚지다
	I'm in your debt. 아임 인 유어 뎁트 debt 빚, 부채
미리 감사의 말을 전합니다.	**Thank you (Thanks) in advance.** 쌩큐(쌩스) 인 어드밴스
빠른 답변에 감사드립니다.	**Your prompt reply would be very appreciated.** 유어 프람풋 리플라이 웃 비 베리 어프리쉐잇
빨리 답 줘서 고마워.	**Thank you for your quick reply.** 쌩큐 포 유어 퀵 리플라이

02 도움에 대해 감사할 때

• 감사를 표현할 때 특별히 도움을 준 구체적인 사건에 대해 감사를 표현하면 상대에게 의례적인 감사 인사를 전달하는 것이 아니라 정말로 도움이 되었다는 표현이 훨씬 더 잘 전달된다.

친절에 감사드립니다.	**Thank you for your kindness.** 쌩큐 포 유어 카인드니스
큰 도움이 되었습니다.	**You've been a great help.** 유브 빈 어 그레잇 헬프
도와주셔서 감사합니다.	**Thank you for helping me.** 쌩큐 포 헬핑 미
그 점에 감사드립니다.	**I appreciate it very much.** 아이 어프리쉬에이팃 베리 머취
그렇게 말씀해 주시니 감사합니다.	**It's very nice of you to say so.** 잇스 베리 나이스 어브 유 투 세이 소우
얼마나 감사한지 모르겠어요.	**I can never thank you enough.** 아이 컨 네버 쌩큐 이넙
걱정해 주셔서 감사합니다.	**Thank you for your concern.** 쌩큐 포 유어 컨선
알려주셔서 감사합니다.	**Thank you for telling me.** 쌩큐 포 텔링 미

PART 01_ 기본 인사

03 감사 인사에 응답할 때

• 감사 인사를 전하는 사람은 약간은 심적으로 빚진 마음이 들게 마련이다. 이런 감사 인사에 대해 별일이 아니라거나 돕고 싶어 그냥 도운 것뿐이라는 등의 간단한 응대가 상대의 부담을 덜어줄 수 있으니 몇 가지 표현을 익혀 상대에게 가볍게 응해 보도록 하자.

도움이 되어서 기뻐요.	**I'm glad I could help.** 아임 글랫 아이 쿠드 헬프
마음에 드신다니 기뻐요.	**I'm glad you like it.** 아임 글랫 유 라이킷
천만에요.	**You're welcome.** 유어 웰컴
	Don't mention it. 돈 멘션 잇 * 감사 인사에 대해 응대하는 표현 중 Don't mention it. / It's nothing. / Not at all.은 현대 구어 표현에서는 많이 사용하지 않는다.
별 거 아닙니다.	**No big deal.** 노우 빅 딜
	No trouble. 노우 트러블
제가 좋아서 한 겁니다.	**My pleasure.** 마이 플레저
	The pleasure was mine. 더 플레저 워즈 마인
언제든지.	**Any time.** 애니 타임

47

관련단어

Thank you	감사합니다	**pleasure**	기쁨
Thanks	감사합니다	**trouble**	문제
heartily	진심으로	**many**	많은
deeply	깊이	**everything**	모든 것, 모두
owe	빚지다	**anyway**	게다가, 어쨌든
a lot	많이	**grateful**	고마워하는, 감사하는
Thank you for~	~에 대하여 감사하다	**debt**	빚, 부채
		in advance~	보다 미리, 사전에
kindness	친절함	**prompt**	즉각적인, 지체 없는
help	도움	**reply**	대답하다, 응하다
appreciate	감사하다	**quick**	빠른
concern	고려	**great**	큰, 대단한
glad	기쁜	**enough**	필요한 만큼의
You're welcome	천만에요.	**never**	결코 ~않다
mention	언급하다	**concern**	영향을 미치다
big deal	큰 일	**tell**	알리다, 말하다

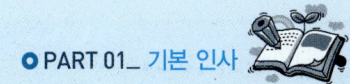

PART 01_ 기본 인사

A: This is little something for you.
    present
    reward
B: You shouldn't have done this.
A: It's nothing.
B: Thank you very much.
A: I hope you like it.
B: Very nice.
A: I'm glad you like it.
B: Thank you again.
A: Not at all.
   You're welcome.
   It's my pleasure.

★ 우리말 해석

A: 이거 너한테 주는 작은 거 야.
           선물
           보상
B: 그럴 필요 없는데.
A: 별거 아니야.
B: 정말 고마워.
A: 네가 좋아했으면 좋겠네.
B: 정말 좋네.
A: 네가 좋아하니 기쁘다.
B: 다시 한 번 고마워.
A: 전혀.
   천만에.
   내 기쁨이기도 해.

49

Unit 04 사과 표현
Apology

01 실례, 사과할 때

• 개인에 대한 존중이 강한 서양에서는 상대에게 작은 불편이라도 끼치게 되는 상황에는 항상 excuse me나 sorry와 같은 사과의 표현을 한다. 큰 문제가 있어서 하는 사과라기보다는 개인에 대한 존중으로 이해하는 편이 낫다. 하지만 어떤 문제에 대한 책임 소재를 가릴 필요가 있는 일에 대해서는 사과의 표현을 먼저 한 쪽에 모든 책임이 돌아가므로 유의해서 사과를 해야 한다.

실례합니다.	**Excuse me.** 익스큐즈 미 **I'm sorry.** 아임 쏘리 * I'm sorry.나 My bad.는 친한 사이에 쓰는 가장 흔한 사과의 표현이다.
잠시 실례(자리를 비움)하겠습니다.	**Excuse me for just a moment.** 익스큐즈 미 포 저스터 모먼트 just a moment 잠시
늦어서 미안합니다. (가벼운 사과)	**Excuse me for being late.** 익스큐즈 미 포 빙 레잇
정말 죄송합니다.	**I'm really [terribly, sincerely] sorry.** 아임 리얼리 [테러블리, 씬씨얼리] 쏘리 terribly 정말로, 아주 심하게 sincerely 진심으로

PART 01_ 기본 인사

제 잘못입니다.	**It was my fault.** 잇 워즈 마이 폴트 fault 잘못, 실수
사과드립니다.	**I apologize to you.** 아이 어팔러자이즈 투 유 apologize 사과하다 **My apologies.** (정중한 표현) 마이 어팔러지즈
폐를 끼쳐 죄송합니다.	**I'm sorry to disturb you.** 아임 쏘리 투 디스텁 유 disturb 방해하다 **I'm sorry to trouble you.** 아임 쏘리 투 추러블 유
늦게 연락 드려 죄송합니다.	**I apologize for the delayed reply.** 아이 어팔러자이즈 포 디레이딧 리플라이
당신을 화나게 해서 유감입니다.	**I am so sorry that you feel troubled.** 아이엠 쏘 쏘리 뎃 유 필 추러블
불편하게 해서 죄송합니다.	**I am sorry for the inconvenience.** 아이엠 쏘리 포 디 인컨비니언스

51

02 사죄 표현

• 가벼운 실수에는 Sorry로 사과하면 되지만 정말 크게 잘못했다고 생각하면 정중하게 사과를 해야 한다. Sorry보다는 apologize를 써야 보다 정중히 사과하는 뉘앙스를 표현할 수 있다. 여기에 my fault라는 표현까지 쓰면 완전히 잘못을 인정하고 용서를 구하는 것으로 웬만한 실수는 받아들여진다.

실수에 대해 사과합니다.	**I apologize for the mistake.** 아이 어팔리자이즈 포 더 미스테익
오래 기다리게 해드려 죄송합니다.	**I'm sorry to have you wait so long.** 아임 쏘리 투 햅 유 웨잇 소 롱
얼마나 죄송한지 모르겠습니다.	**I can't tell you how sorry I am.** 아이 캔트 텔 유 하우 쏘리 아이 앰
그 점에 대해 죄송하게 생각합니다.	**I feel sorry [bad] about it.** 아이 필 쏘리 [뱃] 어바우릿 **I regret it.** 아이 리그레릿　regret 후회하다
다시는 그러지 않겠습니다.	**I won't do it again.** 아이 원트 두 잇 어젠 **It won't happen again.** 잇 원트 해픈 어젠
죄송해요, 어쩔 수 없었어요.	**I'm sorry, I couldn't help it.** 아임 쏘리 아이 쿠든 헬핏
고의가 아니었습니다.	**I didn't mean it.** 아이 디든 미닛 * 의도적인 실수가 아니었음을 표현할 때는 I didn't mean to ~라는 표현을 하면 된다. 예를 들면, I didn't mean to cause a problem. 문제를 일으키려고 한 건 아니었어요.와 같은 표현이 가능하다.

PART 01_ 기본 인사

제 탓입니다.	**Mea culpa.** (라틴어)
	메이어 컬퍼
	*우리나라에서 유식한 표현을 말할 때 중국의 고사성어나 사자성어를 말하듯이 영미권에선 라틴어를 사용합니다.

제가 실언을 했습니다.
It was a slip of the tongue.
잇 워저 슬립 어브 더 텅
slip: 미끄러짐, 실수

제 부주의였습니다.
It was very careless of me.
잇 워즈 베리 케얼리스 어브 미 careless 부주의한

제가 그러지 말아야 했습니다.
I shouldn't have done that.
아이 슈든 햅 던 댓

제 사과를 받아주십시오.
Please accept my apology.
플리즈 액셉트 마이 어팔러지

용서하십시오.
Please forgive me.
플리즈 포기브 미

용서해 주시겠어요?
Can you forgive me?
컨 유 포기브 미

진심으로 사죄드립니다. (정중)
I ask for your mercy.
아이 애스크 포 유어 머시
ask mercy 자비를 구하다, 사과하다

한 번만 봐 주세요.
Give me a break.
김미 어 브레익

앞으로 조심하겠습니다.
Next time I'll get it right.
넥스 타임 아일 게릿 롸잇

제가 실수로 당신에게 한 잘못을 용서해 주세요.
Please excuse me for what I have done accidently to you.
플리즈 익스큐즈 미 포 왓라이 햅 던 액시덴틀리 투유

03 사죄에 응답하는 표현

• 상대방의 사과에 대해 이렇다 저렇다는 대답이 없으면 사과하는 사람은 사과가 제대로 받아들여졌는지 알 수 없게 된다. 명확하게 답을 주는 것도 예의다.

괜찮아요.	**That's Okay [all right].** 댓스오케이 [올 라잇]
	Doesn't matter. 더즌 매러
아무것도 아닙니다.	**It's nothing.** 잇스 낫씽
걱정하지 마세요.	**Don't worry about it.** 돈 워리 어바우릿
신경 쓰지 마세요.	**Think of it no more.** 씽크어빗 노우 모어
용서할게요.	**You're forgiven.** 유어 포기븐
좋아요, 받아들이죠.	**All right. Apology accepted.** 올 롸잇 어폴로지 액셉티드
당신은 잘못이 없어요.	**You did the right thing.** 유 디드 더 롸잇 씽
사과하실 필요 없어요.	**You don't have to apologize.** 유 돈 햅투 어팔러자이즈

● PART 01_ 기본 인사

사과 요청하기

서양 사람들은 사과를 자주 그리고 잘하지만 또한 자기가 사과를 받아야 할 상황에 대해서도 참지 않고 당당하게 요구한다. 합리적인 이유와 근거가 있을 경우에는 정확히 상대에게 부당함을 알리고 사과를 받는다. 우리도 괜히 영어가 짧다고 항의도 제대로 못하고 억울하게 당하지 말고 유창하지 않더라도 또박또박 설명하여 당당하게 사과를 요청할 줄도 알아야 한다.

- 상대방이 잘못을 인정하지만 사과를 안 할 때는 이렇게 말해 본다.
  You owe me an apology. 사과를 받아야겠어요.

- 자기 잘못이 아님을 분명히 말하고자 할 때는 이렇게 말하자.
  This is not my fault. 이건 제 잘못이 아니에요.

- 상대방의 실수를 짚어 줄 때는 이렇게 말하자.
  You made a mistake. 당신이 실수한 거예요.

- 잘잘못을 가려보자고 말할 때는 이렇게 표현한다.
  Let's get this straight. 잘잘못을 가려 봅시다.

관련단어

Excuse me	실례합니다	happen	발생하다, 일어나다
sorry	미안한, 애석한	mean	의도하다
just a moment	잠시	forgive	용서하다
apologize	사과하다	careless	부주의한
terribly	정말로, 아주 심하게	accept	받아들이다
sincerely	진심으로	ask mercy	자비를 구하다, 사과하다
disturb	방해하다		
trouble	문제, 골칫거리	worry	걱정하다
fault	잘못, 실수	all right	괜찮다
apologize	사과드리다		

A: I'm sorry to be late.
　　　　　to bother you.
　　　　　to keep you waiting.
　　　　　for interrupting you.
　　　　　for this imposition.
B: Never mind.
　　Forget it.
　　All right. You're accepted.
A: What time did you arrive?
B: I just got here too.
A: Why are you so late?
B: Because of traffic jam.
A: So was I.
B: Let's try to be on time from now on.
A: Yes, let's.

★ 우리말 해석

A: 늦어서 미안해요.
　　번거롭게 해서
　　기다리게 해서
　　방해해서
　　이렇게 폐를 끼쳐서
B: 신경쓰지 말아요.(괜찮아요)
　　잊어버려요.(괜찮아요)
　　사과 받아들일게요.

A: 몇 시에 도착했어요.
B: 저도 방금 도착했어요.
A: 왜 늦었어요?
B: 교통정체 때문예요.
A: 저두 그랬어요.
B: 이제부터 늦지 않도록 합시다.
A: 예. 그래요.

Unit 05 축하 표현
Congratulation

01 축하할 때

• 가장 무난하게 축하를 표현하는 말은 Congratulations!가 있다. congratulations 는 항상 복수형으로 써서 단어 뒤에 -s를 붙인다는 점에 유의한다. 또 뒤에 on을 붙여서 다양한 축하 내용을 표현할 수 있다. Congratuations가 너무 식상하다면 How(What) ~ 으로 시작하는 감탄문을 만들어 표현해도 색다르다.

축하합니다.	**Congratulations!** 컹그래츌레이션즈 * 뒤에 s가 붙는 것에 주의할 것.
결혼 [승진, 입학]을 축하합니다.	**Congratulations on your wedding [promotion, admission]!** 컹그래츌레이션즈 온 유어 웨딩(프로모션, 어드미션) * 가장 흔한 축하 표현인 Congratulations에 on과 뒤에 축하할 단어만 덧붙여 쓰면 표현 끝! Congratulations on wedding. / Congratulations your new baby.
결혼기념일을 축하합니다!	**Happy wedding anniversary!** 해피 웨딩 애니버서리 anniversary 기념일
고맙습니다. 운이 좋았어요.	**Oh, thanks. I think I was lucky.** 오우 쌩쓰 아이씽크 아이 워즈 럭키
잘됐어요.	**I'm happy for you.** 아임 해피 포유

잘했어!	**Good job!** 굿 잡
생일 축하해요!	**Happy birthday to you!** 해피 버스데이 투유
행복이 충만하시길!	**Best wishes!** 베스트 위시즈 * 예전에 크리스마스 카드나 연하장에 새겨져 있던 문구.
만수무강하세요!	**Many happy returns!** 메니 해피 리턴스 * 윗사람의 생일을 축하하는 표현.
	Live long and prosper! 리브 롱 앤 프라스퍼 prosper 번영하다, 번창하다

PART 01_ 기본 인사

02 축복 또는 조의 표하기

• 예의상 또는 조심스럽게 축하나 애도의 메시지를 상대에게 전달하고자 하는 경우 관용적으로 사용하는 표현들이 있으므로 이를 이용해 표현하는 것이 괜한 실수나 결례를 피할 수 있다.

신의 축복을 빕니다!	**God bless you!** 갓 블레슈
성공을 빕니다!	**May you succeed!** 메이 유 석씨드
고마워요. 당신도요!	**Thank you, the same to you!** 쌩큐 더 세임 투유
	Thank you. and you, too! 쌩큐 앤 유 투
행운을 빈다!	**Good luck!** 굿 럭
	Break a leg! 브레이커 렉 * 글자로는 '다리가 부러지라'는 악담이지만 반어적으로 덕담이 되었음.
새해 복 많이 받으세요!	**Happy New Year, may the gods be with you!** 해피 뉴 이어 메이 더 갓스 비 위듀
어느 길을 택하든 행운이 따르길 빈다.	**Whichever way you go, may fortune follow.** 위치에버 웨이 유 고 메이 포춘 팔로우

새해에는 하는 일마다 좋은 기회가 있길 바란다.	**May this year be your best year ever! May the New Year bring you many opportunities your way.** 메이 디스 이어 비 유어 베슷 이어 에버 메이 더 뉴이어 브링 유 메니 아퍼튜너티스 유어 웨이 opportunities 기회
이메일로 새해 인사를 전할 때	**Wish you a very happy new year.** 위시 유어 베리 해피 뉴이어
	Wishing you a new year rich with the blessings of love, joy, warmth, and laughter. 위싱 유어 뉴이어 리치 윗더 브레싱 업 러브 조이 웜 앤 래프터
조의를 표합니다.	**You have my sympathy.** 유 햅 마이 씸퍼시
진심으로 애도의 뜻을 표합니다.	**Please accept my sincere condolences.** 플리즈 액셉트 마이 씬시어 컨돌런시즈 condolence: 애도, 문상; (복수) 애도의 말
고인의 명복을 빕니다.	**May his [her] soul rest in peace.** 메이 히즈 [허] 소울 레스트 인 피스

○ PART 01_ 기본 인사

03 환영할 때

• 개인적으로 환영의 마음을 표현할 때 일반적으로 welcome과 같은 인사와 더불어 포옹이나 악수 등의 제스처를 함께 표현한다.

안녕하세요. 윤 양. 입사를 축하합니다.	**Hi, Miss Yun. Welcome aboard.** 하이 미쓰 윤. 웰컴 어보드 * 입사를 배에 올라탄(aboard) 것에 비유한 표현. 공동 운명체라는 이야기.
정말 환영입니다.	**You're quite welcome.** 유어 콰잇 웰컴
저희 집에 오신 것을 환영합니다.	**Welcome to my home.** 웰컴 투 마이 홈
부산에 오신 것을 환영합니다.	**Welcome to Busan.** 웰컴 투 부산
이곳이 마음에 들기를 바랍니다.	**I hope you'll like it here.** 아이 홉 유일 라이킷 히어
함께 일하게 되다니 기대가 됩니다.	**I'm looking forward to working with you.** 아임 룩킹 포워드 투 워킹 위듀
같이 일하게 되어 반갑습니다.	**Glad to have you with us.** 글랫 투 해뷰 위더스
그녀에게 큰 박수를 부탁드립니다.	**Please give her a big hand.** 플리즈 깁 허 어 빅 핸드

관련단어

congratulations	축하하다	**work**	일하다
wedding	결혼	**home**	집
birth	출생, 출산	**job**	일, 직장
promotion	승진	**birthday**	생일
admission	입학	**Best**	최상의
graduation	졸업	**return**	돌아오다
anniversary	기념일	**prosper**	번영하다
God	신	**Live**	살다
bless	축복하다	**long**	긴
good	좋은	**success**	성공, 성과
luck	행운	**same**	같은
break	깨다, 부수다, 부서지다	**new year**	신년, 새해
leg	다리	**fortune**	운
sympathy	동정, 연민, 공감	**follow**	따라오다
sincere	진심의	**Whichever**	어느 쪽이든
condolence	애도, 문상, 애도의 말	**opportunities**	기회
soul	영혼	**rich**	부유한
peace	평화	**joy**	기쁨, 환희
welcome	맞이하다, 환영하다	**warmth**	온기
look forward to (~ing)	~을 고대하다, 기다리다	**laughter**	웃음
		accept	받아들이다
		rest	휴식
glad	기쁜	**aboard**	탑승한
give (somebody) a big hand	(누군가에게) 큰 박수를 보내다	**here**	여기에
		like	좋아하다

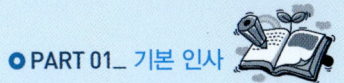

PART 01_ 기본 인사

A: You look happy today.
B: Yeah, I'm happy.
A: Why are you in such a good mood?
B: I got a driver's license.
A: Congratulations!
　You made it!
　You did a good job!
B: Thank you.
A: Let's make a toast.
B: Okay, cheers!

★ 우리말 해석

A: 너 오늘 좋아 보이는데.
B: 그래, 나 행복해.
A: 왜 이렇게 기분이 좋은데?
B: 운전면허 땄거든.
A: 축하해!
　해냈구나!
　잘했어!
B: 고마워.
A: 건배하자.
B: 그래. 건배!

왕초보 실생활 **영어회화 + 기본패턴**

PART 02

감정 표현
Emotional Expressions

희로애락을 느끼는 것은 어떤 사람이든 마찬가지만 동양인은 서양인처럼 감정 표현이 풍부하지 않다. 발음할 때도 영어는 대개 입을 크게 벌리고 발음하는 데 비해 한국어는 입을 크게 벌리지 않는다. 따라서 영어를 따라하자면 쑥스러운 표현도 많지만 과감하게 흉내 내는 용기가 필요하다.

Unit 01 즐거움
Pleasure

01 감탄을 나타낼 때

• 대화할 때 감탄 표현은 일상에서 how나 what을 사용한 감탄문이나 정확한 문장이 아니어도 느낌이나 상태를 나타내는 한 단어만으로도 충분히 표현할 수 있으므로 그때그때 적절하게 자기의 느낌을 표현해 대화를 부드럽게 만들 수 있다.

멋져요!

Wonderful!
원더펄

Magnificent!
맥니피슨트
magnificent 거대한, 장대한

Fantastic!
팬태스틱

Wow!
와우

Gee, that's great!
지 댓스 그레잇
* gee: 깜짝이야! (소녀시대가 외치는 gee가 바로 놀랄 때의 감탄사였네요)

재밌네요!

How interesting!
하우 인터레스팅

○ PART 02_ 감정 표현

대단한 남자군!	**What a man!** 와러 맨
맛있네요!	**Delicious!** 딜리셔스
	Tasty! 테이스티
엄청나네요!	**That's really super!** 댓스 리얼리 수퍼
기발하군!	**Brilliant!** 브릴련트
잘했구나!	**What a good job!** 와러 굿 잡
너 너무 예쁘구나!	**How beautiful you are!** 하우 뷰티펄 유 아
정말 대단해!	**It's amazing!** 잇츠 어메이징

67

02 기쁨을 표현할 때

• 우리는 좋은 일이 있어 자랑을 하고 싶어도 다른 사람들 앞에서 좋아하는 티를 내지 않는 것이 미덕이지만 서양 사람들은 일반적으로 자신의 감정에 솔직하다. 따라서 자신이 마음 상태를 표현하는 것, 특히 기쁨과 즐거움을 표현하는 건 전혀 실례가 되지 않는다.

행복해요!	I'm happy! 아임 해피
기뻐서 날 것 같아요.	I jumped for joy. 아이 점프트 포 조이
평생 이렇게 기쁜 적은 없었어요.	I've never been happier in my life. 아이브 네버 빈 해피어 인 마이 라이프
너무 기뻐서 말이 안 나와요.	I'm so happy, I don't know what to say. 아임 소우 해피 아이 돈 노우 왓 투 세이
더 이상 기쁠 수가 없을 거야.	I couldn't be happier with it. 아이 쿠든 비 해피어 위딧
정말 기분이 좋아!	I'm feeling good! 아임 필링 굿
기분 끝내주네!	I'm walking on air! 아임 워킹 온 에어
기분이 너무 좋아서 제정신이 아니야.	I'm beside myself with joy. 아임 비사이드 마이셀프 윗 조이
지금 아주 즐거워요.	I'm having fun. 아임 해빙 펀

● PART 02_ 감정 표현

만세!	**Hurrah!** 후레이
브라보!	**Bravo!** 브라보
인생은 내 편이야!	**Life's been good to me!** 라입스 빈 굿 투 미
살아 있다는 게 신나!	**It's great to be alive!** 잇스 그레잇 투비 얼라이브
아주 최고야!	**Couldn't be better!** 쿠든 비 베러
아주 흥분돼!	**I'm thrilled!** 아임 스릴드
기분 째진다!	**I feel great!** 아이 필 그레잇
아, 잘됐네!	**Thank goodness!** 쌩크 굿니스
운이 따르네!	**How lucky!** 하우 럭키

관련단어

wonderful	멋진, 신나는, 경이로운	wonderful	대단한 멋진 좋은
magnificent	거대한 장대한	jackpot	대박
fantastic	환상적인, 멋진	happy	행복한
wow	와우	make	만들다
great	멋진, 좋은	smile	웃다, 미소 짓다
interesting	흥미 있는, 멋진	Hurrah	만세
delicious	아주 맛있는	bravo	브라보
tasty	맛있는	goodness	와~, 어머나, 맙소사
beautiful	아름다운	thanks	감사하다
amazing	놀라운	alive	살아있는
super	대단한	feel	느끼다 (~한 느낌이나 감정이) 들다
brilliant	훌륭한, 멋진, 우수한		
excellent	훌륭한, 멋진	lucky	행운의
feel	(~한 느낌이나 감정이) 들다, 느끼다	thrilled	황홀한, 열광한, 감동한
joy	즐거움, 기쁨	jump	뛰다, 점프하다
good	좋은	walk	걷다
fun	재미, 재미있는	air	공기, 허공
joyful	아주 즐거운, 기쁨 주는	beside	옆에
glad	기쁜	look	보다, 쳐다보다
hear	듣다	better	더 좋은
good	좋은		
news	소식		

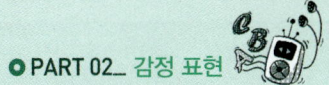

PART 02_ 감정 표현

A: Hello, Mama? I got the job.
B: You got the job? You got the job!
A: It's amazing. I'm so happy.
   It's great.
   It's wonderful.
   It's incredible.
   It's unbelievable.
   I am walking on air.
        on cloud nine.
        floating on cloud nine.
        flying.
B: Me too. I'm very happy, too.
             overjoyed.
   I jumped for joy.

★ 우리말 해석

A: 여보세요, 엄마? 저 취직됐어요.
B: 취직됐어? 취직했구나!
A: 놀라워요. 저 정말 기뻐요.
   대단해요.
   멋진 일이에요.
   정말 믿을 수 없어요.
   믿을 수 없어요.

저는 지금 하늘을 나는 기분이에요.
너무 행복해요.
구름 위를 떠다니는 것 같아요.
날아갈 것 같아요.
B: 나도 그래. 나도 역시 아주 기쁘다.
             매우 기뻐.
   기뻐서 펄쩍 뛰겠어.

Unit 02 걱정·슬픔
Worry and sorrow

01 걱정할 때

• 프라이버시를 중요시 여기는 서양인들은 웬만큼 친하지 않으면 자신의 걱정이나 근심 같은 속내를 잘 드러내지 않는다. 그래도 마음 한구석에 위로 받고 싶은 건 인지상정이다. Good morning!/ Hi! 같은 인사보다 Are you OK?/ What's wrong?과 같은 인사말로 걱정거리를 털어놓을 수 있는 분위기를 만들어 주는 건 어떨까?

이제 난 어떡하죠?	**What should I do now?** 왓 슈드 아이 두 나우
요즘 기분이 별로예요.	**I've been feeling down lately.** 아이브 빈 필링 다운 레잇리
한숨도 못 잤어요.	**I didn't sleep a wink.** 아이 디든 슬리퍼 윙크 wink: 눈을 깜박임, 겉잠
여긴 내가 놀던 물이 아냐.	**I feel like a fish out of water.** 아이 필 라이커 피시 아우러브 워러 fish out of water: 물 밖에 나온 물고기
무슨 말을 해야 할 지 모르겠어.	**I don't know what to say.** 아이 돈 노우 왓 투 세이
그녀가 안 오면 어쩌죠?	**What if she doesn't come?** 와리프 쉬 더즌 컴
기대만큼 좋지는 않았어요.	**It wasn't as good as I expected.** 잇 워즌 애즈 굿 애즈 아이 익스펙티드
마음이 무거워요.	**My heart is heavy.** 마이 하트 이즈 헤비

02 슬픔을 나타낼 때

• 걱정과 달리 슬픔은 대부분 참기 힘들고 감정과 몸으로 함께 표현된다. 단순히 말뿐이 아니라 눈물이나 오열, 화 등을 동반해서 표현하는 경우가 대부분이다. 슬픔을 받아들이거나 표출할 수 있는 시간이 필요하니 대화할 때 표현할 수 있는 기회를 주고 기다려 주자.

가슴이 찢어지는 것 같아.	**My heart is broken.** 마이 핫 이즈 브로큰
불쌍해라!	**What a pity!** 와러 피리
비참한 심정이에요.	**I feel miserable.** 아이 필 미저러블
정말 상처받았어.	**It really hurt me.** 잇 리얼리 허트 미
	I've got a broken heart. 아이브 가라 브로큰 헛
울고 싶네요.	**I feel like crying.** 아이 필 라익 크라잉
울적해요.	**I feel blue.** 아이 필 블루
허무해.	**I feel empty.** 아이 필 엠프티
아무것도 하고 싶지 않아요.	**I don't feel like doing anything.** 아이돈 필 라익 두잉 애니씽

03 위로할 때

• I'm sorry.라는 말은 미안하다는 뜻도 있지만 위로의 표현에서 '안됐다', '유감이다'라는 뜻으로 아주 일상적으로 쓰이는 말이다. 깊은 슬픔에 힘들어 하는 누군가에게 뭐라 위로할지 모를 때 진심 어린 I'm sorry.와 더불어 가만히 손을 잡아주거나 등을 토닥여 주는 바디랭귀지로 위로를 전하면 어떨까.

미리 걱정하지 마세요.	**We will cross the bridge when we come to it.** 위 윌 크로스 더 브릿지 웬 위 컴 투 잇 * 우리가 다리에 도착하면 건너겠다라는 표현, 즉 다리가 나타나기도 전에 어떻게 건널까, 미리 걱정하지 말라는 뜻이다.
우울해 보여요.	**You look down.** 유 룩 다운
걱정 마세요.	**Don't worry.** 돈 워리 * '돈트'의 '트'는 아주 약하게 발음하여 거의 '돈'으로 들린다. **Well, never mind.** 웰 네버 마인드 never mind 신경쓰지 마
걱정 말고 말해 봐요.	**Come out and say it.** 컴 아웃 앤 세이 잇 **Don't take it seriously.** 돈 테이킷 씨리어슬리 seriously 심각하게
너무 우울해 하지 마세요.	**Don't get too down.** 돈 겟 투 다운
당신은 이겨내실 거예요.	**You'll get through this.** 유일 겟 스루 디스

PART 02_ 감정 표현

결국 다 잘 될 거야.	**It will all work out.** 잇 윌 올 워크 아웃
기운내세요.	**Cheer up.** 치어럽 **Keep your chin up.** 키퓨어 친 업 * 좌절하면 고개를 숙이게 되죠. 그래서 고개를 들라는 말은 좌절하지 말라는 위로의 말.
자고 나서 슬픔을 잊으세요.	**Sleep off your sorrow.** 슬립 오프 유어 소로우
내일은 다를 거야.	**Tomorrow is another day.** 투모로우 이즈 어나더 데이 * 영화 Gone with the wind(바람과 함께 사라지다)에 나온 명대사.
내가 곁에 있어 줄게요.	**I'll stick by you.** 아일 스틱 바이 유
그렇게 되었다니 안됐네요.	**I am sorry to hear that.** 아이엠 소리 투 히어 댓
정말 측은한 마음이 드네요.	**My heart goes out to you.** 마이 헛 고즈 아웃 투유
당신 마음 잘 알아요.	**I know how you feel.** 아이 노우 하우 유 필
힘을 내, 넌 할 수 있어.	**Come on, you can do it.** 커먼 유 컨 두 잇
괜찮아질 거야.	**Things will get better.** 씽즈 윌 겟 베러

관련단어

What	왓,무엇을	get (somebody) down	~을 우울하게 하다
feel down	마음이 울적하다	get through	통과하다, 벗어나다
sleep	자다	cheer up	기운내다
fish out of water	물 밖에 나온 물고기	sorrow	슬픔
good	좋은	better	더 나은
expect	기대하다	work out	잘 풀리다
heart	마음	now	지금
heavy	무거운	lately	최근에
bother	귀찮게 하다	wink	눈을 깜박임, 겉잠
worry	걱정하다	know	알다
wrong	잘못된	say	말하다
down	아래로	bridge	다리
never mind	신경쓰지 마	cross	가로지르다
seriously	심각하게	sure	확신하는
feel	느끼다	okay	네, 응, 좋아
broken	부서진	miserable	비참한
pity	불쌍한	really	정말로
depressed	울적한	empty	빈, 공허한
blue	우울한	sleep	자다
hurt	아프다, 다치게 하다	tomorrow	내일
get hurt	상처받다	another	또, 더
crying	눈물	stick	찌르다

○ PART 02_ 감정 표현

 회화표현

A: What's the matter with you?
What's wrong?
Are you OK?
You look down.
depressed.
serious.
sad.
B: I had my money stolen.
A: Really? Did you call the police?
B: Not yet.

★ 우리말 해석

A: 무슨 일 있어?
무슨 일이에요?
괜찮아요?
기운이 없어 보여.
우울해.
심각해.
슬퍼.
B: 돈을 도둑 맞았어.
A: 정말? 경찰에게 전화했어?
B: 아니. 아직.

Unit 03 분노·다툼
Anger and dispute

01 화가 났을 때

• 외국에서는 부당한 일을 당하거나 화가 나도 언어의 문제 때문에 꾹꾹 참고 넘어가는 일이 흔하다. 하지만 정말 부당한 일을 당했을 때는 표현해야 한다. 흥분해서 싸우려고 하면 말만 꼬이고 표현은 안 되니 더욱 답답하게 마련이다. 감정을 앞세우기보다 침착하게 화가 난 상황을 표현하는 것이 더 효과적일 수 있다.

너 때문에 미치겠다.	**You drive me crazy.** 유 드라입 미 크레이지 **You really make me mad.** 유 리얼리 메익 미 매드
더 이상은 못 참아.	**Enough is enough.** 이넙 이즈 이넙 **That's enough.** 댓스 이넙
너무 화가 나요.	**I'm so furious.** 아임 쏘우 퓨리어스
참는 것도 한도가 있어요.	**My patience is worn out.** 마이 페이션스 이즈 원 아웃 wear out: 닳아 없어지다, 소모되다
그만 좀 할 수 없어요?	**Would you stop that?** 우쥬 스탑 댓
그건 정말 짜증 나.	**That's really annoying [bothersome].** 댓스 리얼리 어노잉 [바더섬]

● PART 02_ 감정 표현

네가 내 신경을 건드리고 있어.	**You're getting on my nerves.** 유어 게링 온 마이 너브즈
정말 뻔뻔하군!	**How impolite!** 하우 임펄라잇
	What an impudence! 와런 임퓨던스
나를 화나게 하는군요.	**You make me sick.** 유 메익 미 식
참견하지 말아요!	**Mind your own business!** 마인드 유어 오운 비즈니스
내가 말했잖아!	**I told you!** 아이 톨쥬
내게 말 걸지 마.	**Don't talk to me.** 돈 톡 투 미
그녀는 아주 무례해.	**She is so rude.** 쉬 이즈 쏘우 루드
너무해요!	**What a shame!** 와러 쉐임
꺼져!	**Get out of my sight!** 게라우러브 마이 사잇
닥쳐!	**Shut up!** 셔럽
	Shut your mouth! 셧 유어 마우쓰

79

02 진정시킬 때

• Don't lose your temper. 흥분하지 마라는 의미와 같은 표현으로 keep your shirts on. 진정해라는 표현이 있는데 이는 흥분한 사람이 셔츠를 벗고 화를 낸다는 의미에서 유래한 말이다. Don't lose your cool.도 흥분하지 말고 진정하라는 의미로 쓰인다.

진정해요.	**Calm down.** 캄 다운
	Restrain yourself. 리스트레인 유어셀프
	Hold your horses. 홀드 유어 호시즈
	Take it easy. 테이키리지
	Relax. 릴렉스
	Keep cool. 킵 쿨
너무 화내지 마.	**Don't get so upset.** 돈 겟 소우 업셋
그만 좀 해.	**Put a lid on it.** 푸러 릿 어닛 * 직역하면 '거기 위에 뚜껑을 닫아'라는 재미있는 표현.
이런 일로 화낼 필요 없어.	**Don't get so uptight about this.** 돈 겟 소우 업타잇 어바웃 디스
흥분하지 마.	**Pull yourself together.** 풀 유어셀프 투게더
이 정도는 다행이지 뭐.	**It could be worse, you know.** 잇 쿠드비 월스 유 노우

PART 02_ 감정 표현

03 싸울 때의 표현

• 영어가 부족하다고 싸우지 않고 참기만 하면 점점 더 화가 깊어지기만 하고 문제가 해결되지 않는다. 영어로 싸우는 것도 연습이 필요한 일이다. 무조건 참지만 말고 싸울 수 있는 문장들을 암기하고 연습해 놓을 필요도 있다.

넌 아무것도 몰라.	**You don't know nothing.** 유 돈 노우 낫씽
뭘 알기나 하냐?	**Don't you know anything?** 돈츄 노우 애니씽
그만둬라!	**Cut it out.** 컷 잇 아웃 상대를 무시하면서 대화를 거절할 때 쓰는 표현
듣기 싫어!	**I don't want to hear it.** 아이 돈 원투 히어릿
너 미쳤구나!	**You're crazy.** 유어 크레이지 **You're out of your mind.** 유어 아우러브 유어 마인드 * 상대를 무작정 매도하는 표현
미친 녀석이네!	**What a stupid idiot!** 와러 스튜핏 이디엇
너 꼴불견이야!	**You're a disgrace.** 유아러 디스그레이스
너 질색이야!	**I detest you!** 아이 디테스츄

81

너 어느 행성 출신이야?	**What planet are you from?** 왓 플래닛 아 유 프럼
너 두고 보자!	**You won't get away with this.** 유 원트 게러웨이 위디스
한번 붙어 보자!	**Let's fight!** 렛츠 파이트
밖에서 붙어 볼래?	**Let's take this outside.** 렛츠 테익 디스 아웃사이드 **Would you like to step outside?** 우쥬 라익투 스텝 아웃사이드
덤벼!	**Bring it on!** 브링 잇 언
바보 같아!	**How ridiculous you are!** 하우 리디큐러스 유아
너 때문에 열받아.	**You upset me.** 유 업셋 미
불공평해.	**It's not fair.** 잇스 낫 페어
넌 구제 불능 바보야.	**You've proven that you are a hopeless fool.** 유브 프로븐 댓 유아러 호프러스 풀

PART 02_ 감정 표현

04 욕설 표현

• 욕설을 할 필요는 없지만 다른 사람의 말이 욕설인지 아닌지는 구분할 수 있어야 적절하게 대응할 수 있다. 대부분의 욕설은 개별 단어 자체의 의미로 쓰이기보다 숙어처럼 쓰이는 경우가 많으므로 각각의 단어보다는 욕설로 쓰이는 표현을 외워두는 게 좋다.

잘난 체하네.	**Smarty.** 스마티
개소리!	**Bull shit!** 불 쉿
건방진 놈!	**Wise guy!** 와이즈 가이
넌 비겁한 놈이야.	**You're yellow.** 유어 옐로우
내게 욕하지 마세요.	**Don't call me names.** 돈 콜 미 네임즈
빌어먹을!	**Go to hell!** 고우 투 헬
	Devil take it! 데블 테이킷
지겨운 놈.	**Asshole.** 애스홀
빌어먹을! (일이 뜻대로 안 될 때)	**Damn it!** 댐 잇
돌아버리겠어!	**I'm going nuts!** 아임 고잉 너츠 nuts: 미친(=crazy)

05 짜증을 나타낼 때

• 자신의 감정을 솔직히 나타내 보이는 것은 상대방과 친밀해질 수 있는 좋은 방법이다. 상황에 맞는 표현과 함께 억양이나 강세, 제스처를 덧붙이면 더욱 좋다.

내 일에 싫증이 나요.	**I'm tired of my work.** 아임 타이어더브 마이 워크
지겨운 일이군.	**It's a boring job.** 잇츠 어 보어링 잡
이런 생활은 이제 진저리가 나요.	**I'm disgusted with this way of life.** 아임 디스거스팃 윗 디스 웨이 업 라입
이 일은 아무리 해도 끝이 없군.	**This job never ends.** 디스 잡 네버 엔즈
진저리가 나요.	**I'm sick and tired of it.** 아임 씨캔 타이어더브 잇
지루해 죽겠어요.	**Time hangs heavy on my hands.** 타임 행즈 헤비 온 마이 핸즈
스트레스 받는군!	**It's really stressful!** 잇스 리얼리 스트레스펄
짜증나는군요.	**That's really annoying.** 댓스 리얼리 어노잉
아, 귀찮아!	**Oh, bother it!** 오우 바더릿

PART 02_ 감정 표현

06 화해하기

• 싸우는 것보다 화해하기가 더 힘들다고 한다. 같은 언어를 쓰는 사람들끼리도 서로 의사전달이 안 되는데 외국어로 정확히 상대를 다 이해하기는 쉽지 않은 일이다. 우리말로 오해를 풀 때도 '내 말은 그게 아니라'로 시작하는 것처럼 I didn't mean it. 난 그런 뜻이 아니었어.로 시작하면서 자연스럽게 화해를 시도해 보는 건 어떨까?

두 분 화해하세요.	**Why don't you guys just make up?** 와이 돈츄 가이즈 저슷 메이컵 make up: 구성하다, 화장(분장)하다, 화해하다
흥분하지 마세요.	**Don't get excited.** 돈 겟 익사이팃 **Keep your shirt on.** 킵 유어 셔트 온
우리 화해합시다.	**Let's bury the hatchet.** 렛스 베리 더 해칫 * bury the hatchet 숙어로서 '화해하다'인데, 직역하면 '손도끼를 묻다'
없던 일로 합시다.	**Let's put it behind us.** 렛스 풋 잇 비하인드 어스 * 화해를 청하거나 누군가 화해를 청해서 받아들일 때 쿨하게 사용할 수 있는 유용한 표현.
남자 대 남자로 얘기합시다.	**Let's have a man-to-man talk.** 렛스 해버 맨투맨 톡
네가 동생에게 양보해라.	**Be nice to your brother.** 비 나이스 투 유어 브러더
잊어버리세요. (신경쓰지 마세요)	**Forget (about) it.** 포겟 (어바우) 잇
이제 됐어요!	**Enough of it!** 어너펍 잇

관련단어

drive	운전하다, 이끌다	nothing	아무것도 아닌 것
crazy, mad	미친	anything	무엇, 어떤 것
enough	충분한	crazy	미친
furious	몹시 화가 난	mind	마음
patience	참을성, 인내심	fight	싸우다
wear out	닳아 없어지다, 소모되다	outside	밖에서
stop	멈추다	Smarty	잘난 체하네
annoy	짜증나게 하다	Bull shit!	개소리!
impolite	무례한	Wise guy!	건방진 놈!
impudence	뻔뻔스러움, 무례함	You're yellow.	넌 비겁한 놈이야.
rude	무례한	Go to hell!	지옥이나 가라!
shame	수치스러움, 애석한 일	Devil take it!	빌어먹을!
get out	나가다	Asshole.	지겨운 놈
shut up	닫다, 그만두다	Damn it!	빌어먹을 (일이 뜻대로 안 될 때)
sick	멀미나는, 역겨운		
angry	화가 난	tired	피곤한, 싫증난
mean	의도, 의미하다	work	일
outspoken	(남의 기분과 상관없이) 노골적으로 말하는, 솔직한	boring	지겨운
		job	직업, 일
		never	결코 ~아니다
disgusting	역겨운, 혐오스러운	stressful	스트레스가 많은
stop	멈추다, 그만두다	annoy	짜증나다
insult	모욕하다	bother	귀찮게 하다
calm	침착한, 차분한	frustrate	방해하다, 좌절시키다
restrain	자제하다, 통제하다, 억누르다	make up	화해하다
		excited	흥분한
Take it easy	진정해라	bury	묻다
relax	긴장을 풀다	hatchet	손도끼
upset	화나다, 당황하다	man-to-man	남자 대 남자로
keep a lid on	~을 억제하다, 단속하다	talk	대화하다
worse	더 나쁜	nice	친절한, 상냥한
cool	차분한	enough	충분한

● PART 02_ 감정 표현

A: I can't believe it!
   It's really stressful!
   I'm really pissed off!
B: What's the matter?
A: Hey, cut that out!
        shut up!
        stop it!
B: What's it to you! What did I ever do to you?
A: What! You don't know that?
B: What impudence!
   It's ridiculous!
   It's disgusting!
   I'm fed up with you.
       sick of you.
       tired of you.

★ 우리말 해석

A: 정말 너무하군요!
   정말 스트레스 쌓이네!
   정말 짜증나요!
B: 무슨 일이야?
A: 닥치지 못해!
   닥쳐!
   그만 좀 해!
B: 방금 뭐라고 했어! 내가 당신한테 뭘 했다는 거야?

A: 뭐라고? 그것도 몰라?
B: 정말 뻔뻔하군!
   정말 황당해!
   정말 짜증나는군!
   당신한테 질렸어.
   당신한테 질렸어.
   당신한테 질렸어.

87

Unit 04 놀라움 · 긴장 · 두려움
Surprise, suspense and fear

01 놀랄 때

• 놀람을 표현할 때 외국 영화처럼 과장되게 흉내 내기보다는 자연스럽게 표현하는 게 더 전달이 잘 된다. 흔히 영화를 보면 미국인들은 놀라움이나 어떤 일을 망쳤을 때 Oh, my God!이란 표현을 자주 하는 것을 알 수 있다.

놀랍네요!	**How surprising!** 하우 서프라이징
저런 세상에!	**Oh, my god!** 오우 마이 갓
아이, 깜짝이야!	**Oh, I'm surprised!** 오우 아임 써프라이즈드
청천벽력이야.	**It dropped like a bomb.** 잇 드랍트 라이커 밤
	It came from out of the blue. 잇 케임 프럼 아우러브 더 블루
믿을 수 없어!	**Unbelievable!** 언빌리버블
	I can't believe it! 아이 캔트 빌리빗
정말 충격이야!	**It was a total shock!** 잇 워저 토털 샥
굉장한데!	**That's awesome!** 댓스오섬

● PART 02_ 감정 표현

그럴 리가 없어!	**Impossible!** 임파서블
전혀 몰랐어!	**I had no idea!** 아이 햇 노우 아이디어
놀라서 죽는 줄 알았어.	**It scared me to death.** 잇 스케어드 미 투 데쓰
	It scared me out of my wits. 잇 스케어드 미 아우러브 마이 위츠
그럴 리가!	**It can't be (true)!** 잇 캔트 비 (추루)
설마 농담이지?	**Are you kidding?** 아 유 키딩
	Are you serious? 아 유 씨리어스
너 때문에 놀랐잖아!	**You startled me!** 유 스타틀드 미
충격이다!	**I'm shocked!** 아임 샤트
	What a shock! 와러 샥
정말이야?	**Really?** 리얼리
	Is that right? 이즈 댓 라잇

02 무서울 때

• 무섭거나 놀랄 때 쓰는 동사들인 scare, shock, frighten, startle, surprise 등의 동사는 모두 (상대를) 놀라게 하다라는 의미를 가지고 있으므로 내가 놀라거나 무섭다라는 의미로 사용하려면 be frightened, be scared처럼 수동태로 표현해야 한다.

소름이 끼쳤어.	**It gave me goose bumps.** 잇 게입 미 구스 범스 goose bumps: 닭살 **It gave me the creeps.** 잇 게이브 미 더 크립스 creeps: 섬뜩한 느낌
간담이 서늘했어.	**My blood ran cold.** 마이 블럿 랜 코울드
무서워요.	**I'm terrified.** 아임 테러파이드
기절할 뻔했어.	**I almost lost it.** 아이 올모스트 로스팃
무서워 죽을 뻔했어.	**I was scared to death.** 아이 워즈 스케어드 투 데쓰
등골에 땀이 나요.	**I have perspiration on my back.** 아이 햅 퍼스퍼레이션 온 마이 백
난 무서워서 얼어붙었어.	**I was petrified.** 아이 워즈 페트리파이드 petrify: 돌처럼 굳게 하다, 망연자실하게 하다
머리칼이 곤두설 지경이었어.	**My hair stood on end.** 마이 헤어 스툿 온 엔드

● PART 02_ 감정 표현

03 긴장, 초조감을 나타낼 때

● 보통 긴장하고 초조해 하는 상대에게 Don't be nervous. 긴장하지 마, Don't worry. 걱정하지 마 하고 부정의 명령 형태를 자주 쓰게 되는데 가끔 I hope you try to be relax. 마음을 편히 먹으면 좋을 것 같아. I'm sure everything will be OK. 다 잘될 거라고 확신해.처럼 긍정으로 바꾸어 표현하는 게 상대의 마음을 편하게 하는 경우가 있다.

좀 긴장되네.	**I'm a little nervous.** 아임 어 리틀 너버스
마음이 조마조마해.	**I've got butterflies in my stomach.** 아이브 갓 버러플라이즈 인 마이 스터먹 have butterflies in the stomach: 걱정으로 조마조마해 하다
무척 불안해.	**I'm so restless.** 아임 소우 레스틀리스
긴장해서 손에 땀이 고였어.	**I'm so nervous my hands are sweaty.** 아임 쏘우 너버스 마이 핸즈 아 스웨리
너무 긴장되어 입안이 바싹 마른다.	**I'm so nervous that my mouth is drying up.** 아임 소우 너버스 댓 마이 마우스 이즈 드라잉 업
긴장을 풀어 봐.	**Calm your nerves.** 캄 유어 너브즈
너무 긴장하지 마.	**Try not to be nervous.** 추라이 낫 투 비 너버스
	Don't be nervous. 돈 비 너버스
두려워하지 마!	**Never fear!** 네버 피어

04 부끄러울 때

• 부끄러움은 굳이 말로 표현하지 않아도 얼굴 표정이나 여러가지 몸짓으로 드러나게 되므로 더 불편하기도 하다. 이때는 가볍게 자신이 불편함을 말로 표현하면서 상황을 부드럽게 만드는 게 나은 방법일 수 있다.

부끄럽군!	**How embarrassing!** 하우 임배러싱 **I'm embarrassed.** 아임 임배러스트 embarrassed는 말 그대로 황당하거나 당황스러운 상태를 표현한 것으로 예를 들어, 계단에서 넘어져 창피하고 당황스러운 상황을 상상하면 된다.
내 자신이 부끄럽다.	**I'm ashamed of myself.** 아임 어쉐임드 업 마이셀프 ashamed는 어떤 일을 잘못해서 '내가 왜 그랬지?'와 같은 후회의 마음과 함께 드는 부끄러움이나 죄책감을 의미.
너 얼굴 빨개졌구나.	**You're blushing.** 유어 블러싱
어디론가 숨고 싶다.	**I wish I could disappear.** 아이 위시 아이 쿳 디스어피어
부끄러운 줄 알아!	**Shame on you!** 쉐임 온 유 * 부도덕한 짓을 한 사람에게 꾸짖는 말.
놀리지 마.	**Don't tease me.** 돈 티즈 미
쟤 얼굴 빨개진 거 봐라.	**Look at him blushing.** 룩앳 힘 블러싱
부끄러워 말고 네 속마음을 털어놔 봐.	**Don't be shy and open your heart.** 돈비 샤이 앤 오픈 유어 핫

PART 02_ 감정 표현

05 후회, 아쉬움 표현

• 후회와 아쉬움을 표현할 때 직접적으로 regret 같은 단어를 사용해서 표현하기도 하지만 가정법을 사용하여 '~했으면 좋았을 텐데'의 의미로 표현하는 경우도 많다.

거기에서 너에게 그걸 보여주고 싶었는데.	**You should have been there to see it.** 유 슈드 해빈 데어 투 씨 잇
그가 실패하다니 안타깝네요.	**It's a great pity that he failed.** 잇스 어 그레잇 피티 댓 히 페일드
그건 피할 수 있었는데.	**That could be avoided.** 댓 쿠드 비 어보이딧
영어 공부를 더 열심히 했으면 좋았을걸.	**I wish I had studied English harder.** 아이 위시 아이 햇 스터딧 잉글리시 하더
네 동정은 필요 없어.	**I don't need your sympathy.** 아이 돈 니드 유어 씸퍼씨 sympathy: 공감, 동정
운이 없었어.	**It's unfortunate.** 잇스 언포츄닛
그 시절은 참 좋았어.	**Those were the good old days.** 도우즈 워 더 굿 올드 데이즈
난 이곳을 그리워할 거야.	**I'm really to miss this place.** 아임 리얼리 투 미쓰 디스 플레이스

관련단어

surprise	놀라게 하다		부끄러워하다
unbelievable	믿을 수 없는	disappear	사라지다, 보이지 않게 되다
shock	놀라움		
awesome	어마어마한, 엄청난	shame	수치심, 창피
impossible	불가능한	ashamed	부끄러운
kid	놀리다, 장난하다	tease	놀리다
serious	심각한	shy	수줍어 하는, 부끄럼 타는
startle	깜짝 놀라게 하다		
give (somebody) the creeps	~를 섬뜩하게 하다, 오싹하게 하다	pity	연민, 유감
		fail	실패하다
petrify	겁에 질리게 하다	avoid	피하다
frighten	놀라게 하다	need	필요하다
terrify	무섭게 하다	sympathy	동정
scare	겁주다, 겁먹게 하다	unfortunate	유감스러운, 불운한
perspiration	땀	miss	놓치다, 그리워하다
back	등	bomb	폭탄
nervous	긴장한, 초조한	dropped	떨어지다
have butterflies in the stomach	걱정으로 조마조마해 하다	believe	믿다
		idea	발상, 생각
restless	초조해 하는, 가만히 못 있는	death	죽음
		true	사실인
sweaty	땀나게 하는, 땀투성이의	goose bumps	닭살
		creeps	섬뜩한 느낌
dry up	바싹 마르다	blood	피, 혈액
calm	잠잠한	petrify	돌처럼 굳게 하다, 망연자실하게 하다
calm down	진정하다		
fear	두려운	stand	서다
embarrassing	난처한, 쑥스러운	have butterflies in the stomach	걱정으로 조마조마해 하다
embarrass	난처하게 하다		
blush	얼굴이 빨개지다,		

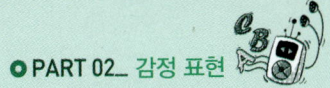

PART 02_ 감정 표현

회화표현

A: Why is your face turning red?
You are blushing.
Look at you blushing.

B: I'm so embarrassed.
I wish I could disappear.
I was embarrassed to death.

A: What happened?

B: As I was coming here, I slipped and fell on a banana peel.

A: Did you hurt yourself?
Are you OK?

B: No, I'm fine. But there were a lot of people where I fell.
I'm not hurt physically but my pride is.

★ 우리말 해석

A: 왜 얼굴이 빨개졌어?
얼굴이 빨개졌네.
너 얼굴 빨개진 것 좀 봐.

B: 너무 창피했어.
어디론가 숨고 싶어.
죽도록 창피했어.

A: 무슨 일이야?

B: 여기 올 때 바나나 껍질에 미끄러 넘어졌어.

A: 다쳤니?
괜찮니?

B: 아니, 괜찮아. 근데 내가 넘어지던 곳에 사람들이 많았어.
몸은 안 다쳤지만 자존심이 상했어.

왕초보 실생활 **영어회화 + 기본패턴**

PART 03

화술 표현
The Skill of Conversation

화술의 근본은 상대방을 나의 의도대로 설득시키는 작업이다. 그러기 위해서는 상대의 재미없는 얘기도 잘 들어줘야 하기고 하고 또 사교적 매너를 익히는 과정이기도 하다. 또 상대의 논리를 논박해야 할 경우도 있으므로 대화를 하다 보면 인간의 지적, 인격적 수준이 드러나게 마련이다.

Unit 01 칭찬하기
Compliments

01 성과 칭찬하기

- '칭찬은 고래도 춤추게 한다'라는 말이 있다. 칭찬 받은 사람은 기분이 좋아지고 행복하니 칭찬 받은 행동을 지속하게 되어 긍정적인 결과를 가져오게 된다고 한다. 여러 가지 칭찬 표현을 알지 못해도 Very good./ You did a good job./ Wow. 등의 간단한 표현에 표정만 더해도 된다.

엄청나네요!	**Great!** 그레잇
아주 잘했어요!	**Well done!** 웰 던
잘했어요!	**Good job!** 굿 잡
맞아, 그렇게 해요.	**That's the way.** 댓스 더 웨이
잘하고 있어요.	**You're coming along well.** 유어 커밍 얼롱 웰
용케 해냈군!	**You did it!** 유 디릿
근성이 있군.	**You've got guts.** 유브 갓 것츠
네가 자랑스러워.	**I'm proud of you.** 아임 프라우드 어브 유

● PART 03_ 화술 표현

02　격려하기

• 실망스럽거나 좋지 않은 일이 있을 때 자꾸 부정적인 생각을 하게 되는 경향이 있는데 이때 옆에서 들어주고 격려의 말을 전달하면 상대방이 긍정적인 방향으로 생각을 바꾸는 데 큰 힘이 된다.

힘내!	**Cheer up!** 치어럽
파이팅!	**Go for it!** 고우 포 잇
낙심하지 말고 힘내!	**Keep your chin up!** 키퓨어 친 업
난 네 편이야.	**I'm on your side.** 아임 온 유어 사이드
운에 맡기고 해 봐!	**Take a chance!** 테이커 챈스
거의 다 왔어.	**You're almost there.** 유어 올모스트 데어
넌 할 수 있어!	**You can do it!** 유 컨 두 잇
기회는 있어!	**There's a chance!** 댓처 챈스
해볼 만한 가치가 있어.	**Give it a try.** 기비러 추라이

03 외모에 대한 칭찬

• 〈look + 형용사〉의 형태의 문장은 '~해 보인다'라는 표현으로 얼굴이나 옷 등 외모를 표현하기에 적절하다. 또한 〈look + like + 명사〉의 형태로 '~처럼 보인다'라고 표현할 수도 있다.

멋져!	**You look nice!** 유 룩 나이스
	Gorgeous! 고저스
나이에 비해 젊어 보이세요.	**You look young for your age.** 유 룩 영 포 유어 에이지
건강해 보여요.	**You look fit.** 유 룩 핏
어떻게 그리 날씬하세요?	**How do you keep in shape?** 하우 두유 킵 인 쉐입
끝내주게 빼입었군. (다소 속어)	**You're dressed to kill.** 유어 드레스 투 킬
당신에게 아주 잘 어울려요.	**It really looks good on you.** 잇 리얼리 룩스 굿 온 유
옷에 대한 센스가 좋으세요.	**You have good taste in clothes.** 유 해버 굿 테이스틴 클로씨즈
옷을 잘 입으시네요.	**You dress well.** 유 드레스 웰

○ PART 03_ 화술 표현

04 능력을 칭찬할 때

• 축하할 때도 뭉뚱그려 congratulations라고 하기보다 Congratulations on your graduation./ Congratulations on your wedding.과 같이 구체적으로 표현하는 것처럼 칭찬을 할 때도 구체적인 성과나 능력을 짚어서 칭찬하는 경향이 있다. 〈You're a good + 명사〉 표현은 여러 가지 능력을 짚어서 칭찬하기 좋은 영어 패턴이다.

능력이 있는 분이군요.	**You are a man of ability.** 유 아 어 맨 어브 어빌리티 a man of ability: 능력가, a man of means: 재산가
어떻게 그렇게 영어를 잘하세요?	**How come you speak such good English?** 하우 컴 유 스픽 서치 굿 잉글리시
못하시는 게 없군요.	**Is there anything you can't do?** 이즈 데어 애니씽 유캔트 두
네가 나보다 한 수 위야.	**You're a cut above me.** 유어러 컷 어버브 미 * cut 대신 step을 써서 You are a step above me.라고 표현해도 같은 의미.
뛰어나군!	**Excellent!** 엑설런트 **Superb!** 수퍼브
패션에 식견이 있으시군요.	**You have an eye for fashion.** 유 해번 아이 퍼 패션 have an eye for: ~에 안목이 있다

101

만물박사시군요.	**You're a walking encyclopedia.** 유어러 워킹 인사이클로피디어 encyclopedia: 백과사전
기억력이 좋으시네요.	**You have a good memory.** 유 해버 굿 메머리

05 소유물을 칭찬할 때

• 칭찬을 할 때 감탄의 표현뿐 아니라 'I like ~'의 표현에 상대방의 옷이나 신발, 가방, 헤어스타일 등을 넣어 표현하면 과하지 않게 현재 상대방의 모습이나 취향을 칭찬한 것으로 자연스럽게 긍정적인 대화를 유도할 수 있다. I like your shoes./ I like your bag.

헤어스타일이 멋져요.	**I like your haircut.** 아일라익 유어 헤어컷
저택이 굉장하군요!	**What a gorgeous mansion!** 와러 고져스 맨션 mansion: 저택 (우리나라처럼 고층 아파트를 맨션이라 하지는 않음)
셔츠가 멋지네요.	**That's a nice shirt.** 댓스나이스 셔트 *셔츠(shirts)라고 하면 여러 벌이 되므로 주의
모든 게 이상적으로 갖춰져 있네요!	**What a lay-out!** 와러 레이아웃
그거 정말 좋은데요.	**It's so nice.** 잇스 소우 나이스
정말 근사한데요!	**It's a real beauty!** 잇스 어 리얼 뷰티
어디에서 이런 근사한 가구를 구하셨나요?	**Where did you get all this good furniture?** 웨어 디쥬 게롤 디스 굿 퍼니쳐
그게 더 근사하네요!	**That's more like it!** 댓스 모어 라이킷

06 칭찬에 대한 응답

• 칭찬에 대해서 우리나라 사람들은 멋쩍어하거나 우물쭈물거리면서 답을 피하는 경향이 있지만 즉각적으로 정확하게 감사인사를 전하는 것이 예의다.

칭찬해 주시니 감사합니다.	**Thank you, I'm flattered.** 쌩큐 아임 플래터드 flatter: 칭찬하다, 아첨하다, 우쭐해하다 **Thank you for your compliment.** 쌩큐 포 유어 컴플리먼트
과찬이십니다.	**I'm so flattered.** 아임 소우 플래터드 You're flattering me.로 주체를 바꾸어 표현해도 같은 의미이다.
당신 덕분입니다.	**All the credit goes to you.** 올 더 크레딧 고우즈 투 유
그렇게 말씀해 주셔서 감사합니다.	**Thank you for saying so.** 쌩큐 포 쎄잉 소우 **It's very nice of you to say so.** 잇스 베리 나이스 어브 유 투 세이 소우
제 성공은 아버지 덕분이죠.	**I owe my success to my father.** 아이 오우 마이 석세스 투 마이 파더
과찬하시니 얼굴이 붉어집니다.	**Don't make me blush.** 돈 메이크 미 블러쉬 blush: 얼굴이 붉어지다
너무 비행기 태우지 마세요.	**Spare my blushes.** 스페어 마이 블러쉬즈

PART 03_ 화술 표현

  영어 표현 업그레이드!!

칭찬을 할 때 정확한 의미의 어휘를 사용하면 세련되게 칭찬의 효과를 배가시킬 수 있다. 몇 가지 예를 참고해 보자.

■ 중요하고 핵심적인 역할을 하는 사람을 표현할 때

'중요하고 핵심적이다'라고 하면 먼저 생각나는 단어로 important와 significant가 있지만 '전체를 구성하는 데 있어서 없어서는 안 된다'는 의미로는 integral, 매우 중요하다라는 의미로는 critical도 생각할 수 있다. '핵심적인 역할을 한다', '축이 된다'의 의미로 표현하고자 한다면 pivotal을 써서 play a pivotal role이라고 표현할 수도 있다.

예 She plays the most important role in our plan.
 ⇨ (업그레이드) She's integral to our plan.

■ 어떤 사람이 인정받을 만한 일을 한 경우

credit은 '공헌'이나 '기여'를 표현하기에 유용한 단어다. '공헌한 바를 인정해 주어야 한다'라고 말하려면 give somebody credit이라고 하고, '칭찬받을 사람이 칭찬받아야 한다'라고 말하려면 credit을 활용해서 give credit where credit is due라고 표현할 수 있다. 참고로 '공을 독차지한다'라고 말하려면 hog를 쓰면 된다. 예를 들어 '공을 독차지하지 말고 우리 모두 기여했다고 이야기하라'는 Don't hog all the credit. You should tell the boss we all contributed.

예 Michale should be praised for his work.
 ⇨ (업그레이드) Michael should be given credit for his work.

105

영어 표현 업그레이드!!

▪ **어떤 사람이 믿을 만하다고 말할 때**

Count on은 보통 rely on과 같은 뜻으로 '~에 의지하다'의 뜻으로도 쓰지만 뒤에 to 부정사가 오면 '~할 것을 믿는다'라는 의미가 된다.

예 I can always count on you to do a good job.
⇨ (업그레이드) I can count on you to do a good job.

PART 03_ 화술 표현

great	굉장한	walking	걸어다니는
well done	잘했어	encyclopedia	백과사전
good	좋은, 훌륭한	memory	기억력
job	직업, 일	haircut	헤어컷
way	길	mansion	대저택
guts	용기, 근성	shirt	셔츠
proud	자랑스러워 하는, 자랑스러운	good	좋은
		nice	멋진
cheer	환호, 쾌활함	gorgeous	근사한
cheer up	기운내	beauty	미(美), 아름다움
chin	턱	furniture	가구
side	편	garden	정원
chance	기회	handbag	핸드백
take	가지다	thank	감사하다
try	시도	flatter	아첨하다, 돋보이게 하다
nice	멋진		
gorgeous	아주 멋진	compliment	칭찬
young	젊은	owe	빚지다
shape	형태	success	성공
keep in shape	몸매를 유지하다, 형태를 유지하다	blush	얼굴이 붉어지다
		spare	남는, 여분의
good	좋은	along ~	을 따라
dress	옷을 입다	chance	가능성
ability	능력	almost	거의
anything	어떤 것	fit	맞다, 적합하다
excellent	대단한	kill	죽이다
superb	최상의	taste	맛
have an eye for ~	~에 안목이 있다	above ~	보다 위에

회화표현

A: Do I look good in this?
　　　　　　　nice
B: Great on you.
　 Gorgeous
A: I need a tie, too.
　　　　　shirt
　　　　　belt
B: How about this?
A: Does this tie goes with my jacket?
B: Yes, It goes well with your jacket.
　　　　　　　　　　　　　　　dress
　　　　　　　　　　　　　　　T shirt
A: Thanks. You have an eye for fashion.
B: You flatter me.

★ 우리말 해석

A: 이게 저한테 어울립니까?
　　　　　　　어울립니까?
B: 당신과 아주 잘 어울려요.
　 멋지게 어울려요.
A: 저도 넥타이가 필요해요.
　　　셔츠
　　　벨트
B: 이건 어떠세요?
A: 이 넥타이가 제 재킷과 어울리나요?
B: 네. 재킷과 잘 어울립니다.
　　 드레스
　　 티셔츠
A: 고마워요. 패션에 대한 감각이 있으시군요.
B: 과찬이세요.

Unit 02 비난 · 충고
Reproach and Advice

01 비난할 때

• 어떤 일에 대해서 기대했던 바가 이루어지지 않았을 때 그 결과를 다른 사람의 책임으로 돌려서 원망하거나 비난하는 경우가 많다. 이때는 out of mind, insane, mad, crazy 등의 부정적인 단어를 많이 사용하게 된다.

당신 책임이에요.	**You are to blame.** 유 아 투 블레임
그 사고가 일어난 것은 유감입니다.	**It's unfortunate that the accident had to happen.** 잇스 언포츄닛 댓 디 엑시던트 햇투 해픈 * 은근하게 비난하는 말.
창피한 줄 아세요.	**Shame on you.** 쉐임 온 유
당신 미쳤군요.	**You're insane.** 유어 인세인
그 사람 말을 믿다니 당신도 바보군요.	**It's silly of you to trust him.** 잇스 씰리 어뷰 투 트러슷 힘
그는 항상 그런 식이에요.	**It's so typical of him.** 잇쏘우 티피컬 업 힘
왜 이런 식으로 행동하죠?	**Why are you acting this way?** 와이 아 유 액팅 디스 웨이

거 봐! 내가 뭐랬어!	**There now! What did I tell you?** 데어 나우 왓 딧 아이 텔 유
너 진짜 유치하구나.	**You're so childish.** 유어 소우 촤일디쉬
뭐라고! 그것도 모른다는 거야?	**What! You don't know that?** 왓 유 돈노우 댓
너도 마찬가지야.	**The same applies to you.** 더 쎄임 어플라이즈 투 유
당신 정신 나갔어?	**Have you lost your mind?** 해뷰 로슷 유어 마인드
바보짓 하지 마!	**Don't you make a fool of yourself!** 돈츄 메익커 풀 옵 유어셀프
정말 뻔뻔하군!	**What an impudence!** 와런 임퓨던스 impudence: 뻔뻔스러움, 건방짐
당신이 뭐라도 되는 줄 아세요?	**Who do you think you are?** 후 두 유 씽큐 아

PART 03_ 화술 표현

02 비난에 반응할 때

• 누군가의 비난에 반응할 때 무작정 흥분하기보다 자신의 입장을 차분하고 단호하게 표현하는 것이 효과적이다.

잔소리 그만해!	**Stop nagging!** 스탑 내깅
날 바보 취급하지 마.	**Don't take me for a fool.** 돈 테익 미 포 어 풀
나는 네가 생각하는 것만큼 바보가 아니야.	**I'm not as dumb as you think.** 아임 낫 애즈 덤 애즈 유 씽크
내 탓하지 마.	**Don't put the blame on me.** 돈 풋 더 블레임 온 미
목소리 낮춰!	**Keep your voice down!** 키퓨어 보이스 다운
그 말 들으니 기분 나쁘네.	**I take offense to that.** 아이 테익 오펜스 투 댓
뭔 소리 하는 거야?	**What are you talking about?** 와라 유 토킹 어바웃
날 뭐라고 생각하는 거야?	**What do you take me for?** 왓 두 유 테익 미 포
난 그런 말한 적 없어.	**I never said that.** 아이 네버 쎄드 댓

03 질책 받는 상황

• 별일 아닌 일로 요란을 떤다고 질책하는 표현으로 She is a drama queen.이라는 표현이 있으며 Don't be such a drama queen. / She makes a big production of everything.도 같은 의미이다.

말대답하지 마.	**Don't talk back to me.** 돈 톡 백 투 미
다시는 그러지 마.	**You'll never do that again.** 유일 네버 두 댓 어겐
그런 식으로 말하지 마.	**Don't talk to me like that.** 돈 톡 투 미 라익 댓
핑계는 그만해!	**No more excuses!** 노우 모어 익스큐지즈 **Don't make excuses!** 돈 메익 익스큐지즈
조심해.	**Watch yourself.** 워치 유어셀프
난 묵사발이 되었어.	**I got chewed out.** 아이 갓 츄드 아웃 chew out: 호되게 꾸짖다, 호통치다
지독한 잔소리를 들었어.	**I got an earful.** 아이 가런 이어펄
경고만 받고 풀려났어.	**He let me off with just a warning.** 히 렛 미 오프 저스터 워닝

● PART 03_ 화술 표현

04 충고할 때

• 친한 사람에게 충고나 제안을 할 때 자주 쓰는 'you'd better…'는 우리가 알고 있는 뜻과 달리, 엄마가 아이에게 또는 선생님이 학생에게 하는 것과 같은 경고나 강한 지시의 의미를 가지고 있어서 상대방의 감정을 상하게 할 수 있으므로 허물 없는 사이가 아니라면 might, should를 사용하는 편이 좋다.

나를 실망시키지 마세요.	**Don't let me down.** 돈 렛 미 다운
잊지 말고 기억하세요.	**Keep that in mind.** 킵 댓 인 마인드 keep in mind 명심하다
자존심을 버리세요.	**Pocket your pride.** 파킷 유어 프라이드
그게 맞다고 생각하면 하세요.	**Do it if you see fit.** 두잇 이퓨 씨 핏 fit 맞다, 적합하다
나를 너무 믿지는 말아요.	**Don't count on me.** 돈 카운트 온 미
선수를 치세요.	**Catch the ball before the bounce.** 캐취 더 볼 비포 더 바운스 *직역은 '공이 튀기 전에 잡으세요.'
일찍 자고 일찍 일어나는 게 좋아요.	**You'd better keep early hours.** 유드 배러 킵 얼리 아워즈

113

카운슬러에게 상담을 받아보는 게 좋겠어.	You should see a counselor about that. 유 슈드 씨어 카운슬러 어바웃 댓
그의 말을 액면 그대로 받아들이지 마세요!	Don't take what he says at face value! 돈 테익 왓 히 쎄즈 엣 페이스 밸류
최선을 다해라.	Be all you can be. 비 올 유 컨 비
규칙대로 하는 것이 좋을 겁니다.	You'd better go by the book. 유드 배러 고우 바이 더 북
말보다는 행동이 중요해요.	Action speaks louder than words. 액션 스픽스 라우더 댄 워즈
당신은 그 생각을 버려야 해요.	You must give up the idea. 유 머숫 기법 디 아이디어
실수하는 것을 두려워 마세요.	Don't be afraid of making mistakes. 돈 비 어프레이덥 메이킹 미스테익스
당신은 진지해져야 해요.	You should keep a straight face. 유 슈드 킵어 스트레잇 페이스
남의 일에 상관하지 않는 게 좋을 거야.	Don't poke your nose into my business. 돈 포우큐어 노우즈 인투 마이 비즈니스 * 좀 거친 표현.

● PART 03_ 화술 표현

05 주의를 줄 때

• 주의를 주거나 경고의 말은 주로 긴박한 상황에서 하는 경우가 많아 주로 명령문 형태(~해라, ~하지 마라)를 쓰게 된다. 주의를 줄 때 사용되는 단어 중 하나인 watch는 '보다'의 의미가 아니라 '주의하다'의 의미이다.

주의하는 것이 좋겠어요!	**Better watch out!** 배러 워취 아웃 * You'd better watch out!을 생략한 표현으로 크리스마스 캐럴 중에서 뜻은 다르지만 '울면 안 돼'에 해당하는 대목이다.
그러면 안 돼요.	**That's not nice.** 댓스 낫 나이스
격식 따위는 따지지 마세요.	**Don't stand on ceremony.** 돈 스탠드 온 세러모우니
쓸데없는 짓 말아요.	**Don't ask for trouble.** 돈 애슥 포 추러벌 *직역하면 '고생을 요청하지 마라'.
나쁜 친구들과 사귀지 마라.	**Don't get into bad company.** 돈 게린투 뱃 컴퍼니
그에게 너무 심하게 대하지 말아요.	**Don't be too hard on him.** 돈 비 투 하드 온 힘
오해하지는 마세요.	**Don't get me wrong.** 돈 겟 미 렁
일부러 그런 짓은 하지 마세요.	**Don't go and do a thing like that.** 돈 고우 앤 두 어 씽 라익 댓

나한테 쓸데없는 칭찬을 하지 마세요.	**No soft soap for me.** 노우 소프트 소웁 포 미
치켜세워서 버릇 없는 아이로 만들지 마세요.	**Don't spoil a child by praise.** 돈 스포일 어 촤일드 바이 프레이즈
제발 언성을 높이지 마십시오.	**Don't raise your voice, please.** 돈 레이즈 유어 보이스, 플리즈
너무 굽실거리지 마세요.	**Don't be crawling.** 돈 비 크롤링
그것을 중지하세요.	**You'd better put a stop to it.** 유드 배러 풋 어 스탑 투 잇
그 사람과 사귀지 마세요.	**Don't associate with him.** 돈 어소우쉬에잇 위드 힘
이러시면 안 돼요.	**You shouldn't do this.** 유 슈든 두 디스
야한 농담하지 마세요.	**Don't make an indecent joke.** 돈 메이컨 인디슨트 죠크
평지풍파 일으키지 마라.	**Don't rock the boat.** 돈 락 더 보트 * 직접적인 표현은 아니지만 우회적인 표현을 통해 의미를 전달하기도 한다.
공연히 문제 일으켜서 산통 깨지 마.	**Don't make trouble and spoil a plan.** 돈 메익 추러블 앤 스포일 러 플랜

PART 03_ 화술 표현

06 지시할 때

지시를 할 때 조동사가 사용되는 경우가 많은데 조동사의 의미와 뉘앙스의 차이가 약간씩 있으므로 알아두면 좋다. must와 have to는 '~해야 하다'는 강한 의무를 나타내는 표현이고 should는 '~해야겠어요'. '~하는 게 좋겠어요'의 must보다는 약간 약한 의무나 충고의 의미이다.

그건 이렇게 하세요.	**Do it this way.** 두잇 디스 웨이
무슨 일이 있어도 그건 해야 해.	**Do it by all means.** 두잇 바이 올 민즈
여섯 시까지 꼭 와야 해!	**Make sure you come by six.** 메익 슈어 유 컴 바이 씩스 make sure 반드시 ~하다, ~을 확실히 하다
무슨 일이든 말씀하십시오.	**I'm always at your service.** 아임 올웨이즈 앳 유어 서비스
그 사람의 지시를 따르세요.	**Follow his instructions.** 팔로우 히즈 인스트럭션즈
그 기계를 만지지 마세요.	**Don't touch the machine.** 돈 터취 더 머쉰
당신의 지시를 따르지 않겠소.	**I'll take no orders from you.** 아일 테익 노우 오더즈 프럼 유
불평하지 말고 시키는대로 해.	**Don't complain and do as you are told.** 돈 컴플레인 앤 두 애즈 유 아 토울드

117

관련단어

blame	~을 탓하다, 책임	be afraid of	~을 두려워하다
unfortunate	운이 없는, 불행한	mistake	실수
accident	사고	straight	똑바른
happen	발생하다, 일어나다	business	일
shame	수치심, 창피	watch out	주의하다
insane	정신 이상의, 미친	ceremony	격식
silly	어리석은, 바보 같은	ask for	요청하다
trust	신뢰	trouble	문제
typical	전형적인	wrong	틀린
childish	어린애 같은, 미성숙한	spoil	망치다
impudence	뻔뻔스러움, 건방진	praise	칭찬하다
stop	멈추다	raise	높이다
nag	잔소리를 하다	crawling	굽실거리는
fool, dumb	바보	indecent	외설적인, 적절하지 못한
voice	목소리		
offence	위법 행위, 모욕	company	동료
never	결코 ~아닌	way	방식
talk	말하다	means	수단, 방법
back	등, 뒤	make sure	반드시 ~하다, ~을 확실히 하다
excuse	변명, 이유, 핑계		
watch	조심하다	follow	따르다
chew out	호통치다, 호되게 꾸짖다	instruction	지시
		touch	만지다
earful	한바탕 긴 꾸중	machine	기계
warning	경고	order	명령, 지시
keep in mind	명심하다	complain	불평하다
pride	자존심	act	행동
count	세다, 계산에 넣다	apply	신청하다, 지원하다
counselor	상담	lose	잃어버리다
value	가치, 액면	action	행동
give up	포기하다	poke	쿡 찌르다

PART 03_ 화술 표현

A: Everybody, please pay attention to me. Stop chatting!
B: Yes, Mr. Brown.
A: Watch out for cars when you go home after school.
   Heads up!
B: Yes, I will. Don't worry. Oh, damn! It started raining outside.
A: Watch your mouth. Tony! And don't leave your belongings.
   Watch your tongue.
   Watch your language.
B: I'm sorry for the slip of the tongue, Mr. Brown.

★ 우리말 해석

A: 여러분, 저에게 집중해 주세요. 잡담 그만!
B: 네, 브라운 선생님.
A: 방과 후 집에 갈 때 차 조심하세요.
                    조심해
B: 네, 그러겠습니다. 걱정 마세요. 오, 젠장! 밖에 비가 오기 시작했네.
A: 말 조심해라. 토니! 그리고 소지품을 놓고 가지 마세요.
   말 조심해라.
   말 조심해라.
B: 말실수해서 죄송해요, 브라운 선생님.

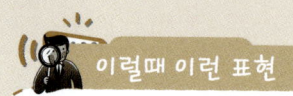 이럴때 이런 표현

- 내가 충고 하나 하지.

Let me give you an advice. (X)
Let me give you a piece of advice. (O)
Let me give you a word of advice. (O)

advice는 uncountable noun(셀 수 없는 명사)이므로 앞에 부정관사나 복수형으로 쓸 수 없는 명사다. 그러므로 advice를 셀 수 있는 형태로 표현하려면 a piece of나 a word of를 붙여야 한다.

- 말 조심해!

Watch your mouth! 말 조심해!
Look at your mouth! 네 입 좀 봐!

만약 누군가 Watch your mouth.라고 했다면 거울을 꺼내 입에 뭐가 묻었는지 살필 것이 아니라 I'm sorry.라고 사과를 해야 한다. 이 표현은 '말조심 해.'라는 책망의 표현이기 때문이다.

Heads up! 조심해!
Put your head up! 고개 들어!

Heads up!은 '고개 들어 위를 봐!'라는 의미가 아니라 '조심해', '비켜'라는 의미로 고개를 숙이고 있지 말고 고개를 들고 주위를 잘 살피라는 의미에서 비롯된 표현이다. '고개 들어'를 영어로 표현한다면 Put your head up.이라고 하면 된다.

Watch out! 조심해! (갑작스런 위기 상황에서 쓰는 말)
Be careful! 조심해! (예견된 상황에서 쓰는 말)

watch out의 의미는 조심하라는 뜻이지 밖을 보라는 뜻이 아니다. Watch out은 예상치 못한 상황에서 갑자기 연출된 위험한 상황에서 표현하는 '조심해'의 의미이고 통상적으로 많이 사용하는 Be careful!은 위험한 상황이 예견된 상황에서 조심하라는 말이다.

▪ **유감스러운 일이네요.**

It's a shame.   유감스러운 일이네요.
Shame on you!   창피한 줄 알아라.

shame은 부끄러움, 치욕을 의미하는 단어이고 Shame on you는 '부끄러운 줄 알아라'라는 책망의 표현이 된다. 그러나 shame 앞에 a를 붙여 a shame이라고 하면 '유감스러운 일'이라는 전혀 다른 뜻이 된다.

Unit 03 질문하기
Inquiry

01 이해했는지 확인할 때

- Sympathy가 정(情)에 의한 이해라고 하면 understanding은 분별력에 의한 이해다. 조금 더 확장된 의미로 comprehension은 넓고 포용력 있는 이해를 의미한다.

이해하시겠어요?	**Do you understand (it)?** 두 유 언더스텐드 (잇)
알겠어요?	**Is that clear?** 이즈 댓 클리어 * 간결하고 좀 딱딱한 표현.
제 말뜻을 이해하시겠어요?	**Do you understand what I mean?** 두 유 언더스텐드 워라이 민
제가 하는 말을 이해하겠어요?	**Do you see what I'm saying?** 두 유 씨 워라임 쎄잉
지금까지 제가 한 말을 이해하시겠어요?	**Do you follow me so far?** 두유 팔로우 미 쏘 파 **Are you with me so far?** 아유 위드 미 쏘 파
무슨 뜻인지 이해하시겠어요?	**Do you understand the meaning?** 두 유 언더스텐드 더 미닝
사정(내용)을 알았습니까?	**Do you get the picture?** 두유 겟 더 픽쳐 * 내가 얘기하는 전체 그림(비유)을 상상할 수 있느냐는 표현.

○ PART 03_ 화술 표현

02 되묻는 표현

• 상대의 말을 제대로 이해하지 못했는데도 외국어라서 이해하는 척 넘어가는 것보다 반드시 되물어서 분명히 이해해야 나중에 오해가 생기는 일이 없다.

뭐라고요?	**Excuse me?** 익스큐즈 미
네?	**Sorry?** 쏘리
뭐라고 하셨지요? (정중한 표현)	**I beg your pardon?** 아이 백 유어 파든
	Pardon me? 파든 미
뭐라고?	**What?** 왓 * 친밀한 사이에서 쓰는 비격식 표현.
뭐라고 했지?	**You said what?** 유 쎄드 왓?
방금 뭐라고 말씀하셨죠?	**What did you say just now?** 왓 디쥬 쎄이 저숫 나우
정말인가요?	**Really?** 리얼리
농담이겠죠.	**You're kidding.** 유어 키딩

03 질문하기

• Would you mind~?와 같이 mind가 들어간 의문문에 대답을 할 때는 주의를 해야 한다. mind는 '꺼리다', '반대하다'라는 의미의 동사이므로 '해도 좋다'라는 긍정적인 답을 할 때는 No가 아니라 Yes로 대답해야 한다.

하나 물어봐도 됩니까?	**May I ask you a question?** 메아이 애스큐 어 퀘스천? * 갑자기 사적인 질문을 하는 건 예의에 어긋난다. 그래서 사적인 질문 전에 질문을 해도 되는지 묻는데 May I ask…. / If you don't mind me asking…, /If it's not too personal a question…과 같은 표현들이 일종의 완충 역할을 하게 된다.
누구한테 물어봐야 하죠?	**Whom should I ask?** 훔 슈다이 애스크
제 질문에 답해 주세요.	**Answer my question.** 앤서 마이 퀘스천
모르시겠어요?	**Do you give up?** 두유 기법
이건 영어로 뭐라고 하죠?	**What's this called in English?** 왓스 디스 콜드 인 잉글리시
'조세 피난처'가 무슨 뜻인가요?	**What does 'tax shelter' mean?** 왓 더즈 택스 쉘터 민
이게 뭘 위한 거죠?	**What's this for?** 왓스 디스 포
당신이 일본어를 배우는 목적은 뭔가요?	**What's the point of your taking Japanese lessons?** 왓스 더 포인트 업 유어 테이킹 재퍼니즈 레슨즈

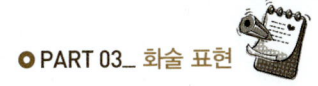

PART 03_ 화술 표현

외국인들에게 실례가 되는 질문

① 결혼 여부에 대해 묻는 것을 꺼려 한다(결혼 여부는 실례지만 남자친구나 여자친구의 여부에 관한 질문은 실례가 안 된다.)
② 나이에 대해 물어보는 것을 꺼려 한다.
③ 몸무게에 관한 질문 역시 안 좋아한다.
④ 개인적인 질문을 피한다. 그러나 취미를 묻는 등의 질문은 자신과의 공통점을 찾음으로써 친해지려는 의사로 받아들여 거부감을 느끼지 않는다.
⑤ 독일인에게는 히틀러에 관한 얘기를 안 하는 게 좋다. 히틀러를 숭배하는 사람들도 많다지만, 자신들의 역사에 관해서 부끄러워하는 사람도 많기 때문이다.

04 의견을 물을 때

- '~인 것 같아?', '~라고 생각해?'처럼 상대방의 생각이나 의견을 묻는 패턴은 Do you think~?이고, 자신의 생각이나 의견에 상대방이 동의해 주기 바라는 마음으로 '~인 것 같지 않니?'라고 묻는 표현은 Don't you think~?이다.

이걸 어떻게 하면 될까요?	**What should I do with this?** 왓 슈다이 두 위디쓰
네 생각은 어때?	**How about you?** 하우 어바웃 유
이건 어떻다고 생각하세요?	**What do you think about this?** 왓 두 유 씽 어바웃 디쓰
자, 이제 어떡하면 되겠습니까?	**Now, what am I going to do?** 나우 와렘아이 고잉 투 두
좋은 생각이 떠오르세요?	**Can you come up with an idea?** 컨 유 컴 업 위던 아이디어
제가 싫다고 하면 어떻게 되죠?	**What if I say no?** 와리프 아이 세이 노우
제가 무엇을 했으면 합니까?	**What do you want me to do?** 왓 두 유 원트 미 투 두
뭔가 탈출구가 없을까요?	**Isn't there any way out?** 이즌 데어 애니 웨이 아웃
이만하면 괜찮아 보입니까?	**Do I look all right?** 두 아이 룩 올 롸잇

PART 03_ 화술 표현

05 상대의 견해 묻기

- '내 신발 어때?'처럼 어떤 대상이나 사물에 대한 상대방의 느낌이나 생각을 물을 때는 〈What do you think of + 묻고자 하는 대상/사물〉과 같은 형태로 의문문을 만든다. 우리말로 '어떻게 생각하냐고'한다고 하여 what 대신 how를 쓰는 일이 없도록 주의한다.

어떻게 생각하세요?	**What do you think of it?** 왓 두 유 씽커브 허
제 의견에 대해 어떻게 생각하세요?	**What would you say to my opinion?** 왓 우쥬 세이 투 마이 오피니언
제가 어떻게 하면 될까요?	**What am I supposed to do?** 와램아이 서포우즈드 투두
그가 누구라고 생각하십니까?	**Who do you think he is?** 후 두 유 씽크 히 이즈
다른 제안이 있습니까?	**Have you any suggestions?** 해뷰 애니 서제스천즈
좋은 아이디어가 떠오릅니까?	**Did a good idea come to you?** 디더 굿 아이디어 컴 투 유
여기에 대해 어떻게 생각하세요?	**What's your opinion about this?** 왓스 유어 오피니언 어바웃 디스
FTA에 대해 어떻게 생각하세요?	**What are your thoughts on the FTA?** 와라 유어 쏘츠 온 더 에프티에이

06 의중을 탐색할 때

• 다른 사람의 의중을 제대로 파악하기 위해서는 상대의 이야기를 경청하는 것이 기본이다. Be all ears는 '모든 귀를 열어두겠다', 즉 '열심히 듣는다'라는 의미이다. 이와 유사하게 be all eyes는 '잘 보려고 눈을 크게 뜨고 보다'라는 의미가 있다.

당신은 누구를 지지하세요?	**Who do you stand with?** 후 두유 스탠드 위드
진심으로 하시는 말씀인가요?	**Do you seriously mean what you say?** 두유 씨리어슬리 민 와츄 쎄이
뭘 할 생각이세요?	**What do you want to do?** 왓 두유 원 투두
그의 제안을 어떻게 처리하시겠어요?	**What are you going to do with his proposal?** 와 라유 고잉 투두 윗 히즈 프러포절
당신의 생각을 알아요.	**I know what you are thinking.** 아이 노우 와츄 아 씽킹
당신의 속셈을 모르겠군요.	**I don't know what your game is.** 아이 돈 노우 와 츄어 게임 이즈
어찌할 생각이세요?	**What's the idea?** 왓스 디 아이디어
대통령이 되시면 뭘 하시겠습니까?	**What would you do, if you are elected president?** 왓 우쥬 두 입 유아 일렉팃 프레지던트

understand	이해하다	come up	생기다, 나오다
clear	명확한	idea	생각
mean	의미하다	want	원하다
see	알다, 이해하다	way	방법
follow	따라오다	what	무엇
meaning	의미	opinion	의견
piture	그림	suppose	생각하다, 추정하다
beg	간청하다	who	누구
pardon	용서	suggestion	의견
say	말하다	good	좋은
sorry	미안한	thought	생각, 착상, 의견
really	정말로	stand	지지하다
kidding	농담	seriously	진심으로, 심각하게
may	~해도 되다	proposal	제안
ask	묻다	thinking	생각
question	질문	game	게임
answer	대답하다	know	알다
give up	포기하다	far	멀리
call	칭하다	shelter	주거지, 피난처
point	요점, 의미	lesson	수업
purpose	목적	elected	선출
think	생각하다	president	대통령
do	하다		

회화표현

A: **What do you think about that?**
　　What's your opinion?
　　What's your position?
B: Well, I'm not sure yet.
A: Are you for or against it?
B: I'm neutral to this matter.
A: Please be a little clearer.
B: **I need time to think this over.**
　　I can't say for sure.
　　That's anybody's guess.

★ 우리말 해석

A: **그거에 대해 어떻게 생각해요?**
　　네 의견은 어때?
　　네 생각은 어때?
B: 전 아직 모르겠어요.
A: 거기에 찬성이세요? 반대세요?
B: 저는 이 문제에 대해 중립입니다.
A: 좀 더 명확히 해 주세요.
B: **생각할 시간이 필요해요.**
　　확실히 모르겠습니다.
　　잘 모르겠습니다.

Response

01 이해했을 때

• 우리는 전체를 이해한다는 의미로 '숲을 본다'라는 말을 자주 쓰는데 영어에서는 무언가 이해하는 것을 '그림(picture)을 본다'고 생각하고 전체를 본다는 의미로는 look at the big(ger) picture의 표현을 쓴다.

아, 무슨 말씀인지 알겠습니다.	**Oh! I see what you mean.** 오 아이 씨 왓츄 민
이해했어요.	**I understand.** 아이 언더스텐드 * see, understand, get은 모두 이해와 관련해 '알았다'는 의미의 동사로 사용된다.
아, 알겠습니다.	**Oh, I've got it.** 오 아이브 가릿
아, 알겠어요.	**Oh, I see.** 오 아이 씨
와, 그러니까 줄거리가 잡히는군요.	**Wow, that really tells a story.** 와우 댓 리얼리 텔스 어 스토리
당신 기분이 어떤지 알겠어요.	**I know how you feel.** 아이 노우 하우 유 필
네, 감 잡았습니다.	**Sure, I got the picture.** 슈어 아이 갓 더 픽쳐 * Do you get the picture?에 대한 대답이다.
이해할 만하군요.	**That's understandable.** 댓스 언더스텐더블

02 이해가 안 될 때

• 이해가 안 되어 다시 되물을 때 주로 사용하는 I beg your pardon.이나 Excuse me.와 같은 문장은 억양에 따라 의미가 달라진다. 끝을 올리면 이해를 못하겠으니 다시 한번 얘기해 달라는 의미이지만 끝을 내리면 '실례한다', '미안하다'라는 의미가 되므로 억양에 주의한다.

이해가 안 됩니다.	**I don't understand.** 아이 돈 언더스텐드
무슨 말을 하는지 모르겠어요.	**I don't follow you.** 아이 돈 팔로우 유 * 대화 중 이해를 한다는 것은 상대의 생각이나 논리를 따라간다는 의미가 있으므로 follow, catch 등의 동사를 사용해서 표현을 만들 수 있다.
당신의 말씀을 이해할 수 없습니다.	**I couldn't make out what you mean.** 아이 쿠든 메이카웃 왓츄 민
이해하기 어렵군요.	**It's tough to figure out.** 잇스 터프 투 피겨라웃 figure out: 이해하다, 파악하다
무슨 말인지 전혀 모르겠어요.	**You're confusing me too much.** 유어 컨퓨징 미 투 머취
그걸 전혀 이해할 수가 없군요.	**I can't make heads or tails of it.** 아이 캔트 메익 헤즈 오어 테일즈 오빗
그건 이해가 안 되는군요.	**It's out of my depth.** 잇스 아우럽 마이 뎁스 * 내 이해의 깊이를 벗어났다는 표현.
죄송합니다, 말씀을 이해할 수 없는데요.	**I cannot see what you mean.** 아이 캔낫 씨 왓츄 민

03 질문에 답할 때

• 우리는 부탁이나 질문에 딱 부러지게 거절하거나 입장표명을 못하는 경우가 많은데 외국 문화에서는 이러한 자기 표현이 실례라기보다는 오해를 만들지 않는 행동으로 받아들여진다.

그건 단순한 질문이 아니네요.	**That's not a simple question.** 댓스 나러 심플 퀘스천
제 대답은 거절입니다.	**My answer is 'No'.** 마이 앤서 이즈 노
당신의 두 번째 질문에 대답으로서….	**In answer to your second question….** 인 앤서 투 유어 세컨 퀘스천
말씀하세요. 뭔가요?	**Go ahead. What is it?** 고우 어헤드 왓이짓
좋은 질문입니다.	**Good question.** 굿 퀘스천
말하지 않겠습니다.	**No comment.** 노우 카먼트
저도 모르겠네요.	**I don't know.** 아이 돈 노우
	I have no idea. 아이 햅 노우 아이디어
더 이상 묻지 마세요.	**No more questions.** 노우 모어 퀘스천즈

04 재촉에 대한 응답

• 바쁠수록 돌아가라는 말이 있지요? 시간을 갖고 천천히 하는 게 서두르는 것보다 훨씬 성과를 내는 경우가 많다. 영어에도 A watched pot never boils.라는 속담이 있다. 급하다고 지켜본다고 냄비가 끓는 게 아니라 시간이 필요하다는 말이다.

서두를 필요 없어요.	**There is no hurry.** 데어리즈 노우 허리 **There is no reason to hurry.** 데어리즈 노우 리즌 투 허리
뭐가 그리 급해요?	**Where's the fire?** 웨어즈 더 파이어 *직역하면 '어디 불났어?'
너무 재촉하지 말아요.	**Don't be so pushy.** 돈비 소우 푸쉬
그렇게 조급해 하지 마세요.	**Don't be so impatient.** 돈비 소우 임페이션트
서두른다고 일이 빨리 되지는 않아요.	**A watched pot never boils.** 어 워치트 팟 네버 보일즈 * 직역하면 '지켜보는 냄비는 끓지 않는다'인데 유명한 영어 속담이다.
나중에 해도 돼요.	**It can wait.** 잇 컨 웨잇
천천히 하세요. 시간은 많아요.	**Take your time. We have plenty of time.** 테익큐어 타임 위 햅 플렌티 업 타임
진정해. 왜 서두르는 거야?	**Calm down. What's the rush?** 캄 다운 왓스 더 러쉬

● PART 03_ 화술 표현

see	알다	go ahead	계속하다
mean	의미하다	comment	논평, 언급, 지적
what	무엇	no more	더 이상 ~않다
understand	이해하다	hurry	서두르다, 급히 하다, 서두름
tell	말하다		
story	이야기, 줄거리	reason	이유
know	알다	pushy	지나치게 밀어붙이는
picture	그림	impatient	성급한
understandable	이해할 만한	pot	냄비
follow	따르다	boil	끓다
make (something) out	~을 알다, 이해하다	wait	기다리다
		take time	천천히 하다
tough	힘든, 거친	calm down	진정하다
figure out	알다, 이해하다	rush	서두르다, 재촉하다
confuse	혼란시키다	feel	느끼다
head	머리	second	두 번째의
tail	꼬리	fire	불
depth	깊이	watch	보다, 지켜보다
simple	단순한	plenty	풍부한 양
question	질문	time	시간
answer	대답		

A: What do you think of your boss?
B: That's a difficult question to answer.
   I don't know how to answer.
A: Is he a good manager?
   What is his management style?
B: It's hard to say.
   I don't know.
   I have no idea.

★ 우리말 해석

A: 당신 상사를 어떻게 생각하세요?
B: 그건 대답하기 어려운 질문이군요.
   어떻게 대답을 해야 할지 모르겠네요.
A: 좋은 관리자인가요?
   관리 스타일은 어때요?
B: 대답하기 어렵네요.
   모르겠네요.
   모르겠네요.

Unit 05 찬성 · 반대

Agreement and objection

01 찬성을 나타내기

• 상대의 말에 찬성할 때는 You are right./ That's true./Absolutely right./ You can say that again. 등이 있는데 그중에서 You can say that again.은 맞는 말이니 또 말해도 된다는 뜻이다.

너와 동감이다.	**I agree with you.** 아이 어그리 위쥬
당신의 계획에 찬성입니다.	**I'm in favor of your plan.** 아임 인 페이버럽 유어 플랜
저도 비슷한 느낌입니다.	**I feel the same way.** 아이 필 더 세임 웨이
당신의 모든 의견에 찬성합니다.	**I agree with you fully.** 아이 어그리 위듀 풀리
저도 그렇게 생각해요.	**I think so, too.** 아이 씽 소우 투
찬성합니다.	**I'll buy that.** 아일 바이 댓
알았어요. 당신 말이 맞아요.	**OK. Point taken.** 오우케이 포인 테이큰
그 점에 대해선 저도 동감입니다.	**I'm with you on that.** 아임 위듀 온 댓

02 동의하기

• agree나 assent, consent, approve는 모두 동의를 나타내는 말이지만 의미는 약간 다르다. agree는 이견의 조율을 거친 후의 동의이고, assent는 남의 의견을 받아들인다는 뜻이다. consent는 남의 희망이나 요구에 응한다는 의미이고, approve는 어떤 것에 찬성하거나 만족스러울 때의 동의이다.

백번 옳은 이야기입니다.	**I couldn't agree with you more.** 아이 쿠든 어그리 위쥬 모어
바로 그겁니다.	**Exactly.** 익잭틀리
이의 없습니다.	**There is no objection on my part.** 데어리즈 노우 옵젝션 온 마이 팟
같은 생각입니다.	**That makes two of us.** 댓 메익스 투 업 어스
동의합니다.	**I agree.** 아이 어그리 **Tell me about it.** 텔 미 어바웃 잇
그렇게 생각할 수도 있죠.	**You can think like that.** 유 컨 씽크 라익댓
그럴지도 모르죠.	**Could be so.** 쿳 비 소우
의심의 여지가 없습니다.	**No doubt about it.** 노우 다웃 어바우릿
그것도 일리가 있습니다.	**You are talking sense.** 유아 토킹 센스

○ PART 03_ 화술 표현

03 반대 표현하기

• 상대방의 의견에 완전히 동의할 수 없을 때는 I disagree completely…. / I don't agree at all. 등으로 표현하지만 부분적으로 동의하는 경우에는 You are partly right.로 말한다. 또한 상대방의 말에 동의하지 않을 때 무조건 반대하기보다는 That might be true.라고 먼저 한 후 반대 의견을 제시하면 더 부드러운 표현이 된다.

그렇게 생각하지 않습니다.	**I don't think so.** 아이 돈 씽 쏘
동의하지 않습니다.	**I don't agree.** 아이 돈 어그리
당신에게 찬성하지 않습니다.	**I disagree with you.** 아이 디스어그리 위쥬
그 계획에는 반대합니다.	**I'm opposed to the plan.** 아임 어포우즈드 투더 플랜
유감이지만 아닙니다.	**I'm afraid not.** 아임 어프레이드 낫
미안하지만 찬성할 수가 없네요.	**I'm afraid I have to disagree.** 아임 어프레이드 아이햅투 디스어그리
그게 좋은 생각이라고는 생각하지 않아요.	**I don't think it is a good idea.** 아이돈 씽크 이리저 굿 아이디어
그가 좋은 가수가 되리라고는 말할 수 없겠네요.	**I wouldn't say he'll be a good singer.** 아이 우든 쎄이 히일 비어 굿 싱어 * 상당히 조심스럽게 반대를 나타내는 표현.

그 계획에 찬성할 수 없어요.	**I can't agree to the plan.** 아이 캔트 어그리 투더 플랜
그건 절대 반대입니다.	**I'm absolutely against it.** 아임 앱솔루틀리 어겐스팃 absolute 절대적인
절대 안 돼요!	**No way!** 노우 웨이
그건 당신 생각이죠.	**That's what you think.** 댓스 왓츄 씽크
꼭 그렇지는 않아요.	**Not necessarily so.** 낫 네서세릴리 소우 necessarily 필연적으로, 필수적으로
그건 말도 안 돼요.	**It's out of the question.** 잇스 아우럽 더 퀘스천
절대 그렇지 않아요.	**Absolutely not so.** 앱솔루틀리 낫 소우
저라면 그렇게 말하지 않겠어요.	**I wouldn't say that.** 아이 우든 쎄이 댓

● PART 03_ 화술 표현

04　잘못 지적하기

• 상대의 잘못을 지적할 때는 감정을 상하게 할 수 있어서 각별한 주의가 필요하다. 따라서 상대의 의견이나 생각 또는 행동을 존중하는 표현을 한다면 부드러운 대화로 이끌 수 있다.

착각하셨네요.	**You're mistaken.** 유어 미스테이큰
당신이 틀렸습니다.	**You're wrong.** 유어 렁
미안하지만 아무래도 당신이 틀린 것 같아요.	**I'm afraid you're wrong.** 아임 어프레이드 유어 렁
당신의 의견은 진실과 거리가 멉니다.	**Your opinion is far from the truth.** 유어 오피니언 이즈 파프럼 더 추루쓰
당신의 의견은 말이 안 됩니다.	**Your opinion doesn't make any sense.** 유어 오피니언 더즌 메익 애니 센스
당신의 주장은 틀렸어요.	**Your argument is false.** 유어 아규먼트 이즈 폴스
그건 별개의 문제입니다.	**That's another matter.** 댓스 어나더 매러
당신은 요점에서 벗어나고 있습니다.	**You are straying from the point.** 유 아 스트레잉 프럼 더 포인트

관련단어

favor	호의, 찬성	**question**	질문
plan	계획	**mistake**	잘못
feel	느끼다	**wrong**	틀린
think	생각하다	**opinion**	의견
point	요점	**truth**	진실
agree	동의하다	**far**	먼
exactly	정확히	**make sense**	의미가 통하다
objection	이의, 반대	**argument**	논거, 주장
doubt	의심	**false**	틀린
sense	감각	**matter**	문제
disagree, oppose	반대하다	**way**	길
afraid	유감스러운	**buy**	사다
absolute	절대적인	**Point taken**	알겠다(당신 말이 옳다)
against	~에 반하여, 거슬러	**part**	일부, 부분
necessarily	필연적으로, 필수적으로	**singer**	가수

○ PART 03_ 화술 표현

A: You know that?
　　Our boss is in a bad mood today.
B: You can say that again.
　　That's right.
　　Besides he has a hot-temper.
A: We'd better be careful not to provoke him.
B: Absolutely.
　　That's true.
　　That's a just what I was thinking.

★ 우리말 해석

A: 너 그거 알아?
　　우리 사장님이 오늘 기분이 별로인가봐.
B: 맞아.
　　맞아.
　　게다가 다혈질이시잖아.
A: 우리가 사장님을 화나게 하지 말아야 해.
B: 맞아.
　　맞아.
　　그게 내가 생각했던 거야.

143

Unit 06 제안·부탁

Suggestion and request

01 부탁할 때

• 상대에게 뭔가 제안하거나 부탁할 때는 보다 예의 바르고 공손한 표현을 해야 한다. 일반적으로 조동사의 과거형을 사용해서 표현을 만들면 정중한 표현이 된다. 예를 들어, Can you help me?보다는 Could you help me가 더 정중한 표현이다.

부탁 좀 해도 될까요?	**Could you do me a favor?** 쿠쥬 두 미 어 페이버
부탁 하나 해도 될까요?	**Can I ask you a favor?** 컨 아이 애스큐 어 페이버
	May I ask a favor of you? 메아이 애스커 페이버 오뷰
꼭 부탁드릴 게 하나 있습니다.	**I have a big favor to ask you.** 아이 해버 빅 페이버 투 애스큐
잠시 폐를 끼쳐도 될까요?	**May I bother you for a moment?** 메아이 바더 유 포러 모우먼
방해가 되지 않으면 좋겠군요.	**I hope I'm not in the way.** 아이 호웁 아임 낫 인 더 웨이
좀 도와주시겠어요?	**Could you lend me a hand?** 쿠쥬 렌드 미 어 핸드

○ PART 03_ 화술 표현

잠시 시간 좀 내 주시겠어요?	**May I interrupt you for a second?** 메아이 인터럽튜 포러 세컨드
잠깐 제 대신 좀 해 주시겠어요?	**Can you take my place for a while?** 컨 유 테익 마이 플레이스 포러 와일

02 권유할 때

• '~할까요?', '~하는 건 어때?'처럼 상대방에게 뭔가를 제안하거나 권유할 때 쓰는 표현 중에 가장 대표적인 것은 Would you like~이다. 자주 사용하지는 않지만 Won't you ~의 표현을 쓰기도 한다.

먼저 하시죠.	**After you, please.** 앱터 유 플리즈
커피 한 잔 하시겠어요?	**Would you like a cup of coffee?** 우쥬 라익 어 컵업 커피
내일, 저녁이나 하시겠습니까?	**May I take you to dinner tomorrow?** 메아이 테이큐 투 디너 투머로우
한 번 해 봐!	**Give it a shot!** 깁 잇 어 샷
	Give it a try! 깁 잇 어 트라이
	Go for it! 고 포 잇
맥주 한 잔 하시겠어요?	**Would you like a glass of beer?** 우쥬 라익 어 글래스 업 비어
저랑 쇼핑 가실래요?	**How about going shopping with me?** 하우 어바웃 고잉 샤핑 윗미
테니스 치러 가시죠?	**Why don't we go play tennis?** 와이 돈 위 고우 플레이 테니스
오늘밤 쇼를 보러 가지 않을래요?	**How about going to a show tonight?** 하우 어바웃 고잉 투 어 쇼 투나잇

PART 03_ 화술 표현

03 제안할 때

- '~하자'라고 할 때는 Let's~를 쓴다. Let은 사역동사이기 때문에 뒤에는 항상 원형 동사가 와야 한다는 것을 잊지 말자. 그 밖에 '~하는 게 어때?'라는 표현을 할 때는 How about~이나 What about~도 많이 쓴다.

기분전환 하러 산책 갑시다.	**Let's go for a walk for a change.** 렛츠 고 포러 웍 포러 체인지
시험 삼아 해 봅시다.	**Let's try.** 렛츠 추라이
터놓고 얘기합시다.	**Let's have a heart to heart talk.** 렛츠 해버 핫투핫 톡
이제 그만합시다.	**Let's beat it.** 렛츠 비릿
오늘은 이만합시다.	**Let's call it a day.** 렛츠 콜 이러데이 * 회사에서 업무를 마칠 때 하는 말.
이걸로 청산된 것으로 합시다.	**Let's call it square.** 렛츠 콜릿 스퀘어 * 빚이나 신세 진 것을 청산한다는 뜻.
제가 제안 하나 해도 될까요?	**I would like to make a suggestion.** 아이 웃 라익 투 메이커 서제스천 suggestion은 주로 아이디어나 계획 등에 대한 제안을 의미. **This is my proposition.** 디시즈 마이 프러포지션 propsition은 사업상의 제안을 의미.

147

우리 팀 인원을 늘려 달라고 제안해도 될까요?	**May I suggest that we expand our team?** 메아이 서제스트 댓 위 익스펜드 아워 팀
커피 마시면서 얘기해요.	**Let's talk over coffee.** 렛츠 톡 오버 커피

○ PART 03_ 화술 표현

04 재촉하기

• 상대방이 일을 지체하고 있을 때 take 동사를 써서 Why are you taking it easy?/ What's talking you so long?이라고 말할 수 있다. 명령문으로는 Hurry up!/ Rush it!과 같이 직접적으로 표현할 수도 있다.

서둘러 주시겠어요?	**Could you hurry up, please?** 쿠쥬 허리업 플리즈
빨리 해!	**Step on it!** 스테펀 잇 * 직역하면 '그거 밟아'인데, 그거란 바로 자동차 가속페달을 의미.
나 지금 급해.	**I'm in a hurry.** 아임 인어 허리
서둘러, 시간이 별로 없어.	**Hurry up, we haven't got all day.** 허리업 위 해븐트 갓 올데이
빨리 움직여.	**Get a move on.** 게러 무브 온
서두르자.	**Let's rush.** 렛츠 러쉬
어서 해!	**Make it quick!** 메이크 잇 퀵
해 봐.	**Try it.** 추라이 잇

149

05　양해 구하기

• 상대방의 허가와 양해를 구할 때는 May I~?/ Can I ~?/ Would you mind~? 등을 사용하는데 이전에 먼저 Excuse me (실례합니다)로 말을 시작하고 자신의 의사를 밝히는 표현을 해야 한다. 또한 공식적이거나 장황한 양해가 아닌 경우 '당신이 괜찮다면~'이라고 간단히 상대의 양해를 구할 때는 If you don' mind~/If you will excuse me ~라는 표현을 많이 쓴다.

여기서 담배를 피워도 됩니까?	**Would you mind if I smoke here?** 우쥬 마인드 이파이 스목 히어
안 됩니다. 여긴 금연 구역입니다.	**Yes, this is the nonsmoking section.** 예스 디스 이즈 더 넌스모킹 섹션
실례합니다.	**Excuse me.** 익스큐즈 미
잠깐 실례해도 되겠습니까?	**Would you excuse me for a moment?** 우쥬 익스큐즈 미 포러 모먼
여기 앉아도 되겠습니까?	**Mind if I sit here?** 마인드 이파이 싯 히어
여기에 주차를 해도 되겠습니까?	**Is it Okay if I park here?** 이짓 오케이 이파이 파크 히어
잠깐 봐도 되겠어요?	**May I take a look?** 메아이 테이커 룩

관련단어

ask	묻다
favor	부탁
bother	귀찮게 하다
moment	순간
hope	희망, 희망하다
lend	빌려주다
interrupt	방해하다
after	~후에
coffee	커피
dinner	저녁
window	창문
glass	컵
beer	맥주
shopping	쇼핑
tennis	테니스
play	경기하다
show	공연
go for a walk	산책하다
change	변화
heart	가슴, 마음
beat	통제하다
suggest	제안하다
expand	확장하다
talk over	의논하다
hurry	서두르다, 서두름
move	움직이다
step	걸음
quick	빠른, 신속한
rush	급히 움직이다, 서두르다
try	시도하다
mind	꺼리다, 반대하다
smoke	담배 피다
excuse	실례하다
sit	앉다
park	주차하다
take a look	살펴보다
use	사용하다
big	큰
hand	손
second	(시간 단위) 초, 순간, 잠깐
place	곳, 장소
a while	잠시, 잠깐
tomorrow	내일
tonight	오늘밤에
talk	말하다
square	광장
suggestion	제안
proposition	제의
team	팀
nonsmoking section	금연석, 금연구역
here	여기에

A: The bus leaves in ten minutes. Hurry up!
　　　　　　　　　　　　　　　　　Move on!
　　　　　　　　　　　　　　　　　Do it quickly!
　　　　　　　　　　　　　　　　　Make it snappy.

　What's taking you so long?
B: Oh! I didn't realize it was so late.
A: I don't want to be late for our appointment.
B: Don't worry.
　I'll try to take the bus in time.

★ 우리말 해석

A: 버스가 10분후에 출발이야. 서둘러!
　　　　　　　　　　　　　　서둘러!
　　　　　　　　　　　　　　서둘러!
　　　　　　　　　　　　　　서둘러!
　왜 이렇게 오래 걸리는데?
B: 아! 시간이 이렇게 된 줄 몰랐어.
A: 난 약속에 늦고 싶지 않아.
B: 걱정 마. 제 시간엔 버스 탈 수 있게 해 볼게.

Unit 07 승낙·거절
Consent and refusal

01 부탁을 승낙할 때

• 상대방의 부탁에 긍정할 때 단순히 OK와 같은 천편일률적인 대답보다는 please./ Be my guest./ Why not? 등 상황에 맞게 적극적으로 다양한 긍정과 동의의 표현을 익혀 보자.

물론이죠.	**Sure.** 슈어
기꺼이 그러죠.	**I'd be glad to.** 아이드 비 글래드 투
물론이죠. 가능하다면요. 뭔데요?	**Sure, if I can. What is it?** 슈어 이파이 컨 와리즈 잇
가능한 일이라면 무엇이든 할게.	**I'll do anything I can.** 아일 두 애니씽 아이 컨
예, 그러지요.	**Yes, certainly.** 예쓰 써튼리
기꺼이 해 보겠습니다.	**With great pleasure.** 위드 그레잇 플레져
그렇고말고요.	**Of course.** 옵 코스
문제없어요.	**No problem.** 노 프라블럼

02 부탁을 거절할 때

• 부탁을 거절하는 것은 쉽지 않지만 자신의 의사를 정확하게 표현하는 것이 나중의 상황을 어렵지 않게 할 수 있으므로 오히려 낫다. 거절은 No, thank you./ Sorry.처럼 가볍게 사양하는 표현부터 Of course not./ Absolutely not처럼 강하게 부정하는 표현도 있다.

미안하지만 할 수가 없어요.	**I'm afraid I can't do it.** 아임 어프레이드 아이 캔트 두잇
생각 좀 해보겠어요.	**I'll give it some thought.** 아일 기빗 썸 쏘트
안 되겠는데요.	**I'd rather not.** 아이드 래더 낫
그건 무리한 요구입니다.	**You are asking too much.** 유 아 애스킹 투 머취
좀 봐 줘라!	**Give me a break!** 깁미 어 브레익 * 부탁 건으로 괴롭히지 좀 말라는 뜻.
절대로 안 돼요!	**Not a chance!** 나러 챈스
다음에 언제 기회가 있겠죠.	**Maybe some other time.** 메이비 썸 아더 타임
미안하지만 지금은 바빠요.	**I'm sorry but I'm busy now.** 아임 쏘리 벗 아임 비지 나우

03 제안·권유를 승낙할 때

• 부탁에 대한 승낙과 마찬가지로 어떤 제안에 대한 긍정의 답을 할 때 제안을 받아들이게 된 이유나 생각까지 구체적으로 표현해 주는 게 좋다.

좋습니다!	**OK!** 오우케이 * Okay, Okey라고 표기하기도 하며 친한 사이엔 장난으로 Okie-Dokie(오키도키, 키 발음에 운을 맞춘 말장난)라고 말한다.
네, 그렇게 하겠습니다.	**Yes, I'd love to.** 예스 아이드 럽투
재미있겠네요.	**That sounds interesting.** 댓 사운즈 인터리스팅
좋은 생각이에요.	**That's a good idea.** 댓스 어 굿 아이디어
그거 괜찮겠네요.	**Maybe we should do it.** 메이비 위 슈두잇
그렇게 합시다.	**Let's do that.** 렛츠 두 댓
고마워요. 그렇게 해주세요.	**Thank you. Please do.** 쌩큐 플리즈 두
그거 좋죠.	**That's great.** 댓스 그레잇

155

04 제안·권유를 거절할 때

• 제안에 대해 거절할 때는 단순히 싫다고만 대답할 것이 아니라 거절하는 이유를 정확히 설명해야 감정적인 오해를 피할 수 있다.

그럴 기분이 아닙니다.	**I don't feel like that.** 아이 돈 필 라익 댓
죄송하지만, 그럴 수 없습니다.	**I'm sorry, but I can't right now.** 아임 쏘리 벗 아이 캔트 라잇 나우
다음에 다시 기회를 주십시오.	**Give me a rain check, please.** 기브 미 어 레인 첵 플리즈 * rain check: 우천으로 스포츠 경기가 취소될 경우 다음에 입장할 수 있도록 주는 표.
죄송하지만, 해야 할 일이 있습니다.	**Sorry, I have some work to do.** 쏘리 아이 햅 썸 웍 투 두
유감스럽지만 안 될 것 같군요.	**I'm afraid not.** 아임 어프레이드 낫
그렇게 하지 맙시다.	**we'd rather not.** 위드 래더 낫
고맙지만 됐습니다.	**No, thank you.** 노우 쌩큐 * 호의를 거절하는 가장 일반적인 표현.
다음 기회로 미루지요.	**Maybe some other time.** 메이비 섬 아더 타임

● PART 03_ 화술 표현

sure	틀림없는	interesting	흥미로운
certainly	확실한	good	좋은
glad	기쁜, 고마운	idea	생각
anything	어떤 것	thank	~에게 감사하다
great	대단한, 엄청난	let's ~	~하자
pleasure	기쁨	sorry	미안한, 유감스러운
of course	물론	feel	느끼다
problem	문제	right	바로
afraid	걱정스러운, 유감스러운	now	지금
some	약간의	work	일
thought	생각	afraid	유감스러운
ask	요구하다, 요청하다	rather than	~보다는
much	많이	other	다른
break	쉼, 휴식	rather	꽤, 상당한
chance	기회	consent	동의, 허락
maybe	아마	refusal	거절
busy	바쁜	other	다른
love	좋아하다	rain	비
sound	~하게 들리다	check	살피다, 점검하다

157

회화표현

A: **Could you lend me a hand?**
　　Would you give me a hand?
B: Certainly, what would you like me to do?
A: Would you please help me carry this?
B: **All right.**
　　Sure.
　　Of course.
A: Watch yourself. It's too heavy.
B: Wow! It's so heavy!
A: Thank you for helping me.
B: **Not at all.**
　　It's my pleasure.
　　You're welcome.

★ 우리말 해석

A: 저 좀 도와주시겠어요?
　　저 좀 도와주실래요?
B: 물론이죠. 제가 뭘 도와드릴까요?
A: 이거 나르는 것 좀 도와주실래요?
B: **물론이죠.**
　　물론이죠.
　　물론이죠.
A: 조심하세요. 이거 너무 무거워요.
B: 와. 이거 정말 무겁네요.
A: 도와줘서 고마워요.
B: **천만에요.**
　　제가 좋아서 한 건데요.
　　천만에요.

Unit 08 자기 표현
Expressing myself

01 자신의 견해를 밝힐 때

• 자신의 견해를 표현할 때 불확실하다고 해서 maybe I think~의 방식으로 표현하는 건 상대에게 혼란을 준다. 자신의 견해는 틀리고 맞는 것 없이 주관적인 견해를 나타내는 것이므로 I think (that) ~와 같이 정확히 표현해야 한다.

이건 단지 제 사견입니다.	**This is only my personal opinion.** 디시즈 온리 마이 퍼스널 오피니언
당신 계획이 더 나은 것 같아요.	**It seems to me that your plan is preferable.** 잇 씸즈 투미 댓 유어 플랜 이즈 프리퍼러블
여타 분들과는 다른 의견을 갖고 있습니다.	**I take a different view from other people.** 아이 테이커 디퍼런트 뷰 프럼 아더 피플
일반적으로 말하면 우리 회사 규정이 좀 엄격한 편입니다.	**Generally speaking, the rules of our company are somewhat strict.** 제너럴리 스피킹 더 룰즈 업 아워 컴퍼니 아 섬홧 스트릭트
개인적으론 그게 무난하다고 생각합니다.	**Personally I think that is passable.** 퍼스널리 아이 씽 대리즈 패서블
제 짐작으론 그녀 대략 40세라고 봅니다.	**My guess is that she would be about forty.** 마이 게시즈 댓 쉬 웃비 어바웃 포리

제 견해로는 현 상황이 좋지는 않습니다.	**From my point of view, the situation is not so good.** 프럼 마이 포인어뷰 더 시츄에이션 이즈낫 소우 굿
제가 보기엔 그건 문제가 되지 않아요.	**As I see it, that doesn't matter.** 애즈 아이 씨 잇 댓 더즌 매러
그녀가 유망한 아가씨라고 생각하진 않아.	**I don't think that she is a promising girl.** 아이돈 씽크 댓 쉬이저 프라미싱 걸
아마 그는 내일 올 겁니다.	**I imagine that he will come tomorrow.** 아이 이매진 댓 히윌 컴 투모로우
그 학급의 모든 학생이 그 사실을 알고 있다고 가정합니다.	**I assume everyone of the class knows the fact.** 아이 어슘 에브리원 업 더 클래스 노우즈 더 팩
다음엔 당신이 그 시험에 합격하길 바랍니다.	**I hope you will pass the exam next time.** 아이 호웁 유 윌 패스 더 익젬 넥스타임
저는 그녀가 무죄라고 믿습니다.	**I believe she is not guilty.** 아이 빌리브 쉬 이즈 낫 길티
그녀가 부천에 가고 있는지 의심스럽다.	**I doubt whether she is going to Bucheon.** 아이 다웃 웨더 쉬 이즈 고잉 투 부천

PART 03_ 화술 표현

02 결심하기

• 결심은 자신의 결정에 관한 표현이므로 intend, decide, going to 등 확정을 의미하는 동사를 많이 사용한다.

며칠 생각할 시간을 주세요.	**Let me think about it for a few days.** 렛 미 씽크 어바우릿 포러 퓨 데이즈
밤새 잘 생각해 보세요.	**Consult your pillow.** 컨설트 유어 필로우 * 직역하면 '베개와 상의해 보세요'인데 중요한 결심은 하룻밤 정도 생각해 봐야 한다는 뜻.
어려운 결심을 하셨군요.	**You made a tough decision.** 유 메이더 터프 디시전
그녀와 결혼할 생각입니다.	**What I have in mind is marrying her.** 와라이 햅 인 마인드 이즈 매링 허
그 계획을 기어코 완수할 작정입니다.	**I intend to go through with the project.** 아이 인텐드 투 고우 스루 위더 프러젝트
새로운 사업을 시작하려고 합니다.	**I intend to start a new business.** 아이 인텐드 투 스타럳 뉴 비즈니스
생각을 바꿨습니다.	**I changed my mind.** 아이 체인지드 마이 마인드
그의 사과를 받아들이기로 결정했습니다.	**I've decided to accept his apology.** 아이브 디사이딛 투 액셉트 히즈 어팔러지

03 결정하기

• 결정은 어떤 사안에 대한 공동의 결정이나 개인적인 결정으로 구체적인 행동과 관련된 의사 표현이다. 주로 사용되는 단어는 단연 decide 동사로 표현할 수 있다.

결정하셨습니까?	**Did you make up your mind?** 디쥬 메이컵 유어 마인드 make (something) up 만들다, 구상하다
아직 결정을 못했습니다.	**I haven't decided yet.** 아이 해븐트 디사이딧 옛
그것은 만장일치로 결정되었습니다.	**It was a unanimous decision.** 잇워저 유네너머스 디시젼 **We passed that unanimously.** 위 패스드 댓 유네너머슬리
동전을 던져서 결정합시다.	**Let's flip for it.** 렛츠 플립 포 잇 flip 손가락으로 툭 던지다
그건 당신이 결정할 일이에요.	**That's for you to decide.** 댓스포 유 투 디사이드 **It's up to you.** 잇섭 투유
어떻게 결정하셔도 저는 괜찮아요.	**Whatever you decide is all right with me.** 와레버 유 디사이드 이즈 올라잇 윗미
제 마음대로 결정할 수가 없습니다.	**I can't settle it on my own authority.** 아이 캔트 세를 잇 온 마이 오운 오쏘리티

PART 03_ 화술 표현

04 확신하는 표현

• 추측과 달리 확신은 sure, certainly, absolutely처럼 강한 어조로 자신의 확신을 표현하는 경우가 많다. 또한 확신의 정당성을 강조하기 위해 I'd bet on it! 내기 해도 좋아!/ Cross my heart. 맹세할 수 있어.처럼 내기나 종교적인 표현을 하기도 한다.

당신이 옳다고 확신해요.	**I bet you are right.** 아이 벳 유아 라잇
내기를 해도 좋아요.	**I can even bet on that.** 아이 컨 이븐 베론 댓
그건 제가 보증합니다.	**I give you my word for it.** 아이 깁 유 마이 워드 포릿
맹세합니다.	**I swear.** 아이 스웨어
그건 의심의 여지가 없습니다.	**There's no question about it.** 데어즈 노우 퀘스천 어바우릿
무슨 근거로 그렇게 확신하죠?	**What makes you so positive?** 왓 메익스 유 소우 파지팁
물론이죠!	**Certainly!** 서튼리
분명히 그녀도 당신을 그리워할 거예요.	**I'm sure she will miss you too.** 아임 슈어 쉬 윌 미스 유 투
난 그녀가 승진할 자격이 충분하다고 생각해.	**I belive she deserves a promotion.** 아이 비립 쉬 디저브스 아 프러모션 * 확신에 찬 강한 자신의 의견을 표현.

163

05 당위성 표현

• 당위를 표현할 때 우리말로 흔히 '~해야 한다'라는 의미로 표현하게 된다. 이때, 조동사 must는 의무를 강조한 느낌이 강한 반면 should가 더 당위의 의미를 잘 표현할 수 있는 조동사이다. 또한 Have to~도 많이 사용하는데 must가 의무를 강조한다면 have to는 의무보다는 당위를 강조하기에 이 표현이 더 많이 사용된다.

거기 가셔야 합니다.	**You are supposed to go there.** 유아 서포우즈드 투 고우 데어
그녀에게도 기회를 줘야 합니다.	**You should give her a chance.** 유 슛 깁허 어 챈스
그에게 말하지 않을 수가 없었어요.	**I couldn't help telling him.** 아이 쿠든 헬프 텔링 힘
그걸 어떻게 말해야 될까요?	**How should I say it?** 하우 슈다이 쎄이 잇
오늘밤 야근을 해야 합니다.	**I have to work overtime tonight.** 아이 햅투 웍 오버타임 투나잇
우리는 부모님께 효도를 해야 한다.	**We should be good to our parents.** 위 슛비 굿 투 아워 페어런츠
이 문제는 보류해야 합니다.	**This issue is to be reserved.** 디쓰 잇슈 이즈 투 비 리저브드
우리는 환경을 보호해야 합니다.	**We have to preserve the environment.** 위 햅투 프리접 디 인바이어런먼트

06 예상과 추측

• 예상과 예측은 일반적으로 결과와 관련되어 자신이 예상하거나 추측했던 결과와의 일치, 불일치를 표현하는 경우가 대부분이다.

그럴 줄 알았어!	**It figures!** 잇 퍼겨즈
당신 예측이 딱 맞았어요.	**Your guess was right on the nose.** 유어 게스 워즈 라잇 온 더 노우즈
우리 예상대로 결과가 나왔어요.	**The result came up to our expectation.** 더 리절트 케임업 투 아워 익스펙테이션
당신이 오리라고는 전혀 예상도 못했어요.	**I had no idea that you were coming.** 아이 햇 노우 아이디어 댓 유 워 커밍
그건 전혀 의외의 상황이었어요.	**That's a whole new ball game.** 댓쳐 호울 뉴 볼 게임
전혀 짐작도 안 가요.	**I haven't the faintest idea.** 아이 해븐트 더 페인티숫 아이디어
속단하지 마세요.	**Don't jump to conclusions.** 돈 점프 투 컨클루전즈
이건 예측불허의 상황이야.	**These are unforeseeable circumstances.** 디즈 아 언포씨어블 서컴스턴시즈

관련단어

personal	개인적인	settle	해결하다
opinion	견해, 의견	authority	권한
plan	계획	bet	내기하다, 단언하다
preferable	더 좋은, 더 나은	right	맞는, 옳은
different	다른	word	말, 맹세
view	견해	swear	맹세하다
rule	규칙	question	의문
strict	엄격한	positive	긍정의
personally	개인적으로	certainly	확실히
guess	추측하다	miss	그리워하다
suppose	생각하다, 추정하다	suppose	추정하다, 가정하다
situation	상황	should	~해야 한다
assume	가정하다	chance	기회
doubt	의심하다	cannot help~ing	~하지 않을 수 없다
imagine	상상하다		
believe	믿다	work	일하다
think	생각하다	overtime	초과근무
consult	상담하다	issue	문제
decision	결정하다	reserve	보류하다
mind	마음	environment	환경
intend	~하고자 하다, 의도하다	figure	~라고 생각한다, 판단하다
go through	통과하다, 성사하다		
start	시작하다	result	결과
business	사업	come out	나오다
change	바꾸다	idea	생각
accept	받아들이다, 수용하다	new	새로운
make (something) up	만들다, 구상하다	Not have the faintest idea	전혀 모르다
decide	결정하다	jump	뛰다
unanimous	만장일치의	conclusion	결론, 결과
pass	통과하다	unforeseeable	예견할 수 없는
flip	손가락으로 툭 던지다	circumstance	상황

● PART 03_ 화술 표현

A: I have made up my mind.
　 I have decided.
　 I'm going to leave the company.
B: Really? Leaving the company?
A: Yes. I've already given this a lot of thought.
　 I'm going to start my own business next year.
B: That's a tough decision you made. Good luck.

★ 우리말 해석

A: 나 결심했어
　 나 결심했어.
　 회사 그만둘 거야.
B: 정말? 회사를 그만둔다고?
A: 이미 고민 많이 했어.
　 나는 내년에 내 사업을 시작할 거야.
B: 아주 힘든 결정을 했구나. 행운을 빌어.

Unit 09 대화의 기술
Conversational skill

01 말을 걸 때

- 낯선 사람과 대화할 때 무작정 용건을 이야기할 수는 없고 대화의 시작을 이끌어 가는 말이 필요하다. 말에도 종류가 있어서 say는 혼자서 하는 말이고, talk은 대화이며 tell은 정보를 제공하는 종류의 말이라고 할 수 있다.

시간 좀 있으세요?	**Do you have a minute?** 두 유 해버 미닛
이야기 좀 할 수 있을까요?	**May I have a word with you?** 메아이 해버 워드 위듀 (정중한 표현)
드릴 말씀이 있는데요.	**I tell you what.** 아이 텔 유 왓
잠깐 이야기를 나누고 싶은데요.	**I'd like to have a word with you.** 아이드 라익 투 해버 워드 위듀
당신에게 할 이야기가 좀 있습니다.	**I have something to tell you.** 아이 햅 썸씽 투 텔 유
잠깐 이야기 좀 할까요?	**Can I talk to you for a second?** 컨 아이 톡 투유 포러 세컨드
	Do you have a second? 두 유 해버 세컨드
금방 얘기하겠습니다.	**I'll tell it to you fast.** 아일 텔릿 투 유 패슷

168

02 맞장구치기

• 상대방이 말을 할 때 빤히 쳐다보고 있는 것은 분위기를 어색하게 만든다. 상대방의 말에 적당히 really?/ Absolutely right. 정말 그래.라고 맞장구를 쳐주면 대화의 분위기를 원할하게 해 주고 상대의 이야기에 경청하고 있다는 느낌을 전달할 수 있다.

그래요?	**Is that so?** 이즈 댓 소우	
아, 그러세요?	**Oh, do you?** 오 두 유	
아, 그러셨어요?	**Oh, you did?** 오 유 딧	
계속 말씀하세요.	**Go ahead.** 고우 어헤드	
네, 그렇고말고요.	**Yes, indeed.** 예쓰 인디드	
알겠습니다.	**I understand.** 아이 언더스탠드	
바로 그겁니다.	**That's it.** 댓스 잇	
그거 좋군요.	**That's good.** 댓스 굿	
지당한 말이야.	**You can say that again.** 유 캔 세이 댓 어겐	

03 대화 도중 끼어들 때

- interrupt는 '뭔가를 가로막거나 말을 중단시키고 끼어들다'라는 의미로 대화 중간에 다른 사람의 말에 끼어들 때 주로 사용하게 된다.

말씀 도중에 죄송합니다만….	**Sorry to interrupt, but….** 쏘리 투 인터럽 벗
말씀 중에 잠깐 실례를 해도 될까요?	**May I interrupt you?** 메아이 인터럽츄
뭐 좀 얘기해도 될까요?	**May I come in to say something?** 메아이 컴인 투 세이 섬씽
도중에 잠시 실례해도 괜찮으시다면,	**If I may interrupt you,** 이프 아이 메이 인터럽츄
기다리세요.	**Hold on!** 홀드 온
잠시 기다리시겠어요?	**Would you stop for a moment?** 우쥬 스탑 포러 모먼트 (정중한 말투)
말하는 중이니까 끼어들지 마세요.	**Stop interrupting me while I'm talking.** 스탑 인터럽팅 미 와일 아임 토킹
제가 말을 끝내야 해요!	**Let me finish!** 렛미 피니쉬

○ PART 03_ 화술 표현

04 말을 재촉할 때

• 말을 재촉할 때 직접적으로 quickly, at once 등의 단어를 사용하기도 하지만 이야기 중간중간에 진행될 내용에 대해 물어서 진행을 빨리 이끌기도 한다.

| 빨리 말씀하세요. | **Tell me quickly.** 텔 미 퀴리 |

| 제발 말해 주세요. | **Tell me at once.** 텔 미 앳 원스 |

| 할 말이 있으면 하세요. | **Say your say.** 쎄이 유어 쎄이 |

| 이유를 말해 보세요. | **Tell me why.** 텔 미 와이 |

| 하고 싶은 말을 하세요. | **Say what you want to say.** 쎄이 와츄 원 투 쎄이 |

| 누가 그랬는지 말해 보세요. | **Tell me who has said so.** 텔 미 후 해즈 쎄드 쏘우 |

| 그래서 당신은 뭐라고 했습니까? | **And what did you say?** 앤 왓 디쥬 쎄이 |

| 더 자세히 말해 줘. | **Tell me more about it.** 텔 미 모어 어바우릿 |

171

05 화제 전환하기

• 대화 도중 흥미가 없거나 상대가 지루한 얘기를 계속할 때 by the way~ / now~ 등을 써서 자연스럽게 화제를 전환하거나 직접적으로 let's change the subject. / Let's talk about it later. 등으로 표현하기도 한다.

화제를 바꿉시다.	**Let's change the subject.** 렛츠 체인쥐 더 섭직트
뭔가 다른 이야기를 합시다.	**Let's talk about something else.** 렛츠 톡 어바웃 썸씽 엘스
화제를 바꾸지 마세요.	**Don't change the subject.** 돈 체인쥐 더 섭직트
좀 더 재미있는 화제로 바꾸죠.	**Let's change the subject to a more pleasant one.** 렛츠 체인쥐 더 섭직트 투 어 모어 플레전트 원
그런데 말이죠.	**By the way.** 바이 더 웨이
그건 다른 질문이잖아요.	**That's another question.** 댓스 어나더 퀘스쳔
화제를 바꾸어 볼까요?	**Can I change the subject?** 컨아이 체인쥐 더 섭직트
나중에 다시 이야기 합시다.	**We will talk about it again.** 위 윌 톡 어바웃 잇 어겐

● PART 03_ 화술 표현

06   말문이 막힐 때

• 말문이 막혀서 '글쎄', '그러니까', '저어' 와 같은 말을 하는 경우가 있다. 영어에서도 Well~, let me see~, I mean~ 등과 같은 말을 써서 본격적인 용건을 꺼내기 전에 이야기를 시작하기도 한다.

글쎄.	**Well.** 웰
어디 보자.	**Let me see.** 렛 미 씨
잠깐만요.	**Wait a minute.** 웨이러 미릿
뭐랄까?	**What shall I say?** 왓 쉘 아이 쎄이
그니까 지금.	**Well now.** 웰 나우
있잖아요(알다시피),	**I tell you what,** 아이 텔 유 왓
말하자면,	**I would say,** 아이 우드 쎄이
적당한 말이 생각나진 않지만….	**I can't think of the right word, but….** 아이 캔트 씽컵 더 라잇 워드 벗

173

관련단어

minute	(시간 단위) 분	what	무엇
word	단어, 이야기	more	더
tell	이야기하다	about	~에 대해
something	어떤 것	change	바꾸다
second	(시간 단위) 초, 순간, 잠깐	subject	주제
		else	그밖의
fast	빨리	pleasant	기분 좋은, 즐거운
so	그렇게, 그래서	by the way	그런데
ahead	앞으로, 앞에	question	질문
indeed	정말로	again	다시
understand	이해하다	let me see	글쎄
good	좋은	wait	기다리다
sorry	미안하다	I would say~	말하자면
interrupt	방해하다, 가로막다	moment	잠시
come	오다	while	~하는 동안
say	말하다	talk	말하다
hold	잡다, 기다리다	want	원하다
stop	멈추다	another	또 하나, 더
finish	끝내다	well	잘, 좋게
quickly	빨리	shall	~일 것이다
at once	즉시	right	올바른, 옳은
say	말하다	think	생각하다
why	이유, 왜	Hold on	기다려, 멈춰
who	누구		

회화표현

A: **I'm sorry to bother you,** but can I talk to you for a minute?
   Sorry to interrupt you
   Excuse me.
B: Sure, no problem! Please take a seat.
A: Thank you. Actually, I was rude in your class. I didn't mean it.
B: **Oh, I see.**
   That happens.
   You just did it by mistake.
A: I apologize. I was wrong.
B: **That's all right.**
   Don't worry about it.

★ 우리말 해석

A: **방해해서 죄송한데요,** 잠시 저랑 애기하실 수 있나요?
   방해해서 미안하지만,
   실례지만
B: 물론요. 괜찮아요. 앉으세요.
A: 감사해요. 사실, 제가 당신 수업 때 무례했어요.
   일부러 그런건 아니에요.
B: **그렇군요.**
   가끔 그런 일이 있지요.
   실수로 그런 거군요.
A: 사과드려요. 제가 잘못했어요.
B: **괜찮아.**
   걱정 마.

왕초보 실생활 **영어회화 + 기본패턴**

PART 04

테마별 화제
Thematic Topics

일상적인 다양한 화젯거리를 잘 얘기할 수 있으면 좋은 인상을 줄 수 있다. 그리고 문화적 배경이 다른 사람들이 모여 얘기할 때는 서로 다른 점을 어느 정도 알고 있어야 실례를 범하지 않을 것이다. 특히 처음 만난 자리에서 서구인들은 너무 개인적인 질문은 실례라고 생각한다. 그리고 외모에 대한 부정적인 의견은 금물이다.

날씨 · 계절 표현
Climate and seasons

01 날씨 표현

• 날씨와 관련된 이야기 소재는 어느 대화에나 빠지지 않는다. 날씨는 It을 사용해 It is ~로 표현한다. 미국에서는 무더운 여름날을 dog day라고 하는데 이는 우리나라의 복날과 같은 의미가 아니라 천랑성 Sirus(dog star, 시리우스)이 7, 8월에 해와 함께 떴다가 지기 때문에 붙여진 이름이다.

오늘 날씨 어때요?	**What's the weather like today?** 왓스 더 웨더 라익 투데이
바깥 날씨는 어때요?	**How is the weather out there?** 하우 이즈 더 웨더 아웃 데어
상쾌한 날씨네요.	**The weather is great today.** 더 웨더 이즈 그레잇 투데이
흐린 날씨예요.	**It's gloomy.** 잇스 글루미 **It's cloudy.** 잇스 클라우디
화창해요.	**It's sunny.** 잇스 써니
이런 날씨 좋아하세요?	**Do you like this kind of weather?** 두유 라익 디스 카인더브 웨더
비가 올 것 같네요.	**It looks as if it's going to rain.** 잇 룩스 애즈 이프 잇스 고잉 투 레인
오후엔 맑을 거야.	**It'll clear up in the afternoon.** 이를 클리어럽 인디 앱터눈

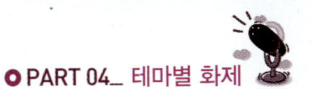
PART 04_ 테마별 화제

02 계절 표현

• 계절과 날씨에 대한 주제는 외국인과의 대화가 아니더라도 일상에서 빠지지 않는 소재이다. 날씨를 표현할 때는 주어로 It을 사용하며 주로 형용사로 날씨를 묘사한다. 각 나라마다 계절적인 기후 상태가 다르므로 이러한 특이한 기후 특징은 대화를 풍부하게 만들 수 있으므로 각 기후에 관련된 표현을 익혀 두면 좋다.

따뜻해요.	**It's warm.** 잇스 왐
	It's mild. 잇스 마일드
더워요.	**It's hot.** 잇스 핫
지독하게 덥네요.	**It's terribly hot.** 잇스 테러블리 핫
	It's as hot as hell. 잇스 애즈 핫 애즈 헬
점점 따뜻해 [추워]지네요.	**It's getting warmer [colder].** 잇스 게링 와머 [코울더]
에어컨 좀 켜.	**Turn on the air-conditioner.** 턴 언 디 에어컨디셔너
눈이 올 것 같아요.	**It looks like snow.** 잇 룩스 라익 스노우
오늘 서리가 내렸어요.	**It's frosty today.** 잇스 프러스티 투데이.
올해에는 눈이 많아요.	**We have a lot of snow this year.** 위 햅 어랏 어브 스노우 디스 이어
추워 죽겠어.	**I'm freezing.** 아임 프리징

03 악천후

• 최근에는 자연재해와 급작스런 기상 변화가 많이 발생하고 있다. 홍수(flood)나 가뭄(drought), 태풍(typhoon) 등에 관한 표현들도 알아두면 좋다. 날씨를 나타내는 표현 중 It rains cats and dogs. (비가 억수같이 쏟아진다)와 같은 재미있는 표현들도 있으므로 알아두었다가 대화에 적절히 사용해 보면 좋겠죠?

바람이 몹시 부네요.	**How it blows!** 하우 잇 브로우즈 **It's very windy.** 잇스 베리 윈디
억수같이 비가 와요.	**It's pouring.** 잇스 포어링
지나가는 소나기입니다.	**It's only a shower.** 잇스 온리 어 샤워
궂은 날씨다.	**It's a terrible day.** 잇스 어 테러블 데이
싸늘해요.	**It's chilly.** 잇스 칠리
요즘 날씨가 변덕스럽네요.	**The weather is unpredictable these days.** 더 웨더 이즈 언프리딕터블 디즈 데이즈
천둥이 칩니다.	**I hear a peal of thunder.** 아이 히어러 필어브 썬더
건조해요.	**It's dry.** 잇스 드라이
눅눅해요.	**It's humid.** 잇스 휴미드

04 계절에 대한 화제

- 봄의 꽃샘 추위를 어떻게 표현할까? Today was winter's last shot. 오늘 꽃샘 추위가 있었다. Spring frost is expected this week. 이번 주는 꽃샘 추위가 예상된다. 처럼 winter's last shot, spring frost라고 한다. 또한 여름의 대표적인 twister 회오리 바람은 tornado 토네이도, hurricane 허리케인, cyclone 사이클론, typhoon 타이푼 등으로 발생 지역에 따라 다르게 부른다.

어느 계절을 제일 좋아하세요?	**Which season do you like best?** 위치 씨즌 두 유 라익 베스트
기온이 몇 도인가요?	**What's the temperature?** 왓스 더 템퍼러춰
15도입니다.	**It's 15 degrees.** 잇스 피프틴 디그리즈
진짜 더위는 이제부터예요.	**The hottest season is yet to come.** 더 하티스트 시즌 이즈 옛 투 컴
당신 고향의 기후는 어떻습니까?	**What is the weather like in your hometown?** 왓이즈 더 웨더 라익 인 유어 홈타운
4월인데도 춥네요.	**It's very cold for April.** 잇스 베리 콜드 포 에어프릴
기온이 영하로 내려갈 때도 있어요.	**Sometimes, the temperature drops below zero.** 썸타임즈 더 템퍼러춰 드랍스 빌로우 지어로우
저는 더위를 잘 타요.	**I'm very sensitive to heat.** 아임 베리 센서티브 투 히트
1년 내내 여름이라면 좋겠어요.	**I wish summer lasted all year.** 아이 위시 써머 라스티드 올 이어

05 일기예보

- '비가 내릴 것 같다', '눈이 올 것 같다'처럼 개인적인 느낌을 표현할 경우는 might, look 등을 써서 It might rain. It looks like rain. 으로 표현하는 한편 일기예보의 경우는 It's supposed to rain이나 The forecast says~으로 표현하여 개인적인 견해를 배제한다.

일기예보를 확인해 보세요.	**Check the weather report.** 첵 더 웨더 리폿
일기예보에 따르면 내일은 맑을 거랍니다.	**The weather forecast says it will be fine tomorrow.** 더 웨더 포어케스트 세즈 잇 윌 비 파인 투머로우
태풍이 다가옵니다.	**A typhoon is coming.** 어 타이푼 이즈 커밍
오늘 폭풍주의보가 내렸어요.	**A storm warning is out for today.** 어 스톰 워닝 이즈 아웃 포 투데이
일기예보가 틀렸어요.	**The weather forecast was wrong.** 더 웨더 포어케스트 워즈 렁
장마철이 시작되었어요.	**The rainy season has set in.** 더 레이니 시즌 해즈 쎄린
환절기는 기후가 변덕스러워요.	**The weather is changeable at the turn of the seasons.** 더 웨더 이즈 체인저블 앳 더 턴 어브 더 시즌즈
맑고 따뜻할 겁니다.	**It will be clear and warm.** 잇 윌 비 클리어 앤 왐
주말 일기예보는 어때요?	**What's the weather forecast for the weekend?** 왓스 더 웨더 포어케스트 포 더 위캔

관련단어

weather	날씨	summer	여름
great	좋은	spring	봄
today	오늘	autumn	가을
gloomy	흐린	winter	겨울
cloudy	구름낀	last	지속하다
sunny	화창한	year	년, 해
rain	비	check	점검하다
rainy	비가 오는	weather forecast	일기예보
clear up	개다, 맑아지다	fine	좋은
warm	따뜻한	typhoon	태풍
mild	온화한	storm	폭풍
hot	더운	warning	주의
terribly	아주, 지독히	wrong	틀린
turn on	켜다	changeable	변덕스러운
air-conditioner	에어컨	clear	맑은
snow	눈	weekend	주말
frosty	서리낀	hell	지옥
freezing	꽁꽁 언	year	해, 년
blow	바람이 불다	a lot of	많은
windy	바람 부는	pouring	퍼붓는
shower	소나기	peal	큰소리
chilly	추운	degrees	도
unpredictable	예보가 불가능한	yet	아직
thunder	천둥	hometown	고향
dry	건조한	April	4월
humid	축축한, 습기찬	sometimes	때때로
season	계절	below ~	보다 아래에
temperature	온도, 기온	report	보도하다
cold	추운	Check	살피다
drop	내려가다, 떨어지다	forecast	예측, 예보
sensitive	민감한	turn	돌다, 돌리다
heat	열	weekend	주말

회화표현

A: It's getting warmer.
　　　　　　　 colder.
　　　　　　　 hotter.
B: Winter is gone, spring is coming.
A: Do you like spring?
　　　　　　　 winter?
　　　　　　　 summer?
　　　　　　　 fall?
　　　　　　　 autumn?
B: No, I always get spring fever.
A: But, what's your favorite season?
B: I like fall best.
A: Why?
B: I think the fall is very beautiful.

★ 우리말 해석

A: 점점 따뜻해 지네요.
　　　　 추워
　　　　 더워
B: 겨울은 가고 봄이 오고 있어요.
A: 봄을 좋아하세요?
　　 겨울
　　 여름
　　 가을
　　 가을
B: 아니요. 저는 항상 봄만되면 나른해요.
A: 그런데 어느 계절을 가장 좋아하세요?
B: 가을을 가장 좋아해요.
A: 왜요?
B: 가을이 가장 아름다운 것 같아요.

Unit 02 시간 · 날짜
Time and date

01 시간을 물을 때

• 시간을 물을 때 불쑥 '몇 시예요?'라고 묻기보다는 Excuse me. 실례합니다.라고 말을 꺼낸 후에 문의하는 게 예의바른 태도이다. Do you have the time?은 시계가 있는지, 즉 몇 시인지 묻는 표현이지만 Do you have time?은 시간이 있냐고 묻는 표현이므로 의미가 완전히 다르다는 점에 유의하자.

지금 몇 시죠?	**Do you have the time?** 두유 햅 더 타임
	What time is it? 왓 타임 이즈 잇
정확히 몇 시인가요?	**Do you have the correct time?** 두유 햅 더 커렉 타임
시간은 어때요?	**How's the time?** 하우즈 더 타임
몇 시에 여나요?	**What time do you open?** 왓 타임 두 유 오픈
실례지만 시간 여쭤 봐도 될까요?	**Could I bother you for the time?** 쿠다이 바더 유 포더 타임
몇 시에 만날까요?	**What time shall we meet?** 왓 타임 쉘 위 밑
몇 시에 집에 오니?	**What time will you come home?** 왓 타임 윌 유 컴 홈

02 시간을 말할 때

• 시간을 표현할 땐 It을 사용해서 It is ~ 몇 시입니다.라고 표현한다. 이 표현이 너무 단조로울 때는 My watch says~라고 '내 시계가 ~시를 가리키네요'.라고 표현해도 된다.

3시 15분입니다.	**It's a quarter past three.** 잇스 어 쿼러 패스트 쓰리 **It's three fifteen.** 잇스 쓰리 피프틴
정각 세 시입니다.	**It's three o'clock sharp.** 잇스 쓰리 어클럭 샵 **It's exactly three o'clock.** 잇스 익젝틀리 쓰리 어클럭
거의 5시야.	**It's almost five.** 잇스 올모스트 파이브
2시가 채 안 됐어.	**It's not quite two.** 잇스 낫 콰잇 투
7시 10분이야.	**It's ten after seven.** 잇스 텐 앱터 쎄븐 **It's ten past seven.** 잇스 텐 패스트 쎄븐
6시 45분이야.	**It's quarter to seven.** 잇스 쿼러 투 쎄븐 **It's six forty-five.** 잇스 식스 포리파이브
2시 반이야.	**It's half past two.** 잇스 해프 패스 투

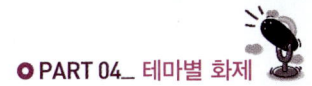

03 연, 월, 일을 말할 때

• 연도는 두자리씩 숫자를 끊어서 읽고 월일은 월을 먼저 읽거나 일자를 먼저 읽는 두 가지 방법이 있는데 일자를 말할 때는 모두 서수로 읽는다. 예를 들어, 1985년 1월 25일은 25/1/1985나 25th January, 1985 또는 January 25th 1985라고 쓰고 the twenty fifth of January, nineteen eighty five 또는 January the twenty fifth, nineteen eighty five라고 읽으면 된다.

오늘이 무슨 요일이죠?	**What day is it today?** 왓 데이 이즈잇 투데이
토요일이에요.	**It's Saturday.** 잇스 세러데이 * 요일명은 모두 대문자로 시작한다는 것을 꼭 기억할 것.
오늘이 며칠이죠?	**What's the date today?** 왓스 더 데잇 투데이 **What's today's date?** 왓스 투데이스 데잇
몇 월이죠?	**What month is it?** 왓 먼쓰 이짓
오늘이 무슨 날이죠?	**What's the occasion?** 왓스 디 어케이전
다음 일요일이 며칠이죠?	**What date is next Sunday?** 왓 데잇 이즈 넥스트 썬데이
생일은 언제십니까?	**When is your birthday?** 웨니즈 유어 버쓰데이
며칠에 태어났어요?	**What date were you born?** 왓 데잇 워 유 본
몇 년도에 태어나셨어요?	**What year were you born?** 왓 이어 워 유 본

04 날짜 표현

- What day is it today?/ What's the day today?라는 물음은 요일을 묻는 표현이고, What's the date?라는 물음은 며칠인지 날짜를 묻는 표현이므로 day와 date를 잘 구분해서 사용하도록 하자. 또한 날짜를 표현할 때는 서수를 사용한다는 점도 기억하자. 또한 영국식 영어에서는 일, 월, 연도 순으로 날짜를 표시하고 미국식 영어에서는 월, 일, 연도 순으로 날짜를 표현한다. 날짜, 연도, 월에 쓰는 전치사로 at은 시간 앞에, on은 요일과 날짜 앞에, in은 달이나 연도 앞에 쓴다.

제 생일은 11월 30일입니다.	**I was born on November 30th.** 아이 워즈 본 온 노벰버 써티쓰
다음 모임은 7월 15일 화요일입니다.	**The next meeting will be on Tuesday, July 15th.** 더 넥스트 미팅 윌비 온 튜즈데이 줄라이 피프틴쓰
우리 휴가가 언제 시작이지?	**What date does our vacation start?** 왓 데잇 더즈 아워 베이케이션 스탓
보통 월요일에서 금요일까지 영업합니다.	**Usually we're open Monday through Friday.** 유주얼리 위어 오픈 먼데이 쓰루 프라이데이
8월 25일까지 끝낼 수 있으세요?	**Can you finish it by August 25th?** 컨유 피니시 잇 바이 어거스트 트웬티 피프쓰
월초엔 바쁩니다.	**I'm busy at the beginning of every month.** 아임 비지 앳더 비기닝 업 에브리 먼쓰

○ PART 04_ 테마별 화제

이 표는 6일간 유효합니다.	**This ticket is good for six days.** 디스 티킷 이즈 굿 포 식쓰 데이즈
이번 금요일은 하루 종일 사무실에 있을 겁니다.	**I'll be in my office all day next Friday.** 아일 비 인 마이 오피스 올 데이 넥스트 프라이데이
매월 둘째, 넷째 월요일에 피아노 레슨이 있습니다.	**I have piano lessons on the 2nd and the 4th Mondays of each month.** 아이 햅 피애노 레슨즈 온 더 세컨드 앤 더 포쓰 먼데이즈 업 이치 먼쓰

05 때 말할 때

- 시간에 맞출 수 있는지, 늦지 않을 수 있는지 등 '시간에 맞추다'라는 의미는 make it 을 사용하여 표현한다. 예를 들어 Can you make it? 제시간에 맞출 수 있겠어?처럼 사용할 수 있다.

언제 가세요?	**When are you going?** 웬 아 유 고잉
언제 거기 갔어요?	**When did you go there?** 웬 디쥬 고우 데어
언제 그걸 알았죠?	**When did you get to know that?** 웬 디쥬 게투 노우 댓
언제 서울에 도착했습니까?	**When did you arrive in Seoul?** 웬 디쥬 어라입 인 쏘울 * When을 At what time이라고 표현할 수도 있다.
가장 편한 시간은 언제세요?	**When is the most convenient time for you?** 웬이즈 더 모스트 컨비년 타임 포유
세 시는 어때요?	**Say three o'clock?** 세이 쓰리 어클럭
언제 그녀를 만날 겁니까?	**When will you meet her?** 웬 윌 유 미트 허
이제 시간이 되었습니다.	**Time is up.** 타임 이즈 업
벌써 6시가 넘었어요.	**It's already after six.** 잇스 올레디 앱터 식스

PART 04_ 테마별 화제

06 장소 말하기

• 장소를 묻는 의문사는 where로 '어디에'라는 의미이고 '~에 있다'라고 답할 때는 주로 전치사 in과 함께 장소를 나타내는 명사를 쓰게 된다. '~에 가 본 적이 있다'라는 의미는 완료형을 사용하여 have been to~?를 사용한 표현을 한다. 요즘 각광받는 어떤 음식점에 가 봤다고 표현할 때 I tried the new cafe. 처럼 tried 뒤에 장소를 쓰면 '~에 가봤다'는 표현을 간단히 쓸 수 있다.

지금 어디에 있습니까?	**Where are you?** 웨어라 유
어디 갔었나요?	**Where have you been?** 웨어 해뷰 빈
여기가 어딥니까?	**Where are we?** 웨어라 위
어디 사십니까?	**Where do you live?** 웨어 두유 리브
어디 가고 싶어요?	**Where do you want to go?** 웨어 두유 원투 고우
어디에서 만날까요?	**Where shall we meet?** 웨어 셸 위 미트
어디 가세요?	**Where are you going?** 웨어라 유 고우잉
당신 회사는 어디입니까?	**Where's your office?** 웨어즈 유어 오피스

어디 출신이세요?	**Where are you from?** 웨어라 유 프럼 **Where do you come from?** 웨어 두유 컴 프럼
출구는 어디입니까?	**Where's the exit?** 웨어즈 디 엑지트
어제는 어디 있었어요?	**Where were you yesterday?** 웨어 워 유 예스터데이
그걸 어디서 샀어요?	**Where did you buy it?** 웨어 디쥬 바이 잇
어디에서 태어나셨어요?	**Where were you born?** 웨어 워 유 본
어디서 그걸 봤나요?	**Where did you see it?** 웨어 디쥬 씨 잇

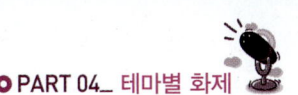

● PART 04_ 테마별 화제

관련단어

time	시간	live	살다
What time	몇 시에	from	~에서부터
correct	정확한	exit	출구
open	열다	buy	사다
meet	만나다	get	얻다
come	오다	office	사무실
go	가다	come from	~출신이다
home	집	sharp	정각
quarter	4분의 1	exactly	정확히
o'clock	정각	quite	꽤, 상당히
almost	거의	occasion	때
after	~후의	born	태어나다
to	전의	year	해, 년
past	지난	November	11월
half	반	vacation	방학, 휴가
day	날	start	시작하다
date	날짜	Usually	보통, 대개
today	오늘	finish	끝내다, 마치다
month	달, 월	through	~을 통해
next	다음	busy	바쁜
birthday	생일	begin	시작하다
anniversary	기념일	every	모든
when	언제	ticket	표
arrive	도착하다	piano	피아노
convenient	편리한, 편안한	each	각각
time is up	시간이 끝나다	most	최대
already	이미	yesterday	어제
where	어디에		

 회화표현

A: When is your birthday?
　　　　　　　　wedding day?
　　　　　　　　wedding anniversary?
　　　　　　　　graduation?
B: The day after tomorrow.
　 Tomorrow.
　 It was yesterday.
　 It was the day before yesterday.
A: Are you going to have a party?
B: Yes. Can you come to my party?
A: Of course. Where are you going to have your party?
　 Sure.
　 Why not?
B: At the restaurant. After reservation I will tell you the time and place.
A: Okay.

★ 우리말 해석

A: 생일이 언제지요?
　　결혼식
　　결혼기념일
　　졸업
B: 모레요.
　 내일요.
　 어제였어요.
　 그제였어요.

A: 파티 할 거예요?
B: 제 파티에 오실래요?
A: 물론이죠. 어디서 파티를 하실 거예요?
　 물론이죠.
　 좋죠.
B: 레스토랑에서요. 예약하고 시간과 장소를 알려줄게요.
A: 네.

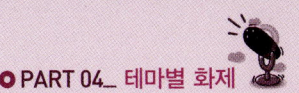

이럴때 이런 표현

1. 숫자 (기수와 서수)

: 일반적으로 숫자를 쓰거나 읽을 때는 기수를 사용하지만 날짜를 나타낼 때는 서수를 사용한다.

숫자	기수	서수
1	one	first (1st)
2	two	second (2nd)
3	three	third (3rd)
4	four	fourth (4th)
5.	five	fifth (5 th)
6.	six	sixth (6 th)
7	seven	seventh (7 th)
8	eight	eighth (8 th)
9	nine	ninth (9 th)
10	ten	tenth (10 th)
11	eleven	eleventh (11 th)
12	twelve	twelfth (12 th)
13	thirteen	thirteenth (13 th)
14	fourteen	fourteenth (14 th)
15	fifteen	fifteenth (15 th)
16	sixteen	sixteenth (16 th)
17	seventeen	seventeenth (17 th)
18	eighteen	eighteenth (18 th)
19	nineteen	nineteenth (19 th)
20	twenty	twentieth (20 th)

이럴때 이런 표현

21	twenty one	twenty first (21st)
22	twenty two	twenty second (22nd)
23	twenty three	twenty third (23rd)
24	twenty four	twenty fourth (24th)
25	twenty five	twenty fifth (25th)
26	twenty six	twenty sixth (26th)
27	twenty seven	twenty seventh (27th)
28	twenty eight	twenty eighth (28th)
29	twenty nine	twenty ninth (29th)
30	thirty	thirtieth (30th)
31	thirty one	thirty first (31st)

2 월

: 첫 글자는 대문자를 쓴다.

1월	January
2월	February
3월	March
4월	April
5월	May
6월	June
7월	July
8월	August
9월	September
10월	October
11월	November
12월	December

이럴때 이런 표현

③ 요일
: 첫 글자는 대문자를 쓴다.

월요일	Monday
화요일	Tuesday
수요일	Wednesday
목요일	Thursday
금요일	Friday
토요일	Saturday
일요일	Sunday

④ 연도, 날짜 등 숫자 읽는 방법

• **연도 읽는 방법** : 두 자리씩 끊어 읽는다

1982년 = nineteen eighty two

• **날짜 읽는 법** : 일자는 서수로 읽는다.
월부터 표시하고 읽는 방법과 일자부터 표시하고 읽는 방법이 있다.

8월 15일 → ① (표기) 15 August / 15th August / 15th of August
　　　　　　　　(읽기) the fifteenth of August

　　　　　② (표기) August 15
　　　　　　　　(읽기) August fifteen/August the fifteenth

• **시각을 익는 법** : 쓰여진 숫자대로 읽기도 하고
　　　　　　　　half, quarter를 사용해 읽기도 한다

9 :15　① nine fifteen

　　　② a quarter past(after) nine

이럴때 이런 표현

7 :30　① seven thirty
　　　　② half past(after) seven

10 :45　① ten forty-five
　　　　② a quarter to(before) eleven

예 7 : 10 - seven-ten / ten past(after) seven
　 7 : 15 - seven-fifteen / a quarter past(after) seven
　 7 : 30 - seven-thirty / half past seven
　 7 : 45 - seven forty-five / a quarter to(of) eight
　 13 : 45 - thirteen forty-five
　 19 :05 - nineteen oh five
　 23 : 00 - twenty-three hundred hours
　 12 : 00 - day : twelve noon cf) night : twelve midnight

• 전화번호 읽는 법 : 앞자리부터 기수로 차례로 읽는다

　　9　　1　　3　　-　　6　　5　　6　　0
　　nine one three　　six five six　O

Unit 03 개인적인 화제
Private topics

01 가족에 대한 질문

• 가족이 몇 명이냐고 물을 때 large를 사용해서 How large is your family? 또는 How many are there in your family?라고 물을 수도 있다. 이에 대한 대답으로 우리는 흔히 가족 구성원의 수를 넣어 I have 5 families.라고 대답한다. 그러나 이 대답은 가족이 5명이 아니라 다섯 가족을 거느린다는 뜻이 된다. 이럴 때는 There are 5 people in my family.라고 대답해야 정확한 표현이 된다.

가족에 대해 말씀해 주시겠습니까?	**Please tell me about your family?** 플리즈 텔 미 어바우츄어 패밀리
가족은 몇 분이나 됩니까?	**How many people are there in your family?** 하우 매니 피플 아 데어 인 유어 패밀리
형제는 몇 분이세요?	**How many brothers and sisters do you have?** 하우 매니 브러더즈 앤 시스터즈 두유 햅
당신 아버지는 어떤 일을 하십니까?	**What does your father do?** 왓 더즈 유어 파더 두 **What business is your father in?** 왓 비즈니스 이즈 유어 파더 인
자녀들은 몇 살입니까?	**How old are your children?** 하우 올드 아 유어 췰드런

남편은 무슨 일을 하세요?	**What does your husband do for a living?** 왓 더즈 유어 허즈번드 두 포어 리빙
부인은 일을 하십니까?	**Does your wife work?** 더즈 유어 와입 워크
부모님과 함께 사세요?	**Do you live with your parents?** 두 유 립 위쥬어 페어런츠
자녀는 있습니까?	**Do you have any children?** 두 유 햅 애니 췰드런

● PART 04_ 테마별 화제

02 가족에 대해 말할 때

• 외국인들은 개인적인 질문이나 대화를 피하는 경향이 있지만 어느 정도 친분이 생긴 관계는 주로 아이들이나 가족의 일상이 대화의 주제가 되는 경우가 많다. only라는 단어는 '단지', '다만'을 뜻하지만 가족 관계에서는 '외동'의 의미로 쓰이기도 한다.

우리는 대가족입니다.	**We have a large family.** 위 해버 라쥐 패밀리
우리 식구는 네 명입니다.	**There are four in my family.** 데어 라 포 인 마이 패밀리
아들은 초등학생입니다.	**My son is in elementary school.** 마이 썬 이진 엘리먼터리 스쿨
저희는 아이가 없습니다.	**We have no children.** 위 햅 노우 췰드런
아들만 둘이고 딸은 없습니다.	**I have two sons, but no girls.** 아이 햅 투 썬즈 벗 노우 걸즈
저는 부모님과 잘 지냅니다.	**I get along well with my parents.** 아이 게럴롱 웰 윗 마이 페어런츠
저는 독자입니다. 당신은요?	**I'm an only child. How about you?** 아임 언 온리 차일드 하우 어바우츄
아이가 태어날 예정입니다.	**We're expecting a baby.** 위어 익스펙팅 어 베이비
기혼[미혼]입니다.	**I'm married [single].** 아임 매리드 [싱글]

03 나이 표현

• 우리는 나이를 묻는 게 크게 실례되지 않는다고 생각하기 때문에 종종 외국인에게 How old are you?라고 묻곤 한다. 이럴 때 대개 외국인은 친한 사이가 아니라면 약간 정색을 하며 I'd rather not tell you how old I am. '제 나이를 말하고 싶지 않습니다' 라고 대꾸하게 되니 함부로 상대의 나이를 묻는 실수를 하지 않도록 주의한다.

나이를 여쭤 봐도 될까요?	**May I ask your age?** 메아이 애스크 유어 에이쥐
몇 살이세요?	**How old are you?** 하우 올드 아 유
서른 다섯입니다.	**I'm 35 years old.** 아임 써티 파이브 이어즈 올드
30대 초반입니다.	**I'm in my early thirties.** 아임 인 마이 얼리 써티즈
40대 후반입니다.	**I'm in my late forties.** 아임 인 마이 레잇 포티즈
저와 동갑이시네요.	**You are (of) my age.** 유아 (엎) 마이 에이지
제 나이를 말하고 싶지 않네요.	**I'd rather not tell you how old I am.** 아이드 래더 낫 텔유 하우 올드 아이 앰
그가 몇 살인지 물어봐도 될까요?	**May I ask how old he is?** 메아이 애스크 하우 올드 히 이즈
제 나이를 맞혀 보세요.	**Guess how old I am.** 게스 하우 올드 아이 앰

04 출신지에 관해

• 외국인과 이야기를 할 때 기본적으로 상대방의 국가, 출신지 그리고 이름을 묻는 경우가 대부분이다. 아주 친한 사이가 아니라면 개인적인 질문은 피하고 이렇게 개인의 주변과 관계된 질문을 하면서 서로를 알아가는 게 좋다. 그러므로 다짜고짜 처음 만난 사람에게 개인적인 질문을 하는 실례를 피하도록 하자.

어디 출신이세요?	**Where are you from?** 웨어라 유 프럼 **Where do you come from?** 웨어 두유 컴 프럼
저는 충남 출신입니다.	**I'm from Chungnam.** 아임 프럼 충남
부여에서 태어나 서울에서 자랐습니다.	**I was born in Buyeo and raised in Seoul.** 아이 워즈 본인 부여 앤 레이즈드 인 서울
고교 시절까지 춘천에서 살았습니다.	**I lived in Chuncheon until I was in high school.** 아이 리브딘 춘천 언틸 아이 워즈 인 하이스쿨
부모님은 아직 목포에 계십니다.	**My parents still live in Mokpo.** 마이 페어런츠 스틸 리빈 목포
저희 집안은 원래 제주도 출신입니다.	**My family is originally from Jeju-do.** 마이 패밀리 이즈 어리저널리 프럼 제주도
매년 고향의 조상님 산소에 참배합니다.	**I visit my ancestors' grave in my hometown every year.** 아이 비짓 마이 앤서스터즈 그레입 인 마이 홈타운 에브리 이어
친척들은 대개 홍성에 계십니다.	**Most of my relatives live in Hongseong.** 모스트 업 마이 렐러티브즈 리빈 홍성

05 거주지에 관하여

• 거주지는 특성에 따라 도시 지역(city area / urban area), 소도시(small town), 교외 지역(suburbs), 전원 혹은 시골 지역(country / rural area)으로 구분할 수 있다. 우리나라에서 아파트라 불리는 거주지는 미국에서는 apartment / condominium (소유 방식에 따라 구분됨), 유럽에서는 flat이라 표현한다. 주택의 경우도 그 형태에 따라 terraced house, semi-detached house, detached house로 구분된다.

지난달 안양에서 이사 왔습니다.	**I moved from Anyang last month.** 아이 뮤브드 프럼 안양 래스트 먼쓰
혼자 살아요.	**I live alone.** 아이 립 얼론
아파트에 삽니다.	**I live in an apartment.** 아이 리빈 언 어파트먼트
여기 산 지 3년 되었습니다.	**I've lived here for three years.** 아이브 립드 히어 포 쓰리 이어즈
저는 도시 중심지에서 삽니다.	**I live in the downtown area.** 아이 리빈 더 다운타운 에어리어
집에서 제일 가까운 역이 합정역입니다.	**The nearest station from my home is Hapjeong.** 더 니어리스트 스테이션 프럼 마이 홈 이즈 합정
저희 집을 재건축할까 고려 중입니다.	**I'm thinking about rebuilding my house.** 아임 씽킹 어바웃 리빌딩 마이 하우스
저희 아파트에선 애완동물을 키우지 못합니다.	**I'm not allowed to keep a pet in my apartment.** 아임 낫 얼라우드 투키퍼 펫 인마이 어팟먼트

06　학교 생활

• 학생들의 경우 대부분의 시간을 학교에서 보내기 때문에 학교 생활에 관한 대화가 많은 부분을 차지한다. 대학의 경우는 1학년은 freshman, 2학년은 sophomore, 3학년은 junior, 4학년은 senior라고 부른다. senior는 고등학교나 대학의 마지막 학년을 주로 얘기하기도 하지만 사회에서는 60세 이상의 연장자를 의미하기도 한다.

어느 학교에 다니세요?	**Where do you go to school?** 웨어 두유 고우 투 스쿨
	Which college are you attending? 위치 칼리지 아 유 어텐딩
비타민대학을 다닙니다.	**I go to Vitamin University.** 아이 고우 투 바이러민 유니버서티
어느 학교 나오셨나요?	**Which school did you graduate from?** 위치 스쿨 디쥬 그래주에잇 프럼
전공은 무엇입니까?	**What is your major?** 와리즈 유어 메이저
	What are you majoring in? 와라 유 메이져링 인
대학 때 전공이 무엇이었습니까?	**What was your major at college?** 왓 워즈 유어 메이져 앳 칼리쥐
교육학을 전공하고 있습니다.	**I'm majoring in education.** 아임 메이져링 인 에주케이션
경제학을 전공합니다.	**I'm majoring in economics.** 아임 메이저링 인 이카너믹스

저는 옥스퍼드대학 졸업생입니다.	**I'm a graduate of Oxford University.** 아임 어 그래주잇 업 악스퍼드 유니버서티
저보다 3년 선배이시군요.	**You're three years ahead of me.** 유어 쓰리 이어즈 어해드 오브 미
몇 학년이세요?	**What year are you in?** 왓 이어 아유 인
대학 4학년입니다.	**I'm a senior.** 아이머 씨니어 *senior는 선배라는 뜻도 있지만 고등학교나 대학의 마지막 학년 또는 60세가 넘은 노인을 지칭하는 말이다. 외국에는 우리나라 같은 선후배 관념이 없다.
그는 대학 중퇴자입니다.	**He is a college drop out.** 히 이저 칼리쥐 드랍 아웃
그는 고학으로 대학을 나왔어요.	**He worked his way through college.** 히 웍트 히즈 웨이 스루 칼리쥐
어떤 학위를 가지고 계십니까?	**What degree do you have?** 왓 디그리 두 유 햅
그게 무슨 책이죠?	**What's the book about?** 왓스 더 북 어바웃
나는 오늘 미팅을 했어요.	**I had a blind date today.** 아이 해더 블라인 데이트 투데이
아르바이트를 하고 있나요?	**Do you have a part time job?** 두 유 해버 팟 타임 잡

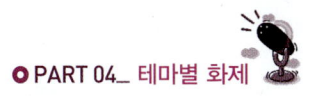

PART 04_ 테마별 화제

아르바이트하는 학생들이 많아요.	**Many students are working at part time jobs.** 매니 스튜던츠 아 워킹 앳 팟 타임 잡스
이번 학기에는 몇 과목이나 수강신청을 했습니까?	**How many courses are you taking this semester?** 하우 메니 코시즈 아 유 테이킹 디스 씨메스터
나는 결강하고 싶지 않습니다.	**I don't want to cut class.** 아이 돈 원 투 컷 클래스
그는 수업 준비하느라 바쁩니다.	**He's busy preparing for class.** 히즈 비지 프리페어링 포 클래스
저는 수학적인 머리가 없는 것 같아요.	**I don't think I have a mathematic brain.** 아이 돈 씽크 아이 해버 매스매틱 브레인
나는 장학금을 신청했습니다.	**I applied for a scholarship.** 아이 어플라이드 포러 스칼러쉽
이건 제게 어려운 강의였어요.	**This has been a hard course for me.** 디스 해즈 빈 어 하드 코스 포 미
우리는 그것을 암기하지 않으면 안 되었어요.	**We had to learn it by heart.** 위 해드 투 런 잇 바이 하트
그는 학교 성적이 매우 좋아진 것 같아요.	**He seems to be getting on very well at school.** 히 심즈 투 비 게링 온 베리 웰 앳 스쿨

그녀는 동급생 중에서도 뛰어납니다.	**She is a cut above her classmates.** 쉬 이저 컷 어밥 허 클래스메이츠 a cut above [below]~ : ~보다 한수 위 [아래]
내가 우리 반에서 제일 뒤떨어진 것 같아요.	**Looks like I'm far behind my classmates.** 룩스 라익 아임 파 비하인드 마이 클래스메이츠
그는 물리학에 뛰어난 사람이에요.	**He's a bear for physics.** 히저 비어 포 피직스 bear : 곰, 잘하는 사람, 열성가, 난폭한 사람
게시판에 뭐라고 쓰여 있는 거예요?	**What does the board say?** 왓 더즈 더 보드 쎄이
친구의 영어 테이프를 복사하고 있어요.	**I'm copying my friend's English tapes.** 아임 카핑 마이 프랜즈 잉글리쉬 테입스

● PART 04_ 테마별 화제

07 공부와 시험

• 미국에서는 대학을 가려면 우리와 마찬가지로 수학능력시험을 치르는데 이것은 SAT (Scholastic Aptitude Test)라고 하며 원하는 만큼 SAT를 볼 수 있고 그중 가장 나은 성적으로 자신이 원하는 대학에 지원하는 시스템이다.

그 문제의 답을 알아요.	**I know the answer to that question.** 아이 노우 디 앤써 투 댓 퀘스천
이제 공부를 좀 해야 할 것 같아요.	**I think I have to hit the books now.** 아이 씽크 아이 햅 투 힛 더 북스 나우 hit one's books: 열심히 공부하다(속어 표현)
그는 밤늦게까지 공부를 해요.	**He is burning the midnight oil.** 히 이즈 버닝 더 미드나잇 오일 burn the midnight oil: 밤늦게까지 공부(일)하다
시험 결과는 어떻게 되었나요?	**How did the test turn out?** 하우 디드 더 테슷 턴 아웃
영어시험에서 100점을 받았습니다.	**I got a hundred on the English test.** 아이 가러 헌드러드 온 디 잉글리쉬 테슷
수학 성적은 어땠어?	**What was your score in math?** 왓 워즈 유어 스코어 인 매쓰
시험을 망쳤어.	**I screwed up the exam.** 아이 스크루드 업 디 이그잼
그녀는 반에서 1등이에요.	**She is at the top of her class.** 쉬 이즈 앳 더 탑 어브 허 클래스

08 종교 이야기

• 종교 문제는 개인의 신념과 관계된 것으로 아주 민감한 사안이 될 수 있다. 그러므로 가능하면 대화 소재에서 피하는 것이 좋다. 종교에 관한 명칭은 Buddhist, Muslim, Christian, Catholic과 같이 대문자로 시작한다.

당신의 종교는 뭡니까?	**What's your religion?** 왓츄어 릴리젼
	What religion do you profess? 왓 릴리젼 두유 프러페스
저는 무신론자입니다.	**I'm an atheist.** 아임 언 에이씨이스트
저는 불교도입니다.	**I'm a Buddhist.** 아임 어 부디스트
저는 이슬람교도입니다.	**I'm a Muslim.** 아임 어 무슬림
저는 기독교 신자입니다.	**I'm a Christian.** 아임 어 크리스천
저는 천주교를 믿습니다.	**I believe in Catholicism.** 아이 빌리빈 캐설리시즘
	I'm a Catholic. 아임 어 캐설릭
신의 존재를 믿으세요?	**Do you believe in God?** 두유 빌리브 인 갓

* 미국인의 80% 이상이 신의 존재를 믿는다고 한다. 하지만 매주 교회에 가는 비율은 30% 정도이다.

parents	부모	station	역
work	일, 직업	college	전문학교, 전문 대학교
large family	대가족	university	종합 대학교
elementary school / primary school	초등학교	attend	출석하다
		graduate	졸업하다
kindergarten	유치원	major	전공
middle school	중학교	apply	지원하다
high school	고등학교	scholarship	장학금
get along	잘 지내다	classmate	동급생
expect	기대하다	degree	학위
only child	독자	semester	학기
ask	묻다	part time	비상근, 시간제
in (one's) early thirties	30대 초반의	course	과정
		know	알다
in (one's) late thirties	30대 후반의	answer	해답
guess	추측하다	question	질문
how old~	몇 살~	examination	시험
same age	같은 나이	wrong	틀린
from	~에서부터, ~ 출신의	hard	힘든, 작업, 일, 공부
come from~	~ 출신의		
where	어디의	test	테스트, 시험
originally	원래	result	결과
still	여전히	score	점수
visit	방문하다	class	반
hometown	고향	top	정상, 최고
born	(bear의 과거분사형태) 태어나다	religion	종교
		atheist	무신론자
relative	친척, 일가	Buddhist	불교신자
move	이사하다	Muslim	이슬람교도
last	지난	Christian	기독교도
alone	혼자	Catholic	구교, 천주교인
live	살다	God	신
downtown	시내		

회화표현

A: May I ask you about your family?
B: Sure.
A: How many are there in your family?
　　How large is your family?
B: There are five in my family.
　　My family has five members.
A: Which child are you?
B: I'm the youngest.
　　　　the oldest.
　　　　the second of three children.
　　　　an only son.
A: Do you take after your mother?
B: Yes. I take after mom more than dad.

★ 우리말 해석

A: 당신 가족에 대해 물어도 될까요?
B: 물론입니다.
A: 식구가 몇 명입니까?
　　가족이 몇 명이죠?
B: 5명이에요.
　　5명이에요.
A: 몇째예요?
B: 제가 막내.
　　　첫째.
　　　　셋 중에 둘째.
　　　　　외아들.
A: 엄마를 닮으셨나요?
B: 네 저는 아빠보단 엄마를 닮았어요.

Unit 04 취미 · 레저
Hobbies and leisure

01 취미를 말할 때

• 취미가 지나쳐 미친듯이 몰두하는 사람을 가르켜 '~광'이라고 표현한다. 이를 영어로는 maniac이라고 말하며 '~꾼'의 의미일 경우는 fan이라고 말할 수 있다. 이외 뭔가에 심취해 있다는 표현을 여러 가지로 다르게 표현할 수도 있는데 예를 들어 정치광 enthusiast for politics, 스포츠광 sports devotee처럼 표현할 수 있다.

취미는 뭔가요?	**What do you do for fun?** 왓 두 유 두 포 펀
	What's your hobby? 왓스 유어 하비
어떤 영화를 좋아하세요?	**What kind of movies do you like?** 왓 카인더브 무비즈 두 유 라익
재즈를 좋아하세요?	**Do you like jazz?** 두 유 라익 재즈
나는 낚시를 아주 좋아합니다.	**I'm crazy about fishing.** 아임 크레이지 어바웃 피싱
골동품 수집에 관심이 있습니다.	**I'm interested in collecting antiques.** 아임 인터리스팃 인 컬렉팅 앤틱스
난 책에 푹 빠져 있어.	**I am into books.** 아이엠 인투 북스 * 어떤 취미를 갖고 있다고 답할 때 be into~나 buff를 사용할 수 있다.
내 취미는 플라모델 만들기입니다.	**My hobby is making plastic models.** 마이 하비 이즈 메이킹 플라스틱 마들즈

02 취향 말하기

• 취향을 표현할 때는 주로 like, prefer, love 등의 동사를 써서 긍정의 선호도를 표현한다. 부정의 선호도를 표현할 때는 주로 don't like, don't prefer, don't prefer 처럼 동사에 부정형을 써서 표현한다. hate, dislike와 같이 자신의 감정을 강하게 표현하지 않고 특히 부정적인 선호도를 나타낼 땐 그 표현의 강도 조절을 위해 뒤에 when~ 절을 이용하여 선호하지 않는 경우를 한정해서 표현하는 경향이 있다.

나는 포도주보다 맥주를 좋아합니다.	**I prefer beer to wine.** 아이 프리퍼 비어 투 와인
그다지 좋아하진 않아요.	**I don't like it very much.** 아이 돈 라이킷 베리 머취
요즘 정원 가꾸기에 빠져 있습니다.	**Recently I'm really into gardening.** 리슨리 아임 리얼리 인투 가드닝
여행을 좋아합니다.	**I like to travel.** 아이 라익 투 추레벌
매년 해외여행을 합니다.	**I travel abroad almost every year.** 아이 추레벌 업로드 올모숫 에브리 이어
외식하기를 아주 좋아합니다.	**I love eating out.** 아일러브 이링 아웃 * I love~ 표현은 '사랑' 외에도 어떤 것을 아주 좋아하거나 상대방의 소지품을 칭찬하는 말로도 쓸 수 있다.

○ PART 04_ 테마별 화제

| 온천욕은 정말 기분을 풀어줍니다. | **Bathing in a hot spring is really relaxing.**
배씽 이너 핫 스프링 이즈 리얼리 릴렉싱 |

| 등산을 정말 좋아합니다. | **I really enjoy mountain climbing.**
아이 리얼리 인조이 마운틴 클라이밍
*서구인들은 보통 등산이라고 하면 규모가 큰 산(수천 미터급)을 연상한다. 수백 미터 정도의 산은 hiking이라고 하는 게 적절하다. |

03 영화 이야기

- 영화 장르는 매우 다양한데 대표적인 영화 장르로는 Western(서부영화), Comedy (코미디), Tragedy (비극), science fiction movie (공상과학 영화), Action/ Adventure movie (모험영화), Horror movie (공포영화), Mystery (미스터리) ,Romance (낭만) 를 들 수 있다.

어떤 영화를 좋아하세요?	**What kind of movies do you like?** 왓 카인덥 무비즈 두 유 라익
액션 영화를 좋아합니다.	**I like action movies.** 아이 라익 액션 무비스
로맨틱 코미디물을 좋아합니다.	**I like romantic comedy movies.** 아이 라익 라맨틱 카머디 무비즈
영화를 자주 보러 갑니까?	**Do you go to the movies very often?** 두 유 고우 투 더 무비스 베리 오픈
가끔 극장에 갑니다.	**I sometimes go to the theater.** 아이 섬타임즈 고우 투 더 씨어터 * 극장(theater)이란 말은 원래 연극, 무용을 공연하는 곳인데 movie theater를 줄여서 그냥 theater라고 부른다.
영화 보러 거의 가지 않아요.	**I seldom go to the movies.** 아이 셀덤 고우 투더 무비즈
저는 영화광입니다.	**I'm a film buff.** 아이머 피음 버프

● PART 04_ 테마별 화제

가장 좋아하는 영화 배우는 누구예요?	**Who is your favorite movie star?** 후 이즈 유어 페이버릿 무비 스타
그 영화의 주연은 누구입니까?	**Who is starring in the movie?** 후 이즈 스타링 인 더 무비
최근에 본 영화는 무엇입니까?	**What was the movie you saw lately?** 왓 워즈 더 무비 유 쏘 레이틀리
영화 보러 가실래요?	**Do you want to go to the theater?** 두 유 원 투 고우 투더 씨어터
극장에서 뭘 하나요?	**What's on at the theater?** 왓스 온 앳 더 씨어터
오스카극장에서 동시상영을 해요.	**There is a double feature playing at Oscar Theater.** 데어리즈 어 더블 피쳐 플레잉 앳 오스커 씨어터
누가 《쇼생크 탈출》을 감독했죠?	**Who directed 'the Shawshank Redemption'?** 후 디렉티드 더 쇼생크 리뎀션
그 영화는 자막이 있나요?	**Does the movie have subtitles?** 더즈 더 무비 햅 섭타이틀즈
좌석이 매진되었어요.	**The seats are sold out.** 더 씨츠 아 솔드 아웃

217

04 음악 이야기

• 음악과 관련 있는 듯한 표현이 음악이 아닌 다른 의미로 쓰이는 경우가 있다. 예를 들어, face the music은 음악과 상관없이 '현실(위기)에 직면하다'라는 표현이고, violin의 다른 표현인 fiddle을 써서 play second fiddle이라고 하면 '제2 바이올린을 연주하다'가 아니라 '시시한 일을 담당한다'는 의미로 사용된다.
'당신은 음악에 취미가 있는 것 같군요'라는 표현은 You seem to be of a musical turn.이다

어떤 음악을 좋아하세요?	**What kind of music do you like?** 왓 카인덥 뮤직 두 유 라익
한국 대중음악을 좋아합니다.	**I like Korean popular music.** 아이 라익 커리언 파퓰러 뮤직
클래식 음악만 듣습니다.	**I only listen to classical music.** 아이 온리 리슨 투 클래시컬 뮤직
드보르작을 대단히 좋아합니다.	**I'm crazy about Dvorak.** 아임 크래이지 어바웃 드볼작
제일 좋아하는 가수가 누구예요?	**Who is your favorite singer?** 후 이쥬어 페이버릿 씽어
제일 좋아하는 가수는 제니퍼 로페즈입니다.	**My favorite singer is Jennifer Lopez.** 마이 페이버릿 싱어 이즈 제너퍼 로페즈
다양한 음악을 듣습니다.	**I listen to many kinds of music.** 아이 리슨 투 매니 카인덥 뮤직
어떤 악기를 연주하세요?	**Which instrument do you play?** 위치 인스트루먼트 두 유 플레이
피아노를 조금 칠 줄 압니다.	**I can play the piano a little.** 아이 컨 플레이 더 피애노우 어 리틀

○ PART 04_ 테마별 화제

05 미술 이야기

• 그림의 종류를 구분하지 않을 때 일반적으로 picture나 painting이라고 한다. painting은 그림 자체보다 그림 그리는 행위에 초점을 맞추는 경우가 많아서 그림을 말할 때는 picture를 더 많이 쓴다. 사진도 picture라고 말하기도 한다. 그림 중 목탄이나 연필로 스케치한 그림은 drawing, 유화는 oil painting, 수채화는 watercolor라고 한다.

저는 그림 그리기를 좋아합니다.	**I like painting.** 아이 라익 페인팅
미술관에 자주 갑니다.	**I often go to art galleries.** 아이 오픈 고우 투 아트 갤러리즈
이 그림 한번 보세요.	**Just look at this picture.** 저슷 루캣 디쓰 픽쳐
그건 누구 작품이죠?	**Who is it by?** 후 이짓 바이
저는 미술 작품 감상을 좋아합니다.	**I enjoy looking at fine art collections.** 아이 인조이 룩킹 앳 화인 아트 컬렉션즈
저는 수채화를 즐깁니다.	**I enjoy watercolors.** 아이 인조이 워터컬러즈
어떻게 그림을 그리게 되셨습니까?	**How did you start painting?** 하우 디쥬 스탓 페인팅
좋아하는 화가는 누군가요?	**Who's your favorite painter?** 후쥬어 페이버릿 페인터
그림을 아주 잘 그리는군요.	**You draw fairly well.** 유 드로우 페어리 웰

219

06 스포츠 화제

• 우리가 흔히 '논다'라는 표현을 할 때 play 라는 단어를 많이 사용하지만 이 단어의 대상은 주로 어린아이들이다. 어른들이 '놀다'라는 의미로 사용할 때는 hang around with someone이 더 적합한 표현이고 play는 '운동경기를 하다', '악기를 연주하다', 공연을 하다는 의미로 더 많이 쓰인다는 점에 유의한다. 스포츠는 일반적으로 sports 라고 복수를 사용하지만 좋아하는 한 가지 종목을 표현할 때는 sport라고 단수로 표현한다.

어떤 운동을 하십니까?	**What kind of sport do you do?** 왓 카인덥 스폿 두 유 두
운동하는 걸 좋아합니까?	**Do you like to exercise?** 두 유 라익 투 엑써사이즈
좋아하는 스포츠가 뭡니까?	**What's your favorite sport?** 왓츄어 페이버릿 스폿
무슨 스포츠를 잘하세요?	**What sports are you good at?** 왓 스포츠 아유 굿 앳
좋아하시는 스포츠를 여쭤 봐도 될까요?	**May I ask your favorite sport?** 메아이 애스큐어 페이버릿 스폿
나는 팀 스포츠를 좋아합니다.	**I like playing team sports.** 아이 라익 플레잉 팀 스포츠
저는 스포츠광입니다.	**I'm a sports nut.** 아임 어 스포츠 넛
당신은 얼마나 자주 운동을 하세요?	**How often do you work out?** 하우 오픈 두 유 워카웃

PART 04_ 테마별 화제

저는 운동을 잘 못합니다.	**I'm not good at sports.** 아임 낫 굿 앳 스포츠
나는 스포츠에 관심이 없습니다.	**I'm not interested in sports.** 아임 낫 인터리스티딘 스포츠
나는 여름 스포츠를 좋아합니다.	**I love summer sports.** 아이 러브 써머 스포츠
나는 스포츠 중에 농구를 가장 좋아합니다.	**I like basketball best of all sports.** 아이 라익 배스킷볼 베슷 업 올 스포츠
걷기는 건강에 좋습니다.	**Walking is good for your health.** 워킹 이즈 굿 포 유어 핼쓰
탁구 칠 줄 아세요?	**Can you play table tennis?** 컨 유 플레이 테이블 테니스
서핑을 좋아하세요?	**Do you enjoy surfing?** 두 유 인조이 서핑
배드민턴을 좀 합니다.	**I play badminton a little.** 아이 플레이 뱃민턴 어 리를
농구를 좀 합니다.	**I play some basketball.** 아이 플레이 썸 베스킷볼

07 골프장에서

• 골프는 골프 코스를 순서대로 이용하기 때문에 golf regulation에 맞는 에티켓을 강조하는 운동이다. 그러므로 기본적인 골프 규칙 외에도 이용하고자 하는 클럽의 규정을 준수해야 한다. '골프를 치다'는 play golf, 또는 take golf라고 표현하기도 합니다. 예를 들어 Let's invite Kim to take golf. 골프 치는데 Kim을 초대합시다.

골프 예약을 할 수 있습니까	**Can I make a reservation for golf?** 컨아이 메이커 레저베이션 포 골프
물론입니다. 언제 시작하겠습니까?	**Sure. When would you like to start?** 슈어 웬 우쥬 라익투 스탓
10시에 시작하신다면 가능합니다.	**It might be OK, if you start at 10 o'clock.** 잇 마잇비 오우케이 이퓨 스타탯 텐 어클럭
장비를 빌릴 수 있습니까?	**Can I rent the equipment?** 컨아이 렌트 더 이큅먼트
1인당 얼마입니까?	**How much is it per person?** 하우 머취 이즈 잇 퍼 퍼슨
하루에 얼마입니까?	**How much is it per day?** 하우 머취 이짓 퍼 데이
카트 한 대 비용은 17달러입니다.	**17 dollars for a cart.** 세븐틴 달러즈 포 어 카트
그 외에 요금은 있습니까?	**Is there any extra charge?** 이즈 데어 애니 엑스트러 차쥐

PART 04_ 테마별 화제

08 스포츠 관전

• 스포츠는 본인이 직접 참여하는 스포츠와 보면서 즐기는 스포츠가 있는데 보는 스포츠는 see sports, 직접 하는 스포츠는 do sports라고 한다.

오늘밤 그 경기가 중계되나요?	**Is the game on tonight?** 이즈 더 게임 온 투나잇
언제 중계됩니까?	**When is it on?** 웨니즈 잇 온
이 게임은 생방송입니까?	**Is this game live?** 이즈 디스 게임 라이브
전 TV로 프로야구 중계를 보는 걸 좋아합니다.	**I like watching pro-baseball games on TV.** 아이 라익 와칭 프로베이스볼 게임스 온 티비
어느 팀이 이길 것 같습니까?	**Which team looks like it will win?** 위치 팀 룩스 라이킷 윌 윈
점수가 어떻게 됐어요?	**What's the score?** 왓스 더 스코어
누가 이기고 있죠?	**Who's winning?** 후즈 위닝
우리 팀이 아직 앞서고 있어요.	**Our team's still ahead in the game.** 아워 팀스 스틸 어해드 인 더 게임

223

그 경기 누가 이겼죠?	**Who won the game?** 후 원 더 게임
그 경기는 무승부로 끝났어요.	**The game ended in a tie.** 더 게임 앤디드 이너 타이
그 시합 볼 만하던가요?	**Was the game worth watching?** 워즈 더 게임 워쓰 왓칭
당신은 어느 팀을 응원하고 있지요?	**Which team are you pulling for?** 위치 팀 아유 풀링 포
시합 결과는 어떻게 되었나요?	**How did the game turn out?** 하우 딧 더 게임 턴 아웃
매우 접전이었어요.	**The game was very close.** 더 게임 워즈 베리 클로우즈
우리가 3:0으로 승리했어요.	**We won the game 3 to nothing.** 위 원 더 게임 쓰리 투 낫씽
우리는 2:5로 패배했어요.	**We lost the game 2 to 5.** 위 로숫 더 게임 투 투 파이브
그는 연승 행진을 하고 있어요.	**He is on a winning streak.** 히이즈 온어 위닝 스트릭 * 연승은 winning streak, 연패는 losing streak, 3연승은 3straight wins, 동점은 tie 또는 draw라 한다.

○ PART 04_ 테마별 화제

09 바둑 게임

• 서양에 체스 게임이 있다면 동아시아 지역에서는 바둑을 많이 즐긴다. 바둑은 동남아뿐만 아니라 유럽 36개국에서 즐길 정도로 세계적인 게임이다. 한국에선 '바둑'이라고 부르고 일본은 '고', 중국에서는 '웨이치'라고 한다. 아마추어는 공인 7단, 프로는 9단이 최고다.

한 게임 하시겠어요?	**Would you like to play a game?** 우쥬 라익투 플레이 어 게임
기력이 어떻게 되시죠?	**How strong are you?** 하우 스트롱 아유
저는 6급입니다.	**I'm in the 6th grade.** 아임 인 더 식스 그레잇
그럼 호선으로 두는 거죠?	**We're going to play even, right?** 위어 고우잉 투플레이 이븐 라잇 handicap game: 접바둑 compensation: 덤
여기 흑이 내려선 것은 좋은 수입니다.	**Black descending here is a good move.** 블랙 디센딩 히어 이즈어 굿 무브
돌 세 개를 까세요. (접바둑)	**Put down three stones.** 풋다운 쓰리 스톤즈
여기가 급소라는 걸 아셨나요?	**Did you recognize that this was the key point?** 디쥬 레컥나이즈 댓 디스워즈 더 키포인트
그 수는 무리수다.	**That move is an overplay.** 댓 무브 이젼 오버플레이

225

10 독서에 관하여

• 문학의 종류에는 novel(소설), poem(시), fairy tale(동화), play(희곡) 등으로 구분할 수 있다.

어떤 책을 즐겨 읽으십니까?	**What kind of books do you like to read?** 왓 카이덥 북스 두 유 라익 투 리드
한 달에 책을 몇 권 정도 읽습니까?	**How many books do you read a month?** 하우 매니 북스 두 유 리더 먼쓰
이 책은 재미없어요.	**This book is dull reading.** 디쓰 북 이즈 덜 리딩
이 책은 지루해요.	**This book bores me.** 디쓰 북 보어스 미
한번 훑어봤어요.	**I gave it the once-over.** 아이 게이브 잇 더 원스 오버
그녀는 책벌레입니다.	**She is a bookworm.** 쉬 이저 북웜
좋아하는 작가는 누구입니까?	**Who is your favorite author?** 후 이쥬어 페이버릿 오서
제가 제일 좋아하는 작가는 무라카미 하루키입니다.	**My favorite author is Haruki Murakami.** 마이 페이버릿 오서 이즈 하루키 무라카미
요즘 좋은 책 읽은 게 있습니까?	**Have you read any good books recently?** 해뷰 리드 애니 굿 북스 리슨틀리

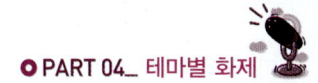

● PART 04_ 테마별 화제

11 신문과 잡지

- 잡지나 신문은 발행 기간에 따라 monthly(월간), weekly(주간), daily(일간), biweekly(격주) 등으로 나뉜다.

무슨 신문을 보십니까?	**Which paper do you read?** 위치 페이퍼 두 유 리드
오늘 신문을 보셨어요?	**Have you seen today's paper?** 해뷰 씬 투데이즈 페이퍼
저는 기사 제목들만 봐요.	**I read only the headlines.** 아이 리드 온리 더 헤드라인즈
어떤 잡지를 좋아합니까?	**What kind of magazine do you like?** 왓 카인덥 매거진 두 유 라익
자동차 잡지를 구독합니다.	**I subscribe to a motor magazine.** 아이 썹스크라이브 투 어 모러 매거진 subscribe 정기구독하다
그 사람이 신문에 났더군요.	**He was in the newspaper.** 히 워즈 인 더 뉴스페이퍼
어느 신문에 나왔죠?	**What paper did it come out in?** 왓 페이퍼 디딧 컴아우린
나는 신문연재 연애소설을 매일 읽습니다.	**I read a serial romantic story in the newspaper.** 아이 리더 씨리얼 라맨틱 스토리 인더 뉴스페이퍼 serial story 연재소설

12 강습 받기

- 강습은 취미를 좀 더 전문적으로 또는 적극적으로 익히기 위해 받게 되는데 주로 같은 관심사를 가진 사람들의 모임이기 때문에 다양한 교류가 활성화 되어 회화 연습이나 친구를 사귈 기회를 갖기 쉽다. 외국어 연습을 위해서 이런 기회를 적극 활용하는 것도 좋다.

뭔가 배우고 있나요?	**Do you take any kind of lessons?** 두 유 테익 애니 카인덥 레슨스
다도를 배우고 있습니다.	**I'm learning tea ceremony.** 아임 러닝 티 세러머니
서예 교실에 다니기 시작했습니다.	**I've taken up calligraphy lessons.** 아이브 테이큰 업 컬리그러피 레슨즈
일주일에 두 번 강습을 받습니다.	**I have my lesson twice a week.** 아이 햅 마이 레슨 트와이스 어 윅
배울 게 많이 있습니다.	**There're so many things to learn.** 데어러 쏘우 매니 씽즈 투 런
지금까지 몰랐던 것을 배우는 것은 재미있습니다.	**It's fun to learn something I didn't know.** 잇스 펀 투 런 썸씽 아이 디든 노우
바둑 교실에 다니기로 했습니다.	**I've decided to go to baduk lessons.** 아이브 디싸이딧 투 고 투 바둑 레슨즈

* 바둑은 외국에서 보통 go(고)라고 부른다. 일본어인데 일본이 오래 전부터 서구에 바둑을 보급한 영향이다.

스포츠 명칭 (영어)

한국어	영어	한국어	영어
농구	basketball	프리스타일 스키	freestyle ski
야구	baseball	아이스하키	ice hockey
축구	soccer, football	루지	luge
배구	volleyball	쇼트트랙	short track
권투	boxing	스키점프	ski jump
높이뛰기	a high jump	스노보드	snow boarding
멀리뛰기	a long jump	스피드스케이팅	speed skating
장대 높이 뛰기	a pole jump	태권도	Tae Kwon do
미식축구	American football	배드민턴	badminton
장거리 달리기	distance Running	스쿼시	squash
단거리 달리기	sprint	권투	boxing
릴레이	Relay	럭비	rugby
알파인스키	alpine ski	테니스	tennis
바이애슬론	baiathlon	육상	athletic sports
봅슬레이	bobsleigh	수영	swimming
크로스컨트리	cross country	골프	golf
컬링	curling	폴로	polo
피겨스케이팅	figure skating	승마	horse riding

13　TV 시청

- 우리는 주로 TV나 라디오를 매스컴이라고 부르는데 이는 Mass communication의 줄인 말로 잘못 사용하는 것이다. 외국인들은 주로 mass media라는 표현을 쓴다. 이 외에 TV 연속극을 주로 드라마라고 하지만 영어로는 soap 또는 soap opera라고 한다. 이 이름은 비누 회사에서 스폰서를 하면서 붙여진 명칭이다.

soap operas는 연속극으로 우리나라 일일 연속극 같은 류이고, drama는 TV 드라마로 이전 회와 다음 회의 내용이 연속될 필요가 없는 에피소드 중심의 드라마이다. a serial은 주말 연속극처럼 하나의 줄거리가 계속 이어지는 연속극이며, a series는 포맷은 같지만 매회당 내용이 완결되는 시리즈물을 말한다.

텔레비전을 자주 보세요?	**Do you watch TV often?** 두 유 와취 티뷔 오픈
어떤 TV 프로그램을 좋아하십니까?	**Which program do you enjoy most?** 위치 프로그램 두 유 엔죠이 모슷
그게 언제 방송되죠?	**When is it on?** 웨니즈 잇 온
그것을 TV로 방송하나요?	**Are they televising it?** 아 데이 텔러바이징 잇
지금 텔레비전에서 무엇을 하죠?	**What's on (TV)?** 왓스 온 (티비)
다음 프로가 무엇이죠?	**What's on next?** 왓스 온 넥슷
연속극을 좋아합니다.	**I enjoy soap operas.** 아이 인조이 소프 아퍼러즈 * 옛날 연속극에 비누 광고가 많아서 이런 이름이 붙게 됨.

○ PART 04_ 테마별 화제

| 리모콘이 어디 있죠? | **Where's the remote control?**
웨어즈 더 리모트 컨트럴 |

| 채널 좀 그만 돌려. | **Stop flipping channels.**
스탑 플립핑 채널즈
flip: 손가락으로 튀기다, 톡 치다, 홀홀 넘기다 |

| 한 채널을 좀 계속 보자. | **Stick with one channel.**
스틱 윗 원 채널 |

| 채널 바꾸자. | **Change the channel.**
체인쥐 더 채널 |

| 리모콘 좀 줘 봐. | **Hand me the remote.**
핸드미 더 리모우트 |

| 안 볼 거면 꺼. | **Turn it off if you are not watching it.**
터닛 오프 이프 유아 낫 워칭 잇 |

| 볼륨 좀 올려 봐. | **Turn it up.**
턴 잇 업 |

| 이게 재미있니? | **Is this any fun?**
이즈 디스 애니 펀 |

| TV가 교육적이라고 생각해요? | **Do you think TV is educational?**
두유 씽크 티비 이즈 에쥬케이셔널 |

231

관련단어

fishing	낚시	be good at~	~을 잘하다
be interested in~	~에 관심을 갖다	basketball	농구
collecting	수집	baseball	야구
antique	골동품	walking	걷기
tone-deaf	음치의	tennis	테니스
prefer	~을 선호하다	table tennis	탁구
almost	거의	football	축구
travel	여행하다	soccer	축구
gardening	정원 가꾸기	badminton	배드민턴
bathing	온천욕	equipment	장비
climbing	등산	green fee	골프장 사용료
action movie	액션 영화	include	포함해서
romantic comedy	로멘틱 코미디	extra	여분의
lately	최근에	score	점수
double feature playing	동시상영	lose	지다
direct	감독하다, 지휘하다, 총괄하다	ahead	앞선
		strong	강한
subtitle	자막	grade	등급
seat	좌석	move	이동, 움직이다
sold out	표가 매진 된, 다 팔린	even	평평한, 반반한
popular music	뮤직, 대중음악	overplay	지나치게 과장하다, 과대평가하다
classical music	클래식음악 (고전음악)	recognize	인식하다
instrument	악기	dull	지루한
play	연주하다	bore	지루하게 만들다, 따분하게 만들다
piano	피아노		
painting	그림, 그림 그리기	bookworm	책벌레
art gallery	갤러리 미술관	author	작가
picture	그림	poet	시인
look at	보다	headline	표제
fine art	미술	magazine	잡지
exercise	운동하다, 연습하다	subscribe	정기 구독하다

 회화표현

A: What do you usually do for fun?
B: I usually spend time with my friends.
A: What do you do with your friends?
B: We play basketball or soccer together.
　　　　　golf
　　　　　table tennis
　　　　　tennis
　　Do you like sports?
A: No, I don't care for sports. I love movies.
　　　　　　　　　　　　　　　　music.
　　　　　　　　　　　　　　　　painting.

　　I'm a movie buff.

★ 우리말 해석

A: 너는 보통 뭐하고 노니?
B: 나는 보통 친구들과 시간을 보내.
A: 친구들과 뭐하는데?
B: 우리는 농구나 축구를 같이 해
　　　　　 골프
　　　　　 탁구
　　　　　 테니스
　　스포츠를 좋아하니?
A: 아니, 난 스포츠 별로야. 난 영화가 좋아.
　　　　　　　　　　　　　　음악
　　　　　　　　　　　　　　그림그리기

　　난 영화광이야.

Unit 05 성격·외모
Personality and looks

01 긍정적 성격

• 보통 결혼 안 한 사람에게는 좋은 사람 만나 결혼하라는 덕담을 흔히 하는데 이 경우 '좋은'에 해당하는 단어가 decent다. 보통 예의 발라 다른 사람에게 호감을 사는 사람을 decent라고 표현한다. decent에는 다른 사람에게 보이기에도 괜찮다는 의미도 있어서 are you decent?라고 하면 예를 들어 부모가 '지금 들어가도 실례가 되지 않니?' 라는 의미로 쓰기도 한다.

그는 예의바르다.	**He's polite.** 히즈 펄라잇
그녀는 성격이 좋다.	**She's really nice.** 쉬즈 리얼리 나이스
그는 활기차다.	**He's very dynamic.** 히즈 베리 다이내믹
그녀는 재미있다.	**She's funny.** 쉬즈 퍼니
그녀는 내성적[외향적]이다.	**She's an introvert [extrovert].** 쉬즈 언 인트러버트 [엑스트러버트]
그는 발이 넓다. (인맥이 풍부하다.)	**He has a large circle of acquaintances.** 히 해저 라지 서클 어브 어퀘인턴시즈
그는 성격이 좋아.	**He has a good personality.** 히 해저 굿 퍼스낼리티
그녀는 애교가 있어.	**She's amiable.** 쉬즈 에이미어블

234

PART 04_ 테마별 화제

02 부정적 성격

• 뭔가 술수나 꿍꿍이가 있어 보인다는 의미를 나타낼 때는 마술사가 소매 속에서 무언가 감추고 있듯이 A has something up A's sleeve. 로 표현하기도 한다. 또 가짜 울음은 악어가 먹이를 잡기 전에 가짜로 눈물을 흘린다는 생각에서 crocodile tears 라고 표현한다.

그는 좀 특이하다.	**He's a little strange.** 히즈 어 리틀 스트레인지
그녀는 성미가 까다롭다.	**She's annoying.** 쉬즈 어노잉
그녀는 화를 잘 낸다.	**She's quick-tempered.** 쉬즈 퀵템퍼드
그는 변덕이 심하다.	**He's changeable.** 히즈 체인저블
그녀는 사교적이지 못하다.	**She's unfriendly.** 쉬즈 언프렌들리 **She's not very friendly.** 쉬즈 낫 베리 프렌들리
그녀는 남의 소문을 자주 말한다.	**She's gossipy.** 쉬즈 가시피
그는 말버릇이 사납다.	**He has a sharp tongue.** 히 해즈 어 샵 텅
그는 따분한 사람이다.	**He is boring.** 히 이즈 보어링
그는 고집쟁이다.	**He is stubborn.** 히 이즈 스터본

03 신체 특징

• 원래 diet는 식이요법을 뜻한다. '다이어트를 하다' be on a diet라고 쓴다. 과체중은 overweight, '살이 찐다'는 gain weight/get fat, '배에 군살이 있다'는 have love handles라고 표현한다.

키가 어느 정도입니까?	**How tall are you?** 하우 톨 아 유
	What's your height? 왓츄어 하잇
키가 큰 편이군요.	**You're rather tall.** 유어 래더 톨
그의 키는 174cm입니다.	**He is one hundred seventy four centimeters tall.** 히 이즈 원 헌드러드 세븐티 포 센티미터즈 톨
제 키는 약간 작습니다.	**I'm a little short.** 아이머 리를 숏
당신의 몸무게는 어느 정도 됩니까?	**How much do you weigh?** 하우 머취 두 유 웨이
내 몸무게는 65킬로그램입니다.	**I weigh sixty-five kilograms.** 아이 웨이 식스티파이브 킬로그램즈
최근에 체중이 좀 늘[줄]었어요.	**I've gained [lost] some weight recently.** 아이브 게인드 [로스트] 썸 웨잇 리슨틀리

● PART 04_ 테마별 화제

약간 비만입니다.	**I'm a little overweight.** 아임 어 리틀 오우버웨잇
키에 비해 몸무게가 많이 나갑니다.	**I'm overweight for my height.** 아임 오우버웨잇 포 마이 하잇
그는 체격이 좋습니다.	**He's well-built.** 히즈 웰 빌트
내가 몇 살쯤 되는지 짐작해 보세요.	**Guess how old I am.** 게스 하우 올드 아이 앰
그의 인상은 어땠어요?	**What was your impression of him?** 왓 워즈 유어 임프레션 오브 힘
	What did he look like? 왓 딛 히 룩 라익
저는 안경을 씁니다.	**I wear glasses.** 아이 웨어 글래시즈
그녀는 어떤 머리를 하고 있나요?	**What kind of hair does she have?** 왓 카인답 헤어 더즈 쉬 햅
흰머리가 있습니다.	**I've got gray in my hair.** 아이브 갓 그레이 인 마이 헤어 * 흰머리는 white hair가 아니라 gray hair라고 한다는 점에 주의할 것.
요즘 흰머리가 많이 납니다.	**My hair is turning gray lately.** 마이 헤어 이즈 터닝 그레이 레잇리

04 외모에 대하여

• 우리는 흔히 '옷이 날개다'라는 말을 많이 한다. 이와 비슷한 영어 속담으로는 Fine clothes make the man. (좋은 옷이 사람을 만든다.), don't judge a person by his looks.(사람을 외모만 보고 판단하면 안 된다.), Beauty is but skin deep. (미모는 가죽일 뿐이다.) 와 같은 표현들이 있다.

콧수염이 있습니다.	**I have a mustache.** 아이 해버 머스터쉬 *턱수염은 beard
몸매가 날씬하군요.	**You have a good shape.** 유 햅어 굿 쉐입
건강해 보이세요.	**You are in fine shape.** 유 아 인 파인 쉐입
저는 아버지를 닮았어요.	**I resemble my father.** 아이 리젬블 마이 파더
저는 화장을 엷게 해요.	**I put on a little make-up.** 아이 푸런어 리를 메이컵
가서 화장 좀 고치고 올게요.	**I'll go and powder my nose.** 아일 고우 앤 파우더 마이 노우즈
좋은 향수를 쓰셨군요.	**You're wearing nice perfume.** 유어 웨어링 나이스 퍼퓸
헤어스타일을 바꾸셨군요.	**You changed your hair style.** 유 체인쥐드 유어 헤어 스타일

05 패션에 관하여

• 옷차림도 경쟁력이라고 하지요? 감각이 있어서 옷을 잘 입는 것도 능력이 되는 시대요. 유행이라는 말은 fashion(패션), trend(트렌드, 추세), vogue(유행, 인기), style(스타일, 차림새), craze(대유행, 열풍) 등의 단어로 표현한다.

제 옷 어때요?	**What do you think of my outfit?** 왓 두 유 씽컵 마이 아웃휫
그 옷이 당신한테 정말 잘 어울리는군요.	**That dress really looks good on you.** 댓 드레스 리얼리 룩스 굿 온 유
저는 패션에 매우 민감해요.	**I'm extremely sensitive to fashion.** 아임 익스트림리 센서티브 투 패션
저는 복장에 대해 신경을 안 써요.	**I'm carefree about how I dress.** 아임 케어후리 어바웃 하우 아이 드레스
패션이 세련되셨네요.	**You're very fashionable.** 유어 베리 페셔너블
아주 멋쟁이시군요.	**You're very stylish.** 유아 베리 스타일리쉬
그걸 입으니 젊어 보입니다.	**It makes you look young.** 잇 메익스 유 룩 영
멋지게 차려입었군요.	**You're all dressed up.** 유어 올 드레스트 업 dress up: 멋지게 정장으로 차려입다 dress down: 좀더 편하게 입다

의복과 관련된 몇 가지 상식

■ 성 패트릭스 데이와 녹색 옷

3월 17일은 아일랜드의 복음을 전파한 성 패트릭(Saint Patrick)이 사망한 날로 미국인들은 그의 죽음을 기리며 St. Patrick's day라고 한다. 이 날에는 녹색 옷을 입고 퍼레이드를 열고 상점에서는 각종 녹색 물품을 전시하고 판다. 식당에서는 녹색 파스타나 녹차 아이스크림, 녹색 빵 등을 팔며 미국인들은 이런 음식과 더불어 아이리쉬 커피나 아일랜드 술인 기네스를 함께 즐긴다.

■ black tie의 의미

파티 초대카드에 종종 black tie라고 복장 규정을 명시하는 경우가 있다. 우리의 일반적인 생각으로는 검은색 넥타이를 하고 오라는 뜻으로 오해할 수 있는데 블랙 타이는 정장 파티복을 의미하는 것이고 정장 파티복의 검은 나비넥타이를 대표로 이러한 표현이 통용되게 되었다.

■ 여름에 입는 나시?

여름에 여성들이 즐겨 입는 얇은 끈이 달린 탑을 우리는 흔히 나시라고 말하고 패션잡지 등에서는 camisole이라는 단어로 명시하기도 한다. 그렇지만 나시는 일본말이고 camisole 역시 겉옷이 아니라 속옷에 국한해서 쓰는 말이기 때문에 정확한 명칭이 되지 못한다. 이에 해당하는 영어는 spaghetti strap top이라 할 수 있다. 나시의 끈이 스파게티의 국수가락처럼 얇다는 의미에서 미국의 젊은이들은 이렇게 부른다. 또한 끈이 spaghetti strap처럼 얇지 않아도 되는 형태의 나시는 tank top이라고 부르고, 소매는 없고 앞에 버튼이 달린 형태의 옷은 sleeveless shirts라고 한다.

관련단어

polite	공손한, 예의바른	hair	머리(카락)
nice	좋은	gray	회색의
eccentric	별난, 기별난	gray hair	흰머리
dynamic	역동적인	lately	최근에
funny	재미있는	mustache	콧수염
extrovert	외향적인	beard	턱수염
introvert	내성적인	shape	형태
personality	성격	resemble	닮은
acquaintance	아는 사람, 지인	make-up	화장
amiable	쾌활한, 정감 있는	perfume	향수
strange	이상한	change	바꾸다
annoying	성미가 까다로운	wear	입다
quick-tempered	화를 잘 내는	hair style	머리스타일
changeable	변덕이 심한	outfit, dress	옷
unfriendly	비사교적인	look	~해 보이다
gossipy	소문을 말하는, 남의 말하기를 좋아하는	extremely	극도로
		sensitive	민감한
sharp	날카로운	fashion	패션
tongue	혀	carefree	신경쓰지 않는
boring	지루한	fashionable	유행의, 유행에 따르는
stubborn	고집센	stylish	유행의, 멋진
tall	큰	young	어린
height	키	dress up	정장으로 차려 입다
short	짧은	large	큰, 많은
gain	얻다	circle	동그라미
lose	잃다	rather	꽤, 약간
weight	무게	recently	최근에
weigh	무게가 ~나가다	overweight	과체중의, 비만의
impression	인상	well-built	체격이 좋은
look ~	~해 보이다	nose	코
glasses	안경		

 회화표현

A: I like your style. You are very fashionable.
　　　　　　　　　　　　　　　　 stylish.
　　　　　　　　　　　　　　　　 trendy.
B: Thank you. I have an interest in fashion.
　　　　　　　　　　　　　　　　 hair style.
　　　　　　　　　　　　　　　　 clothes.
　　　　　　　　　　　　　　　　 movie.
A: Are these skinny jeans in style now?
B: Yes, they are. They are in vogue again.
A: I don't have an eye for fashion so I don't follow fashion.
B: I think fashion is interesting.

★ 우리말 해석

A: 나는 네 스타일이 좋아. 너는 아주 유행감각이 있어.
　　　　　　　　　　　　　　　　　　유행
　　　　　　　　　　　　　　　　　　유행
B: 고마워. 나는 패션에 관심이 많아.
　　　　　　　헤어스타일
　　　　　　　옷
　　　　　　　영화
A: 이 딱 붙은 청바지가 유행인가요?
B: 네. 그게 다시 유행이에요.
A: 저는 패션에 대한 감각이 없어요. 그래서 유행을 따르지 않아요.
B: 저는 패션이 흥미롭다고 생각해요.

Unit 06 건강·보건
Health

01 진찰 예약할 때

• 각 나라마다 의료 서비스가 다르기 때문에 우리나라처럼 환자가 선택한 병원에서 예약을 하고 진료를 받는 경우도 있지만 영국처럼 국가 의료보험제도를 시행하고 있는 나라에서는 응급한 경우가 아닐 때에는 개인이 등록된 주치의가 있는 General Practice(GP)에서 예약을 하고 1차 진찰을 받는다.

근처에 병원이 있습니까?	**Is there a hospital near here?** 이즈 데어러 하스피틀 니어 히어 * hospital은 큰 종합병원을, clinic은 일반적인 개인 병원을 말한다.
의사를 불러 주세요.	**Please call a doctor.** 플리즈 콜어 닥터
저를 병원으로 데리고 가 주시겠어요?	**Could you take me to a hospital?** 쿠주 테익 미 투 어 하스피틀
여긴 처음입니다.	**This is my first visit.** 디스 이즈 마이 퍼스트 비짓
예약이 필요합니까?	**Do I need an appointment?** 두 아이 디던 어포인먼트
예약하겠습니다.	**I will take it.** 아 윌 테이크 잇 '예약하시겠습니까'의 질문에 I will take it.이라고 답하면 예약하겠다는 의미가 된다. 이 표현은 상황에 따라 물건 구입 시에는 물건을 사겠다는 뜻으로, 방을 빌릴 때는 방을 계약하겠다는 뜻으로 다양하게 사용된다.

진료 예약을 하고 싶은데요.	**Can I make an appointment?** 커나이 메이컨 어포인먼트 예약할 때 진찰 예약은 book보다는 make an appointment의 표현을 선호한다.
김선생님의 진료를 예약했으면 합니다.	**I would like to make an appointment with Dr. Kim.** 아이 웃 라익 투 메이컨 어포인먼 윗 닥터 킴
조속히 진찰을 받고 싶어요.	**I'd like to be examined as soon as possible.** 아이드 라익 투비 익재민드 애즈 순 애즈 파서블
한국어를 아는 의사는 있나요?	**Is there a Korean-speaking doctor?** 이즈 데어러 커리언 스피킹 닥터
치아를 봐 주시겠습니까?	**Would you check my teeth?** 우쥬 첵 마이 티쓰

○ PART 04_ 테마별 화제

02 외상을 입었을 때

• 외상의 경우는 증상이 오래 지속되어 온 질병이라기보다 안전사고를 비롯한 각종 사고에 의한 경우가 대부분이다. 응급 처치를 위해 낮시간대에 일반 병원을 이용할 수도 있지만 가까운 곳의 응급실이 있는 큰 병원의 위치를 파악하거나 119와 같은 emergency 번호를 확인해 놓는 것이 좋다.

발목을 삐었습니다.	**I sprained my ankle.** 아이 스프레인드 마이 앵클
다쳤습니다.	**I've injured myself.** 아이브 인주어드 마이셀프
손가락을 베었습니다.	**I cut my finger.** 아이 컷 마이 핑거
출혈이 있습니다.	**It's bleeding.** 잇스 블리딩
손가락을 데었습니다.	**I burned my finger.** 아이 번드 마이 핑거
거기 물집이 생겼습니다.	**I've got a blister on it.** 아이브 가러 블리스터 어닛
흉터가 남을까요?	**Will there be a scar?** 윌 데어 비 어 스카
팔이 부러졌습니다.	**I broke my arm.** 아이 브로우크 마이 암

03 증상 말하기

• 열이 있다고 말할 때 우리는 흔히 fever라는 단어만 생각하고 I have fever. 라고 표현하는데 fever는 아주 고열을 의미하고 약간의 미열이나 일반적인 열은 temperature를 이용하여 I have a temperature. 라고 표현한다.

열이 있습니다.	**I have a fever.** 아이 해버 피버 * 질병이나 증상을 말할 때 I have~ 패턴을 사용하면 편리하다.
감기에 걸렸습니다.	**I have a cold.** 아이 해버 콜드 * constipation 변비, asthma 천식, cavity 충치, fracture 골절, headache 두통
여기가 아픕니다.	**I have a pain here.** 아이 해버 페인 히어
설사를 합니다.	**I have diarrhea.** 아이 햅 다이어리어 I got a diarrhea./I got a run. 이라고 표현하기도 한다.
구토를 합니다.	**I feel nauseous.** 아이 필 노지어스
하루 종일 기침이 나옵니다.	**I coughed all day.** 아이 콥트 올 데이
다리에 화상을 입었습니다.	**I burned my leg.** 아이 번드 마이 렉
가려워서 미치겠어요.	**It itches so much.** 잇 이치즈 소우 머취

04 의사와의 대화

• 영어로 의사에게 증상을 설명하는 것은 쉽지 않은 일이다. 여러 가지 증상에 관한 단어를 미리 알고 표현하면 좀 더 정확하게 진단 받을 수 있다. I'm coming down with something.이라고 하면 뭔지는 모르겠지만 몸에 좀 이상이 있는 느낌이라는 표현이다.

제 몸이 어디가 나쁜 거죠?	**What's wrong with me?** 왓스 렁 윗미
어떻게 치료하면 되나요?	**How can I get rid of it?** 하우 컨 아이 겟리더브 잇
건강을 위해 뭔가 하십니까?	**Are you doing anything for your health?** 아유 두잉 애니씽 포 유어 헬쓰
컨디션이 어떠세요?	**How are you feeling?** 하우 아유 필링
체온을 재겠습니다.	**Let me take your temperature.** 렛미 테이큐어 템퍼러춰
주사를 놔드리겠습니다.	**I'll give you a shot.** 아일 기뷰 어 샷
진단서를 써 주시겠어요?	**Would you give me a medical certificate?** 우쥬 깁미 어 메디컬 써티피킷
예정대로 여행을 해도 괜찮겠습니까?	**Can I go on my trip as scheduled?** 컨아이 고우언 마이 트립 애즈 스케줄드
입원을 하셔야 합니다.	**You should be hospitalized.** 유 슏 비 하스피털라이즈드

05 약국에서

• 외국은 처방을 받을 때 약 이름으로 처방을 받지 않고 약 성분으로 처방을 받기 때문에 약국에서 어느 제약회사의 약이든 관계없이 구입할 수 있다. ointment 연고, patch 파스, band-aid 또는 plaster 밴드, painkiller 진통제는 처방전 없이 구입할 수 있다.

이 처방전 약을 주세요.	**Fill this prescription, please.** 필 디스 프리스크립션 플리즈
몸이 안 좋은데. 약을 좀 구할 수 있을까요?	**I feel sick. Can I get some medicine?** 아이 필 씩 캐나이 겟 섬 메디신
그냥 감기인 것 같습니다.	**I think it's a common cold.** 아이 씽크 잇서 커먼 콜드
이 캡슐은 어떤 약효가 있나요?	**What is this capsule for?** 와리즈 디스 캡슐 포
안약을 주세요.	**I need some eye-drops.** 아이 니드 섬 아이드랍스
이것이 두통에 잘 듣나요?	**Is this good for a headache?** 이즈 디스 굿 포 어 헤데익
소화불량엔 뭐가 좋을까요?	**What would you recommend for indigestion?** 왓 우쥬 레커멘드 포 인다이제스천
아스피린 좀 사고 싶어요.	**I'd like to buy some aspirin.** 아이드 라익투 바이 섬 애스퍼린

PART 04_ 테마별 화제

좋은 기침약 있습니까?	**Do you have any good cough medicine?** 두유 햅 애니 코프 메디신 약국에서 각종 약과 관련된 분류를 보면 감기약류 Cold Medicines, 위장약류 Gastrointestinal Medicines, 진통제류 Analgesics, 영양제류 Nutritional Supplements, 외용약류 External Applications, 안약류 Medicines for Eye, 의약외품류 Medical Supplies, etc 등으로 분류한다.
붙이는 파스를 살 수 있을까요?	**Can I buy some plaster?** 컨아이 바이 섬 플래스터
진통제 있습니까?	**Can I have some pain killers?** 컨 아이 햅 섬 페인 킬러즈
응급처치 약품 세트 하나 주세요.	**One first aid kit, please.** 원 퍼스트애이드 킷 플리즈
어린이에게도 괜찮습니까?	**Is this all right for children?** 이즈 디스 올라잇 포 췰드런
햇볕에 탔을 때 바르는 약 있어요?	**Do you have anything for sunburns?** 두유 햅 애니씽 포 썬번
개한테 물렸어요.	**I have been bitten by a dog.** 아이 햅빈 비튼 바이 어 독
움직일 수가 없어요.	**I can't move.** 아이 캔트 무브

249

건강과 관련된 몇 가지 영어 표현

- **약을 먹다**

  음식을 먹는다고 할 때는 eat나 have 동사를 사용하고, 음료 형태를 마실 때는 drink 동사를 사용한다. 하지만 약을 먹는다고 할 때는 take 동사를 쓴다.

  I forgot to eat my medicine. (X)
  I forgot to take my medicine. (O)

- **사랑니를 뽑다**

  사랑니를 말 그대로 영어로 표현하면 love tooth이지만 우리말을 그대로 영어로 표현하면 안 되는 대표적인 예 중 하나다. 사랑니는 wisdom tooth라고 한다. 또한 '머리를 자르다'라는 표현을 할 때 have와 같은 사역동사를 써서 I had(got) my hair cut.이라고 쓰는 것과 마찬가지로 '이를 뽑다'라는 표현도 have와 get 동사를 사용하여 표현한다.

  I pulled out my love tooth. (X)
  I had my wisdom tooth pulled out. (O)

- **헬스하러 간다**

  '헬스하러 간다'는 말은 헬스하러 가는 게 아니라 헬스클럽에 운동하러 간다고 해야 맞는 표현이다. 특히 '운동하다'라는 표현도 exercise보다는 work out이 맞는 표현이다.

  I go to health to exercise. (X)
  I go to the health club to work out . (O)

- **스트레스를 풀다**

  '풀다'를 의미하는 동사 solve는 problem이나 question을 풀 때 사용하는 동사이고, 스트레스를 없애거나 경감시키는 단어는 get rid of (제거하다)나 relieve (덜다, 경감하다), reduce (줄이다) 등의 동사를 사용해서 표현해야 한다. 또한 어떤 것의 정도를 경감시킨다는 의미의 접두사 de를 붙여 de-stress(스트레스를 풀다)라는 동사를 사용할 수도 있다.

  What do you do usually do to solve your stress? (X)
  What do you usually do to get rid of your stress? (O)

06 컨디션 표현

• 우리는 컨디션이라는 말을 자주 하는데 영어로 condition(조건)이라는 명사를 사용하기보다 feel이라는 동사를 사용해 How do you feel today?(오늘 몸은 좀 어때?)처럼 표현하는 것이 훨씬 자연스럽다.

컨디션은 어때요?	**How are you feeling?** 하우 아 유 필링
너 별로 안 좋아 보인다.	**You don't look very well.** 유 돈 룩 베리 웰
괜찮아요?	**Are you Okay?** 아 유 오케이
	Are you all right? 아 유 올 롸잇
컨디션은 나아졌니?	**Are you feeling better?** 아 유 필링 배러
너 창백해 보여.	**You look pale.** 유 룩 페일
제 몸에 이상이 있는 것 같아요.	**Something may be wrong with me.** 썸씽 메이 비 렁 위드 미
요즘은 쉽게 피로해져요.	**I easily get tired these days.** 아이 이질리 겟 타이어드 디즈 데이즈
의사가 나보고 술을 끊으래요.	**The doctor told me to quit drinking.** 더 닥터 톨드 미 투 큇 드링킹

07　건강 어드바이스

• 컨디션을 나타낼 때 날씨와 연관지어 under the weather라는 표현이 있는데 이는 직역하면 '날씨 아래'라는 뜻이지만 사실은 감기, 몸살 같은 병으로 몸이 좀 아프다는 말이다. 예를 들어, Tom is under the weather today.라고 하면 '탐이 오늘 몸이 좀 아프다'는 말이다.

잠시 누워 쉬는 게 어때?	**Why don't you lie down for a while?** 와이 돈츄 라이 다운 포러 와일
좀 쉬어야 해요.	**You should take a rest.** 유숫 테이커 레스트
몸조심하세요.	**Take care of yourself.** 테익 케어럽 유어셀프
몸을 따뜻하게 하세요.	**Keep yourself warm.** 킵 유어셀프 왐
빨리 회복하길 빕니다.	**I hope you'll get better soon.** 아이 호웁 유일 겟베러 순
진찰을 받는 게 좋아요.	**You'd better see the doctor.** 유드 베러 씨 더 닥터
약은 좀 먹었어?	**Have you taken any medicine?** 해뷰 테이큰 애니 메디신
우리 몸은 우리가 돌봐야 해.	**We have to look after ourselves.** 위 햅투 룩앱터 아워셀브즈

PART 04_ 테마별 화제

08 건강 표현

- '건강하다'는 I am alive and kicking. / I am a picture of health. / I am hale and hearty. 등의 표현도 가능하다.

나는 무척 건강해.	**I'm very healthy.** 아임 베리 핼씨
건강 유지를 위해 무엇을 하세요?	**What do you do to keep fit?** 왓 두 유 두 투 킵 핏
매일 걷기를 합니다.	**I go walking every day.** 아이 고우 워킹 애브리데이
매일 운동을 하십니까?	**Do you get exercise every day?** 두 유 겟 액서싸이즈 에브리데이 every day는 '매일'이라는 부사, everyday는 형용사로서 '매일의, 일상의'라는 뜻.
계단을 오르면 숨이 차.	**I'm panting for breath when I go up stairs.** 아임 팬팅 포 브래쓰 웬 아이 고우 업 스테어스
담배를 끊으려고 노력 중이야.	**I'm trying to quit smoking.** 아임 추라잉 투 큇 스모킹
배드민턴을 시작하고 나서 건강이 훨씬 좋아짐을 느낍니다.	**I've been feeling much better since I started badminton.** 아이브 빈 필링 머취 배러 씬스 아이 스탓 뱃민턴
지금 다이어트 중이야.	**I'm on a diet now.** 아임 오너 다이엇 나우

253

관련단어

appointment	예약, 약속	flu	독감
examine	검사하다	eye-drop	안약
sprain	삐다	first aid kit	구급약 상자
ankle	발목	indigestion	소화불량
injure	부상을 입다	headache	두통
cut	베다	plaster	밴드
burn	타다	painkiller	진통제
bleed	피를 흘리다	pale	창백한
scar	흉터, 상처	look	~해 보이다
break	깨다	easily	쉽게
blister	물집	get tired	피곤해지다
fever	고열	drinking	음주
cold	감기	lie down	눕다
pain	통증	for a while	잠시
nauseous	구토나는	take a rest	쉬다
cough	기침, 기침하다	warm	따뜻한
itch	가렵다	get well	회복되어 가는
diarrhea	설사	look after	돌보다
constipation	변비	take care	돌보다
asthma	천식	exercise	운동하다, 운동
cavity	충치	panting	가슴이 두근거리는
fracture	골절	hospital	병원
wrong	틀린, 잘못된	doctor	의사
feeling	느낌, 컨디션	visit	방문하다
temperature	체온, 열	possible	가능한
shot	주사	as soon as	~하자마자
medical	의학의	finger	손가락
certificate	증명서	arm	팔
hospitalization	입원	leg	다리
prescription	처방전	scheduled	예정된
common cold	감기		

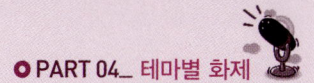

PART 04_ 테마별 화제

A: What are you symptoms?
B: I have a fever and sore throat.
　　　　　　　　　　　runny nose.
　　　　　　　　　　　headache.
A: It looks like you got the flu.
　　Don't worry, it's nothing serious.
B: Should I take some medicine?
A: You need some rest.
　　Drink plenty of water and take some paracetamol.
　　　　　　　　　　　　　　　　　　　　aspirin.
　　　　　　　　　　　　　　　　　　　　painkiller.

★ 우리말 해석

A: 증상이 어떠세요?
B: 열이 나고 목이 아파요.
　　　　　　콧물이 나요.
　　　　　　두통이 있어요.
A: 독감에 걸리신 것 같네요.
　　걱정 마세요. 별로 심각한 거 아닙니다.
B: 약을 먹어야 하나요?
A: 좀 쉬셔야 해요.
　　물을 많이 마시고, 진통제 좀 드세요.
　　　　　　　　　　아스피린
　　　　　　　　　　진통제

255

왕초보 실생활 **영어회화 + 기본패턴**

PART 05

사교
Social Intercourse

사교는 사람과 사람이 친밀한 관계를 맺고 유지하는 것이다. 외국어를 빨리 마스터하는 첫 번째는 그 나라에 가서 사는 것이고, 두 번째는 그 나라 사람과 연애나 우정을 맺는 것이다. 드라마나 영화를 관심 있게 보는 것도 좋은 방법이다. 드라마는 그 나라의 문화나 습성 등을 알 수 있는 좋은 교재가 될 것이다.

Unit 01 초대하기
Invitation

01 초대 제안

• Would you like to ~는 '~하시겠어요?'라는 표현으로 상대방을 초대할 때 가장 일반적으로 쓰는 말이다. 이 외에도 would you come~? / could you come~? / Why don't you~? 등의 문형을 활용한다.

잠시 뵐 수 있을까요?	**Can I see you for a moment?** 컨 아이 씨 유 포러 모먼
이번 토요일에 할 일이 있으십니까?	**Are you doing anything this Saturday?** 아유 두잉 애니씽 디스 쌔러데이
저녁 식사하러 우리 집에 오시겠습니까?	**Will you come to my house for dinner?** 윌 유 컴 투 마이 하우스 포 디너
제 초대를 받아 주시겠어요?	**Would you care to be my guest?** 우쥬 케어 투 비 마이 게숫
내일 저녁 식사에 당신을 초대하고 싶습니다.	**I'd like to invite you to dinner tomorrow.** 아이드 라익 투 인바이추 투 디너 터머로우
저와 함께 저녁 식사 하러 가시겠습니까?	**Would you like to go out for dinner with me?** 우쥬 라익 투 고우 아웃 포 디너 위드 미
내일 저와 함께 점심을 먹는 것이 어떠세요?	**How about having lunch with me tomorrow?** 하우 어바웃 해빙 런취 위드 미 터머로우
제가 한잔 사겠습니다.	**I'll treat you to a drink.** 아일 추리트 유 투 어 드링

02 약속 시간

• 초대 받은 후 방문을 할 때는 약속 시간을 정하고 방문하는 것이 예의다. 초대한 사람 뿐 아니라 초대 받은 사람의 입장에서도 일정에 관한 합의가 있어야 초대를 거절하거나 승낙할 수 있으므로 약속 시간을 잡는 것이 초대와 방문의 가장 중요한 절차이다.

날짜는 언제가 좋으세요?	**What day suits you best?** 왓 데이 수츠 유 베스트
다음 주 중에 뵐 수 있을까요?	**Can I see you someday next week?** 컨 아이 씨유 섬데이 넥스트 윅
빠를수록 좋습니다. 다음 주 월요일은 어떻습니까?	**The sooner, the better. How about next Monday?** 더 수너 더 베러 하우 어바웃 넥스트 먼데이
언제라도 좋습니다.	**At your convenience.** 앳 유어 컨비년스
	Any time is OK. 애니 타임 이즈 오우케이
몇 시가 좋으십니까?	**What time will be convenient?** 왓 타임 윌비 컨비년트
	What time is good for you? 왓 타임 이즈 굿 포 유
3시 30분이 괜찮습니까?	**Would 3:30 be all right?** 웃 쓰리 써리 비 올 라잇
오늘 오후는 시간이 있습니다.	**I'm free this afternoon.** 아임 프리 디스 앱터눈
목요일에는 틀림없이 만날 수 있습니다.	**I can meet you on Thursday for sure.** 아이 컨 미츄 온 써즈데이 포 슈어

03 약속 장소

• I can make it ~.은 시간이나 장소, 요일에 모두 사용 가능한 표현으로 뒤에 시간이 오면 약속할 때 그 시간이 가능하다는 뜻이고, 장소가 오면 그 장소가 가능하다는 뜻이다. 예를 들어, I can make it then.(전 그때 가능해요.)/ I can make it at the seafood restaurant.(해산물 요리 집에서 봐요.)

어디서 만날까요?	**Where shall we meet?** 웨어 셸 위 미트
만날 좋은 장소는 어디일까요?	**Where is a good place to get together.** 웨어리저 굿 플레이스 투 겟 투게더
네가 장소를 결정해.	**You pick the place.** 유 픽 더 플레이스 **It's up to you.** 잇스 업 투유
이곳으로 오실 수 있습니까?	**Can you come here?** 컨 유 컴 히어
그 커피숍은 어떻습니까?	**How about the coffee shop?** 하우 어바웃 더 커피샵
버거킹에서 만날까요?	**Shall we meet at Burger King?** 셸 위 미트 앳 버거킹
네, 그게 좋겠네요.	**Yes, That would be fine.** 예스 댓 웃비 파인
테크노마트에서 만나면 어떨까요?	**Why don't we meet at Techno Mart?** 와이 돈 위 미트 앳 테크노마트
용두산 공원에서 만날까요?	**What about meeting at Yongdusan Park?** 와러바웃 미팅 앳 용두산파크

04 허락과 거절

• 상대방의 초대에 기꺼이 응하겠다는 표현으로 I'd love to~/That sounds great./ I'd happy to~/ that would be great. 등의 표현으로 답하고, 거절 할 때는 완곡하고 부드럽게 유감을 표현하는 I'm afraid~/ I'm sorry~ 등으로 표현을 한다.

대환영입니다.	**You're quite welcome.** 유어 콰잇 웰컴
물론이죠. 기꺼이 가겠습니다.	**Of course. I'd be glad to come.** 업 코스 아이드 비 글랫 투 컴
좋은 소식이군요. 뵙기를 고대하고 있겠습니다.	**Good news. I'll be looking forward to meeting you.** 굿 뉴스 아일 비 룩킹 포워드 투 미팅 유
감사합니다. 그럼 거기로 갈게요.	**Thanks. I'll be there then.** 쌩스 아일 비 데어 덴
모레는 손님이 오기로 돼 있어요.	**I'm expecting visitors the day after tomorrow.** 아임 익스펙팅 비지터즈 더 데이 앱터 투머로우
미안해요, 제가 내일은 스케줄이 꽉 차 있어요.	**I'm sorry, I'm booked up tomorrow.** 아임 쏘리 아임 북텁 투모로우
죄송하지만 그 날은 바쁜데요.	**I'm sorry but I'll be busy that day.** 아임 쏘리 벗 아일 비 비지 댓 데이
다음 기회에 오실 수 있기를 바랍니다.	**I hope you'll be able to come another time.** 아이 호웁 유일 비 에이블 투 컴 어나더 타임
다른 시간으로 정하면 어떨까요?	**Why don't we make it another time?** 와이 돈 위 메이킷 어나더 타임

관련단어

see	보다	place	장소
moment	순간	pick	뽑다, 정하다
anything	어떤 것	coffee shop	커피숍
house	집	fine	좋은
dinner	저녁	quite	꽤
go out	외출하다	welcome	환영하다
lunch	점심	glad	기쁜
tomorrow	내일	of course	물론
drink	음료, 마시다	news	소식
treat (somebody to something)	(~에게 무엇을) 대접하다	good	좋은
		look forward to ~ing	~을 기대하다
drop in	들리다		
day	일자, 날짜	then	그때에
suit	~에게 편리하다, 맞다	tomorrow	내일
best	가장 좋은	sorry	미안한
next	다음의	busy	바쁜
week	주	another	다른
convenience	편리함	time	때, 시간
time	시간	day	날
good	좋은	guest	손님
free	자유로운	someday	언젠가
afternoon	오후	any time	언제든
meet	만나다	forward	앞으로
sure	확실히	expect	예상하다, 기대하다
where	어디에	visitor	방문객, 손님
meet, get together	만나다		

A: I'd like to invite you for dinner.
　　　　　　　　　　　　　　lunch.
　　　　　　　　　　　　　　tea.
B: What are you celebrating?
A: It's our tenth wedding anniversary.
　　　my birthday.
B: Oh, really? Congratulations!
A: Thank you. Can you make it?
B: Sure. I'd be very happy to come.
　　　　 I'm coming.
　　By the way, do I have to dress up?
A: No, dress casually.

★ 우리말 해석

A: 저녁식사에 너를 초대하고 싶어.
　　점심식사
　　차
B: 뭘 축하하는데?
A: 우리 10주년 결혼기념일이야.
　　내 생일이야.
B: 정말? 축하해.
A: 올 수 있니?
B: 물론. 가게 돼서 정말 기뻐.
　　　　갈게.
　　근데, 내가 파티복을 차려입어야 할까?
A: 아니. 편하게 입어.

Unit 02 방문
Visit

01 손님맞이

- 손님이 방문했을 때 손님을 맞는 사람은 '어서 오세요'에 해당하는 인사말인 Please come in./ Welcome! 등의 표현으로 맞이하고 방문한 사람은 Thank you for inviting me. 등으로 답을 한다.

초대해 주셔서 기쁩니다.	**Thank you for having me.** 땡큐 포 해빙 미
잘 오셨습니다.	**It was so nice of you to come.** 잇 워즈 쏘우 나이스 어뷰 투 컴
멀리서 와 주셔서 감사합니다.	**Thank you for coming such a distance.** 땡큐 포 커밍 서취 어 디스턴스
어서 들어오십시오.	**Please come in.** 플리즈 커민
여기 오시는 데 고생하지 않으셨어요?	**Did you have any trouble getting here?** 디쥬 해버니 트러블 게링 히어
코트를 받아드릴까요?	**May I take your coat?** 메아이 테이큐어 코우트
앉으시죠.	**Won't you sit down?** 원츄 씻 다운
편하게 계세요.	**Make yourself at home.** 메익 유어셀프 앳 홈

● PART 05_ 사교

02 선물 증정

• '집들이는 새로 이사한 집에 온기를 준다'는 의미에서 housewarming이라고 한다. 이때 각자 가져오는 집들이 선물은 housewarming shower라고 하고, 아이를 낳았을 때 하는 선물을 baby shower, 결혼식을 올리는 신부에게 하는 선물을 bridal shower 라고 한다.

너를 위한 거야.	**This is for you.** 디시즈 포 유 * 선물을 건네며 어색하지 않게 할 수 있는 가장 일반적인 표현.
	Here is someting for you. 히어리즈 섬띵 포 유
이건 네 선물이야.	**This is a present for you.** 디시즈 어 프레센 포 유
네가 맘에 들어 하면 좋겠다.	**I hope you'll like it.** 아이 홉 유일 라이킷
분명 네가 좋아할 거야.	**I'm sure you'll like it.** 아임 슈어 유일 라이킷
이거 조그만 선물입니다.	**Here's a little something for you.** 히어저 리를 썸씽 포 유
	This is a small gift for you. 디씨즈 어 스몰 깁트 포 유
당신께 드리는 조그만 선물입니다.	**I have a small gift for you.** 아이 해버 스몰 깁트 포 유
보잘것없는 것이지만 받아 주십시오.	**Kindly accept this little trifle.** 카인들리 액셉트 디쓰 리를 추라이펄 (상투어구)

이 선물은 제가 직접 만든 겁니다.	**This gift is something I made myself.** 디쓰 깁트 이즈 썸씽 아이 메이드 마이셀프
지금 선물을 열어 봐도 될까요?	**May I open the present now?** 메아이 오픈 더 프레즌트 나우
이걸 정말 저한테 주시는 겁니까?	**Is this really for me?** 이즈 디쓰 리얼리 포 미?
정말 고맙지만, 받을 수 없습니다.	**Thank you very much, but I can't accept it.** 땡큐 베리 머춰 벗 아이 캔트 액셉팃
이건 바로 제가 갖고 싶었던 거예요.	**This is just what I wanted.** 디씨즈 저숫 와라이 원티드
마음에 드신다니 기뻐요.	**I'm glad you like it.** 아임 글래드 유 라이킷

03 음식 권유

• 초대나 파티에 음식은 매우 중요한 요소이다. 음식을 함께 나누면서 점점 친밀도가 높아지고 서로에 대한 경계가 없어진다. 주인은 손님이 편하게 음식을 즐길 수 있는 분위기를 만드는 것이 중요하다.

차와 커피 중 어느 쪽을 원하십니까?	**Which would you prefer, tea or coffee?** 위치 우쥬 프리포 티 오어 커피
저녁식사 준비가 되었습니다.	**Dinner is ready.** 디너 이즈 래디
뭐든지 마음껏 드십시오.	**Help yourself to anything you like.** 헬프 유어셀프 투 애니씽 유 라익
고기를 좀 더 드시겠어요?	**Care for some more meat?** 케어 포 썸 모어 밋
좋아하지 않으시면 남기십시오.	**If you don't like it, just leave it.** 이퓨 돈 라이킷 저슷 리브 잇
필요한 게 있으시면, 뭐든 말씀해 주십시오.	**Let me know, if you need anything.** 렛 미 노우 이퓨 니드 애니씽
좀 더 드실래요?	**Would you like some more?** 우쥬 라익 썸 모어
매우 맛있는 식사였습니다.	**This was a delicious meal.** 디쓰 워저 딜리셔스 밀

04 파티 모임

• Give a party와 have a party는 '파티를 개최하다'의 뜻인데 달리 표현되는 경우도 있다. Give a party는 누군가에게 파티를 열어준다 라는 의미로 쓰이는 경우도 있고, have a party가 '파티를 즐기다'라는 의미로 쓰이는 경우도 있다.

뒷마당에서 바비큐 파티를 할 거예요.	**We'll have a barbecue party in my backyard.** 위일 해버 바비큐 파리 인 마이 백야드
그냥 조촐한 모임이에요.	**It's just a small gathering.** 이츠 저스터 스몰 게더링
평상복을 입으셔도 돼요.	**You can dress casually.** 유컨 드레스 캐주얼리
각자 음식을 가져오는 파티예요.	**It's a potluck.** 잇처 팟럭 potluck: 미국에서 여러 사람이 각자 음식을 조금씩 가져 와서 서로 나눠 먹는 파티
제가 특별히 가져왔으면 하는 게 있으세요?	**Is there anything particular you want me to bring?** 이즈 데어 애니씽 파티큘러 유 원트 미 투 브링
음료는 마음껏 드세요.	**Help yourself to a drink.** 헬퓨어셀프 투 어 드링크
제가 얘기에 끼어도 될까요?	**May I join in the conversation?** 메아이 조인 인더 칸버세이션
파티를 마음껏 즐기시길 바라요.	**I hope you'll enjoy the party.** 아이 호웁 유일 인조이 더 파리

● PART 05_ 사교

관련단어

thank	감사하다	meal	식사
nice	좋은	delicious	맛있는
distance	거리	need	필요하다
trouble	문제	party	파티
sit	앉다	barbecue	바비큐
coat	외투	gathering	모임
home	집	small	적은
little	작은	potluck	음식을 조금씩 가져와 나눠 먹는 식사
something	어떤 것		
small	적은	casual wear	평상복
gift	선물	dress	옷 입다
glad	기쁜	particular	특별한
open	열다	bring	가져오다
present	선물	join	연결하다, 합류하다
kindly	친절히	conversation	대화
accept	받아들이다	hope	희망하다
want	원하다	enjoy	즐기다
make	만들다	come in	들어오다
prefer	선호하다	trifle	약간, 하찮은 것
tea	차	ready	준비가 된
coffee	커피	care	돌봄, 보살핌
dinner	저녁	more	더
meat	육류	backyard	뒷마당, 뒤뜰
leave	남기다	casually	우연히, 아무 생각 없이

A: Welcome to my home. Come on in.
I'm delight to have you visit.
B: You don't have much furniture.
I really like this minimalist interior design.
A: Oh, thank you. Take a seat.
Please sit down.
Have a seat.
Make yourself at home.
Do you want some coffee?
Would you like something to drink?
B: Yes, please.

★ 우리말 해석

A: 저희 집에 오신 거 환영해요. 들어오세요.
잘 오셨습니다.
B: 가구가 거의 없군요.
저는 정말 최소주의 인테리어 디자인을 좋아해요.
A: 오, 감사해요. 앉으세요.
앉으세요.
앉으세요.
집처럼 편히 생각하세요.
커피 좀 드릴까요?
마실 것 좀 드릴까요?
B: 네, 부탁해요.

Unit 03 작별
Goodbye

01 자리에서 일어날 때

• 떠나겠다는 표현에 자주 쓰이는 단어 leave는 '떠나다'라는 뜻도 되지만 때에 따라서는 '남겨두다'의 의미로도 사용되니 잘 구분해서 표현해야 한다. 예를 들어, leave for Seoul은 '서울을 향해 떠나다'의 뜻이고 leave Seoul은 '서울을 떠나다'의 뜻이다. 또 leave me alone은 '나를 혼자 나둬'라는 표현이다.

가 봐야겠어요.	**I'm leaving.** 아임 리빙
그럼 가 볼게요.	**I'll leave now.** 아일 리브 나우
그럼 여기에서 작별해야겠네요.	**I'll say goodbye here, then.** 아일 세이 굿바이 히어 덴
그럼 저 가 볼게요.	**Well, I'd better be on my way.** 웰 아이드 베러 비 온 마이 웨이
가 봐야 할 것 같네요.	**I'm afraid I have to go.** 아임 어프레이드 아 햅투 고우 * I'm afraid는 그 뒤에 오는 절의 내용이 내키지 않거나, 혹은 미안하다는 뜻.
더 오래 있고 싶습니다만.	**I wish I could stay longer.** 아이 위시 아이 쿠드 스테이 롱거
너무 오래 있었나 봐요.	**I'm afraid I stayed too long.** 아임 어프레이드 아이 스테이드 투 롱
제가 좀 급해요.	**I'm in a hurry.** 아임 이너 허리

02 배웅할 때 인사

• 서양에서는 일반적인 방문 외에 생일 파티 같은 종류의 파티 후 손님을 배웅할 경우는 인사말과 더불어 케이크를 아주 적게라도 잘라서 보내거나 작은 파티 백을 선물하는 경우가 많다.

와 주셔서 감사합니다.	**Thank you for coming.** 쌩큐 포 커밍
지금 가신다고요?	**Do you mean you're going now?** 두유 민 유어 고잉 나우
저녁을 드시고 가시지요?	**Won't you stay for dinner?** 원츄 스테이 포 디너
오늘 즐거우셨어요?	**Did you have a good time today?** 디쥬 해버 굿 타임 투데이
얘기 나눠서 기뻤어요.	**Nice talking to you.** 나이스 토킹 투유 **I enjoyed talking with you.** 아이 인조이드 토킹 위쥬
다시 뵐 수 있을까요?	**Can we meet again?** 캔 위 미트 어젠
또 오세요.	**Come again.** 컴 어젠 **I hope you can come over again.** 이 호퓨 컨 컴 오버 어젠
제가 태워다 드릴까요?	**Can I give you a lift?** 캔 아이 기뷰 어 리프트

○ PART 05_ 사교

03 헤어질 때 인사

• 언제 어디서나 누구랑 헤어지더라도 쓸 수 있는 가장 일반적인 표현은 goodbye이다. 밤에 헤어질 때, 또는 잠자리에 들 때는 Good night을 쓴다. Bye-bye는 어린이들이 주로 쓰며 성인들의 경우는 친한 사이에 사용한다.

안녕.	**Bye.** 바이
	So long. 쏘우 롱
	Farewell. 페어웰
	Good bye. 굿 바이
	Hasta la vista. (스페인어) 아스타 라 비스타 * Terminator2에서도 나오는 말이죠.
다음에 뵙겠습니다.	**See you later.** 씨 유 레이터
또 봐요.	**I'll see [catch] you later.** 아일 씨[캐취] 유 레이터
	I'll be seeing you. 아일 비 씨잉 유
살펴가세요.	**Take care.** 테익 케어
아무 때나 들러주세요.	**Drop in any time.** 드랍 인 애니 타임 drop in: 잠깐 들르다

273

04 작별할 때 인사

• 만난 후 헤어질 때 만나서 반가웠다, 이야기가 즐거웠다는 정도의 가벼운 말을 나누고 헤어지게 된다. 처음 만난 사이에는 Nice to meet you.가 가장 무난한 표현이지만 초대 후 헤어질 때는 감사의 표현과 다음에 다시 만날 기약을 하는 표현이 많다.

조만간 들를게요.	**I'll stop by one of these days.** 아일 스탑바이 원어브 디즈 데이즈
다시 뵙기를 바랍니다.	**I hope I can see you again.** 아이 호웁 아이컨 씨 유 어겐
그럼 거기서 봅시다.	**See you there, then.** 씨 유 데어 덴
찢어지자. (속어)	**Let's split.** 렛츠 스플릿 split: 갈라지다, 쪼개다, 헤어지다
연락할게요.	**I'll keep [be] in touch.** 아일 킵 [비] 인 터치 keep in touch: 연락하다
우리 연락하고 지내요.	**Let's keep in touch.** 렛츠 킵인 터치
가셔야 한다니 아쉽네요.	**It's too bad you have to go.** 잇스 투 뱃 유 햅투 고우
부인께 안부 전해 주세요.	**Say hello to your wife.** 세이 헬로 투 유어 와이프

 관련단어

leave	떠나다	give (somebody) a lift	~를 태워주다
now	지금	again	다시
say	말하다	bye	안녕
goodbye	안녕	long	오래
afraid	유감스러운	farewell	작별(인사), 안녕
go	가다	see	보다
have to ~	~해야만 한다	later	나중에
stay	머무르다	take care	조심하다, 돌보다
longer	더 오래	drop in	들리다
hurry	급한	anytime	언제나
come	오다	step	걸음
thank	감사하다	hope	희망하다
mean	의미하다	split	나눠지다, 헤어지다
go	가다	keep in touch	연락하다
good time	좋은 시간	bad	나쁜
today	오늘	hello	안녕(인사말)
nice	좋은	wife	부인
enjoy	즐기다		
meet	만나다		

A: Kim, your party was lovely.
　　　　　　　　　　　　great.
　　　　　　　　　　　　wonderful.
　　　　　　　　　　　　fantastic.
　　　　　　　　　　　　excellent.
B: I'm so glad you enjoyed it.
　　　　　happy
　　　　　pleased
A: Your home is charming. It's comfortable.
B: Thank you.
A: Everything was perfect. Thank you for inviting me.
　　　　　　　　　　　　　　　　　　　　　　having

B: I enjoyed your company.

★ 우리말 해석

A: 킴, 너의 파티 정말 멋졌어.
　　　　　　　　　　　대단했어.
　　　　　　　　　　　멋졌어.
　　　　　　　　　　　환상적이었어.
　　　　　　　　　　　훌륭했어.
B: 즐거웠다니 다행이네.
　　즐거웠다니
　　즐거웠다니
A: 너네 집 너무 멋지고 편안했어.
B: 고마워.
A: 모든 게 완벽했어. 초대해 줘서 고마워.
　　　　　　　　　　　초대해
B: 함께해서 즐거웠어.

Unit 04 사랑 & 결혼
Love and marriage

01 이상형 표현

• Mr. Right / Ms. Right은 남녀 이상형을 나타내는 말로 ideal man/ideal type/ the right person으로 표현하기도 한다. I'm still looking for Mr. Right. 난 여전히 내 이상형을 찾고 있지.

당신은 제 타입이에요.	**You're my type.** 유어 마이 타입
그는 내 타입과 거리가 멉니다.	**He is far from my type.** 히 이즈 파 프럼 마이 타입
지적인 여자가 좋아요.	**I like an intellectual girl.** 아이 라이컨 인텔렉추얼 걸
대머리만 아니라면 아무 남자라도 괜찮아요.	**It's OK if he's not bald.** 잇스 오우케이 이프 히즈 낫 볼드
저는 긴 생머리 여자가 좋아요.	**I like a girl with long straight hair.** 아이 라이커 걸 윗 롱 스트레잇 헤어
당신은 내가 본 여자 중 가장 아름다워요.	**You are the most beautiful girl I've ever seen.** 유아 더 모스트 뷰러펄 걸 아이브 에버 씬
머리 좋은 남자를 좋아해요.	**I like a smart man.** 아이 라이커 스맛 맨
마음이 넓은 남자가 좋아요.	**I love a man who is generous.** 아이 러버 맨 후 이즈 제너러스

02 상대에게 반했을 때

• 인간관계 중 남녀 관계가 일상의 많은 부분을 차지하고 또 영화나 드라마의 주요 소재이기도 할 만큼 일상에서 매우 중요하다. 상대에게 끌리고 데이트하고 결혼에 이르는 일련에 과정에는 문화적인 차이가 있으므로 이런 부분도 고려하면서 표현을 익혀보자.

나는 그녀에게 홀딱 반하고 말았어요.	**I got a crush on her.** 아이 가러 크러쉬 온 허
	I'm crazy for her. 아임 크레이지 포 허
그녀는 좀 도도하지만 가끔 미소를 띠죠.	**She's kind of arrogant but sometimes smiles.** 쉬즈 카인더브 애러건트 밧 섬타임즈 스마일즈
그녀의 미소는 말로 표현할 수 없어요.	**Her smile is beyond description.** 허 스마일 이즈 비연드 디스크립션
베티는 아주 끝내주는 여자야.	**Betty is a gorgeous girl.** 베티 이저 고져스 걸
그녀를 꼬시려고 해요.	**I'm trying to pick her up.** 아임 추라잉 투 피커 럽
당신의 기분을 이해할 것 같습니다.	**I understand how you feel.** 아이 언더스탠 하우 유 필
당신에게 데이트 신청해도 될까요?	**May I ask you out?** 메아이 애스크 유 아웃
말씀(데이트 신청)해 주셔서 고마워요.	**Thank you for asking.** 쌩큐 포 애스킹

03 데이트 신청

• 데이트 신청할 때는 무작정 만나자고 하는 게 아니라 이미 사귀고 있는 사람이 있는지 묻고, 사귀고 싶은 의향을 밝힌 후 데이트 신청을 하는 것이 예의다. 또한 데이트를 하자고 할 때 일정과 어떤 종류의 데이트인지도 설명하자. 데이트 제안에 흔히 쓰는 표현은 go out with나 ask out이 있다.

사귀는 사람이 있으세요?	**Are you seeing somebody?** 아 유 씨잉 섬바디
춘자는 그냥 직장 동료일 뿐이에요.	**Chunja is only a co-worker.** 춘자 이즈 온리 어 코우워커
오늘밤 시간 있어?	**Are you free tonight?** 아유 프리 투나잇
저와 함께 영화 보러 갈래요?	**Would you like to go to the movies with me?** 우쥬 라익투 고우 투 더 무비즈 윗미
당신 손을 잡아도 될까요?	**May I hold your hand?** 메아이 홀드 유어 핸
미안해, 내가 늦었지.	**I'm sorry, I'm late.** 아임 쏘리 아임 레잇
그 소리를 들으니 좀 다행스럽군요.	**I'm relieved to hear that.** 아임 릴리브드 투 히어 댓
나를 여자로서 어떻게 생각해요?	**What do you think of me as a girl?** 왓 두유 씽커브 미 애저 걸
당신과 또 데이트하고 싶어요.	**I'd love to go out again.** 아이드 러브 투 고우아웃 어겐

04 감정 표현

• 사랑과 교제의 과정 중에는 여러 가지 다양한 감정 변화를 경험하게 된다. 사소한 일에 아주 즐겁고 기쁠 수도 있고 또 반대로 화가 나거나 짜증이 나기도 한다. 이러한 감정을 솔직히 잘 표현할 수 있도록 표현을 익히자.

나는 행복합니다.	I'm happy. 아임 해피
기분이 아주 좋다.	I feel wonderful. 아이 필 원더펄 I'm feeling great. 아임 필링 그레잇
꽤 흥분된다.	I feel excited. 아이 필 익사이팃
매우 기쁘다.	I'm really satisfied. 아임 리얼리 새티스파이드
기분이 매우 나쁘다.	I feel terrible. 아이 필 테러블 I feel so depressed. 아이 필 소우 디프레스트
매우 슬픕니다.	I feel very sad. 아이 필 베리 새드 I'm really down about it. 아임 리얼리 다운 어바우릿
미칠 것 같다.	I feel so mad. 아이 필 소우 맷

● PART 05_ 사교

05 사랑 고백

• 사랑을 표현하는 말로는 I love you.가 가장 일반적이다. 단순하고 흔한 표현이지만 표정과 몸짓 그리고 진심에 따라 더 특별한 의미로 전달할 수 있다. 이 외에도 사랑하는 이유에 대한 표현을 덧붙이면 진심을 잘 전달할 수 있지 않을까?

당신을 사랑해요.	**I love you.** 아이 러뷰 **I'm in love with you.** 아임 인 러브 위쥬
당신 없이는 살 수가 없어요.	**I can't live without you.** 아이 캔트 립 위다우츄
당신의 모든 걸 사랑합니다.	**I love everything about you.** 아이 럽 에브리씽 어바우츄
저와 결혼해 주실래요?	**Will you marry me?** 윌 유 메리 미
우린 천생연분이야.	**We are a match made in heaven.** 위 아러 매취 메잇 인 해븐
이런 느낌은 처음이에요.	**I've never felt like this before.** 아이브 네버 펠트 라익 디스 비포
저는 밤낮 당신 생각만 해요.	**I think of you day and night.** 아이 씽커브 유 데이 앤 나잇
미치도록 사랑에 빠졌어요.	**I'm passionately in love.** 아임 패셔니틀리 인 러브

281

06 사랑이 어긋날 때

• 누군가에게 차이면 get dumped, 거절을 당하면 get rejected라는 표현을 주로 사용한다.

귀찮게 하지 마세요.	**Stop bothering me.** 스탑 바더링 미
미안하지만 안 되겠어요.	**Sorry but I can't.** 쏘리 벗 아이 캔트
그녀는 당신에게 관심이 없어요.	**She isn't interested in you.** 쉬이즌 인터리스팃 인 유
걱정입니다.	**I'm really worried.** 아임 리얼리
어제 헤어졌습니다.	**We broke up yesterday.** 위 브로컵 예스터데이
그 여자한테 차였어요.	**I got dumped by that girl.** 아이 갓 덤트 바이 댓 걸
그 녀석과는 아주 끝났어요.	**I'm done with that guy.** 아임 던 위댓 가이
나는 네 편이야. 낙담하지 마.	**I'm on your side.** **Don't be depressed.** 아임 온 유어 사이드 돈 비 디프레스트
교제하는 사람이 없어요.	**I'm not seeing anybody.** 아임 낫 씨잉 애니원

07　결별을 통보할 때

• 관계가 '깨어지다'라는 표현은 break up with라고 하고 반대로 '화해하는 것'은 make up with이다. 특히 남녀 관계에서 '그 사람과는 끝났어'라고 말할 때는 I'm through with him이나 He is a history.라고 표현한다.

우린 끝났어.	**We are over.** 위 아 오버 **We are finished.** 위 아 피니쉬드
그냥 친구로 지내요.	**We should just be friends.** 위 슈드 저슷비 프렌즈
한 번만 기회를 주세요.	**Give me another chance.** 김미 어나더 챈스
우린 너무 달라.	**We are too different.** 위 아 투 디퍼런트
나는 크게 실망했습니다.	**I feel disappointed.** 아이 필 디스어포인티드
더 이상 당신을 사랑하지 않아요.	**I don't love you anymore.** 아이돈 러뷰 애니모어
관계를 끝내고 싶어요.	**I want to end this relationship.** 아이 원투 엔드 디스 릴레이션쉽
당분간 혼자 지내고 싶어.	**I need some time to myself.** 아이 닛 섬타임 투 마이셀프

08 결혼 생활

• 결혼을 청혼할 때 직접적인 표현인 Will you marry me?(결혼해 줄래?)부터 I want to share my life with you.(인생을 함께 하고 싶다) 처럼 우회적인 표현까지 매우 다양하다.

결혼하셨습니까?	**Are you married?** 아유 메리드
독신[기혼]입니다.	**I'm single [married].** 아임 씽글 [매리드] *우리가 흔히 쓰는 솔로(solo)란 표현은 음악에서 독창이란 뜻이므로 독신이란 말로 쓰면 안 된다.
언제 결혼하셨나요?	**When did you get married?** 웬 디쥬 겟 메리드
결혼한 지 얼마나 됐습니까?	**How long have you been married?** 하우 롱 해뷰 빈 메리드
결혼한 지 8년이 됐습니다.	**I have been married for eight years.** 아이 햅 빈 메리드 포 에잇 이어즈
신혼부부이시군요.	**You're a brand new couple.** 유어 어 브랜 뉴 커플
언제 결혼할 예정입니까?	**When are you going to get married?** 웬 아유 고잉 투 겟 매리드
당신은 기혼입니까, 미혼입니까?	**Are you married or single?** 아유 메리드 오어 싱글
저는 아직 결혼하지 않았습니다.	**I'm not married yet.** 아임 낫 메리드 옛

09 이혼에 대한 화제

• 이혼과 관련된 표현으로 split up with/ break up with/ get divorced는 '~와 헤어지다'라는 의미를 가지고 있다. 예를 들면, Tom split up with Nicole. Tom은 Nicole과 이혼했습니다.

우린 자주 싸워요.	**We fight a lot.** 위 파이트 얼랏
아내가 바람을 피워요.	**My wife is having an affair.** 마이 와입 이즈 해빙 언 어페어
그녀는 돈을 보고 접근하는 여자야.	**She is a gold digger.** 쉬 이즈어 골디거 gold digger: 나이 많은 남자의 돈을 보고 접근하는 여자, 된장녀, 꽃뱀
우리의 결혼 생활은 무미건조해요.	**Our marriage has gone stale.** 아워 메리쥐 해즈 건 스테일
우리는 곧 이혼할 예정입니다.	**We are planning to get a divorce soon.** 위아 플레닝 투 게러 디보슨
별거 중입니다.	**I'm separated.** 아임 쎄퍼레이팃
이혼했습니다. (이혼 하여 현재 독신)	**I'm divorced.** 아임 디보스드
우린 지난 겨울에 헤어졌습니다.	**We broke up last winter.** 위 브로우컵 라슷 윈터
그는 최근에 재혼했습니다.	**He recently married again.** 히 리슨틀리 메리드 어게인

관련단어

intellectual	지적인	break up	헤어지다, 깨지다
bald	대머리의	dump	버리다
domesticated	가정적인, 가사를 좋아하는	side	편
		guy	사내, 놈
straight	쭉 뻗은	finish	끝나다
generous	관대한	disappoint	실망시키다
have a crush on	(이성에게) 반하다, 연정을 품다	anymore	더 이상
		end	끝, 마지막
arrogant	오만한	relationship	관계
description	설명	need	필요하다
beyond	~저편에, ~이상	married	결혼한, 기혼의
gorgeous	멋진	single	독신의
pick up	뽑다	brand new	완전히 새것인
co-worker	동료	couple	커플
relieve	없애다, 안도하게 하다	yet	아직
go out	외출하다	fight	싸움
satisfied	만족한	affair	불륜
terrible	끔찍한, 아주 나쁜	gold digger	돈을 목적으로 남자와 교제하는 여자
depressed	우울한		
strong	강한	marriage	결혼
healthy	건강한	stale	퀴퀴한, 오래된
passionately	열렬히	divorce	이혼
want	원하다	separated	분리된
bothering	귀찮게 함	recently	최근에
interested in ~	~에 대해 관심있는	again	다시
worry	걱정하다		

A: Are you single or married?
B: I am married.
　　　　single.
　　　　divorced.
A: How long have you been married?
B: I have been married for about three years.
　　　　　　　　　　　　　　　　ten years.
　　　　　　　　　　　　　　　　six months.
A: Are you satisfied with your partner?
　　　　　happy
B: Not at all. I would like to divorce.
　　　　　　　　　　　　　　　break up.
　　　　　　　　　　　　　　　be separated.

★ 우리말 해석

A: 미혼이세요, 기혼이세요?
B: 결혼했어요.
　　미혼이에요.
　　이혼했어요.
A: 결혼한 지 얼마나 되셨죠?
B: 결혼한 지 3년 되었어요.
　　　　　　10년
　　　　　　6개월
A: 당신 남편(부인)한테 만족하세요?
　　　　　　　　　　　행복하세요?
B: 전혀요. 이혼하고 싶어요.
　　　　　갈라서고
　　　　　별거하고

왕초보 실생활 **영어회화 + 기본패턴**

PART 06

해외여행
Overseas Trip

해외여행이 흔해진 요즘이지만 해외여행을 떠나기 전엔 누구나 유쾌한 설렘을 경험한다. 그런데 현지에 가면 한정된 시간 때문에 시간이 정신없이 지나가게 마련이다. 그래서 여러 모로 세심한 계획을 세우고 준비를 해둬야 한다. 특히 외국에선 언어 소통이 큰 문제이므로 여러 가지 표현을 잘 익혀둬야 한다.

Unit 01 항공편
Flight

01 항공 예약

- 항공편을 예약할 때는 왕복표나 편도를 마음대로 구입할 수 있다. 왕복은 round trip, 편도는 single trip이라고 한다. 그래서 왕복 티켓은 round-trip ticket, 왕복 요금은 round-trip fare, 편도 티켓은 single-trip ticket, 편도 요금은 single-trip fare이다.

항공편을 예약하고 싶습니다.	**I'd like to book a flight.** 아이드 라익투 부커 플라잇
항공편을 변경하고 싶습니다.	**I'd like to change a flight.** 아이드 라익투 체인저 플라잇
오전 비행기로 변경하고 싶습니다.	**I'd like to change it to a morning flight.** 아이드 라익투 체인짓 투어 모닝 플라잇
예약을 취소하고 싶습니다.	**I'd like to cancel my reservation.** 아이드 라익투 캔슬 마이 레저베이션
대기자 명단에 넣어주시겠습니까?	**Can you place my name on the waiting list?** 컨 유 플레이스 마이 네임 온 더 웨이팅 리슷
가능하면 빨리 가고 싶습니다.	**I want to fly as soon as possible.** 아이 원투 플라이 애즈 순 애즈 파서블

● PART 06_ 해외 여행

직행편입니까?	**Is it a direct flight?** 이지러 다이렉트 플라잇
1등석[2등석, 일반석] 을 부탁합니다.	**First [business, economy] class, please.** 퍼스트[비즈니스, 이커너미] 클래스 플리즈

02 환전하기

- 환전에 관련된 단어를 먼저 익혀두면 현지에서 긴급하게 환전이 필요한 상황에서도 매우 편리하게 사용할 수 있다. exchang rate 환율, exchange money 환전, currency 현지 통화, foreign currency 외화

환전하는 곳은 어디입니까?	**Where can I change money?** 웨어 컨아이 체인쥐 머니
여기서 환전할 수 있습니까?	**Can I change some money here?** 컨 아이 체인쥐 썸 머니 히어
	Would you change some money for me? 우쥬 체인쥐 썸 머니 포미
원을 달러로 환전하고 싶습니다.	**I would like to exchange Korean won for dollars.** 아이 우드 라익 투 익스체인쥐 커리언 원 포 달러스
이것을 달러로 바꿔 주십시오.	**Change these to dollars, please.** 체인쥐 디즈 투 달러즈 플리즈
현재 환율은 얼마입니까?	**What's the current exchange rate?** 왓스 더 커런트 익스체인쥐 레이트
수수료는 얼마입니까?	**What is the commission?** 와리즈 더 커미션
이 지폐를 잔돈으로 바꿔 주실래요?	**Could you change this bill to small change.** 쿠쥬 체인지 디스 빌 투 스몰 체인지

* 앞 change는 '바꾸다'라는 동사이고 뒤 change는 '잔돈', '거스름돈'이라는 뜻의 명사.

PART 06_ 해외 여행

03 탑승 수속

• check는 '확인하다'라는 의미가 있으며 뒤에 오는 전치사에 따라 약간씩 다른 뉘앙스가 있다. check with + somebody는 '누구누구에게 물어 다시 확인하다'라는 의미이고 check in은 '탑승수속을 하다', '호텔 등 투숙 절차를 받다' 또는 '~가 괜찮은지 확인하다'라는 의미이다.

여기서 체크인할 수 있습니까?	**Can I check in here?** 컨 아이 첵킨 히어
탑승 시간은 언제입니까?	**When is the boarding time?** 웨니즈 더 보딩 타임
짐의 중량 초과요금은 얼마입니까?	**How much must I pay for the extra weight?** 하우 머취 머슷 아이 페이 포 디 엑스트라 웨잇
이 트렁크를 기내에 가지고 들어갈 수 있습니까?	**Can I carry this suitcase in the cabin?** 컨 아이 캐리 디스 숫케이스 인 더 캐빈
이건 기내로 갖고 갈 겁니다.	**This is carry-on baggage.** 디시즈 캐리온 배기쥐
탑승 게이트는 어디입니까?	**Could you tell me the boarding gate?** 쿠쥬 텔미 더 보딩 게잇
이 짐을 부치겠습니다.	**I'll check this baggage.** 아일 첵 디스 배기쥐 check: (물건을) 물표를 받고 맡기다
얼마나 기다려야 하나요?	**How long should I wait?** 하우 롱 슈드아이 웨잇

공항에서 볼 수 있는 표지판

도착 입구	**ARRIVAL GATE** 어라이벌 게잇
승객 도착	**ARRIVED** 어라입드
탑승 입구	**BOARDING GATE** 보딩 게잇
탑승 중	**BOARDING** 보딩
환승 편	**CONNECTING FLIGHT** 커넥팅 플라잇
지연	**DELAYED** 딜레이드
출발 완료	**DEPARTED** 디파티드
출발 입구	**DEPARTURE GATE** 디파춰 게잇
국내선	**DOMESTIC** 도메스틱
국제선	**INTERNATIONAL** 인터네셔널
탑승 마감 요청	**FINAL CALL** 파이널 콜
탑승구 폐쇄	**GATE CLOSED** 게잇 클로즈드
항공편 착륙	**LANDED** 랜딧
환전소	**MONEY EXCHANGE** 머니 익스체인쥐
정각에	**ON TIME** 온 타임
탑승 대기	**STAND-BY** 스탠바이
입국 관리	**IMMIGRATION** 이미그레이션
세관	**CUSTOMS** 커스텀즈

04 기내에서

• 비행기 내에서 에어컨이나 전등을 꺼달라고 요청할 때 turn off라는 표현을 쓴다. Turn off는 이처럼 '끄다'라는 의미로 쓰기도 하고 수도나 전기를 '잠그다', '중단하다'라는 의미로 사용되기도 한다. Turn off the light. 조명을 끄다, Turn off the tap. 수도를 잠그다.

제 자리는 어디입니까?	**Where's my seat, please?** 웨어즈 마이 씻 플리즈
미안합니다. 지나가도 될까요?	**Excuse me, May I go through?** 익스큐즈 미 메이 아이 고우 스루
제 좌석을 바꿀 수 있을까요?	**May I change my seat?** 메아이 체인쥐 마이 씨잇
탑승권을 보여 주시겠습니까?	**Would you show me your boarding pass?** 우쥬 쇼우 미 유어 보딩패스
음료는 뭐가 있나요?	**What kind of drinks do you have?** 왓 카인덥 드링스 두유 햅
모포를 주시겠어요?	**May I have a blanket?** 메아이 해버 블랭킷
지금 화장실에 가도 될까요?	**May I go to the lavatory now?** 메아이 고 투 더 레버토리 나우
비행 시간은 얼마나 됩니까?	**How many hours does the flight take?** 하우 메니 아워즈 더즈 더 플라잇 테익
비행은 정시대로입니까?	**Is the flight on time?** 이즈 더 플라잇 온 타임

기내에서 볼 수 있는 영어 표지판

에어컨	**Air-Conditioner**	에어컨디셔너
선반	**Rack**	랙
조명	**Light**	라잇
통로	**Aisle**	아일
창가	**Window**	윈도우
좌석	**Seat**	씨트
산소마스크	**Oxygen mask**	악시젼 마스크
스튜어디스	**Flight Attendant**	플라잇 어텐던트
금연	**No Smoking**	노우 스모킹
안전벨트 착용	**Fasten Seat Belt**	패슨 씨트 벨트
화장실 사용 중	**Occupied**	아큐파이드
비어 있음	**Vacant**	베이컨트
좌석 아래 구명조끼 있음	**Life Vest Under the Seat**	라이프 베스트 언더 더 씨트
음용 불가	**Not For Drinking**	낫 포 드링킹
호출 버튼	**Call Button**	콜 버튼
쓰레기통	**Towel Disposal**	타월 디스포절

PART 06_ 해외 여행

05 환승하기

• '두 가지 교통수단을 환승한다'는 표현은 change between two modes, '교통카드를 단말기에 대다(떼다)'라는 표현을 할 때는 tap on(tap off)을 써서 tap on facilities(tap off facilities)라고 쓴다.

이 공항에서 얼마나 머뭅니까?	**How long will we stop here?** 하우 롱 윌 위 스탑 히어
모두 내립니까?	**All the passengers get off the plane?** 올 더 패씬져스 게로프 더 플레인
저는 시카고로 가는 환승객입니다.	**I'm in transit to Chicago.** 아임 인 트랜짓 투 시카고 transit: 통과, 통행, 환승
환승객용 휴게소는 어디에 있습니까?	**Where is the lounge for transit passengers?** 웨어리즈 더 라운쥐 포 트랜씻 패씬져스
아시아나항공 환승 카운터는 어디입니까?	**How can I get to the connecting flight counter of Asiana Air?** 하우 컨 아이 게루 더 커넥팅 플라잇 카운터 업 애시아나 에어
탑승 게이트는 몇 번입니까?	**What's the boarding gate number?** 왓스 더 보딩 게잇 넘버
수하물 부치는 곳은 어디인가요?	**Where can I check my baggage?** 웨어 컨 아이 첵 마이 배기쥐
제 비행편은 예정대로입니까?	**Is my flight on schedule?** 이즈 마이 플라잇 온 스케쥴

297

06 입국 절차

• 입국심사에서 빠지지 않는 질문은 방문 목적을 묻는 것이다. 그러므로 방문 사유를 묻는 여러 가지 표현을 알아두면 도움이 된다. What brings you here?/What brought you here?/What has brought you here?/What is the purpose of your visit?/Why are you coming here? 모두 왜 방문했는지 묻는 표현이다.

이제 곧 도착이다.	**We'll arrive soon.** 위일 어라이브 순
입국카드를 주시겠어요?	**Can I have an immigration form?** 컨 아이 해번 이머그레이션 폼
여권 좀 보여 주시겠습니까?	**May I see your passport, please?** 메아이 씨 유어 패스폿 플리즈
여기 있습니다.	**Here it is.** 히어 이리즈
방문 목적은 무엇입니까?	**What's the purpose of your visit?** 왓스 더 퍼퍼스 어뷰어 비짓
관광 [비지니스, 유학]입니다.	**I'm here for sightseeing [business, studying].** 아임 히어 포 싸잇씨잉 [비즈니스, 스터딩]
보스턴에 있는 친구 집에 머뭅니다.	**I'll stay at my friend's house in Boston.** 아일 스테이 앳 마이 프렌즈 하우스 인 버스턴
어느 정도 체류합니까?	**How long are you going to stay?** 하우 롱 아유 고우잉 투 스테이
7일간입니다.	**For seven days.** 포 세븐 데이즈

○ PART 06_ 해외 여행

외국 입국 신고서

* 국가마다 신고서에 쓰는 영어 표현이 다릅니다. 따라서 아래 표현만 외워서는 곤란할 수 있습니다. 어느 나라든 현지어와 영어가 병기됩니다.

성명	Name
성	Family name
이름	Givens names
국적	Nationalty
생년월일	Date of Birth
남/녀	Male, Female
국내 주소	Country where you live
직업	Occupation
미국 체류 중 연락처	Address While in the U.S.
여권번호	Passport No.
항공기 편명 / 선박명	Flight No. / Vessel
탑승지	Port of Embarkation
여행 목적	Purpose of Visit
승객 서명	Signature of Passenger
체류 예정 기간	Length of Stay
비자 발급지	City Where Visa was Issued

07 세관 통과

- 세관을 통과하다, 보안을 통과하다에서 '통과하다'라는 표현은 get through를 사용하면 된다. 예를 들면 I couldn't get it through customs. 이건 세관 통과가 안 돼./ You should get through security first. 넌 보안을 먼저 통과해야 해.

가방을 열어 주십시오. 이것은 무엇입니까?	**Open your bag, please. What's this?** 오픈 유어 백 플리즈 왓스 디쓰
무슨 신고할 것을 가지고 있습니까?	**Anything to declare?** 애니씽 투 디클레어
신고할 것은 없습니다.	**I have nothing to declare.** 아이 햅 낫씽 투 디클레어
이 가방에 무엇이 들어 있습니까?	**What do you have in this bag?** 왓 두 유 햅 인 디쓰 백
일용품입니다.	**I have personal articles.** 아이 햅 퍼스널 아티클즈
선물입니다.	**They're gifts.** 데이어 깁츠
와인 두 병입니다.	**I have two bottles of wine.** 아이 햅 투 바틀즈 업 와인
관세를 내야 하나요?	**Do I have to pay customs tax?** 두 아이 햅투 페이 커스텀즈 택스

PART 06_ 해외 여행

08 공항에서 질문

• 공항에서는 숙소까지의 이동을 위한 정보를 비롯하여 각종 여행 정보, 대중교통 안내도, 주요관광지 지도 및 각종 숙박시설 정보 등을 쉽게 구할 수 있다. 대부분의 규모가 큰 호텔들은 공항에 정기적으로 셔틀버스를 연계해서 운영하므로 숙소까지 이를 이용하면 이동이 편리하다.

카트는 있습니까?	**Are there any baggage carts?** 아 데어래니 배기지 카츠
호텔로 가는 버스가 있습니까?	**Is there a bus to the hotel?** 이즈 데어러 버스 투더 호우텔
공중전화는 어디에 있을까요?	**Where can I find a phone booth?** 웨어 컨 아이 파인더 폰 부쓰
짐은 어디에서 찾나요?	**Where can I get my baggage?** 웨어 컨 아이 겟 마이 배기쥐
제 가방이 안 나왔습니다.	**My baggage is not here.** 마이 배기쥐 이즈 낫 히어
직원과 얘기하고 싶습니다.	**I'd like to contact a staff member.** 아이드 라익투 컨택터 스탭 멤버
빨리 알아봐 주시겠습니까?	**Could you please check it urgently?** 쿠쥬 플리즈 체킷 어전틀리
이 신고서 작성을 도와주시겠습니까?	**Can you help me with this form?** 컨유 헬프미 윗 디스 폼

301

관련단어

book	예약하다	entry	입국
reservation	예약	sightseeing	관광
flight	항공편	customs declaration form	세관 신고서
flight number	항공편 번호	round-trip ticket	왕복 티켓
waiting list	대기자	return ticket	귀국용 왕복 티켓
confirm	확인하다	how long ~	얼마 동안
seat number	좌석번호	visiting purpose	방문 목적
aisle seat	복도쪽 좌석	passport	여권
window seat	창가쪽 좌석	immigration form	입국심사 양식
transfer	갈아타다	arrive	도착하다
exchange	환전	stay	머무르다
exchange rate	환율	get off	출발하다
commission, fee	수수료	connecting flight	연결 항공편
service charge	수수료	vacant	빈
PIN number	비밀번호	lounge	대기실
note	지폐	Painkiller	진통제
change	잔돈	occupied	사용 중인
balance	잔액	landing	착륙
traveller's cheque(check)	여행자수표	meal	식사
withdraw	인출하다	blanket	담요
extra charge	초과비용	airsickness	비행기 멀미
bill	지폐	headset	헤드폰
boarding time	탑승 시간	duty-free goods	면세품
lavatory	화장실	Fasten Seat Belt	안전벨트 착용
cabin crew	승무원	vacant	비어 있음
take off	이륙하다	rack	선반
transit	통과, 통로	oxygen mask	산소마스크
stopover	환승 시간이 8시간 이상인 경우	call button	호출 버튼
accommodation	(호텔 및 여관 등을 포함한) 숙박시설	towel disposal	쓰레기통

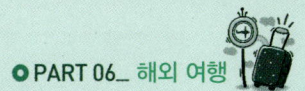

PART 06_ 해외 여행

A: Can I see your passport, please?
B: Here it is.
A: Do you have company?
B: Yes. My family comes here for family holiday.
A: Great. Where are you going to stay?
B: I have reserved Hilton Hotel in Paris.
A: Do you have a return ticket to Korea?
B: Sure. I bought round trip flight ticket.
A: Have a good Holiday.

★ 우리말 해석

A: 여권 좀 보여주시겠습니까?
B: 여기 있습니다.
A: 일행이 있습니까?
B: 네 우리 가족이 가족여행을 왔습니다.
A: 좋군요. 어디에 머무르실 겁니까?
B: 파리에 있는 힐튼 호텔을 예약해 두었습니다.
A: 한국으로 돌아갈 티켓은 있나요?
B: 그럼요. 왕복 항공권을 구매했습니다.
A: 좋은 여행이 되시길 바랍니다.

교통편
Means of transportation

01 길 묻기

• 외국에서는 언어도 낯설고 주변 풍경도 낯설기 때문에 먼저 지도를 준비하여 살펴보고 위치와 교통편도 살펴본 후 관광을 하는 것이 좋다. 밤길을 물을 때는 행인에게 묻는 것보나 상점에 들어가 문의를 하는 것이 안전하다. 최근에는 휴대용 내비게이션과 길찾기 스마트폰용 앱이 많이 개발되어 있으므로 이를 활용하는 것도 좋은 방법이다.

백화점은 어디에 있습니까?	**Where's the department store?** 웨어즈 더 디파트먼트 스토어
걸어서 몇 분 걸립니까?	**How many minutes by walking?** 하우 메니 미닛츠 바이 워킹
런던 타워로 가려면 어떻게 해야 합니까?	**How can I get to Tower of London?** 하우 컨 아이 겟 투 타워 어브 런던 **Please tell me the way to Tower of London?** 플리즈 텔 미 더 웨이 투 타워 어브 런던
여기에서 가깝습[멉]니까?	**Is it near[far] from here?** 이짓 니어[파] 프럼 히어
거기까지 걸어서 갈 수 있습니까?	**Can I walk there?** 컨 아이 웍 데어

○ PART 06_ 해외 여행

주변에 지하철역이 있습니까?	**Is there a subway station around here?** 이즈 데어러 섭웨이 스테이션 어라운 히어
이 길이 바다로 가는 게 맞나요?	**Is this the right way to the sea?** 이즈 디스 더 라잇 웨이 투더 씨
거기 가려면 뭘 타야 할까요. 지하철인가요, 버스인가요?	**How can I get there, by subway or bus?** 하우 컨 아이 겟데어　바이 섭웨이 오어 버스

305

02 길 안내하기

• 관광객들은 대부분 초행길이기 때문에 천천히 말해주는 것이 좋고, 금방 눈에 띄는 큰 건물을 중심으로 길을 설명해 줘야 한다. 혹시 시야 밖의 길을 안내해야 할 때는 간단한 약도를 그려 설명하거나 지도에 표시를 해주어 이해를 도와준다. 특히 바디랭귀지는 만국 공통 언어라는 점을 적극 활용하자.

꽤 멀어요.	**It's quite a way.** 잇스 콰이러 웨이
다음 모퉁이에서 우측으로 도세요.	**Turn right at the next corner.** 턴 라잇 앳 더 넥스트 코너
직진하세요.	**Go straight ahead.** 고우 스트레잇 어헤드
뒤돌아 가세요.	**You should turn back.** 유 슈드 턴백
저도 같은 방향입니다.	**I'm going that way.** 아임 고잉 댓 웨이
이 길을 쭉 가면 됩니다.	**It's way down the street.** 잇스 웨이 다운 더 스트릿
약도를 그려드릴게요.	**I'll draw a map for you.** 아일 드로 어 맵 포 유
차를 타는 게 좋아요.	**It's better for you to ride.** 잇스 베러 포 유 투 라이드

03 길을 잃었을 때

- 길을 잃었을 때는 큰 건물로 들어가 문의를 하거나 카페와 같은 앉을 수 있는 공간을 찾아서 지도를 다시 살펴보는 것이 좋다. 방향도 잘 모르면서 이리저리 우왕좌왕하다 보면 당황하게 되고 소지품 관리 등의 안전에 소홀해지기 때문이다. 또 주변에 큰 건물이나 마땅히 문의할 곳이 없을 때는 Taxi 승강장을 찾아서 가고자 하는 목적지로 이동하는 것이 가장 안전하며 빠른 길이다.

길을 잃었어요.	**I'm lost.** 아임 로스트
실례합니다! 여기는 어디입니까?	**Excuse me! Where are we now?** 익스큐즈 미 웨어라 위 나우 * Where are we는 Where am I라고 인칭으로 바꿔도 같은 뜻이다.
미안하지만 저도 잘 몰라요.	**I'm afraid I can't tell you.** 아임 어프레이드 아이 캔트 텔 유
이 지도에서 제가 어디 있나요?	**Where am I on this map?** 웨어램 아이 온 디스 맵
이 지도에 표시해 주시겠어요?	**Will you mark it on this map?** 윌 유 마킷 온 디스 맵
여긴 처음입니다.	**It's my first time here.** 잇스 마이 퍼스타임 히어
저는 길눈이 어둡습니다.	**I have a bad sense of direction.** 아이 해버 뱃 센스 업 디렉션

04 택시 이용하기

• 외국의 경우 대도시를 제외하고는 우리나라처럼 지나가는 택시를 손으로 불러서 타는 경우는 거의 없다. 일반적으로는 전화로 택시를 부르거나 예약해야 한다. 따라서 택시회사 전화번호를 알아두는 것이 필수! 택시를 부를 때는 자신이 머무르고 있는 곳의 주소를 알려주면 된다. 택시에서 행선지를 말할 때 의사소통에 대비하여 행선지 주소를 메모했다가 택시기사에게 보여주는 것이 좋다.

택시를 불러 주시겠습니까?	**Could you call a taxi for me, please?** 쿠쥬 콜 어 택시 포 미, 플리즈?
어디에서 택시를 탈까요?	**Where's the taxi stand?** 웨어즈 더 택시 스탠드
	Where can I get a taxi? 웨어 컨 아이 게러 택시
어디서 기다리고 있으면 됩니까?	**Where should we wait?** 웨어 슈드 위 웨잇?
택시!	**Taxi!** 택시!
우리 모두 탈 수 있습니까?	**Can we all get in the car?** 컨 위 올 게린 더 카?
트렁크를 열어 주시겠어요?	**Would you open the trunk?** 우쥬 오픈 더 추렁크?
다저스 스타디움으로 가 주세요.	**To Dodger's stadium, please.** 투 다져스 스테이디엄 플리즈

PART 06_ 해외 여행

월스트리트까지 가 주세요.	**Take me to Wall Street.** 테익 미 투 월 스트릿 **I'd like to go to Wall Street, please.** 아이드 라익 투 고우 투 월스트릿 플리즈
이 주소로 좀 데려다 주시겠습니까?	**Will you take me to this address?** 윌 유 테익 미 투 디스 어드레스
서둘러 주시겠어요?	**Could you please hurry?** 쿠쥬 플리즈 허리? **Step on it.** 스테퍼닛
가장 가까운 길로 가 주세요.	**Take the shortest way, please.** 테익 더 숏티스트 웨이, 플리즈.
여기서 세워 주세요.	**Stop here, please.** 스탑 히어 플리즈 **Let me off here, please.** 렛 미 오프 히어 플리즈
요금은 얼마입니까?	**How much is the fare?** 하우 머취 이즈 더 페어 **How much do I owe you?** 하우 머취 두 아이 오우 유
거스름돈은 그냥 두세요.	**Keep the change, please.** 킵 더 체인쥐 플리즈
여기서 기다려 주시겠어요?	**Would you wait for me here?** 우쥬 웨잇 포 미 히어?

05 버스 이용하기

- 버스를 비롯한 대부분의 교통 수단은 패스 제도가 있으므로 일회권을 구입하는 것보다 승차 지점과 상관없이 일정 기간 동안 자유롭게 사용할 수 있는 일일권 또는 왕복권 등을 구입하는 것이 저렴하게 교통수단을 이용하는 방법이다. 시내 중심지를 관광할 때는 주로 도보로 이동하고 관광명소를 순환하는 시티투어버스를 이용하면 일반버스를 이용하는 것보다 비용이 비싸지만 편리하다.

가장 가까운 버스 정류장은 어디입니까?	**Where's the nearest bus stop?** 웨어즈 더 니어리슷 버스탑
이곳에서 그곳까지 운행하는 버스가 있습니까?	**Are there any buses running between here and there?** 아 데어 레니 버시즈 러닝 비튄 히어 앤 데어
버스 정류소는 어디에 있습니까?	**Where's the bus stop?** 웨어즈 더 버스탑
저쪽 모퉁이에 있습니다.	**At the corner over there.** 앳 더 코너 오버 데어
이 버스는 공항에 갑니까?	**Does this bus go to the airport?** 더즈 디스 버쓰 고우 투 디 에어폿 **Do you go to the airport?** 두 유 고우 투 디 에어폿
어느 버스가 덴버행입니까?	**Which bus goes to Denver?** 위치 버스 고우즈 투 덴버
어느 버스를 타야 하죠?	**Which bus should I take?** 위치 버스 슈다이 테이크

● PART 06_ 해외 여행

다음 버스는 몇 시입니까?	**When is the next bus?** 웨니스 더 넥슷 버스
미술관에 갑니까?	**To the art museum?** 투 디 아트 뮤지엄
도착하면 가르쳐 주세요.	**Tell me when we arrive there.** 텔 미 웬 위 어라이브 데어
여기에서 내릴게요.	**I'll get off here.** 아일 게로프 히어 * 버스에서 내리다는 get off를, 버스를 타다는 take를 쓴다. **This is my stop.** 디스 이즈 마이 스탑
노팅검행 버스는 언제 출발하죠?	**What time does the bus for Nottingham leave?** 왓 타임 더즈 더 버스 포 노팅검 리브
옥스퍼드행은 어디에서 출발하죠?	**Where does the bus for Oxford leave?** 웨어 더즈 더 버스 포 악스퍼드 리브 * 미국식 발음은 악스퍼드, 영국식은 옥스퍼드
산타페행 버스 요금이 얼마죠?	**How much is a ticket to Santa Fe?** 하우 머취 이저 티킷 투 샌터페이
거기까지 가는데 얼마나 걸릴까요?	**How long will it take to get there?** 하우롱 윌잇 테익 투 겟 데어
도중에 내릴 수 있습니까?	**Can I stop over on the way?** 컨아이 스탑 오버 온더 웨이

311

06 열차, 전철표 사기

• 열차표는 미리 예매할수록 저렴하며 편도보다는 왕복 티켓을 구매하는 것이 저렴하다. 특히 철도 인프라가 잘 발달된 유럽의 경우 대륙간 이동 시 유레일패스를 구매하면 정해진 기간 내에 자유롭게 기차를 이용할 수 있어 경제적이다. 또한 대도시를 여행하는 경우에는 전철이나 지하철을 이용하면 러시아워나 길 막힘을 피할 수 있고 관광지를 찾기에 편리하다.

매표소는 어디입니까?	**Where's the ticket window?** 웨어즈 더 티킷 윈도우
	Where can I get tickets? 웨어 컨 아이 겟 티키츠
브리스톨행 승차권 1장은 얼마입니까?	**How much is a ticket to Bristol?** 하우 머취 이저 티킷 투 브리스톨
로스엔젤레스행 표 한 장 주십시오.	**A ticket to Los Angeles, please.** 어 티킷 투 로스엔젤러스 플리즈
맨체스터까지 요금이 얼마지요?	**How much is the fare to Manchester?** 하우 머취 이즈 더 페어 투 멘체스터
편도[왕복] 요금은 얼마입니까?	**What's the one-way [round trip] fare?** 왓스 디 원웨이 [라운드 추립] 페어
급행 요금은 얼마입니까?	**What's the express charge?** 왓스 디 익스프레스 차쥐
알겠습니다, 손님. 몇 등석으로 드릴까요?	**Okay, sir. Which class do you want?** 오케이 써 위치 클래스 두 유 원트

07 열차를 탈 때

• 타다(승차하다), 내리다(하차하다)를 나타내는 표현은 get을 사용한다. get on은 타다(승차하다) / get off는 내리다(하차하다)를 의미한다.

베를린행 열차는 어디입니까?	**Where's the train for Berlin?** 웨어즈 더 트레인 포 벌린
이건 마드리드행입니까?	**Is this for Madrid?** 이즈 디스 포 마드릿
보스턴행 열차는 곧 옵니까?	**Is the train for Boston coming soon?** 이즈 더 트레인 포 보스턴 커밍 순
마지막 열차를 탈 수 있을까요?	**Can I catch the last train?** 컨 아이 캐취 더 라슷 트레인
이곳이 보스턴행 승강장이 맞나요?	**Is this the right platform for Boston?** 이즈 디쓰 더 롸잇 플랫폼 포 보스턴
그곳에 가려면 기차를 몇 번 갈아타야 합니까?	**How many times do I change trains to get there?** 하우 메니 타임즈 두 아이 체인쥐 트레인스 투 겟 데어
어디에서 기차를 갈아타야 하는지 가르쳐 주시겠습니까?	**Will you tell me where to change trains?** 윌 유 텔 미 웨어 투 체인쥐 트레인스
지하철을 타고 가는 것 외에 다른 방법은 없습니까?	**Is there any other way to go besides subway?** 이즈 데어 애니 아더 웨이 투 고우 비싸이즈 썹웨이
갈아타야 합니까?	**Do I have to transfer?** 두 아이 햅 투 추렌스퍼

08 열차 객실에서

• 일반적으로 국내용 열차에는 식당 칸과 퍼스트클래스 열차 칸은 따로 있어도 침대 칸은 없지만 대륙간 이동열차는 침대 칸도 따로 있다. 비용은 가장 비싸지만 열차로 여러 나라를 여행할 때 중간에 한번쯤 이용하는 것도 피로를 푸는 방법이다. 장거리 열차에서는 도난사고가 많이 일어나니 각별히 소지품 관리에 주의를 기울이자.

이 자리에 손님이 있나요?	**Is this seat taken?** 이즈 디스 씻 테이큰
여기 앉아도 될까요?	**Can I sit here?** 컨 아이 씻 히어
차표 좀 보여 주실까요?	**May I see your ticket?** 메아이 씨 유어 티킷
창문을 열어도 될까요?	**May I open the window?** 메아이 오픈 더 윈도우
식당 칸은 어디입니까?	**Where is the dining car?** 웨어리즈 더 다이닝 카
도중하차해도 되나요?	**Can I stop over on the way?** 컨아이 스탑오버 온더 웨이 stop over: 도중하차하다, (여행 중) 잠시 머물다
지하철은 몇 시까지 운행되나요?	**How late does the subway run?** 하우 레잇 더즈 더 섭웨이 런
이 열차는 완행인가요?	**Is this a local train?** 이즈 디스 어 로컬 추레인 * 급행열차는 express train, 완행열차는 local train이라고 한다.

09 페리에서

- 요즈음은 단순히 이동수단으로 짧은 거리를 운행하는 페리뿐 아니라 모든 편의시설과 프로그램이 갖춰진 장거리 페리 여행이 늘고 있다.

출항은 몇 시입니까?	What time does the ship leave? 왓 타임 더즈 더 쉽 리브
배가 얼마나 자주 출항합니까?	How often does the ship sail? 하우 오픈 더즈 더 쉽 세일
제 선실은 어디인가요?	Where is my cabin? 웨어리즈 마이 캐빈
뱃멀미로 속이 불편합니다.	I'm seasick. I don't feel well. 아임 씨식 아이돈 필 웰
선내에 매점이 있나요?	Is there a shop on this ship? 이즈 데어러 샵 온 디스 쉽
갑판에는 어떻게 갈 수 있나요?	How can I get to the deck? 하우 컨 아이 겟투 더 덱
카디프에는 언제 도착합니까?	When will we arrive in Cardiff? 웬 윌위 어라이빈 카디프
어느 항구에 정박합니까?	At which port do we stop? 앳 위치 포트 두 위 스탑
예정대로 운항하고 있나요?	Are we on schedule? 아 위 온 스케줄

10 렌터카 이용

• 렌터카를 이용할 때 미리 렌터카 회사 인터넷 사이트를 통해 도착 예정지 주변에서 차를 픽업하도록 예약을 하면 편리하게 이용할 수 있다. 렌터카 이용 시 차 크기에 따라 economy car 2인용 소형차, compact car 4인용 소형차, intermediate car 중형차, full size car 중대형차, premium car 대형차로 구분한다.

렌터카 회사가 이 근처에 있습니까?	**Is there a car rental company near here?** 이즈 데어러 카 렌탈 컴퍼니 니어 히어
3일간 차를 빌리고 싶습니다.	**I want to rent a car for three days.** 아이 원투 렌터 카 포 쓰리 데이즈
어떤 차종을 원하십니까?	**What type of a car would you like?** 왓 타입 어버 카 우쥬 라익
하루에 요금이 얼마입니까?	**What's the charge per day?** 왓스 더 차쥐 퍼 데이
차를 어디에 반납해야 합니까?	**Where do I return the car?** 웨어 두 아이 리턴 더 카
샌프란시스코에서 차를 반납하고 싶은데요.	**I'd like to return it in San Francisco.** 아이드 라익 투 리턴 잇 인 샌프런시스코우
종합보험을 들어 주세요.	**With full coverage insurance, please.** 위드 풀 커버리지 인슈어런스 플리즈
이게 제 국제면허증입니다.	**Here's my international driver's license.** 히어즈 마이 이너내셔널 드라이버즈 라이선스

11 운전하면서

• 도로 사정에 익숙하지 않기 때문에 목적지까지의 이동 루트를 미리 확인하고 출발해야 한다. 요즈음은 내비게이션 사용이 일반화되어 있으므로 차를 렌트할 때 함께 빌리는 게 편리하다. 또한 국가마다 고속도로나 국도의 속도 규정 등이 다르므로 사전에 이를 확인하자. 신호등, 교차로 외에 유럽에는 우리에게 낯선 형태의 교차로도 많으므로 운전에 유의하자.

도로 지도가 있습니까?	**Do you have a road map?** 두 유 해버 로드 맵
안전벨트를 매세요.	**Please fasten your seat belt.** 플리즈 패슨 유어 씨잇 벨트
샌디에이고는 어느 쪽 길입니까?	**Which way to San Diego?** 위치 웨이 투 샌디에이고
주유소가 근처에 있습니까?	**Is there a gas station nearby?** 이즈 데어러 개스테이션 니어바이 * 주유소를 흔히 gas station이라 하는데 gas는 gasoline의 약자라고 보면 된다. 그리고 filling station, service station, petrol station이라고도 한다.
직진입니까, 아니면 왼쪽입니까?	**Straight or to the left?** 스트레잇 오어 투 더 랩트
우측 차선으로 들어가세요.	**Get over in the right lane.** 게로버 인 더 롸잇 레인
누구에게 길을 물어보지 그래요?	**Why don't you ask somebody for directions?** 와이 돈츄 애슥 썸바디 포 디렉션스
여기에 주차할 수 있습니까?	**Can I park here?** 컨 아이 파크 히어 * parking ticket은 주차 위반딱지입니다. 주차권은 parking pass입니다.

317

12 교통 위반을 했을 때

- 기본적인 교통표지판의 의미를 운전 전에 파악해 놓는 것이 교통법규 위반을 예방하는 최선의 방법이다. 속도위반은 speeding/ violation of the speed limit로 표현한다. 위반과 관련해서 ticket은 '위반 딱지'를, parking ticket은 '주차위반 딱지'를 의미한다. 그리고 일반적으로 주차 티켓은 parking permission이라고 하는 경우가 많다.

차에서 내리세요.	**Step out of the car, please.** 스텝 아우럽 더 카 플리즈
면허증을 보여주세요.	**Show me your driver's license, please.** 쇼우미 유어 드라이버스 라이선스 플리즈
여기 음주 측정기를 부세요.	**Please blow into this breath analyzer here.** 플리즈 블로우 인투 디스 브레스 애널라이저 히어
당신은 정지신호에서 멈추지 않았습니다.	**You didn't stop for that stop sign.** 유 디든 스탑 포 댓 스탑 사인
당신은 속도제한을 위반하셨습니다.	**You exceeded the speed limit.** 유 익시딧 더 스피드 리밋
경관님, 제가 뭔가 잘못했나요?	**Officer, did I do anything wrong?** 오피서 디다이 두 애니씽 렁
도중에 교통위반 딱지를 받았습니다.	**I got a ticket on my way.** 아이 가러 티킷 온 마이 웨이

● PART 06_ 해외 여행

| 교통 위반으로 30달러의 벌금을 물었다. | **I was fined 30 dollars for a violation of traffic regulations.**
아이 워즈 파인드 써티 달러즈 포러 바이얼레이션 업 추레픽 레귤레이션즈 |

도로표지판과 용어

양보	YIELD	일드
우측통행	KEEP RIGHT	킵 라잇
우회전 금지	NO RIGHT TURN	노우 라잇 리턴
위험	DANGER	데인저
일방통행	ONE WAY	원 웨이
일시정지	STOP	스탑
정차금지	NO STOPPING	노우 스타핑
제한속도	SPEED LIMIT	스피드 리밋
주차금지	NO PARKING	노우 파킹
진입금지	NO ENTRY	노우 엔트리
추월금지	DO NOT PASS	두 낫 패스
무인 주차시간 표시기	PARKING METER	파킹 미터
지하도	UNDERPASS	언더패스
고가도로	OVERPASS	오버패스
우회도로	DETOUR	디투어
분리대	DIVIDER	디바이더
비상전화	EMERGENCY PHONE	이머전시 폰

319

13 자동차 트러블

• 일반적으로 차에 기름이 떨어졌다고 할 때 여기서 기름은 oil이라고 하지 않고 gas/gasoline라고 통칭하며 그중 휘발유를 petrol, 경유를 diesel이라고 구분한다. 또한 우리가 보닛이라고 하는 것은 hood가 맞는 표현이고 백미러도 rear mirror/rear view mirror가 맞는다.

오일하고 타이어 점검 좀 해주세요.	**Please check the oil and tire pressure.** 플리즈 체크 더 오일 앤 타이어 프레셔
휘발유가 떨어졌습니다.	**I have run out of gas.** 아이 햅 런아우럽 가스
차가 고장입니다.	**The car has broken down.** 더 카 해즈 브로큰다운
내 차가 갑자기 시동이 꺼졌습니다.	**My car has stalled.** 마이 카 해즈 스톨드 stall: (갑자기) 시동이 꺼지다
시동이 안 걸려요.	**The engine won't start.** 디 엔진 원트 스탓
배터리가 방전되었습니다.	**The battery is flat.** 더 배터리 이즈 플랫
타이어가 펑크났습니다.	**I have a flat tire.** 아이 해버 플랫 타이어
수리하려면 어디로 가야 합니까?	**Where can I find a mechanic?** 웨어 컨아이 파인더 머캐닉

● PART 06_ 해외 여행

관련단어

by walking	걸어서	express charge	급행 요금
get to ~	~에 다다르다	class	등급
take	(시간, 거리가) ~나 걸리다	vending machine	자동 판매기
		train time table	열차시간표
underground	지하철	dining car	식당칸
metro	메트로 (전철 종류)	platform	(지하철) 승강장
street name	도로명	dining car	식당칸
which way	어느 길	run	운행하다
look for	찾다	local train	보통(완행)열차
avenue	길, 도로	sleeping car	침대칸
traffic light	신호등	last stop	종착역
wrong way	잘못 간 길	cabin	객실
take a bus (taxi, underground) 버스(택시, 지하철)를 타다		seasick	뱃멀미
		deck	갑판
roundabout	(원형 모양) 교차로	port	항구
intersection	교차점	rent a car	차를 빌리다
on foot	걸어서	full insurance	종합보험
opposite	반대편의	international driver's license 국제운전면허증	
straight ahead	직진하여		
turn back	되돌아 가다	coverage	(보장) 범위
quite far	꽤 먼	fasten	매다
draw a map	약도를 그리다	seat belt	안전띠
avenue	길, 도로	gas station	주유소
direction	방향	straight	직진, 똑바로
stranger	초행자	direction	방향
call a taxi	택시를 부르다	overtake	추월하다
taxi stand	택시 승강장	driver's license	운전면허증
get in	타다	run out	떨어지다
get off	내리다	break down	고장나다
stop over	중간에 내렸다 타기	stall	갑자기 시동이 꺼지다
one-day pass	일일권	mechanic	정비소
route	노선	flat tire	펑크난 타이어
coach	장거리 시외버스		

회화표현

A: Is there a bus that goes downtown?
　　　　　　　　　　　　　　　museum?
　　　　　　　　　　　　　　　department store?
　　　　　　　　　　　　　　　city hall?
B: Yes, You can take bus no. 402.
　　No. you should take the subway.
A: Where can I get a bus ticket?
　　　　　　　　　　a bus route map?
　　　　　　　　　　a timetable?
B: You can buy it at the ticket booth.
　　　　　　　　　　　the ticket machine.
　　You can pay the bus driver.
A: How long will it take to get downtown by bus?
　　　　　　　　　　　　　　　　museum by train?
　　　　　　　　　　　　　　　　shopping mall on foot?
B: It takes about 10 minutes to get there.
　　　　　　　　　　an hour and a half

★ 우리말 해석

A: 시내로 가는 버스가 있나요?
　　　　　박물관
　　　　　백화점
　　　　　시청
B: 네. 402번 버스를 타세요.
　　아니요. 지하철을 타셔야 해요.
A: 버스 티켓을 어디서 사지요?
　　버스 노선도를
　　시간표를

B: 매표소에서 사시면 되요.
　　발권기
　　버스기사님에게 내시면 되요.
A: 버스로 시내까지 얼마나 걸립니까?
　　기차로 박물관
　　걸어서 쇼핑몰
B: 대략 10분 정도 걸립니다.
　　1시간 30분

Unit 03 레스토랑

Restaurant

01 식사 성향

• eat like a horse는 '(식성이 좋아서) 음식을 많이 먹는다'는 의미이고 조금 어려운 어휘로 glutton이라는 명사가 있는데 이는 '대식가'로 번역하면 된다. 반면에 '음식을 조금 먹는 사람'은 eat like a bird라는 표현이 일반적이다.

전 뭐든 잘 먹어요.	**I eat just about everything.** 아이 잇 저슷 어바웃 애브리씽
전 음식을 안 가려요.	**I'm not picky about my food.** 아임 낫 피키 어바웃 마이 푸드
전 식성이 까다로워요.	**I'm a picky eater.** 아이머 피키 이터
저는 돼지고기를 못 먹어요.	**Pork doesn't agree with me.** 포크 더즌 어그리 위드 미
이걸 먹으면 속이 좋지 않습니다.	**This makes me sick.** 디쓰 메익스 미 씩
저는 단것을 잘 먹습니다.	**I have a sweet tooth.** 아이 해버 스윗 투쓰
저는 기름기 있는 음식을 안 좋아해요.	**I don't like oily food.** 아이 돈 라익 오일리 푸드
저는 찬 음식을 싫어합니다.	**I hate cold meals.** 아이 해잇 콜드 밀스
이제 이 음식에 질렸어요.	**I get tired of eating this food.** 아이 겟 타이어드 업 이팅 디스 푸드

02 식당을 찾을 때

• 관광지에서 관광객을 대상으로 하는 음식점보다 현지의 소문난 식당을 소개 받아 현지 음식을 맛보는 것도 좋은 경험이다. '외식하자'는 표현은 eat out 또는 go out to eat이다. '배불리 먹다'라는 표현과 관련하여 pig out을 써서 Let's pig out on pizza.와 같이 표현하면 '피자를 배불리 먹으러 가자.'라는 의미가 된다. 친구들과 식당을 찾으며 가끔 사용하게 되는 표현이다.

이곳에 한국 식당은 있습니까?	**Do you have a Korean restaurant?** 두 유 해버 커리언 레스터런트
괜찮은 프랑스 식당을 소개해 주시겠습니까?	**Would you recommend a good French restaurant?** 우쥬 레커멘드 어 굿 프렌치 레스터런트
이 지역의 좋은 식당을 좀 소개해 주시겠습니까?	**Could you suggest some good restaurants in this area?** 쿠쥬 서제스트 섬 굿 레스터런츠 인 디스 에어리어
	Can you recommend a good place for lunch? 컨 유 레커멘드 굿 플레이스 포 런취
이 지방의 명물요리를 먹고 싶은데요.	**I'd like to have some local food.** 아이드 라익투 햅 섬 로컬 푸드
가볍게 식사를 하고 싶은데요.	**I'd like to have light meal.** 아이드 라익투 해버 라잇 밀
거기가 이 지역에서 인기 있는 곳입니까?	**Is the place popular among local people?** 이즈 더 플레이스 파퓰러 어멍 로컬 피플

● PART 06_ 해외 여행

03 식당을 말할 때

• 식당을 추천해 달라고 의뢰받았을 때 소개해 줄 수 있는 식당을 알아두는 것은 상대와의 친밀도를 높이는 데 좋은 역할을 한다. 단순히 식당 이름만이 아니라 요리의 특징이나 인테리어 등 상세한 정보를 알고 있으면 좋겠죠?

여기 자주 오세요?	**Do you come here often?** 두유 컴 히어 오픈
이 식당은 항상 붐벼요.	**This restaurant is always crowded.** 디스 레스터런트 이즈 올웨이즈 크라우딧
이 식당은 음식을 잘해요.	**This restaurant serves good meals.** 디스 레스터런트 서브스 굿 밀즈
여기 분위기를 좋아해요.	**I like the ambience here.** 이 라이크 디 앰비언스 히어 ambience : 사람이나 사물에서 주는 분위기
이 식당은 너무 후지네요.	**This restaurant is crummy.** 디스 레스터런트 이즈 크러미 crummy : 지저분한, 하찮은, 싸구려의
이 식당은 생선요리를 잘해요.	**They do fish very well in this restaurant.** 데이 두 피쉬 베리 웰 인 디스 레스터런트
이 집은 새우가 일품입니다.	**This place has delicious shrimp.** 디스 플레이스 해즈 딜리셔스 쉬림프
이 식당은 본격 프랑스 요리가 나와요.	**This restaurant serves real French food.** 디스 레스터런트 서브즈 리얼 프렌치 푸드

04 예약 및 좌석 잡기

- 외국은 식당을 예약하는 것이 일반적인 문화이다. 푸드코트나 패스트푸드점과 같은 간이 식당이 아닌 경우는 대부분 예약제로 운영을 하며 각 식당마다 점심시간과 저녁 시간 오픈 시간을 다르게 운영하고 있으므로 예약 시 확인이 필요하다. 예약 전에 특별한 요구사항은 미리 주문해 놓는 것이 좋다.

여기서 예약할 수 있나요?	**Can we make a reservation here?** 컨위 메이커 레저베이션 히어 make a reservation = book 예약하다
손님은 몇 분이십니까?	**How large is your party?** 하우 라지 이쥬어 파리 **How many of you, sir?** 하우 메니 어뷰 써
오후 6시 반에 5명이 갑니다.	**Five people at 6:30 p.m.** 파이브 피플 엣 식스 써티 피엠
두 사람 좌석을 주십시오.	**A table for two, please.** 어 테이블 포 투 플리즈
안내해 드릴 때까지 기다려 주십시오.	**Please wait to be seated.** 플리즈 웨잇 투비 씨티드
몇 분간만 기다려 주시겠습니까?	**Would you please wait for a few minutes?** 우쥬 플리즈 웨잇 포러퓨 미닛츠
금연[흡연]석으로 부탁합니다.	**We'd like a non-smoking [smoking] table.** 위드 라이커 넌스모킹[스모킹] 테이블
7시 30분으로 리사라는 이름으로 예약했는데요.	**I have a reservation for Lisa at 7:30.** 아이 해버 레저베이션 포 리사 엣 쎄븐 써리

05 주문 표현

• 외국의 레스토랑에서는 주로 주요리 주문 전에 음료를 먼저 주문 받아 서빙한다. 대부분 물도 음료의 한 종류로 값을 지불해야 한다는 점을 기억하자. 무료로 제공되는 물을 원하는 경우는 탭 워터(tab water)를 달라고 별도로 부탁해야 한다.

주문을 받아도 될까요?	**Are you ready to order?** 아유 레디 투 오더
	Would you like to order now? 우쥬 라익 투 오더 나우
메뉴 좀 볼 수 있을까요?	**Can I see the menu, please?** 컨 아이 씨 더 메뉴 플리즈
주문을 하고 싶은데요.	**We are ready to order.** 위아 래디 투 오더
아직 정하지 않았습니다.	**We haven't decided yet.** 위 해븐 디싸이디드 옛
잠시 후에 주문을 받으시겠습니까?	**Could you take our orders a little later?** 쿠쥬 테익 아워 오더스 어 리틀 레이러
저도 같은 것으로 부탁합니다.	**I'll have the same.** 아일 햅 더 쎄임
추천 요리는 무엇입니까?	**What's your suggestion?** 왓츄어 서제스쳔
무엇이 빨리 됩니까?	**What can you serve quickly?** 왓 컨 유 써브 퀴클리
이건 무슨 요리입니까?	**What kind of dish is this?** 왓 카인덥 디쉬 이즈 디스

06 식사할 때

• 레스토랑은 서비스의 개념이 철저한 곳으로, 불편함을 감수하지 말고 단어 몇 개를 이용해서라도 자신의 요구사항을 전달하고 서비스를 충분히 즐겨 즐거운 식사 시간을 만들도록 하자.

다른 것을 더 드시겠습니까?	**Will you have something else?** 윌 유 햅 썸씽 엘쓰
이건 어떻게 먹으면 됩니까?	**How do I eat this?** 하우 두 아이 잇 디스
이 고기는 무엇입니까?	**What kind of meat is this?** 왓 카인더브 미트 이즈 디스
맛이 어떻습니까?	**How does it taste?** 하우 더짓 테이스트
빵을 더 주실래요?	**Can I have more bread?** 컨아이 햅 모어 브레드
물 한 잔 주세요.	**I'd like a glass of water, please.** 아이드 라이커 글래스 업 워러 플리즈
	May I have some water? 메아이 햅 섬 워러
나이프[포크]를 떨어뜨렸습니다.	**I dropped my knife [fork].** 아이 드랍트 마이 나이프 [포크]
밥을 추가로 부탁합니다.	**I'd like to order some more boiled rice.** 아이드 라익투 오더 섬 모어 보일드 라이스
디저트를 좀 드시겠습니까?	**Would you like some dessert?** 우쥬 라익 썸 디젓
식탁 좀 치워 주시겠어요?	**Could you please clear the table?** 쿠쥬 플리즈 클리어 더 테이블

PART 06_ 해외 여행

07 서비스 표현

• 서비스에 대해 굳이 강하게 불만을 표현해서 즐거운 식사 자리를 망칠 필요는 없지만 불편한 서비스는 그때그때 시정을 요구할 필요가 있다. 이렇게 시정을 요구하려면 간단한 동사 표현을 알아두는 것이 유용하다. 예를 들어 빵이라는 단어는 몰라도 빵을 가리키면서 change라는 단어를 쓰면 바로 의사를 표현할 수 있겠죠?

주문한 음식이 아직 안 나왔습니다.	**My order hasn't come yet.** 마이 오더 해즌 컴 옛
아직 요리가 안 나오는데요.	**We're still waiting for our food.** 위어 스틸 웨이팅 포 아워 푸드
이건 주문하지 않았습니다.	**I didn't order this.** 아이 디든 오더 디스
음식에 이상한 것이 들어 있어요.	**There is something strange in my food.** 데어리즈 썸씽 스트레인지 인 마이 푸드
다시 가져다 주시겠어요?	**Could you take it back, please?** 쿠쥬 테이킷 백 플리즈
좀 더 구워 주시겠어요?	**Could I have it broiled a little more?** 쿠다이 해빗 브로일드 어 리를 모어
이 음식이 상한 것 같아요.	**I'm afraid this food is stale.** 아임 어프레이드 디스 푸드 이즈 스테일
주문을 바꿔도 될까요?	**Can I change my order?** 컨 아이 체인쥐 마이 오더
이제 괜찮으십니까, 손님?	**Is everything all right, sir?** 이즈 에브리씽 올라잇 써

* 손님이라는 호칭은, 남성에겐 sir, 여성에겐 ma'am이라고 한다. 이 호칭은 손님뿐 아니라 윗사람에게도 적용된다.

08 식욕을 말할 때

• 일행과 함께 레스토랑에 가면 자연스럽게 시작되는 대화가 각자의 음식 성향이나 현재 식욕 상태다. 상태를 나타내는 형용사를 많이 알고 있을수록 표현이 풍부해지 겠죠?

배가 고파요.	**I'm hungry.** 아임 헝그리
배가 부르군요.	**I'm full.** 아임 풀 **I'm stuffed.** 아임 스터풋
식욕은 어떠세요?	**How's your appetite?** 하우쥬어 애피타잇
먹고 싶은 생각이 없어요.	**I don't feel like eating.** 아이 돈 필 라익 이팅
항상 그렇게 빨리 드세요?	**Do you always eat so fast?** 두 유 올웨이즈 잇 쏘우 페슷
저는 조금밖에 안 먹어요.	**I eat like a bird.** 아이 이트 라이커 버드 *이슬만 먹고 산다는 느낌의 표현.
제가 과식을 했나 봐요.	**I'm afraid I ate too much.** 아임 어프레이드 아이 에잇 투 머취
전 별로 식욕이 없어요.	**I don't have a good appetite.** 아이 돈 해버 굿 애퍼타잇

PART 06_ 해외 여행

09 음식 맛 말하기

• '맛보다'는 try 동사를 사용해서 표현한다. 예를 들어 Would you like to try my spaghetti? 내 스파게티 좀 먹어보지 않을래?/Can I try your food? 네 음식을 맛봐도 될까?

아주 맛있어요.	**It's delicious.** 잇스 딜리셔스
아주 맛있는데요.	**It's very good.** 잇스 베리 굿
이 음식은 너무 맵군요.	**This food is too spicy [hot].** 디쓰 푸드 이즈 투 스파이시 [핫] spicy: 향긋한, 양념을 많이 넣은, 짜릿한
군침이 도는군요.	**My mouth is watering.** 마이 마우쓰 이즈 워터링
생각보다 맛있군요.	**It's better than I expected.** 잇스 베러 댄 아이 익스팩팃
이건 맛이 별로군요.	**This is not good.** 디씨즈 낫 굿
이건 제 입맛에 안 맞아요.	**This food doesn't suit my taste.** 디스 풋 더즌 숫 마이 테이슷
아무 맛도 없어요.	**It's tasteless.** 잇스 테이스트리스
이거 맛이 지독해요.	**This tastes awful.** 디스 테이스츠 오펄
달콤해요.	**It's sweet.** 잇스 스윗

싱거워요.	**It's bland.** 잇스 블랜드	
순해요(부드러워요).	**It's mild.** 잇스 마일드	
써요.	**It's bitter.** 잇스 비터	
짜요.	**It's salty.** 잇스 썰티	
비린내 나요.	**It's fishy.** 잇스 피쉬	
시큼해요.	**It's sour.** 잇스 사우어	
신선해요.	**It's fresh.** 잇스 후래쉬	
신선하지 않아요.	**It's stale.** 잇스 스테일	
연해요.	**It's tender.** 잇스 텐더	
(고기가) 질겨요.	**It's tough.** 잇스 터프	
기름기가 많아요.	**It's fatty [oily].** 잇스 패티 [오일리]	
기름기가 없어요.	**It's lean.** 잇스 린	

PART 06_ 해외 여행

10 패스트푸드점에서

• 패스트푸드점은 여행객들이 간단히 식사를 해결하기에 매우 편리해서 많이 이용한다. 우리나라에서 말하는 '사이다'의 경우 외국에서는 '사과주'를 말하므로 패스트푸드점에서는 스프라이트 또는 소다를 주문해야 사이다를 먹을 수 있다.

주문을 받을까요?	**May I take your order?** 메아이 테이큐어 오더
치즈버거 두 개 포장해 주십시오.	**Please make two sandwiches to take out.** 플리즈 메익 투 샌드위치즈 투 테이카웃
핫도그 하나 주세요. 여기서 먹을 겁니다.	**One corn dog, please. I'll have it here.** 원 콘독 플리즈 아일 해빗 히어 corn dog: 한국식 핫도그 hot dog: 빵으로 소시지를 감싼 것
핫도그 한 개 주세요. 케첩을 발라 주세요.	**One hot dog, please. I'd like some ketchup on it.** 원 핫 독 플리즈 아이드 라익 썸 켓첩 온 뎀
여기서 드실 건가요, 가져가실 건가요?	**For here or to go?** 포 히어 오어 투 고 * 이외에도 포장은 take away, take out으로 묻기도 하고 포장이 아니라 먹고 간다는 의미로 eat in을 사용하기도 한다.
여기서 먹을 겁니다.	**For here, please.** 포 히어 플리즈
마실 것은요?	**Something to drink?** 썸씽 투 드링
콜라 하나요. 작은 것으로 주세요.	**A coke. Small one, please.** 어 코욱 스몰 원 플리즈

관련단어

picky	까다로운	taste	~한 맛이 나다
eater	먹는 사람	bread	빵
sick	아픈	a glass of water	물 한 컵
meal	식사	boiled rice	밥
oily food	기름진 음식	take back	가져가다
sweet teeth	단 것을 좋아함	strange	이상한
pork	돼지고기	stale	신선하지 않은, 상한
beef	소고기	boil	끓이다
fish	생선	warm up	데우다
vegetable	야채	appetite	식욕
recommend	추천하다	eat like a bird	조금 먹는다
suggest	제안하다	fussy	까다로운
local food	현지 음식	stand	참다, 견디다
light meal	가벼운 식사	taste	~한 맛이 나다
popular	인기 있는, 대중적인	spicy	매운
place	장소	tasteless	아무 맛이 없는
crowded	복잡한, 붐비는	sweet	단
ambience	분위기	bland	싱거운, 부드러운
serve	제공하다	mild	순한
crummy	싸구려의, 하찮은	bitter	쓴
value for money	돈을 치른 만큼 가치가 있는	salty	짠
		sour	신
reserve	예약하다	tender	부드러운
non-smoking	금연	tough	질긴
book	예약하다	fatty	지방이 많은
order	주문, 주문하다	oily	기름진
decide	결정하다	lean	담백한
take a order	주문하다	light	담백한
suggestion	제안	to go	(음식점에서) 가지고 가다
cuisine	요리	coke	콜라
meat	육류	sprite	사이다

PART 06_ 해외 여행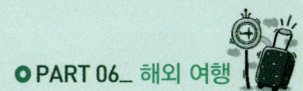

회화표현

A: Are you ready to order?
B: Yes, I want a `cheese pizza` and a `coke.`
　　　　　　　spaghetti　　　　coffee.
　　　　　　　cheese burger　　sprite.
A: Would you like a `soup` to go that?
　　　　　　　　　salad
　　　　　　　　　chips
B: OK, a salad sounds good.
A: Then, you should get the special.
　 For $10 you can get a pizza, drink, and salad.
B: That's good deal. Give me the special meal.

★ 우리말 해석

A: 주문하시겠어요?
B: 네, `치즈피자와 콜라` 주세요.
　　　스파게티와 커피
　　　치즈버거와 사이다
A: `수프도` 같이 주문하시겠어요?
　　샐러드
　　감자칩
B: 샐러드가 좋겠네요.
A: 그럼 특별 가격이에요.
　 10달러에 피자와 음료 그리고 샐러드도 포함입니다.
B: 좋은 가격이네요. 스페셜 메뉴로 주세요.

Unit 04 쇼핑
Shopping

01 가게 찾기

• 백화점이나 쇼핑몰, 슈퍼마켓 및 전통시장이나 벼룩시장까지 여러 종류의 상점이 있다. 최근에는 브랜드 제품들을 싸게 파는 아울렛 매장들이 많이 활성화 되어 관광객을 맞고 있다. 하지만 지역의 조그만 재래시장이나 특산물 시장에서 의외로 지역 문화를 이해할 수 있는 물건들을 접할 수 있으니 관광 중 기회가 된다면 한번 들러보는 것도 좋다. 쇼핑상가들이 주로 시내에 밀집되어 있는 경우가 많아서 downtown이 어디인지를 묻는 것은 일반적으로 쇼핑가를 묻는 의미라고 할 수 있으므로 shopping centre나 shopping mall 대신에 downtown을 쓰면 된다.

이 지역에서 쇼핑 구역은 어디입니까?	**Where's the shopping area in this town?** 웨어즈 더 샤핑 에어리어 인 디스 타운
선물은 어디서 살 수 있습니까?	**Where can I buy some souvenirs?** 웨어 컨아이 바이 섬 수버니어즈
면세점은 있습니까?	**Is there a duty-free shop?** 이즈 데어러 듀티프리 샵
이 주변에 백화점[할인점]은 있습니까?	**Is there a department store [discount shop] around here?** 이즈 데어러 디팟먼트 스토어 [디스카운트 샵] 어라운 히어
남성복은 몇 층에 있습니까?	**Which floor is the men's wear on?** 위치 플로어 이즈 더 멘즈 웨어 온

○ PART 06_ 해외 여행

식료품 매장은 어디입니까?	**Where's the groceries department?** 웨어즈 더 그로서리즈 디팟먼트
엘리베이터를 탑시다.	**Let's take the elevator.** 렛츠 테익 디 엘리베이터
몇 시까지 영업합니까?	**How late are you open?** 하우 레잇 아유 오픈
그건 어디서 살 수 있나요?	**Where can I buy this?** 웨어 컨아이 바이 디스

02 상품 고르기

• 세일의 종류에는 여러 가지가 있는데 그중에서 몇 가지만 살펴보면 spring sale 봄 세일, summer sale 여름 세일, end-of season sale 이월상품세일, clearance sale 재고 정리 세일, back to school sale 새 학기 기념 세일, Christmas sale 크리스마스 세일, Easter sale 부활절 세일 등이 있다.

뭘 도와드릴까요?	**May I help you?** 메아이 헬퓨
뭘 찾으세요?	**What are you looking for?** 와라유 루킹 포
그냥 둘러보는 겁니다.	**Just looking around.** 저슷 루킹 어라운드
천천히 보십시오.	**Take your time.** 테익 유어 타임
여기 잠깐 봐 주시겠어요?	**Hello. Can you help me?** 헬로우 컨 유 헬프 미
저것 좀 보여 주실래요?	**May I see that one, please?** 메아이 씨 댓 원 플리즈
	Would you show me that one? 우쥬 쇼우 미 댓 원
이것과 같은 것은 있습니까?	**Do you have any more like this?** 두유 햅 애니 모어 라익 디스
만져 봐도 될까요?	**May I touch it?** 메아이 터치 잇
입어 봐도 됩니까?	**May I try it on?** 메이 아이 추라이 잇 온

○ PART 06_ 해외 여행

03 의복, 신발 매장

• 우리는 보통 의류 매장에서 옷걸이에 걸려져 있는 옷 이외에 개어져 있는 옷들도 직접 펼쳐보는 경우가 많은데 디스플레이 되어 있는 옷을 보고 직원에게 색상이나 사이즈를 요청해서 입어보거나 살펴보는 것이 에티켓이다.

운동화를 사고 싶은데요.	**I want a pair of sneakers.** 아이 원트 어페어럽 스니커즈
어떤 사이즈를 사용합니까?	**What size do you take?** 왓 사이즈 두유 테잌
아내에게 선물할 것을 찾고 있습니다.	**I'm looking for something for my wife.** 아임 룩킹 포 섬씽 포 마이 와잎
캐주얼한 것을 찾고 있습니다.	**I'd like something casual.** 아이드 라잌 섬씽 캐주얼
특별히 마음에 둔 것이 있습니까?	**Do you have anything special in mind?** 두유 햅 애니씽 스페셜 인 마인드
무슨 색이 있습니까?	**What kind of colors do you have?** 왓 카인더브 컬러즈 두유 햅
너무 요란[수수]합니다.	**This is too flashy [plain].** 디스 이즈 투 플래쉬 [플레인]
더 화려한 것은 있습니까?	**Do you have a flashier one?** 두유 해버 플래쉬어 원

339

이 색은 좋아하지 않습니다.	**I don't like this color.** 아이돈 라익 디스 컬러
다른 스타일은 있습니까?	**Do you have any other style?** 두유 햅 애니 아더 스타일
어떤 디자인이 유행하고 있습니까?	**What kind of style is now in fashion?** 왓 카인더브 스타일 이즈 인 패션
이런 디자인은 좋아하지 않습니다.	**I don't like this sort of design.** 아이 돈 라익 디스 쏘러브 디자인
사이즈가 맞지 않아요.	**It doesn't fit.** 잇 더즌 핏 **It's not my size.** 잇스 낫 마이 사이즈
다른 것으로 바꿔 줄 수 있나요?	**Can I exchange it for something else?** 컨아이 익스체인지 잇 포 섬씽 엘스
포장해 주실 수 있나요?	**Can I have it gift-wrapped?** 컨아이 해빗 깁트랩트 **May I get it gift-wrapped?** 메이 아이 게릿 깁트랩트
또 필요한 것 있으세요?	**Anything else?** 애니씽 엘스
이 셔츠는 물세탁이 가능해요.	**This shirt is washable.** 디스 셔트 이즈 와셔블
이건 너무 꽉 끼네요.	**It's too tight.** 잇스 투 타잇

PART 06_ 해외 여행

04 화장품 코너

• '화장을 한다'라는 의미를 표현할 때 make up이라는 동사를 사용하고, make-up이 '화장'이라는 명사로 사용될 때 wear나 put on 동사와 함께 쓰여 '화장하다'의 의미를 나타낸다. It takes her an hour to make up before going on stage. 그녀가 무대에 오르기 전 화장하는데 1시간이 걸린다. Did you wear make-up today? 너 오늘 화장했어?

화장품 코너는 어디입니까?	**Where is the cosmetic counter?** 웨어리즈 더 카즈메틱 카우너
립스틱을 사려고 하는데요.	**I'd like to buy lipstick.** 아이드 라익투 바이 립스틱
이건 무슨 향인가요?	**What type of fragrance is this?** 왓 타입 어브 프래그런스 이즈 디스
더 진한 색으로 주세요.	**A deeper color, please** 어 디퍼 컬러 플리즈
여기 샘플이 있습니다. 써 보세요.	**Here's a tester. Please try it.** 히어즈 어 테스터 플리즈 추라잇
어떤 피부이신가요?	**What type of skin do you have?** 왓 타입 어브 스킨 두유 햅
피부가 건조하시네요.	**Your skin is dry.** 유어 스킨 이즈 드라이
다른 색상이 있습니까?	**Do you have it in different colors?** 두유 해브 잇 인 디퍼런트 컬러즈
저에게 맞지 않아요.	**It doesn't fit me.** 잇 더즌 핏 미

05 가방, 모자 가게

• 명품가방에서부터 작은 소품의 지갑까지 가방류는 해외 쇼핑의 인기 아이템이다. 현지 매장이나 현지 아울렛에서 구입하면 면세 가격으로 명품가방을 저렴하게 구입할 수 있다고 하여 인기이지만 반입허용 금액에 해당되는지 확인이 필요하다.

이 소재는 무엇입니까?	**What material is this?** 왓 머티리얼 이즈 디스
샤넬 가방은 어디 있습니까?	**Where are the Chanel bags?** 웨어리즈 아 더 샤넬 백스
이건 인조 가죽인가요?	**Is this artificial leather?** 이즈 디스 아티피셜 레더
이 색상으로 다른 타입[디자인]은 있나요?	**Do you have another type [design] in this color?** 두유 햅 어나더 타입 [디자인] 인 디스 컬러
지금 유행하는 모자 좀 보여 주세요.	**Show me some hats which are in fashion.** 쇼우 미 섬 햇츠 휘치 아 인 패션
최신형입니까?	**Is this the brand-new type?** 이즈 디스 더 브랜뉴 타입
빨간색 중간 크기 가방을 원해요.	**I want a red, midsize bag.** 아이 원터 렛 밋사이즈 백
업무용으로 쓸 겁니다.	**It's for my work.** 잇스 포 마이 워크
여성용인가요?	**Is this for ladies?** 이즈 디스 포 레이디즈

06 보석점에서

• 해외에서 보석을 구매할 때는 보증서 확인이 꼭 필요하다. 국내보다 저렴하다고 해서 무조건 구입하는 것은 피해야 한다.

보석 매장은 어디죠?	**Where's the jewelry department?** 웨어즈 더 주얼리 디팟먼트
다이아반지 좀 볼까요?	**Can I see some diamond rings?** 커나이 씨 섬 다이어먼드 링즈
이건 몇 캐럿이죠?	**How many carats is this?** 하우 메니 캐러츠 이즈 디스
끼어 봐도 되나요?	**May I try it on?** 메이 아이 추라이 잇 온
이건 진짜입니까? 모조입니까?	**Is this genuine or an imitation?** 이즈 디스 제뉴인 오어런 이미테이션
이 팔찌를 보여 주세요.	**Show me this bracelet.** 쇼우 미 디스 브레이스릿
보증서는 있습니까?	**Is this with a guarantee?** 이즈 디스 위더 개런티
이게 18금 [순금]입니까?	**Is this 18 carat [real] gold?** 이즈 디스 에이틴 캐럿 [리얼] 골드

343

07 문방구, 서점

• 해외에는 작은 서점에서도 문구류와 서적을 함께 판매하는 매장들이 많다. 공항의 곳곳에서도 쉽게 발견할 수 있다. 여행 중 기다림의 무료함을 책과 함께 달래보는 것도 좋은 방법이겠죠?

생일 카드 있습니까?	**Do you have birthday cards?** 두유 햅 버쓰데이 카즈
항공우편 봉투가 있나요?	**Do you have airmail envelopes?** 두유 햅 에어메일 엔벌롭스
파일 케이스를 사려고 해요.	**I'd like to buy a file case.** 아이드 라익투 바이 어 파일 케이스
이 만년필을 선물 포장해 주시겠어요?	**Will you wrap this fountain pen as a gift?** 윌유 랩 디스 파운틴펜 애저 깁트
만화책을 찾습니다.	**I'd like to see some cartoon books.** 아이드 라익투 씨 섬 커툰 북스
열 살짜리 여자애가 볼 그림책을 원합니다.	**I'd like to have a picture-book for a 10-year-old girl.** 아이드 라익투 해버 픽처북 포러 텐이어올드 걸
영어 추리소설을 보고 싶어요.	**I'd like to read a mystery novel in English.** 아이드 라익투 리더 미스터리 나블 인 잉글리시
도로지도를 찾습니다.	**I'm looking for a road map.** 아임 루킹 포러 로드 맵

○ PART 06_ 해외 여행

08   선물가게

• 여행 중엔 선물을 고르느라 쇼핑에 많은 시간을 보내는 경우가 많다. 영어에 a bull in a china shop이라는 표현이 있는데 이는 도자기 가게의 황소라는 표현이 아니라 '언행이나 행동 또는 성질이 못된 사람'을 지칭하는 말이다. 조심스러운 도자기 가게에서 황소처럼 행동하는 사람을 일컫는 표현이다.

애인에게 줄 선물을 찾습니다.	**I'm looking for some souvenirs for my sweetheart.** 아임 루킹포 섬 수버니어즈 포 마이 스윗핫
고르는데 도와주시겠어요?	**Could you help me to make a selection?** 쿠쥬 헬프미 투 메이커 셀렉션
당신이 쓰실 건가요?	**Is it for you?** 이짓 포유
예산은 90달러 정도입니다.	**My budget is around 90 dollars.** 마이 버짓 이즈 어라운드 나인티 달러즈
배송은 언제 됩니까?	**When will it be delivered?** 웬 윌 잇 비 딜리버드
이 지방의 공예품을 찾습니다.	**I'm looking for typical crafts of this area.** 아임 루킹포 크랩스 업 디스 에어리어
스카프는 박스에 넣어 주세요.	**Please put the scarf in a box.** 플리즈 풋더 스캅 이너 박스
남편에게 줄 넥타이를 사려고 해요.	**I'd like to buy a tie for my husband.** 아이드 라익투 바이어 타이 포 마이 허즈번드

345

09 식료품점

• 요즈음은 세계적인 대형 마트가 전세계 곳곳에 있어서 식료품이나 간단한 생필품을 구매하기에 매우 편리하다. 대부분의 슈퍼마켓에는 처방전이 필요없는 약이나 간단히 먹을 수 있는 음식들도 판매하므로 여행 중 필요한 물품을 구입할 수 있다. 대형 마트나 마켓(supermarket) 외에 동네에 있는 작은 식료품점을 glocery /glocery store라고 한다.

카트를 가져올게.	**I'll go and get a shopping cart.** 아일 고우 앤 게러 샤핑 캇
육류 코너에 가자.	**Let's go to the meat counter.** 렛스 고우 투더 미트 카운터
훈제 햄을 3개 주세요.	**I'd like three slices of smoked ham.** 아이드 라익 쓰리 슬라이시즈 업 스모큿 햄
고등어 한 마리 주세요.	**I'd like a mackerel.** 아이드 라이커 맥커럴
생선을 저며 주실래요?	**Can you fillet a fish?** 컨유 필리터 피쉬
굴은 지금이 제철이지.	**Oysters are at their best now.** 오이스터즈 아 앳데어 베스트 나우
이것들은 신선해 보이지 않아요.	**These don't look fresh.** 디즈 돈 룩 프레쉬
이 수박 신선해요?	**Are these watermelons fresh?** 아 디즈 워터멜론즈 프레쉬

◐ PART 06_ 해외 여행

칫솔은 어디 있나요?	**Where are the toothbrushes?** 웨어라 더 투쓰브러쉬즈
손톱깎이는 있습니까?	**Do you have nail clippers?** 두 유 햅 네일클리퍼즈
이것과 같은 건전지는 있습니까?	**Do you have the same batteries as this?** 두 유 햅 더 세임 배터리즈 애즈 디스
세면용품은 어디 있나요?	**Where are the toiletries?** 웨어라 더 토일리트리즈
이 오징어를 냉동시켜도 됩니까?	**Can I freeze these squid?** 컨 아이 프리즈 디즈 스퀴드
종이 봉투를 주실래요?	**Can I have a paper bag?** 컨 아이 해버 페이퍼 백

10 이발소에서

• 이발소나 미용실에서 How are we doing today? 머리를 어떻게 해드릴까요?라고 질문하는 경우가 많은데 이를 How are you doing? 어떻게 지내세요?라는 인사말로 잘못 듣는 경우가 종종 있다. 표현에 주의를 기울이도록 하자.

이발을 하려고 합니다.	**I need to get a haircut.** 아이 니투 게러 헤어컷
커트만 해 주세요.	**Haircut only, please.** 헤어컷 온리 플리즈
어떤 스타일로 해 드릴까요?	**How should I style it?** 하우 슈다이 스타일 잇
윗머리는 어떻게 해 드릴까요?	**How about the top?** 하우 어바웃 더 탑
스포츠형(군인 스타일) 으로 해 주세요.	**A crew cut, please.** 어 크루 컷 플리즈
머리카락을 조금 잘라 주세요.	**Will you thin it out a little?** 윌 유 씬 잇 아우러 리를
적당히 잘라 주세요.	**A regular haircut, please.** 어 레귤러 헤어컷 플리즈
너무 짧지 않게요.	**Not too short, please.** 낫 투 숏 플리즈
뒤는 너무 짧지 않게 해 주세요.	**Not too short in the back.** 낫 투 숏 인 더 백

○ PART 06_ 해외 여행

헤어스타일 책이 있나요?	**Do you have a hair style book?** 두유 해버 헤어스타일 북
면도는 하시겠어요?	**Would you like a shave?** 우쥬 라이커 쉐이브
그건 필요 없습니다.	**No, I don't think so.** 노우 아이 돈 씽 쏘우
면도를 해 주세요.	**Give me a shave, please.** 깁 미 어 쉐이브 플리즈
머리 좀 감겨 주세요.	**I want a shampoo, please.** 아이 워너 샴푸 플리즈
그냥 드라이기로 말려 주세요.	**Just blow-dry it, please.** 저슷 블로우 드라이 잇 플리즈
염색을 하고 싶어요.	**I want to get my hair dyed [colored].** 아이 원투 겟 마이 헤어 다이드 [컬러드]

349

11 미용실에서

- '머리를 다듬는다'라는 표현을 할 때는 cut보다 trim이라는 단어를 사용한다.

오늘 저녁으로 예약할 수 있을까요?	**Can I make an appointment for this evening?** 컨 아이 메이컨 어포인트먼트 포 디스 이브닝
지금과 같은 스타일로 해 주세요.	**Follow the same style, please.** 팔로우 더 쎄임 스타일 플리즈
어느 정도 자를까요?	**How would you like your hair cut?** 하우 우쥬 라이큐어 헤어 컷
조금만 손질해 주세요.	**Just a trim, please.** 저스터 추림 플리즈
커트해 주세요.	**I'd like a cut.** 아이드 라이커 컷
조금 짧게 해 주세요.	**Please make it a little shorter.** 플리즈 메이킷 어 리를 쇼러
옆을 좀 더 잘라 주세요.	**Please cut a little more off the sides.** 플리즈 커러 리를 모어 옵 더 싸이즈
샤기 컷으로 해 주세요.	**I'd like a shaggy cut.** 아이드 라이커 새기 컷
샴푸와 세트를 해 주세요.	**I'd like to have my hair washed and set.** 아이드 라익 투 햅 마이 헤어 워쉬드 앤 셋

● PART 06_ 해외 여행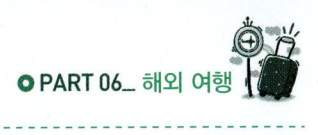

끝을 다듬어 주세요.	**Could you trim around the edges?** 쿠쥬 트림 어롸운 더 에쥐스
어깨까지 오게 해 주세요.	**Shoulder-length, please.** 쇼울더 렝쓰 플리즈
파마를 해 주세요.	**A permanent, please.** 어 퍼머넌트 플리즈 * 파마는 짧게 perm이라고도 한다.
가볍게 파마를 해 주세요.	**I'd like a gentle permanent.** 아이드 라이커 젠틀 퍼머넌트
머리 염색을 하고 싶습니다.	**I'd like to get my hair dyed, please.** 아이드 라익 투 겟 마이 헤어 다이드 플리즈
머리감기는 필요 없어요.	**I don't need the shampoo.** 아이 돈 니드 더 샴푸
그만하면 충분합니다.	**That's enough.** 댓스 이넙
전 머리 숱이 많아요 [적어요].	**I have thick [thin] hair.** 아이 햅 씩 [씬] 헤어
저와 어울릴까요?	**Will this work with my hair type?** 윌 디스 웍 위드 마이 헤어 타입
	Will this flatter my face shape? 윌 디스 플래터 마이 페이스 쉐입

351

12 세탁소에서

• let out (옷을) 늘이다, 크게 고치다. let(take) in 옷을 줄이다. let down(아래로) 길게 하다. The pants needed letting down. 바지를 길게 수선해야 했다.

이 양복을 다림질[세탁] 좀 해 주세요.	**I'd like to have this suit pressed [washed], please.** 아이드 라익 투 햅 디스 수트 프레스트 [와시드] 플리즈
이 옷들을 드라이클리닝해 주세요.	**I want these clothes dry-cleaned.** 아 원트 디즈 클로시즈 드라이클린드
이 셔츠에 있는 얼룩을 좀 제거해 주세요.	**Could you remove the stain on this shirt?** 쿠쥬 리무브 더 스테인 온 디스 셔트
언제 가지러 올 수 있죠?	**How soon can I get it back?** 하우 순 캔 아이 게릿 백
언제 다 됩니까?	**When will it be ready?** 웬 윌릿 비 래디
이 코트를 수선해 주시겠어요?	**Could you mend this coat?** 쿠쥬 멘드 디스 코트
옷 길이 좀 줄여 주세요.	**Please have my dress shortened.** 플리즈 햅 마이 드레스 쇼른드
세탁비는 얼마예요?	**What's the charge for cleaning?** 왓스 더 차쥐 포 클리닝

13　주유소, 카센터에서

• '기름이 거의 다 떨어졌다'는 표현은 I'm runnig low in gas. / I'm nearly out of gas. / My gas tank's almost empty라고 하면 된다.

세차 좀 부탁합니다.	**I want to get a car wash.** 아이 원투 게러 카와쉬
기어 중립으로 하시고 브레이크 밟지 마세요.	**Shift the gear in neutral and do not step on the brake.** 쉬프트 더 기어 인 뉴추럴 앤 두낫 스텝 온더 브레익
경유로 30달러어치 넣어 주세요.	**I'd like 30 dollars of diesel.** 아이드 라익 써리 달러즈 업 디절
가득 채워주세요.	**Fill the tank, please.** 필 더 탱크 플리즈
	Fill it up, please. 필 이텁　플리즈
고급 휘발유로 주세요.	**Premium, please.** 프리미엄 플리즈
타이어 공기가 적은 거 같아요. 봐 주세요.	**My tires are low. Check them, please.** 마이 타이어즈 아 로우 첵 뎀 플리즈
보닛을 열고 봐주시겠어요?	**Would you take a look under the hood?** 우쥬 테이커 룩 언더 더 훗
나중에 견적을 드리겠습니다.	**I'll give you an estimate later.** 아일 기뷰 언 에스티메잇 레이터

14 가격 흥정

• 대부분의 대형 상점에서는 정찰제로 판매하므로 가격을 흥정할 수 없지만 작은 전통 시장이나 벼룩시장 등 개인이 운영하는 상점에서는 가격 흥정이 가능하다. 가격 흥정에서 '바가지 쓰다'라는 표현은 ripe off 동사를 사용하면 된다. I think I was ripped off. 바가지 쓴 것 같아.

좀 더 싼 것은 없습니까?	**Do you have a cheaper one?** 두유 해버 취퍼 원
	Anything cheaper? 애니씽 취퍼
	*cheap이란 말은 싸지만 품질도 좋지 않다는 의미. 싸고 무난한 경우는 reasonable, inexpensive라고 하는 것이 좋다.
하나에 얼마입니까?	**How much for one?** 하우 머취 포 원
이건 세일 중입니까?	**Is this on sale?** 이즈 디스 온 세일
	on sale: 할인판매 for sale: 판매용
세금이 포함된 가격입니까?	**Does it include tax?** 더짓 인클루드 택스
너무 비쌉니다.	**It's too expensive.** 잇스 투 익스펜시브
	It's too much for me. 잇스 투 머취 포 미
깎아 주시겠어요?	**Can you give me a discount?** 컨 유 깁 미 어 디스카운트
	Can you come down on the price? 컨 유 컴다운 온더 프라이스

PART 06_ 해외 여행

깎아주시면 사겠습니다.	**If you give a discount I'll buy.** 이프 유 기버 디스카운트 아일 바이
얼마면 되겠습니까?	**How much are you asking?** 하우 머치 아 유 애스킹
값을 말씀해 보세요.	**Make an offer.** 메이컨 오퍼 **You name it.** 유 네임 잇
생각했던 것보다 값이 비싼데요.	**It costs more than I thought.** 잇 코스츠 모어 댄 아이 쏘트
현찰이면 할인이 되나요?	**Do you give any discounts for cash?** 두유 깁 애니 디스카운츠 포 캐쉬
이건 공짜인가요?	**Is this free of charge?** 이즈 디스 프리 업 차쥐
하나 사면 덤으로 하나 더 드립니다.	**Buy one, get one free.** 바이 원 겟 원 프리
나한테 바가지 씌울 작정은 아니죠?	**Aren't you charging me too much?** 안츄 차징 미 투 머취
저희는 정찰제입니다.	**Our prices are fixed.** 아워 프라이시즈 아 픽스트

355

15 가격 지불

• 최근에는 대부분의 해외 상점에서 우리나라의 신용카드를 사용할 수 있으므로 여행 중 많은 현금을 소지하고 다니는 위험을 피할 수 있다. 하지만 카드 사용 시 비밀번호가 필요한 경우도 있고 시차 때문에 해외 승인이 지연되는 경우가 있으므로 이에 대한 대비도 해 놓자.

얼마입니까?	**How much is it?** 하우 머치 이짓 **How much does it cost?** 하우 머치 더짓 코스트
계산은 어디서 합니까?	**Where is the cashier?** 웨어리즈 더 캐시어
전부해서 얼마나 됩니까?	**How much is it all together?** 하우 머치 이짓 올 투게더
지불은 어떻게 하시겠습니까?	**How would you like to pay?** 하우 우쥬 라익 투 페이
신용카드도 됩니까?	**May I use a credit card?** 메이아이 유저 크레딧 카드
여행자 수표도 받습니까?	**Do you accept traveler's checks?** 두유 액셉트 추레벌러스 쳌스
영수증을 주시겠어요?	**Could I have a receipt?** 쿠다이 해버 리시트
이걸 사겠습니다.	**I'll take this.** 아일 테익 디스
세금 포함하여 34달러입니다.	**It's thirty-four dollars with tax.** 잇스 써리포 달러즈 윗택스

16 반품 · 교환

• 유럽이나 북미 등은 영수증만 있으면 제품 하자의 유무와 상관없이 소비자가 원하면 언제든 환불과 교환해 주는 것을 원칙으로 하고 있어 반품과 교환이 꽤 자유롭다. 다만 전자제품의 경우는 규정이 다르므로 구매 전에 확인할 필요가 있다. 하지만 영수증이 꼭 필요하다는 점을 잊지 말자. 물건을 샀다가 다른 것으로 교환할 때는 exchange, 다시 돈으로 환불 받을 때는 refund 단어를 사용해야 한다.

이걸 반품하고 싶습니다.	**I'd like to return this.** 아이드 라익 투 리턴 디스
환불해 주시겠어요?	**Can I get a refund?** 컨아이 게러 리펀드
이쪽 부분이 망가져 있습니다.	**This part is broken.** 디스 팟이즈 브로큰
구입할 때는 몰랐습니다.	**I didn't notice when I bought it.** 아이 디든 노우티스 웬아이 보롯
다른 걸로 바꿔 주시겠어요?	**Could you exchange this?** 쿠쥬 익스체인지 디스
치수가 틀린 걸 샀어요.	**I bought the wrong size.** 아이 보트 더 렁 사이즈
여기 영수증이 있습니다.	**Here's the receipt.** 히어즈 더 리시트
작동이 되지 않습니다.	**It doesn't work.** 잇 더즌 워크

관련단어

souvenir	기념품	guarantee	보증
duty-free shop	면세점	airmail envelope	항공우편 봉투
department store	백화점	file case	파일
grocery	잡화점	wrap	포장하다
look for	찾다	fountain pen	만년필
look around	둘러보다	picture - book	그림책
take time	천천히 ~하다 (보다, 입다)	novel	소설
		mystery novel	추리소설
display	전시하다	sweetheart	애인
plain	평범한	budget	예산
exchange	교환하다, 바꾸다	delivery	배달하다
washable	세탁 가능한	craft	공예
machine washable	세탁기에 세탁할 수 있는	shopping cart	쇼핑카트
		meat	육류
loose	큰, 헐거운	smoked ham	훈제 햄
cosmetic counter	카운터 화장품코너	slice	조각
fragrance	향기, 향수	mackerel	고등어
oily	지성의	fillet	(생선의) 저민 살
perfume	향수	watermelon	수박
nail enamel	매니큐어	battery	배터리
bright	밝은	toiletry	세면도구
dark	어두운	freeze	냉동하다
material	재료	squid	오징어
leather	가죽	cheap	싼, 저렴한
artificial	인조의	on sale	가격 할인 중인
brand-new	새, 새로운	include	포함하다
midsize	중간 크기의	free of charge	무료의
rucksack	배낭	fixed price	정찰가
pouch	작은 손가방	accept	허용하다
briefcase	서류가방	refund	환불하다
try on	착용하다, 착용해 보다	notice	알아차리다, 공지
genuine	진짜의	exchange	바꾸다, 교환하다
bracelet	팔찌	wrong size	틀린 사이즈

PART 06_ 해외 여행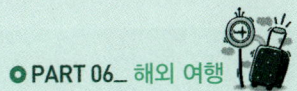

회화표현

A: Are these on sale this week?
　Is this computer
　Is this bag
B: Yes. This is the special season for bargain sale. Everything is 20% off.
A: Is there any possibility that you could make a further reduction in the price?
B: We will give you 5% discount more on total value. It's the most I can offer you.
A: Can I pay by credit card?
　　　　　　　traveler's check?
　　　　　　　cash?
　　　　　　　in installments?
B: How many installments would you like to make?
A: I'd like to make that 3 month payments.

★ 우리말 해석

A: 이것들은 이번주에 가격 할인하나요?
　이 컴퓨터는
　이 가방은
B: 네. 특별 할인 기간입니다.
　모두 20% 할인입니다.
A: 더 깎아주실 수 없나요?
B: 전체 가격에서 5% 더 깎아드릴게요.
　제가 해드릴 수 있는 최선의 가격입니다.

A: 신용카드로 지불해도 되나요?
　여행자수표로
　현금으로
　할부로
B: 몇 개월 할부로 하실래요?
A: 3개월 할부로 하고 싶어요.

Unit 05 호텔
Hotel

01 예약하기

• 여행지로 떠나기 전에 미리 호텔을 예약하고 1~2일 전에 꼭 예약 사항을 확인한다. 예약 후 예약 확인증을 팩스나 이메일로 받아두어야 예약이 잘못된 경우 정정할 수 있다는 점도 주의한다. 또 조식의 포함 여부도 확인하자. 병원의 진료 예약은 make an appointment라고 하지만 호텔을 예약할 때는 book/reserve/make a reservation과 같은 단어를 사용한다.

예약을 부탁합니다.	**Reservation, please.** 레져베이션 플리즈
오늘 밤 방이 있을까요?	**Can I get a room for tonight?** 컨 아이 게러 룸 포 투나잇 **Do you have any vacancies?** 두유 햅 애니 베이컨시즈
다음 주에 2박을 예약하고 싶습니다.	**I want to make a reservation for two nights next week.** 아이 원투 메이커 레져베이션 포 투 나이츠 넥스트 윅
예약을 취소하고 싶습니다.	**Please cancel my reservation.** 플리즈 캔슬 마이 레저베이션
욕실이 딸린 싱글 룸이 필요한데요.	**I'd like a single room with a bath.** 아이드 라이커 싱글 룸 위더 배쓰
1박에 얼마입니까?	**How much for a night?** 하우 머취 포러 나잇

● PART 06_ 해외 여행

더 싼 방은 없습니까?	**Don't you have a cheaper room?** 돈츄 해버 취퍼 룸
아침식사는 포함입니까?	**Is breakfast included?** 이즈 브레익퍼슷 인클루디드 **Does this rate include breakfast?** 더즈 디스 레잇 인클루드 브레익퍼슷

02 체크인 하기

• 체크인 시간은 일반적으로 오후 12시 ~ 2시인 경우가 많으므로 체크인을 밤늦게 해야 할 경우는 사전에 안내데스크에 알려두어야 예약이 취소되는 것을 예방할 수 있다. 체크인할 때 데스크에서 What name is it under?라고 묻는데 이는 '어느 분 성함으로 예약되어 있나요?'의 의미이다.

체크인 하겠습니다.	**I'd like to check in.** 아이드 라익 투 체킨
예약을 하셨습니까?	**Do you have a reservation?** 두 유 해버 레저베이션
제 이름은 박영진입니다. 예약을 했어요.	**My name is Park YoungJin. I have a reservation.** 마이 네임 이즈 박영진 아이 해버 레저베이션
싱글[트윈]로 예약했습니다.	**I have a reservation for a single [twin].** 아이 해버 레저베이션 포러 싱글 [트윈]
이 숙박 카드를 기입해 주십시오.	**Please fill in the registration card.** 플리즈 필린 더 레쥐스트레이션 카드
예약은 취소하지 마세요.	**Please don't cancel my reservation.** 플리즈 돈 캔슬 마이 레저베이션
이것이 예약 확인증입니다.	**Here's the confirmation slip.** 히어즈 더 칸퍼메이션 슬립
지불은 어떻게 하시겠습니까?	**How would you like to pay for the charge?** 하우 우쥬 라익 투 페이 포 더 차쥐

○ PART 06_ 해외 여행

신용카드로 [현찰로] 지불하겠습니다.	**I'll pay with my credit card [in cash].** 아일 페이 위드 마이 크레딧 카드 [인 캐쉬]
더블 룸도 괜찮습니다.	**A double room is also fine.** 어 더블 룸 이즈 올소우 화인
전망이 좋은 방을 주세요.	**I'd like a room with a nice view.** 아이드 라이커 룸 위더 나이스 뷰
호수가 보이는 방을 원합니다.	**I'd like a room with a view of the lake.** 아이드 라이커 룸 위더 뷰 어브 더 레익
짐을 방으로 옮겨 주시겠어요?	**Could you have my baggage sent up?** 쿠쥬 햅 마이 배기쥐 샌텁
숙박료는 1박에 얼마입니까?	**What's the rate for a room per night?** 왓스 더 레잇 포러 룸 퍼 나잇
방을 바꾸고 싶습니다.	**I would like to change my room.** 아이 우드 라익 투 채인쥐 마이 룸
더 좋은 방이 있습니까?	**Do you have any better ones?** 두 유 해버니 배러 원스
금연실이어야 해요.	**It has to be a nonsmoking room.** 잇 해즈투 비 어 넌스모킹 룸

363

03　서비스 부탁하기

• 호텔은 기본적으로 여행 중의 안전과 피로 회복을 위한 장소이므로 당당하게 서비스를 요청하도록 하자. 서비스 후 호텔 직원이 Anything else? 더 필요한 것 없냐는 물음에 '없다'고 대답할 때는 No, that's it. = No, that's all.이라고 하면 된다.

아침식사는 어디서 먹나요?	**Where can I have breakfast?** 웨어 컨 아이 햅 브렉퍼슷
아침식사는 몇 시까지입니까?	**Until what time is breakfast served?** 언틸 왓타임 이즈 브레익퍼스트 서브드
귀중품을 보관하고 싶은데요.	**I want you to take my valuables.** 아 원츄 투 테익 마이 밸류어블즈
열쇠를 보관해 주시겠습니까?	**Will you keep my key?** 윌 유 킵 마이 키
열쇠를 주시겠습니까?	**Can I have my key?** 컨 아이 햅 마이 키
방 청소를 해 주세요.	**Please have my room made up.** 플리즈 햅 마이 룸 메이덥
비상구는 어디입니까?	**Where's the fire exit?** 웨어즈 더 화이어 엑짓
저에게 온 메시지는 있습니까?	**Do you have any messages for me?** 두 유 해버니 메씨쥐스 포 미
이 서류를 한 부 복사해 주시겠습니까?	**Could you make a copy of this document?** 쿠쥬 메이커 카피 업 디스 다큐먼트

04 룸서비스

• 호텔에서 룸서비스를 이용할 때는 비용을 바로 지불하는 것이 아니라 체크아웃 할 때 한꺼번에 정산함으로 유료와 무료서비스를 구분해서 필요한 서비스를 이용해야 한다. '룸서비스 이용 가능 시간은 언제인가요?'라는 표현은 의문사 When보다 What을 사용하여 What are the hours for the room service?라고 하는 게 자연스럽다.

룸서비스를 부탁합니다.	**Room service, please.** 룸 써비스 플리즈
모닝콜을 해주었으면 좋겠네요.	**I'd like a wake-up call, please.** 아이드 라이커 웨이컵콜 플리즈 *모닝콜은 콩글리쉬이므로 wake-up call이라고 해야 한다.
7시에 깨워 주시겠습니까?	**Will you wake me up at 7?** 윌 유 웨익 미 업 앳 쎄븐
어느 정도 시간이 걸립니까?	**How long will it take?** 하우 롱 윌릿 테익
조식 좀 갖다 주시겠어요?	**Would you bring my breakfast to my room?** 우쥬 브링 마이 브레익퍼숫 투 마이 룸
계산은 제 방으로 달아놓으세요.	**Will you charge it to my room?** 윌 유 차지 잇 투 마이 룸
세탁 서비스를 부탁합니다.	**Laundry service, please.** 런드리 써비스 플리즈
이 바지를 다려 주었으면 합니다.	**I want these pants pressed.** 아이 원트 디즈 팬츠 프레쓰트
방에 보관 금고가 있나요?	**Do you have a safety box in the room?** 두유 해버 세이프티박스 인 더 룸

05 통신 이용하기

- 기본적으로 호텔 내의 내선 전화를 이용하는 것은 무료이지만 외부로의 전화나 국제 전화는 유료 서비스이므로 이를 확인하자. 국제 전화는 international call / overseas phone call이라고 한다. 통신이나 기타 서비스를 이용한 후에 바로 지불하지 않고 체크아웃 시에 계산하고 싶을 때는 Charge it to my room, please. 제 방으로 달아주세요.라고 표현하면 된다.

인터넷 서비스를 이용하고 싶습니다.	**I want to use the Internet service.** 아이 원투 유즈 디 이너넷 서비스
이메일을 보내고 싶어요.	**I want to send an email.** 아이 원투 센던 이메일
이메일을 체크하고 싶어요.	**I want to check my e-mail.** 아이 원 투 첵 마이 이메일. * 이메일의 표기는 e-mail 또는 email 모두 괜찮다.
팩스는 있습니까?	**Do you have a fax machine?** 두 유 해버 팩스 머신?
한국으로 팩스를 보내고 싶어요.	**I'd like to send a fax to Korea.** 아이드 라익 투 샌더 팩스 투 커리어
국제전화를 걸고 싶습니다.	**I want to make an overseas phone call.** 아이 원투 메이컨 오버씨즈 폰 콜
방에서 한국으로 전화할 수 있나요?	**Can I make a call to Korea from my room?** 컨아이 메이커 콜 투 커리어 프럼 마이 룸
전화를 끊고 기다려 주십시오.	**Please hang up and wait.** 플리즈 행업 앤 웨잇

● PART 06_ 해외 여행

06 호텔 트러블

- 객실 내의 문제가 있을 경우 바로 안내데스크로 연락해서 시정을 요청하면 되는데 일반적으로 전화 영어가 마주보고 이야기하는 것보다 의사소통이 불편한 경우가 많으므로 이럴 때는 직접 안내데스크에 가서 설명하는 편이 나을 때도 있다. '고장나다', '망가지다'라는 표현은 is(be) broken이지만 호텔 기물들이 고장난 것인지 확인되지 않은 상태이기 때문에 is not working/doesn't work의 work 표현을 사용하는 게 더 낫다.

방에 열쇠를 둔 채 잠가 버렸습니다.	**I've locked my key in my room.** 아이브 락트 마이 키 인 마이 룸
	I locked myself out. 아이 락트 마이셀프 아웃
열쇠를 잃어버렸습니다.	**I lost my room key.** 아이 로스트 마이 룸키
TV가 작동하지 않습니다.	**The TV doesn't work.** 더 티비 더즌 워크
	The TV is out of order. 더 티비 이즈 아우럽 오더
전화가 고장입니다.	**The phone is not working.** 더 폰 이즈 낫 워킹
전기가 나갔어요.	**There is no electricity.** 데어리즈 노우 일렉트리서티
전등이 하나 나갔습니다.	**A light bulb burnt out.** 어 라잇 벌브 번트 아웃

＊ 알고 나면 이렇게 쉬운 표현이지만 막상 닥치면 생각이 나지 않는 법이다.

뜨거운 물이 나오지 않습니다.	**There's no hot water.** 데어즈 노 핫 워러
변기 물이 작동하지 않습니다.	**The toilet doesn't flush.** 더 토일릿 더즌 홀러쉬
변기가 막혔어요.	**The toilet is blocked.** 더 토일릿 이즈 블락트
화장실 휴지가 없어요.	**There is no toilet paper.** 데어리즈 노우 토일럿 페이퍼
옆방이 매우 소란스럽습니다.	**The next room's very noisy.** 더 넥슷 룸스 베리 노이지
방이 아직 청소되어 있지 않습니다.	**My room hasn't been cleaned yet.** 마이 룸 해즌 빈 클린드 옛
방에 바퀴벌레가 있어요.	**There are cockroaches in the room.** 데어라 칵로우취즈 인 더 룸
창문이 깨졌습니다.	**The window is broken.** 더 윈도우 이즈 브로큰
창문을 열 수가 없네요.	**I can't open the window.** 아이캔트 오픈 더 윈도우

PART 06_ 해외 여행

07 체크아웃 하기

• 체크아웃 할 때는 영수증을 꼼꼼히 살펴보고 지불하는 것이 좋다. 일반적으로 체크아웃 시간은 오전이기 때문에 일정이 남아 있는 경우에는 프론트에 짐을 맡겼다가 떠날 때 다시 찾는 것도 시간을 낭비하지 않는 방법이다.

체크아웃을 하고 싶은데요.	**Check out, please.** 체카웃 플리즈
11시에 체크아웃 수속을 할 겁니다.	**I'm going to checkout at 11.** 아임 고잉 투 체카웃 앳 일레븐
숙박을 연장하고 싶습니다.	**I'd like to extend my stay.** 아이드 라익 투 익스텐드 마이 스테이
지금 체크아웃 수속을 하겠습니다. 계산서를 주십시오.	**I'm checking out. Bill, please.** 아임 첵킹 아웃 빌 플리즈 **I'd like to checkout now. Could you give me the bill?** 아이드 라익 투 체카웃 나우 쿠쥬 깁 미 더 빌
총숙박료가 얼마입니까?	**What's my total?** 왓스 마이 토털
이 신용카드로 지불하고 싶은데요.	**I'd like to pay with this credit card.** 아이드 라익 투 페이 위드 디스 크레딧 카드
(청구서를 보고) 이건 잘못된 것 아닙니까?	**I think there's a mistake here.** 아이 씽크 데어저 미스테익 히어
영수증을 주시겠어요?	**Can I have a receipt?** 컨 아이 해버 리씻
잘 지냈습니다.	**I really had a good time.** 아이 리얼리 해더 굿 타임

관련단어

vacancy	빈 방	room service	룸서비스
reservation	예약	wake up	깨우다
cancel	취소하다	bring	가져다주다
include	포함하다	charge	(비용을) 청구하다
breakfast	조식	laundry service	세탁서비스
single room	일인실	iron	다림질하다
double room	2인실	use	이용하다
rate	요금	internet	인터넷
deposit	보증금	send an email	이메일을 보내다
check in	체크인하다	check	체크하다
confirmation	확인	fax	팩스
registration card	카드 등록서(카드)	overseas phone call	국제전화
pay	지불하다	make a call	전화하다
change	바꾸다	hang up	끊다
baggage	짐	lock	잠그다
view	전망	lost	잃은, 분실한
credit card	신용카드	work	작동하다
cash	현금	out of order	고장난
nonsmoking room	금연실	flush	물을 내리다
breakfast	아침식사	(be) blocked	막히다
serve	제공하다	noisy	소란스러운, 시끄러운
valuables	귀중품	toilet paper	화장실 휴지
keep	보관하다	hot water	뜨거운 물
make up (the room)	(방을) 청소하다	check out	체크아웃하다
key	열쇠	stay	체류
fire exit	비상구	extend	연장하다
safe	금고	bill	계산서
blanket	담요	mistake	실수, 오류
wake-up call	모닝콜	receipt	영수증

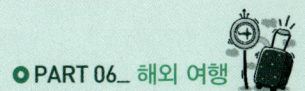

PART 06_ 해외 여행

회화표현

A: I would like to check out now.
                 have a bill

B: Can I have your room number, please?

A: My room number is OOO.

B: This is your total.

A: It's more than I had expected.

B: Could you check your incidental?
   Here is your receipt.

A: Do you take traveler's checks?
              a debit card?
              a credit card?

B: Of course. I hope you had a nice time.

A: Yes, I have enjoyed a lot. Thanks.

★ 우리말 해석

A: 지금 체크아웃 하고 싶은데요.
    계산서 좀 주세요.
B: 몇 호실이시죠?
A: OOO호실입니다.
B: 이게 총액입니다.
A: 제가 예상한 것보다 많네요.
B: 추가 비용을 확인해 보시겠어요?
    여기 영수증 있습니다.

A: 여행자 수표 받나요?
   체크카드
   신용카드
B: 물론이죠. 좋은 시간이셨으면 좋겠네요.
A: 네, 많이 즐거웠습니다. 고맙습니다.

Unit 06 관광
Sightseeing

01 관광안내소에서

• 관광의 시작점인 관광안내소에는 테마로 준비된 안내서부터 주변지역 지도까지 관광할 지역에 관련된 많은 정보들이 총망라된 곳이다.

관광안내소는 어디에 있습니까?	**Where is the tourist information office?** 웨어리즈 더 투어리슷 인포메이션 어퓌스
이 도시의 관광 안내 팸플릿이 있습니까?	**Do you have a sightseeing brochure for this town?** 두 유 해버 싸잇씨잉 브로슈어 포 디스 타운
무료 시내지도는 있습니까?	**Do you have a free city map?** 두 유 해버 프리 씨티 맵
관광지도를 주시겠어요?	**Can I have a sightseeing map?** 컨 아이 해버 싸잇씨잉 맵
여기서 볼 만한 곳을 가르쳐 주시겠어요?	**Could you recommend some interesting places?** 쿠쥬 레커멘드 썸 인터리스팅 플레이시즈
버스로 갈 수 있습니까?	**Can I go there by bus?** 컨 아이 고우 데어 바이 버스
관광버스가 있습니까?	**Do you have a sightseeing bus?** 두 유 해버 싸잇씽 버스
가이드가 있습니까?	**Do you have a guide?** 두 유 해버 가이드

02　표 구입하기

• 관광 중에는 어떤 종류든 필수적으로 표나 티켓을 구입해야 한다. 미리 예매하면 할인되는 티켓이 있는지, 학생이나 어린이 또는 단체 및 가족 할인권 등이 있는지 확인하여 구매하는 것이 좋다. 티켓이나 물품 구입 시 사용할 수 있는 할인 쿠폰류를 discount voucher라고 한다. voucher는 원래 호텔에서 주는 아침 식사권처럼 현물이나 서비스로 교환 가능한 증서를 일컫고, coupon은 통상적으로 생산자나 판매자가 발행한 것으로 특정 상품이나 서비스를 할인해 살 수 있는 권리를 의미하지만 voucher가 할인권의 의미로 통용되는 경우가 많다.

여기서 표를 살 수 있습니까?	**Can I buy a ticket here?** 컨 아이 바이 어 티킷 히어
할인 티켓은 있나요?	**Do you have some discount tickets?** 두 유 햅 썸 디스카운 티킷츠
입장료는 얼마입니까?	**How much is the admission [entrance fee]?** 하우 머취즈 디 어드미션 [엔트런스 피]
어른 두 장, 어린이 한 장 주세요.	**Two adults and one child, please.** 투 어덜츠 앤 원 차일드, 플리즈
단체 할인은 있습니까?	**Do you have a group discount?** 두 유 해버 그룹 디스카운
이 티켓으로 모든 전시를 볼 수 있습니까?	**Can I see everything with this ticket?** 컨 아이 씨 에브리씽 위디스 티킷
학생 할인은 있습니까?	**Do you have a student discount?** 두유 해버 스투던트 디스카운트
제3회 공연 표를 사겠습니다.	**I'd like to buy tickets for the third show.** 아이드 라익투 바이 티킷츠 포더 써드 쇼우

03 여행사 직원과의 대화

• 개인이 자유여행으로 해외여행을 떠나는 경우 현지의 관광 안내소나 여행사 등을 통해 다양한 지역 소규모 여행 상품을 구입할 수 있다. 특히 시내를 벗어나 외곽으로 관광해야 하는 경우 개인이 여러 교통편을 준비하기보다 현지 여행사 프로그램을 이용하면 손쉽고 알차게 관광할 수도 있다.

여기서 관광 예약을 할 수 있습니까?	**Can I book a tour here?** 컨 아이 북커 투어 히어
어떤 투어가 있습니까?	**What kind of tours do you have?** 왓 카인덥 투어스 두 유 햅?
그랜드캐니언을 가는 투어가 있습니까?	**Do you have any tours to the Grand Canyon?** 두 유 햅 애니 투어즈 투 더 그랜드 캐넌
야간 관광이 있습니까?	**Do you have a night tour?** 두 유 해버 나잇 투어
당일치기로 어디에 갈 수 있습니까?	**Where can I go for a day trip?** 웨어 컨 아이 고우 포러 데이 트립
경치가 좋은 곳을 아십니까?	**Do you know a place with a nice view?** 두 유 노우 어 플레이스 위더 나이스 뷰
지금 축제를 하고 있나요?	**Are there any festivals now?** 아 데어래니 페스티벌스 나우
역사 유적이 있는 곳을 가고 싶어요.	**I want to visit some historic sites.** 아이 원투 비짓 섬 히스토릭 사이츠

○ PART 06_ 해외 여행

여기서 멉니까?	**Is it far from here?** 이짓 파 프럼 히어
여기서 걸어서 갈 수 있습니까?	**Can I walk down there?** 컨 아이 웍 다운 데어
왕복으로 어느 정도 시간이 걸립니까?	**How long does it take to get there and back?** 하우 롱 더짓 테익 투 겟 데어 앤 백
몇 시에 어디서 출발합니까?	**What time and where does it leave?** 왓 타임 앤 웨어 더짓 리브
시간은 얼마나 걸립니까?	**How long does it take?** 하우 롱 더짓 테익
개인당 비용은 얼마입니까?	**What's the rate per person?** 왓스 더 레잇 퍼 퍼슨 * 여행 상품을 문의할 때 일인당, 하루에, 한 시간에, 한 가족당… 등의 표현을 하게 되는데 이때는 per ~. 를 사용한다. 예를 들어 It's $10 per person/per room/per day.
성인은 40달러입니다.	**It's 40 dollars for adult.** 잇스 포티 달러즈 포 어덜트
중식 포함입니까?	**Does it include lunch?** 더짓 인클룻 런치

375

04 명소 관광

• 지역마다 관광객이 꼭 둘러보면 좋을 장소들이 있다. 시내의 한 지역에 밀집된 장소는 걸어서 관광을 해도 좋지만 큰 도시의 경우 시티투어 버스를 이용하면 좋다. 시티투어 버스로 전체적인 도시를 둘러본 후 몇 곳의 주요 관심 장소를 정하여 자세히 관광하면 시간을 절약하면서도 중요 관광지를 놓치지 않고 둘러볼 수 있다.

꼭 봐야 할 곳은 어디인가요?	**Which places are must-sees?** 위치 플레이시즈 아 머스트씨즈
정말 멋진 경치네요!	**What a fantastic sight!** 와러 팬태스틱 사이트
전망이 아주 멋지네요!	**What a nice view!** 와러 나이스 뷰
기념품 상점은 어디입니까?	**Where is the gift shop?** 웨어리즈 더 깁트 샵
입장해도 되나요?	**Can I get in?** 컨아이 게린
저게 뭔지 아세요?	**Do you know what that is?** 두유 노우 왓 대리즈
언제 세워진 겁니까?	**When was it built?** 웬 워즈 잇 빌트
여기 누가 살았습니까?	**Who lived here?** 후 리브드 히어
저는 건축에 관심이 있습니다.	**I'm interested in architecture.** 아임 인터리스티딘 아키텍춰

○ PART 06_ 해외 여행

저 성당 이름은 뭡니까?	**What is the name of the cathedral?** 와리즈 더 네임 업더 커씨드럴
이 건물은 전망대가 있나요?	**Is there an observatory in this building?** 이즈 데어런 옵저베이토리 인 디스 빌딩
여기서 얼마나 머뭅니까?	**How long do we stop here?** 하우 롱 두 위 스탑 히어
몇 시에 버스로 돌아오면 됩니까?	**By what time should I be back to the bus?** 바이 왓 타임 슈다이 비 백 투 더 버스
퍼레이드는 언제 있습니까?	**What time do you have the parade?** 왓 타임 두 유 햅 더 퍼레이드
가이드 안내는 5분 후에 시작됩니다.	**A guided tour will start in five minutes.** 어 가이딧 투어 윌 스탓 인 파이브 미닛츠
지금 어디로 가고 있나요?	**Where are we headed?** 웨어 라 위 헤딧

05 박물관 관람

- 박물관 관람을 하면 그 나라와 지역을 이해하는 기본이 되므로 사전에 미리 여행 국가와 지역의 문화 및 예술에 대해 알아보고 박물관을 방문하면 의외로 많은 것을 알게 되고 흥미로운 관광이 된다. 박물관에서 자주 사용되는 어휘들을 살펴보면 exhibition hall/showroom 전시장, exhibition 전시회·전시, exhibit hours/viewing hours 관람 시간, location 위치, visitor/spectator 관람객, dinosaur exhibit 공룡전, art exhibit 미술전, pottery exhibit 도자기전 등이 있다.

그 박물관은 오늘 엽니까?	**Is the museum open today?** 이즈 더 뮤지엄 오픈 투데이
메트로폴리탄 박물관은 몇 시에 문을 엽니까?	**What time is the Metropolitan Museum open?** 왓 타임 이즈 더 메트로폴리턴 뮤지엄 오픈
몇 시에 문을 닫습니까?	**When is the closing time?** 웨니즈 더 크로징 타임
짐을 맡아 주세요.	**I'd like to check this baggage.** 아이드 라익 투 첵 디스 배기쥐
재입관할 수 있습니까?	**Can I reenter?** 컨 아이 리엔터
내부를 견학할 수 있습니까?	**Can I take a look inside?** 컨 아이 테이커 룩 인사이드
뭔가 특별전이 있습니까?	**Are there any special exhibitions?** 아 데어레니 스페셜 엑시비션즈
고야의 작품은 어디에 있습니까?	**Where are the works of Goya?** 웨어라 더 웍스 업 고야

○ PART 06_ 해외 여행

이 그림은 누가 그렸습니까?	**Who painted this picture?** 후 페인팃 디스 피쳐
저 동상은 뭐지요?	**What's that statue?** 왓스 댓 스태츄
전시물의 카탈로그는 있습니까?	**Do you have a catalog of the exhibition?** 두유 햅어 캐틸록 업더 엑시비션
이 박물관에서 제일 유명한 전시물은 뭔가요?	**What's the most famous exhibit in this museum?** 왓스 더 모스트 페이머스 엑시빗 인 디스 뮤지엄
출구는 어디인가요?	**Where is the exit?** 웨어리즈 디 엑짓
화장실은 어디입니까?	**Where's the restroom?** 웨어즈 더 레스트룸
내부에서 사진 촬영은 괜찮습니까?	**May I take a picture inside?** 메아이 테이커 픽춰 인사이드
이 건물 내에서는 촬영이 안 됩니다.	**You can't take pictures in this building.** 유 캔트 테익 픽춰즈 인 디스 빌딩

379

06 사진 찍기

• 갤러리나 박물관 등은 사진 촬영이 금지된 경우가 많다. 플래쉬에 의해 그림 색상 등이 변하기 때문이라고 한다. '성능 좋은 카메라'라고 표현할 때는 capable이란 단어를 사용하는 게 좋다. 단순히 좋거나(good) 작은(compact) 게 아니라 여러 가지 기능을 가졌다는 의미로 표현한다. This is really a capable camera. 이거 정말 성능 좋은 카메라다.

여기서 사진을 찍어도 됩니까?	**May I take a picture here?** 메아이 테이커 픽쳐 히어
여기서 플래시를 터뜨려도 됩니까?	**May I use the flash here?** 메아이 유즈 더 플래쉬 히어
저희들 사진 좀 찍어 주시겠어요?	**Would you please take a picture for us?** 우쥬 플리즈 테이커 픽쳐 포러스
알겠습니다. 웃으세요. 좋습니다.	**All right. Smile. Good.** 올 롸잇 스마일 굿
당신 사진을 찍어도 됩니까?	**May I take your picture?** 메아이 테이큐어 픽쳐
함께 사진을 찍읍시다.	**Let's take a picture together.** 렛츠 테이커 픽쳐 투게더
동영상을 찍어도 됩니까?	**May I use a video camera?** 메아이 유져 비디오 캐머러
사진을 보내드리겠습니다.	**I'll send you the picture.** 아일 샌듀 더 픽쳐

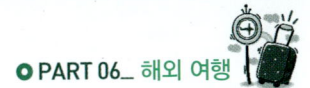

PART 06_ 해외 여행

관련단어

tourist information centre	관광 안내소
sightseeing	관광
sightseeing map	관광 안내 지도
admission	입장
admission fee, entrance fee	입장료
group discount	단체 할인
family ticket	가족권
adult	성인
child	어린이
children	어린이들
refund	환불하다
refund regulation	환불규정
book	예약하다
day trip	당일여행
historic site	역사유적지
get back	돌아가다
rate	요금
per person	일인당
include	포함하다
must-see	반드시 봐야 하는, 반드시 봐야 할 것
gift shop	기념품점
get in	들어가다
build	세우다
architecture	건축
cathedral	성당
observatory	전망대
museum	박물관
opening hour	관람 개방 시간
closing time	폐문 시간
reentry	재입장
exhibition	전시
statue	동상
restroom	화장실
take a picture	사진찍다
inside	내부
catalog	카탈로그, 목록
brochure	책자
town	도시
city	시내
map	지도
recommend	추천하다
interest	관심, 흥미
place	장소
a sightseeing bus	관광버스
guide	안내
ticket	표
discount	할인
tour, trip	여행, 관광
a day trip	당일여행
view	조망, 경치
festival	축제
historic	역사적인
site	장소, 현장
visit	방문하다
far	멀다
walk	걷다
leave	떠나다, 출발하다
fantastic	환상적인
parade	퍼레이드, 가두행진
baggage	짐
reenter	~에 다시 들어가다
famous	유명한
exit	출구

A: Are there exhibitions that are being held?
　　　　　　festivals
　　　　　　performances
B: There is a circus performance.
　　　　　　pantomime.
　　　　　　music performance.
A: What time is the show?
　　　　　　　performance?
B: It will be held at 7 o'clock pm.
A: Where can I buy tickets?
　　　　　　purchase
　　　　　　get
B: You can buy tickets at box office.
　　　　　　　　　　your hotel.
　　　　　　　　　　any travel agency.
A: Thanks.

★ 우리말 해석

A: 지금 열리고 있는 전시회 가 있나요?
　　　　　　　페스티벌 (축제행사)
　　　　　　　공연
B: 서커스 공연이 있습니다.
　판토마임(무언극)
　음악회
A: 공연 이 몇 시지요?
　공연

B: 저녁 7시에 열립니다.
A: 티켓을 어디서 사지요?
　　　　　　구매하지요?
　　　　　　구하지요/사지요?
B: 매표소에서 구매하실 수 있습니다.
　머물고 계신 호텔에서
　아무 여행사에서나
A: 감사합니다.

Unit 07 오락
Entertainment

01 디스코텍에서

• 여행 중 클럽이나 디스코텍에서 해외의 밤 문화를 경험해 보기도 한다. 대부분 이런 클럽들은 자정을 전후 해 오픈하는 경우가 많고 새벽 2~3시가 피크 타임이다. 나이트 클럽 등에서 춤추자고 청할 때는 Would you like to dance?/Care to dance?로 표현할 수도 있다.

인기 있는 디스코텍은 어디입니까?	**Where is the popular discotheque?** 웨어리즈 더 파퓰러 디스코텍
근처에 디스코텍이 있습니까?	**Are there any discos around here?** 아 데어래니 디스코스 어롸운 히어
술값은 별도입니까?	**Do you charge for drinks?** 두 유 차쥐 포 드링스
라이브 연주도 있습니까?	**Do you have live performances?** 두 유 햅 라이브 퍼포먼스즈
어떤 쇼를 보여주나요?	**What kind of show do they have?** 왓 카인덥 쇼우 두 데이 햅
봉사료는 얼마입니까?	**What's the cover charge?** 왓스 더 커버 차쥐
저와 춤을 추시겠습니까?	**Would you dance with me?** 우쥬 댄스 위드 미
저는 여기가 너무 어색해요.	**I feel like a fish out of water.** 아이 필 라이커 피쉬 아우럽 워러

383

02 공연 관람

• 배우들에게 보내는 관객들의 반응에 대한 표현을 보면 clap and applaud 박수갈채, a hurricane of applaus/a thunderous round of applaus 우레 같은 박수갈채, a standing ovation 기립 박수, give a standing ovation 기립 박수 치다, take(get) a curtain call 커튼콜을 받다.

오늘밤에 어떤 공연이 있나요?	**What is on tonight?** 와리즈 온 투나잇
공휴일에도 엽니까?	**Is it open on public holidays?** 이짓 오픈 온 퍼블릭 할러데이즈
안으로 들어갈 수 있나요?	**Can I go inside?** 컨아이 고우 인사이드
티켓은 얼마입니까?	**How much is one ticket?** 하우 머취 이즈 원 티킷
어른 2장 주세요.	**Two adults, please.** 투 어덜츠 플리즈
단체 할인은 되나요?	**Is there a discount for a group?** 이즈 데어러 디스카운트 포러 그룹
누가 나오나요?	**Who is playing?** 후이즈 플레잉
프로그램 팸플릿이 있나요?	**Do you have a guide for programs?** 두유 해버 가이드 포 프로그램즈

PART 06_ 해외 여행

03　카지노에서

• 최근에 해외여행 중 관광호텔에서 운영하는 카지노를 경험해 보는 사례들이 늘고 있다. 카지노마다 복장 규정이나 입출입 제한 규정이 있는 경우도 있으니 사전에 체크해 보는 것이 좋다. 일확천금처럼 아무런 노력 없이 쉽게 번 돈을 money for old rope라고 한다.

여기서는 어떤 갬블을 할 수 있습니까?	**What kind of gambling can we play here?** 왓 카인돕 갬브링 컨 위 플레이 히어
이 호텔에는 카지노가 있습니까?	**Is there a casino in this hotel?** 이즈 데어 러 커시노우 인 디쓰 호텔
룰렛을 해보고 싶습니다.	**I'd like to try Roulette.** 아이드 라익 투 추라이 룰렛
갬블은 처음입니다.	**I have never experienced gambling before.** 아이 햅 네버 익스피어리언스트 갬브링 비포
쉬운 게임 있습니까?	**Is there any easy game?** 이즈 데어레니 이지 게임
칩 200달러 부탁합니다.	**May I have 200 dollars in chips, please.** 메아이 햅 투 헌드레드 달러즈 인 칩스　플리즈
칩을 현금으로 바꿔 주세요.	**Cash my chips, please.** 캐쉬 마이 칩스　플리즈
이곳에 6달러를 걸겠습니다.	**I'll bet six dollars on this.** 아일 벳 식스 달러즈 온 디스
그만하겠습니다.	**I'm out.** 아임 아웃

04 마사지 받기

• 동남아 여행 중 마사지가 여행 상품의 일부인 경우가 많다. 마사지의 종류는 마사지를 받는 부위를 넣어 facial massage 얼굴 마사지, foot massage 발 마사지 등으로 표현한다. 일반적으로 마사지가 끝난 후에 마사지사에게 팁을 주는 것이 관례이다.

마사지 예약할게요.	**I'd like to make an appointment for massage.** 아이드 라익투 메이컨 어포인먼트 포 머사쥐
어떤 코스가 있습니까?	**What kind of treatments do you have?** 왓 카인덥 트릿먼츠 두유 햅
기본 코스는 얼마입니까?	**How much is the basic course?** 하우 머취 이즈 더 베이직 코스
어디에서 지불해요?	**Where should I pay?** 웨어 슛 아이 페이
한 시간 정도로 부탁해요.	**One hour, please.** 원 아워 플리즈
기분이 좋네요.	**I feel good.** 아이 필 굿
아파요.	**It hurts.** 잇 허츠
너무 세요.	**It's too strong.** 잇스 투 스트롱

○ PART 06_ 해외 여행

05 술을 제의하기

• 식사 중에도 와인이나 맥주 등 간단하게 술을 하는 경우가 많으므로 술과 관련된 화제로 외국인과 자연스럽게 얘기를 나눌 수 있는 기회를 갖기 쉽다. 그 지역의 고유한 술이나 와인의 종류에 대해 대화를 시도해 보는 것도 좋다.

술 한 잔 하시겠어요?	**Would you care for a drink?** 우쥬 케어 포러 드링크
오늘밤 한 잔 하시죠?	**How about having a drink tonight?** 하우 어바웃 해빙 어 드링크 투나잇
한 잔 사고 싶은데요.	**Let me buy you a drink.** 렛 미 바이 유 어 드링크
술 마시는 거 좋아하세요?	**Do you like to drink?** 두 유 라익 투 드링크
술은 어때요?	**How about something hard?** 하우 어바웃 썸씽 하드
무얼 마시겠습니까?	**What do you want to drink?** 왓 두유 원 투 드링크
저희 집에 가서 한 잔 합시다.	**Let's go have a drink at my place.** 렛츠 고우 해버 드링크 앳 마이 플레이스
한 잔 합시다.	**Let's have a drink.** 렛츠 해버 드링크

06 술 주문하기

• 여러가지 술 종류를 알고 있거나 특히 와인의 맛이나 종류 등을 알고 있다면 주문을 할 때 수월하다. 우리나라에서 맛볼 수 없었던 종류의 술이나 와인 등을 해외에서 시도해 보는 것도 좋은 경험이 될 수 있다.

와인 메뉴 좀 볼까요?	**Can I see your wine list?** 컨 아이 씨 유어 와인 리슷
어떤 맥주가 있습니까?	**What kind of beer do you have?** 왓 카인더브 비어 두유 햅
맥주 두 잔 갖다 주세요.	**Will you get us two beers?** 윌 유 게러스 투 비어즈
맥주 한 병 더 주세요.	**Another bottle of beer, please.** 어나더 바틀 업 비어 플리즈
얼음을 타서 주세요.	**On the rocks, please.** 온 더 락스 플리즈
이 술은 독한가요?	**Is it strong?** 이짓 스트롱 * strong은 술이 '독하다' 또는 커피가 '진하다'라는 뜻이다. 반대말은 weak(약한, 묽은)이다.
안주는 무엇이 있습니까?	**What food do you have to go with your wine?** 왓 푸드 두 유 햅 투 고우 위쥬어 와인
뭐 좀 마시겠어요?	**Would you like something to drink?** 우쥬 라익 썸씽 투 드링크

07　술을 마시면서

- 술자리에서 It's on the house.라고 말하면 '이것은 서비스입니다.'라는 의미다.

한 잔 더 어때요?	**How about a refill?** 하우 어바우러 리필
생맥주 한 잔 더 하시겠어요?	**Would you like another glass of draft beer?** 우쥬 라익 어나더 글래섭 드래프트 비어
제가 한 잔 따라 드리겠습니다.	**Let me pour you a drink.** 렛 미 포어 유 어 드링크
아니요, 됐습니다. 과음했습니다.	**No, thanks. I'm too drunk.** 노 땡스 아임 투 드렁크
취하도록 마셔 봅시다.	**Let's get drunk.** 렛츠 겟 드렁크
마시면서 얘기 나눕시다.	**Let's have a talk over drinks.** 렛츠 해버 톡 오버 드링스
2차 갑시다.	**Let's go barhopping!** 렛츠 고우 바호핑 barhopping: 술집을 2차, 3차 가는 것
건배합시다!	**Let's have a toast!** 렛츠 해버 토우슷
마지막으로 한잔 더.	**One for the road.** 원 포 더 로드

08 술에 대한 화제

• I'm on the wagon. 이라는 표현은 말 그대로, '마차에 타고 있기 때문에 술을 마시면 곤란하다'는 뜻으로 지금은 금주 중이라는 표현으로 쓴다.

저는 술을 좋아합니다.	**I'm a drinker.** 아임 어 드링커
저는 술을 안 마십니다.	**I don't drink.** 아이 돈 드링크
술을 끊었습니다.	**I gave up drinking.** 아이 게이법 드링킹
주량이 어떻게 되세요?	**How much alcohol can you take?** 하우 머취 앨커홀 컨유 테익 **What is your alcohol tolerance?** 와리즈 유어 앨커홀 탈러런스
저는 금방 취하는 편입니다.	**I have a weak tolerance for alcohol.** 아이 해버 윅 탈러런스 포 앨커홀
저는 잘 안 취합니다.	**I have a strong tolerance for alcohol.** 아이 해버 스트롱 탈러런스 포 앨커홀
그는 술고래입니다.	**He's a heavy drinker.** 히저 헤비 드링커 **He drinks like a fish.** 히 드링스 라이커 피쉬
숙취가 있으세요?	**Do you have a bad hangover?** 두유 해버 뱃 행오우버

관련단어

popular	대중적인, 인기 있는	pay	지불하다
live performance	라이브 연주	feel	~한 느낌이다
cover charge	봉사료	good	좋은
loud	시끄러운	hurt	다치다
vivid	활기찬	drink	마시다
crowded	복잡한, 북적대는	buy	사다
regulation	규정	like	좋아하다
tonight	오늘 밤	hard, strong	쎈
public holiday	공휴일	wine	와인, 포도주
ticket	티켓	list	목록
play	공연하다	beer	맥주
group discount	그룹할인	bottle	병
program	프로그램	weak	약한, 연한
casino	카지노	refill	다시 채우다, 보충하다
gambling	갬블, 오락	draft beer	생맥주
experience	경험	pour	따르다
try	시도하다	get(be) drunk	취하다
easy	쉬운	barhopping	술을 2, 3차 가는 것
chip	칩	toast	건배
cash	현금	drinker	술꾼
bet	내기	give up	끊다
rule	규칙	alcohol	술, 알코올
appointment	예약	bad	나쁜, 안 좋은
treatment	치료	hangover	숙취
basic	기본적인	heavy drinker	술꾼
course	코스		

 회화표현

A: Can I rent equipment and shoes?
　　　　　　skies and boots?
　　　　　　a golf club?
　　　　　　fishing gear?
　　　　　　bicycle?
B: Of course. The price is $10 an hour.
A: By what time should I return it?
B: As soon as you finish your game.
A: OK. I would like to make a reservation for two hours starting 10 o'clock.

★ 우리말 해석

A: 장비와 신발을 대여할 수 있나요?
　　스키와 부츠
　　골프클럽
　　낚시 장비
　　자전거
B: 물론입니다. 가격은 한 시간에 10달러입니다.
A: 몇 시까지 반납해야 하지요?
B: 게임이 끝나자마자 바로요.
A: 좋아요. 그럼 10시에 시작하는 걸로 2시간 예약할게요.

Unit 08 여행 트러블
Troubles on tour

01 언어 트러블

• '말하다'라는 사전적인 의미를 가진 두 단어 중 speak는 '언어를 말하는 능력'에 초점을 맞춘다면, say는 '전달하고자 하는 정보'에 초점을 맞춘다는 차이가 있다. 예를 들어, I can speak English.라고 하지만 I can say English.라고 하지 않고 뭔가 잘못 알아들을 때 '다시 말해줄래요?'라고 하면 could you say it again?이라고 한다.

영어를 잘하지 못해요.	**I'm not good at English.** 아임 낫 굿 앳 잉글리시
지금 영어를 배우는 중입니다.	**I'm learning English now.** 아임 러닝 잉글리시 나우
한국어 가능한 사람 있습니까?	**Does anyone speak Korean?** 더즈 애니원 스픽 커리언
그걸 적어주시겠습니까?	**Could you write it down?** 쿠쥬 라이릿 다운
미안하지만 알아듣지 못했어요.	**I'm sorry, but I couldn't catch that.** 아임 쏘리 벗 아이 쿠든 캐취 댓
이 단어는 어떻게 읽나요?	**How do you pronounce this word?** 하우 두유 프러나운스 디스 워드
그건 영어로 뭐라고 하죠?	**How do you say it in English?** 하우 두유 세이잇 인 잉글리시
영어 말고 다른 언어를 하시나요?	**Do you speak any languages besides English?** 두유 스픽 애니 랭귀쥐스 비사이즈 잉글리시

393

02 도난당했을 때

- 사람이 북적거리는 관광명소에서는 소매치기를 조심해야 한다. 도난을 당하지 않도록 가방을 앞으로 메고 소지품에 주의를 기울이도록 한다. 특히 관광 시에는 도난을 염두에 두고 소지품과 현금의 일부는 호텔에 보관하는 것이 안전하다. 혹시 도난을 당했을 때는 바로 경찰에 신고하고 카드는 카드사에 신고하여 사용을 정지시켜야 한다.

무슨 일이십니까?	**What's the matter with you?** 왓스 더 메러 위쥬
지갑을 도난당했습니다.	**I was robbed of my purse.** 아이 워즈 랍트 옵 마이 퍼스
도와주세요!	**Help!** 헬프
소매치기야!	**Pickpocket!** 픽파킷
저놈을 잡아 주세요!	**Catch him!** 캐취 힘
소매치기를 당했습니다.	**I was pickpocketed.** 아이 워즈 픽파킷티드
경찰을 불러 주세요.	**Call the police.** 콜 더 펄리스
도난신고를 하고 싶습니다.	**I'd like to report a theft.** 아이드 라익 투 리포터 쎄프트
한국대사관에 전화해 주세요.	**Please call the Korean embassy.** 플리즈 콜 더 커리언 엠버시

03 물건을 분실했을 때

- 물건을 잃어버린 장소에 따라 다르지만 대부분 역이나 공공시설에는 분실물센터가 있으므로 이곳에서 분실물 신고와 확인을 하는 것이 가장 빠르게 대처하는 방법이다. 일반적으로 분실물센터는 Lost and Found 또는 lost Property라고 표시되어 있다.

여기서 빨간 가방을 보지 못했습니까?	**Didn't you see a red bag here?** 디든츄 씨 어 레드 백 히어
유실물 취급소는 어디입니까?	**Where is the lost and found?** 웨어리즈 더 로숏 앤 파운드
언제 어디서 분실했습니까?	**When and where did you lose it?** 웬 앤 웨어 디쥬 루짓
택시 안에 가방을 두고 왔습니다.	**I left my bag in a taxi.** 아이 랩트 마이 백 이너 택시
어디서 잃어버렸는지 기억이 안 납니다.	**I don't remember where I lost it.** 아이 돈 리멤버 웨어라이 로스팃
신용카드를 잃어버렸습니다.	**I lost my credit card.** 아이 로숏 마이 크레딧 카드
카드 번호는 적어두었습니다.	**I keep the number of my card.** 아이 킵 더 넘버럽 마이 카드
분실한 짐을 찾으러 왔습니다.	**I'm here to pick up my luggage that I lost.** 아임 히어 투 픽컵 마이 러기쥐 댓 아이 로스트

04 사고 상황

• 사건이나 사고를 당했을 때는 혼자 수습하려고 하지 말고 바로 경찰이나 응급구조대에 신고하는 것이 좋다. 혹시 여행자 보험 처리를 해야 하거나 의료서비스를 받아야 하는 상황에서도 이런 공식적인 사고 신고 기록이 남아 있는 것이 사후처리 절차에도 도움이 된다. 응급신고 번호는 미국은 911, 영국은 999/112, 유럽은 112와 같이 나라마다 다르므로 출국 전 확인하자.

곧바로 오세요.	**Come straight away.** 컴 스트레잇 어웨이
여기 누구 영어 하는 분, 계십니까?	**Does anyone here speak English?** 더즈 애니원 히어 스픽 잉글리쉬
당신 말을 알아듣지 못해요.	**I can't understand you.** 아이 캔트 언더스탠듀
경찰과 이야기를 하고 싶어요.	**I want to speak to a policeman.** 아이 원투 스픽투어 펄리스먼
돈을 잃어버렸습니다.	**I have lost my money.** 아이 햅 로스트 마이 머니
가방을 잃어버렸습니다.	**I have lost my suitcase.** 아이 햅 로스트 마이 숫케이스
지갑을 도둑맞았습니다.	**Someone has stolen my purse.** 섬원 해즈 스톨른 마이 퍼스
경찰서가 어디입니까?	**Where is the police station?** 웨어리즈 더 펄리스테이션

05 교통사고 당했을 때

- 교통사고를 당하면 바로 경찰에 신고하여 보험처리를 받아야 한다. 대다수의 국가에서 보행인인 경우는 무단횡단의 경우에도 100% 보호받도록 되어 있으니 무단 횡단하다 일어난 사고이고 언어가 통하지 않는 나라라고 기죽지 말고 바로 신고하고 조치를 받는 것이 좋다. 언어소통에 문제가 있는 경우 대부분 각 국에 이러한 처리를 위한 무료 통역서비스가 있으니 걱정하지 않아도 된다.

작은 접촉사고가 있었습니다.	There was a minor traffic accident. 데어 워저 마이너 트래픽 액시던트
제가 차에 치였습니다.	I was hit by a car. 아이 워즈 힛 바이 어 카
교통사고를 당했습니다.	I had a traffic accident. 아 해더 트래픽 액시던트
부상자가 몇 명 있습니다.	Some people were injured here. 썸 피플 워 인져드 히어
충돌사고를 당했습니다.	I had a collision. 아이 해더 컬리전
경찰을 불러 주세요.	Call the police, please. 콜 더 폴리스 플리즈
제 과실이 아닙니다.	It wasn't my fault. 잇 워즌트 마이 폴트
보험 처리가 됩니까?	Will the insurance cover it? 윌 디 인슈어런스 커버릿

관련단어

be good at~	~을 잘하다
English	영어
learn	배우다
anyone	누군가
speak	말하다
Korean	한국어
write down	적다
pronounce	발음하다
word	단어
matter	문제
help	돕다
pickpocket	소매치기
report	신고하다
theft	절도
call	부르다, 전화하다
phone	전화하다
Korean Embassy	한국대사관
catch	잡다
see	보다
Lost and Found	분실물 센터
lose	잃어버리다 (lose–lost–lost)
lost	잃어버렸다
find	찾다 (find–found–found)
found	찾았다
look for	찾다
leave	놓아두다 (leave–left–left)
left	놓아두었다
remember	기억하다
pick up	찾으러 오다, 가지러 오다
keep	가지고 있다
credit card	신용카드
bag	가방
wallet	지갑 (남성용)
purse	지갑 (여성용)
luggage	짐
passport	여권
emergency	응급상황
understand	이해하다
speak English	영어를 하다
police	경찰
money	돈
bag	가방
suitcase	짐가방
police station	경찰서
minor	작은
traffic	교통의
accident	사고
hit	치다
is (be) hit	치이다
injured	다친
injured party	피해자
collision	충돌
fault	잘못
insurance	보험
insurance cover	보험처리

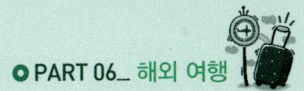

PART 06_ 해외 여행

회화표현

A: Do you have painkiller?
　　　　　　　headache pills?
　　　　　　　cold medicine?
　　　　　　　an ointment?
　　　　　　　digestive medicine?
　　　　　　　fever reducer?
B: Yes. But what's the matter with you?
A: I have a stomachache.
　　　　　　headache.
　　　　　　fever.
　　　　　　sore eye.
　　　　　　sore throat.
　　　　　　cut on my finger.
　　　　　　allergies to pollen.
B: I think you'd better go to an emergency clinic.
A: Please call an ambulance.
　　　　　　　the police.
B: OK. It'll be here soon.
　　Lie down still.

★ 우리말 해석

A: 진통제 있으세요?
　두통약
　감기약
　연고
　소화제
　해열제
B: 네. 그런데 어디가 안 좋으신가요?
A: 복통이 있어요.
　두통
　고열
　눈이 아파요
　목이 아파요
　손가락을 베었어요.
　꽃가루 알레르기가 있어요.
B: 응급실에 가는 게 나으실 것 같은데요.
A: 앰블런스를 좀 불러주세요.
　경찰을
B: 네. 곧 올 거예요.
　가만히 누워 계세요.

왕초보 실생활 **영어회화 + 기본패턴**

PART 07

비즈니스
Business

내국인끼리도 그렇지만 영어 실력이 부족한 경우엔 특히나 비즈니스 회화를 할 때 메모를 잘하는 것이 필요하다. 업무와 관련하여 영어로 대화를 나누는 일은 점점 중요해지고 있다. 전화 표현이나 회의 등 업무 환경에서 쓸 수 있는 대표적인 표현을 제시한다.

Unit 01 전화 표현
Expressions on the phone

01 전화 걸기

• 전화를 걸 때는 거는 사람이 누구인지를 밝히는 것이 예의로 This is ~라고 한다. '~와 통화하고 싶다'라는 표현은 May I speak to ~? / I'd like to speak to~ 라는 표현을 쓴다. 공중전화 박스는 미국식으로는 telephone booth, 영국식으로는 telephone kiosk라고 한다.

공중전화가 어디 있습니까?	**Where can I find a pay phone?** 웨어 컨 아이 파인드 어 페이 폰
여보세요. 저는 박입니다.	**Hello! This is Park speaking.** 헬로우 디씨즈 박 스피킹
나, 태희야.	**It's me, Taehee.** 잇스 미 태희
저는 진수입니다. 미정 씨와 통화할 수 있을까요?	**This is Jinsu. May I speak to Mijeong?** 디스 이즈 진수 메아이 스피크투 미정
인천의 남입니다.	**This is Nam from Incheon.** 디씨즈 남 프럼 인천 * '~입니다.'라고 전화를 받을 때 This is OOO.이라고 표현하기도 하지만 You've reached OOO.이라고 reach 동사를 쓰기도 한다.
거기가 721-6512입니까?	**Is this 721-6512?** 이즈 디스 세븐 투 원 식스 파이브 원 투

○ PART 07_ 비즈니스

캐시 있나요?	**Is Cathy there?** 이즈 캐씨 데어
미스터 남과 통화할 수 있을까요?	**Can I talk to Mr. Nam?** 컨아이 톡투 미스터 남
	May I speak to Mr. Nam? 메아이 스픽 투 미스터 남
영업부 누구 좀 바꿔 주세요.	**I'd like to talk to someone in the Sales Department.** 아이드 라익 투 톡투 섬원 인 더 세일즈 디팟먼트
끊지 말고 기다리세요.	**please, stay on the line.** 플리즈 스테이 온 더 라인

403

02 전화 받기

• 보통 '누구세요?'라고 하면 단순히 Who are you?라는 표현을 떠올리지만 여러 가지 상황에 따라 다른 표현을 사용해야 한다. 예를 들어, 똑같이 '누구세요?'의 표현이지만 누군가 방문을 두드렸을 때는 Who is there?라고 묻고 전화에서 상대를 물을 땐 Who is calling, please?란 표현을 사용해야 한다.

전화벨이 울려요.	**The phone is ringing.** 더 폰 이즈 링잉
전화 받아 봐.	**Answer the phone.** 앤써 더 폰
제가 받을게요.	**I'll get it.** 아일 게릿 **I'll answer it.** 아일 앤서릿
예, 미스터 김입니다.	**This is Mr. Kim speaking.** 디스 이즈 미스터 킴 스피킹
전데요.	**That's me.** 댓스미 **This is he.** (여자인 경우는 she) 디스 이즈 히
누구십니까?	**May I ask who's calling?** 메아이 애스크 후즈 콜링
누구에게 전화하셨습니까?	**Who are you calling?** 후 아유 콜링
죄송합니다만, 더 큰소리로 말씀해 주시겠습니까?	**I'm sorry. Could you speak up a little?** 아임 쏘리 쿠쥬 스피컵 어 리틀

PART 07_ 비즈니스

한 번 더 말씀해 주시겠습니까?	**I beg your pardon?** 아이 벡 유어 파든
	Pardon me? 파든 미
죄송합니다만, 못 들었습니다.	**Sorry, I didn't catch that.** 쏘리 아이 디든 캐취 댓
그런 사람은 이곳에 없습니다.	**There's no such person here.** 데어즈 노우 서취 퍼슨 히어
잠시 기다려 주십시오.	**Just a minute, please.** 저스터 미닛 플리즈
	Please hold on. 플리즈 홀드 온
기다리게 해서 죄송합니다.	**I'm sorry to keep you waiting.** 아임 쏘리 투 키퓨 웨이팅
전화를 미스터 최에게 돌려 드리겠습니다.	**I'll put you through to Mr. Choi.** 아일 푸츄 스루 투 미스터 초이
브라운 씨, 카터 씨로부터 전화입니다.	**Mr. Brown, Mr. Carter is on the phone.** 미스터 브라운 미스터 카터 이즈 온더 폰
전화를 담당 부서로 연결해 드리겠습니다.	**I'll connect you with the department concerned.** 아일 커넥츄 위더 디팟먼트 컨선드
듣고 있어요?	**Are you listening?** 아 우 리스닝
	Are you still there? 아 유 스틸 데어 *통화 중 상대와 연결이 끊긴 것 같을 때

03 전화를 받을 수 없을 때

• 전화통화에서 line은 전화선을 가리키는 말로 line이 dead한 것은 불통이라는 의미이고 busy한 것은 통화 중이라는 의미이다. disconnected라고 하면 연결이 끊긴 것이고 on the line은 통화 중이라는 의미다.

내가 지금 전화를 받을 수가 없어.	**I can't come to the phone right now.** 아이캔트 컴투더 폰 라잇 나우
지금 자리에 안 계세요.	**He's not in right now.** 히즈 낫 인 라잇 나우
	He's out at the moment. 히즈 아웃 앳 더 모먼
	He's not here at the moment. 히즈 낫 히어 앳 더 모먼
	He's not available at the moment. 히즈 낫 어베이러블 앳 더 모먼
	He's away at the moment. 히즈 어웨이 앳 더 모먼
그는 지금 통화할 수 없습니다.	**He's not available now.** 히즈 낫 어베이러블 나우
지금은 외출 중입니다. 곧 돌아오실 겁니다.	**She's out now. She'll be back at any moment.** 쉬즈 아웃 나우 쉬일 비 백 앳 애니 모먼

○ PART 07_ 비즈니스

지금 회의 중입니다.	**He's in a meeting.** 히즈 이너 미팅
지금 다른 전화를 받고 있습니다.	**He's on another line.** 히즈 온 어나더 라인
언제 돌아옵니까?	**When will he be back?** 웬 윌 히 비 백
곧 들어올 겁니다.	**He should be back at any moment.** 히 슈드 비 백 앳 애니 모먼
언제 들어올지 모르겠습니다.	**I'm not sure when he'll be back.** 아임 낫 슈어 웬 히일 비 백
나중에 다시 전화하겠습니다.	**I'll call you again later.** 아일 콜 유 어게인 레이터

407

04 대신 전화 받을 때

- 당사자가 전화를 받을 수 없어 대신 받았을 때는 상황을 설명하고 전달할 내용이나 메시지를 남겨야 전화를 건 사람과 전화를 받지 못한 사람 사이에 생길 수 있는 오해를 피할 수 있다.

지금 통화 중입니다. (뚜뚜뚜 소리가 들리는 상황)	**The line [number] is busy.** 더 라인[넘버] 이즈 비지
미안합니다. 그는 아직 통화 중입니다.	**Sorry, he's still on the line.** 쏘리 히즈 스틸 온 더 라인
나중에 다시 전화해 주시겠습니까?	**Could you call him again later?** 쿠쥬 콜 힘 어젠 레이러
그가 돌아오면 전화하라고 하겠습니다.	**I'll have him call you when he gets back.** 아일 햅 힘 콜 유 웬 히 겟츠백
그는 오늘 쉽니다.	**He's off today.** 히즈 오프 투데이
죄송합니다만, 그는 퇴직했습니다.	**I'm sorry, he's not working here anymore.** 아임 쏘리 히즈 낫 워킹 히어 애니모어
메시지를 남겨 주시겠습니까?	**Would you like to leave a message?** 우쥬 라익투 리버 메시쥐
잠시만요. 메모를 하겠습니다.	**Just a moment, please. Let me get something to write on.** 저스트 모우먼 플리즈 렛 미 겟 섬씽 투 라잇온
전화해 주셔서 감사합니다. 그에게 메시지를 꼭 전하겠습니다.	**Thank you for calling. I'll be sure he gets your message.** 쌩큐 포 콜링 아일 비 슈어 히 겟츠 유어 메시쥐

● PART 07_ 비즈니스

05 상대가 부재중일 때

• 상대가 부재중일 때 다른 사람에게 혹은 음성 메세지를 남길 수 있다. 이때 간단히 누가 전화를 했는지와 용건을 남기면 된다. leave a meassage는 '메시지를 남기다'라는 의미이고 give a message는 '메시지를 전달하다'라는 의미로 쓰인다.

알겠습니다, 기다리겠습니다.	**All right, I'll wait.** 올라잇 아일 웨잇
그가 언제쯤 돌아올까요?	**Do you know what time he will be in?** 두유 노우 왓타임 히 윌 비 인
	When is he expected back? 웬이즈 히 익스펙티드 백
몇 시에 다시 전화 드리면 될까요?	**What time would you like me to call you again?** 왓타임 우쥬 라익 미 투 콜 유 어겐
2시간 후에 다시 전화하겠습니다.	**Let me call you back in two hours.** 렛미 콜 유 백 인 투 아워즈 * in two hours는 '2시간 내에'가 아니라 '2시간 후에'라는 뜻.
강정혜로부터 전화가 왔다고 전해 주시겠습니까?	**Will you tell him that Jeonghye called?** 윌 유 텔 힘 댓 정혜 콜드
그녀가 돌아오면 미스터 장에게 전화해 달라고 전해주시겠습니까?	**Would you ask her to call Mr. Jang when she comes back?** 우쥬 애스커 투콜 미스터 장 웬 쉬 컴즈백

409

06 메시지 전달

• 전화를 거는 사람 입장에서 메시지를 남길 때는 leave a message이지만 전화를 받는 사람 입장에서 메시지를 남기라고 하는 것은 take a message가 된다.

나한테 전화 왔었어요?	**Did anybody call me?** 덧 애니바디 콜 미
엘리스의 전화를 기다리는데.	**I'm expecting a call from Alice.** 아임 익스펙팅 어 콜 프럼 앨리스
하 씨가 전화했어요.	**Mr. Ha called you.** 미스터하 콜드유
메시지를 남기시겠어요?	**Did he leave a message?** 딧히 리버 메시지
아뇨, 괜찮다고 하셨어요.	**No, he said it's OK.** 노우 히쎄드 잇스 오케이
나중에 다시 전화하시겠대요.	**He said he'll call back later.** 히쎄드 히일 콜백 레이러
여기 번호가 있어요.	**Here's the number.** 히어즈 더 넘버
메시지를 남기고 싶습니다.	**I'd like to leave a message.** 아이드 라익 투 리브 어 메시쥐 **Could I leave a message for him?** 쿠다이 리버 메시지 포 힘

07 약속 잡기

비즈니스나 개인적으로 만나려고 할 때는 주로 전화상으로 약속을 잡게 된다. '약속을 하다'라는 의미로 가장 흔한 표현은 make an appointment이다. 또한 time을 써서 '시간이 있냐'라고 물을 때 Do you have time?이라고 하면 '시간이 있는지'를 묻는 거지만 Do you have the time?이라고 물으면 '몇 시인지'를 묻는 표현이므로 time의 사용에 주의해야 한다.

중요한 용건으로 이야기하고 싶습니다.	**I have some very important business to talk about.** 아이 햅 섬 베이 임포턴 비즈니스 투 톡 어바웃
다음 주 예정은 어떻게 됩니까?	**What's your schedule for next week?** 왓스 유어 스케줄 포 넥스트 웍
괜찮으시다면 다음 주 수요일 귀사를 방문하고 싶습니다.	**If it's all right, I'd like to visit your office next Wednesday.** 이프 잇스 올라잇 아이드 라익투 비짓 유어 오피스 넥스트 웬즈데이
오전 11시는 어떻습니까?	**How about at 11 in the morning?** 하우 어바웃 앳 일레븐 인더 모닝
9시쯤 이곳에 오시겠습니까?	**Could you come over here at about nine?** 쿠쥬 컴오버 히어 어바웃 나인
오전[오후]이 좋겠습니다.	**I prefer the morning [afternoon].** 아이 프리퍼 더 모닝[앱터눈]
그럼, 그날 10시에 귀사에서 뵙겠습니다.	**Then, I'll see you at your office at 10 that day.** 덴 아일 씨유 앳 유어 오피스 앳 텐 댓 데이

제 사무실은 어떻습니까?	**How about at my office?** 하우 어바웃 앳 마이 오피스
예, 그게 괜찮겠네요.	**Yes, that would be fine.** 예스 댓 웃비 파인
약속을 연기해도 될까요?	**Shall we postpone my appointment with you?** 셸위 포슷폰 마이 어포인먼트 위쥬
죄송하지만 제가 약속을 취소해야만 해요.	**I'm sorry but I have to cancel my appointment with you.** 아임 쏘리 벗 아이 햅투 캔슬 마이 어포인먼트 위쥬
이번 주 저의 스케줄을 확인하도록 하겠습니다.	**I'll check my schedule for this week.** 아일 첵 마이 스케줄 포 디스 윅
그날 오전에는 약속이 없습니다.	**I have no appointments in the morning that day.** 아이햅 노우 어포인먼츠 인더 모닝 댓 데이
오늘 오후는 시간이 있습니다.	**I'm free this afternoon.** 아임 프리 디스 앱터눈
언제라도 들러 주십시오.	**Drop in any time.** 드랍 인 애니타임
하루 종일 사무실에 있을 거니까요.	**I'll be in the office all day.** 아일 비 인디 오피스 올데이
다른 시간으로 하는 것은 어떻습니까?	**Why don't we make it another time?** 와이돈 위 메이킷 어나더 타임

PART 07_ 비즈니스

08 전화 트러블

• 전화는 직접 만나서 얘기하는 것이 아니므로 전화 상태나 주변 상황 등에 따라 대화를 방해하는 문제들이 생길 수 있다. 이러한 문제들을 설명하는 몇 가지 표현들을 익히면 갑작스런 상황에 괜한 실수나 오해를 사지 않을 수 있다.

여기 그런 이름은 없는데요.	**There's no one here by that name.** 데어스 노우원 히어 바이 댓 네임
전화를 잘못 거신 거 같네요.	**I think you've got the wrong number.** 아이 씽크 유브 갓 더 렁 넘버
실례했습니다. 제가 잘못 걸었네요.	**Sorry, I dialed the wrong number.** 쏘리 아이 다이얼드 더 렁 넘버 **Sorry, I have misdialed.** 쏘리 아이 햅 미스다이얼드
소리가 너무 멀리 들리네요.	**You sound far away.** 유 사운드 파러웨이
잡음이 들리네요.	**There's noise on the line.** 데어스 노이즈 온 더 라인
연결이 좋지 않네요.	**We have a bad connection.** 위 해버 뱃 커넥션
죄송합니다. 전화가 끊어졌네요.	**I'm very sorry. The line was disconnected.** 아임 베리 쏘리 더 라인 워즈 디스커넥티드

413

09 장거리 전화

• 국제 전화를 하거나 장거리 전화를 할 때 직통으로 연결할 수 없는 경우도 있고, 국제전화 이용 방법이 나라마다 다를 수도 있다. 특히 각 국가별로 국제전화 코드가 따로 있고 각 국가별 번호도 다르다. 또한 한 국가 내에서도 지역별 장거리 번호는 다르므로 확인해 두는 것이 좋다.

국제전화를 신청하고 싶습니다.	**I'd like to get the International Telephone Call Service.** 아이드 라익 투 겟 디 이너네셔널 텔러폰 콜 써비스
교환을 부탁합니다.	**Operator, please.** 아퍼레이터 플리즈
이 전화로 국제전화를 할 수 있습니까?	**Can I make an international phone call from this phone?** 컨 아이 메이컨 이너네셔널 폰 콜 프럼 디스 폰
시애틀까지 장거리 전화를 하고 싶습니다.	**I'd like to make a long distance call to Seattle.** 아이드 라익 투 메이커 롱 디스턴스 콜 투 씨애틀
제 방에서 한국으로 직접 전화통화가 됩니까?	**Can I make a direct dial call to Korea from my room?** 컨 아이 메이커 다이렉트 다이얼 콜 투 커리어 프럼 마이 룸
직접 전화할 수 있습니까?	**Can I dial directly?** 컨 아이 다이얼 다이렉틀리
콜렉트콜은 어떻게 겁니까?	**How can I make a collect call?** 하우 캐나이 메이커 컬렉트콜
	I'd like to place a collect call. 아이드 라익 투 플레이스 어 컬렉트 콜
신용카드로 전화를 걸고 싶습니다.	**I'd like to make a credit card call.** 아이드 라익 투 메이커 크레딧 카드 콜

PART 07_ 비즈니스

관련단어

pay phone	공중전화
find	찾다
speak up	더 크게 말하다
call	전화하다
beg	간청하다
pardon	용서
put through	(전화로) 연결시키다
connect	연결하다
available	유효한
on the line	통화 중인
anymore	더 이상
leave	남기다
expect	기대하다
get back	돌아가다, 연락하다
expect	기다리다, 기대하다
call back	(전화 왔던 사람에게 다시) 전화하다
important	중요한
come over	들르다
prefer	선호하다
appointment	약속
free	자유로운, 한가한
drop in	들르다
make time	시간을 내다, 서두르다
postpone	연기하다
name	이름
think	생각하다, 여기다
wrong	잘못된
number	번호
dial	다이얼을 돌리다, 전화하다
misdial	잘못 전화하다
sound	~하게 들리다
far	먼
noise	소음
connection	연결
disconnect	끊다
international	국제의
operator	교환원
make a call	전화하다
distance phone call	장거리전화
direct	직접의
room	방
directly	직접
collect call	수신자부담 전화
credit card	신용카드
stay on	계속 남아 있다
answer	대답
person	사람
hold on	기다려
department	부서
still	아직
moment	잠시, 잠깐
away	떨어진 곳에
message	메시지
write	쓰다
wait	기다리다
hour	시간
come back	돌아오다
anybody	누구든지
business	사업
office	사무실
cancel	취소하다

A: Thank you for calling A Group, this is Kim. May I help you?
B: Yes, this is Jimmy calling from B Group. Could you put me through to Mr. Jung in the accounting department?
A: Could you tell me what's about?
B: Yes, it's about an invoice.
A: Okay, one moment, please. I will put you through.
B: Thank you.

★ 우리말 해석

A: 감사합니다. A 그룹 김입니다. 무엇을 도와드릴까요?
B: 네, B 그룹의 지미입니다.
　　회계부서 Mr. Jung님과 통화하고 싶은데요.
A: 무슨 일 때문이신지 물어봐도 될까요?
B: 아~ 네. 송장 때문에 전화 드렸어요.
A: 잠시만 기다려 주세요. 연결해드리겠습니다.
B: 고맙습니다.

Unit 02 직장생활
Work place

01 직업 묻기

- employ 단어의 활용 : employ 고용하다, employee 고용인, employer 고용주, employed 고용된, unemployed 실직의, 실직 상태의, self employed 자영업의

직업은 무엇입니까?	**What's your job?** 왓스 유어 잡
어떤 종류의 일을 하십니까?	**What sort [type] of work do you do?** 왓 소톱 [타입업] 웍 두 유 두
	What is your line? 왓 이즈 유어 라인
	What business are you in? 왓 비즈니스 아유 인
어떤 직업을 갖고 계십니까?	**What's your profession [occupation]?** 왓츄어 프러페션 [아큐페이션]
	What do you do for a living? 왓 두 유 두 포러 리빙
실례지만 어떤 일을 하시는지요?	**What do you do, if I may ask?** 왓 두 유 두 이프 아이 메이 애스크
거기서 무슨 일을 하십니까?	**What do you do there?** 왓 두 유 두 데어

417

02 직업 말하기

무역 회사에서 근무합니다.	**I work for a trading company.** 아이 웍 포러 트래이딩 컴퍼니
포드 자동차 회사에 근무합니다.	**I'm with the Ford Motor Co.** 아임 위드 더 포드 모러 컴퍼니
저는 사무직입니다.	**I'm an office worker.** 아이먼 오퓌스 워커
봉급 생활자입니다.	**I'm a salaried man.** 아임어 샐러리드 맨 * 샐러리맨(salary man)은 콩글리시이다.
무직입니다.	**I'm unemployed now.** 아임 언엠플로이드
저는 자영업을 합니다.	**I'm self employed.** 아임 셀프 엠플로이드
저는 공무원입니다.	**I'm a civil servant [public servant, public official].** 아임 어 시빌 서번트 [퍼블릭 서번트, 퍼블릭 오피셜]
저는 프리랜서예요.	**I'm a freelance worker.** 아임 어 프리랜스 워커
저는 기술자입니다.	**I'm an engineer.** 아임 언 엔지니어

PART 07_ 비즈니스

03　사업 이야기

• 사업이 잘 안 된다는 의미의 표현으로 I'm ruuning out of money./We are in red./We are in deep trouble./We are in deep water.와 같은 표현이 가능하다.

사업은 잘 되십니까?	**How's business doing?** 하우즈 비즈니스 두잉
새로 시작한 사업은 어떠세요?	**How's your new business coming?** 하우즈 유어 뉴 비즈니스 커밍
직업에 만족하세요?	**Do you enjoy your job?** 두 유 인조이 유어 잡
사업이 잘 됩니다.	**My business is brisk.** 마이 비즈니스 이즈 브리슥
장사가 안 되어 곤란합니다.	**My business is in trouble.** 마이 비즈니스 이즈 인 추러블
늘 어렵습니다.	**I'm in trouble all the time.** 아임 인 추러블 올더 타임
그럭저럭 버티고 있습니다.	**I'm just getting by.** 아임 저슷 게링바이
당신 일은 어떻게 되어 가나요?	**How's your job going?** 하우즈 유어 잡 고우잉
요즘 적자입니다.	**We've been in the red lately.** 윕빈 인더 렛 레잇리
그리 나쁘지는 않습니다.	**It's not so bad.** 잇스 낫 쏘우 배드

04 출퇴근 이야기

- come to the office/get to work/drive to work/walk to work는 모두 '출근하다'라는 표현이지만 출근 방법에 따라 동사의 표현을 달리한다. 예를 들어, 자동차로 출근할 때는 drive to work로 쓰는 것이 좋고, 걸어서 출근한다면 walk to work라고 쓴다.

어떻게 출근하세요?	**How do you get to work?** 하우 두 유 겟 투 웍
대개 지하철을 이용해서 출근해요.	**I usually take the subway to work.** 아이 유쥬얼리 테익 더 섭웨이 투 웍
출근하는 데 시간이 얼마나 걸려요?	**How long does it take you to commute?** 하우 롱 더짓 테익큐 투 커뮤트
몇 시까지 출근합니까?	**What time do you report to work?** 왓 타임 두 유 리폿 투 웍
매일 아침 9시에 출근합니다.	**I come to the office at nine every morning.** 아이 컴 투 디 오퓌스 앳 나인 에브리 모닝
지각한 적은 없습니까?	**Haven't you ever been late for work?** 해븐츄 애버 빈 래잇 포 웍
몇 시에 퇴근하십니까?	**What time do you punch out?** 왓 타임 두 유 펀취 아웃
오늘은 몇 시에 일이 끝납니까?	**What time do you get off work today?** 왓 타임 두 유 게로프 웍 투데이

05 휴가 말하기

• vacation과 holiday는 모두 '휴가'라는 의미이지만 일주일 이내의 짧은 휴가는 vacation이나 holiday를 쓰지 않고 break라 한다. 회사에서 하루나 이틀 휴가를 내는 것은 dat off나 leave라고 한다.

휴가 기간은 얼마나 됩니까?	How long does your vacation last? 하우 롱 더즈 유어 베이케이션 래스트
	How many vacation days do you have? 하우 매니 베이케이션 데이즈 두유 햅
당신의 휴가는 언제 시작되죠?	When does your vacation start? 웬 더쥬어 베이케이션 스탓
휴가는 언제 떠나세요?	When are you leaving for your vacation? 웬 아유 리빙 포 유어 베이케이션
저는 내일부터 휴가예요.	My vacation begins tomorrow. 마이 베이케이션 비긴스 터머로우
휴가 계획을 세우셨어요?	Have you planned your vacation yet? 해뷰 플랜드 유어 베이케이션 옛
너무 바빠서 휴가를 가질 여유가 없어요.	I'm too busy to take holidays. 아임 투 비지 투 테익 할러데이즈
이번 휴가 때 어디 가고 싶으세요?	Where do you want to go for this vacation? 웨어 두유 원투 고우 포 디스 베이케이션
즐거운 휴가 보내세요!	Have a nice vacation! 해버 나이스 베이케이션

06 근무 시간에 대하여

• 퇴근은 quitting time이라고 한다. When is the quitting time? 퇴근 시간은 언제인가요?

거기에 근무하신 지는 얼마나 되셨나요?	**How long have you worked there?** 하우 롱 해뷰 웍트 데어
평일엔 하루 몇 시간 근무하십니까?	**On weekdays, how many hours do you work?** 온 위크데이즈 하우 매니 아워즈 두 유 웍
보통 9시에서 6시까지 일합니다.	**In general, we work from nine to six.** 인 제너럴 위 웍 프럼 나인 투 씩스
한 시간 동안 점심시간이 있습니다.	**We have a one-hour lunch break.** 위 해버 원 아워 런취 브레익
우리 회사는 주 5일 일합니다.	**Our company keeps a five-day week.** 아워 컴퍼니 킵스 어 파이브데이 윅
저희는 격주로 토요일에는 쉽니다.	**We get every other Saturday.** 위 겟 애브리 아더 새터데이
내일은 쉬어요.	**I'll be off tomorrow.** 아일 비 오프 터머로우.
당신 회사에서는 점심시간이 몇 시죠?	**What time is lunch at your company?** 왓 타임 이즈 런취 앳 유어 컴퍼니
저는 오늘밤 야근이에요.	**I'm on duty tonight.** 아임 온 듀티 투나

○ PART 07_ 비즈니스

07 봉급에 대하여

- 연봉은 annual salary 또는 yearly salary라고 한다.

급여를 어떤 식으로 받으세요?	**How do you get paid?** 하우 두 유 겟 페이드
월급으로 받습니다.	**I'm paid every month.** 아임 페이드 애브리 먼쓰
연봉이 얼마나 됩니까?	**What's your yearly salary?** 왓츄어 이어리 샐러리
봉급날이 언제입니까?	**When is your payday?** 웬 이즈 유어 페이데이
오늘이 월급날이에요.	**Today is payday.** 투데이 이즈 페이데이
제 급여는 쥐꼬리만 해요.	**My salary's chicken feed.** 마이 샐러리즈 치킨 피드 Chicken feed는 원래 닭 모이를 의미하는 것으로 '매우 작다'라는 의미로 사용된다.
일하는 시간에 비하면 매우 적어요.	**It's very low for my work hours.** 잇스 베리 로우 포 마이 웍 아우어즈
교통비는 봉급에 포함되어 있습니다.	**Commuting expenses are included in the salary.** 커뮤팅 익스펜시즈 아 인클루딧 인 더 샐러리

423

08 승진에 대하여

| 내년에는 승진하길 바랍니다. | **I hope you'll be promoted next year.**
아이 호웁 유일 비 프러모우팃 넥슷 이어 |

| 저 부장으로 승진했어요. | **I was promoted to a manager.**
아이 워즈 프러모우팃 투 어 매니져 |

| 우리 회사에서는 승진하기가 어려워요. | **It's hard to move up in our company.**
잇스 하드 투 무브업 인 아워 컴퍼니 |

| 그에게는 강력한 후원자가 있어요. | **He has a powerful supporter.**
히 해저 파워풀 써포터 |

| 그의 승진은 이례적이었어요. | **His promotion was unusual.**
히즈 프러모우션 워즈 언유쥬얼 |

| 승진은 업무 실적에 달렸어요. | **Promotion goes by work record.**
프러모우션 고우즈 바이 웤 레커드 |

| 언제 부장이 되셨어요? | **When did you become general manager?**
웬 디쥬 비컴 제너럴 매니져 |

| 당신은 누가 승진할 거라고 생각하세요? | **Who do you think will get the promotion?**
후 두 유 씽크 윌 겟 더 프러모우션 |

424

PART 07_ 비즈니스

09　직장 상사에 대하여

• 일을 지시하는 상사의 태도에 따라 일이 수월해지기도 하고 힘들어지기도 한다. '이랬다저랬다 하다'의 영어 표현으로 blow hot and cold가 있다. It's impossible to have a healthy relationship with someone who blows hot and cold all the time. 항상 이랬다저랬다 하는 사람이랑 건전한 관계를 유지하는 건 불가능하다. 같은 의미로 fickle이라는 단어도 사용할 수 있다. Don't be so fickle. 이랬다저랬다 하지 마.

상사가 누구입니까?	**Who is your boss?** 후 이쥬어 보스 * boss는 사장이라는 뜻도 있다.
상사와의 사이가 어떠세요?	**How do you stand with your boss?** 하우 두 유 스탠 위쥬어 보스
당신은 상사와의 관계가 어떠십니까?	**How is your relationship with your boss?** 하우 이쥬어 릴레이션쉽 위쥬어 보스
저는 제 상사가 싫습니다.	**I hate my boss.** 아이 해잇 마이 보스
저는 상사를 존경합니다.	**I respect my boss.** 아이 리스펙 마이 보스
그분은 매우 관대합니다.	**He's very generous.** 히즈 베리 제너러스
그는 잔소리가 심해요.	**He nags too much.** 히 낵스 투 머취
그분은 정말 거만해요. (명령을 많이 한다는 뜻)	**He's really bossy.** 히즈 리얼리 보씨

425

10 사직, 퇴직

• '회사를 그만두다'라는 표현은 주로 quit와 leave 동사를 사용한다. I will quit my job. '이리저리 회사를 옮겨다니는 것'은 job hopping이라고 한다.

도대체 왜 사직하셨어요?	**What's all this about resigning?** 왓스 올 디쓰 어바웃 리자이닝
당신 회사는 정년이 몇 살입니까?	**What's the age of retirement in your company?** 왓스 디 에이접 리타이어먼트 인 유어 컴퍼니 *미국엔 정년 개념이 없어서 능력이 닿는 한 몇 살까지도 일할 수 있다.
그만두기로 결심했어요.	**I've decided to quit my job.** 아이브 디싸이딧 투 큇 마이 잡
이 일과는 안 맞는 것 같아요.	**Maybe I'm not suited to this business.** 메이비 아임 낫 수티드 투 디쓰 비즈니스
새로운 직업이 마음에 드세요?	**How do you like your new job?** 하우 두 유 라익 유어 뉴 잡
언제 퇴직하십니까?	**When are you going to retire?** 웬 아유 고잉 투 리타이어
저는 지금 놀고 있습니다.	**I'm out of a job now.** 아임 아우러버 잡 나우
그녀는 해고됐어요.	**She was fired.** 쉬 워즈 화이어드 **He got the sack.** (구어체) 히 갓 더 쎅

○ PART 07_ 비즈니스

11 회의 시간

• '만장일치로 결정되다'라는 표현은 It was a unanimous decision.이라고 한다.

회의 시간이 언제죠?	**What time is the meeting?** 왓 타임 이즈 더 미팅
회의를 시작합시다.	**Let's start the meeting.** 렛 스탓 더 미팅
오늘 회의 주제가 뭐죠?	**What's the agenda for today's meeting?** 왓스 디 어젠더 포 투데이스 미팅
뭔가 할 말이 있나요?	**Do you have any comments?** 두 유 햅 애니 카멘츠
솔직한 의견을 말해주세요.	**Give me your frank ideas.** 김미 유어 프랭크 아이디어즈
이 문제에 대해 어떻게 생각하세요?	**What's your opinion on this matter?** 왓스 유어 어피니언 온 디스 매러
의견을 정리해 봅시다.	**Let's wrap up the discussion.** 렛스 랩업 더 디스커션
이 문제의 결정은 다수결로 결정하겠습니다.	**The decision on this matter will be made by majority vote.** 더 디시전 온 디스 매러 윌비 메이드 바이 머조리티 보우트
자료를 나눠 주세요.	**Hand them out, please.** 핸 뎀 아웃 플리즈

427

주목해 주세요.	**Attention, please!** 어텐션 플리즈 * attention은 군대구호로 '차려!'라는 용법도 있다.
단도직입적으로 말하겠습니다.	**I'll come straight to the point.** 아일 컴 스트레잇 투더 포인트
다음 차례는 누구죠?	**Who's next?** 후즈 넥스트
10분 휴식을 갖겠습니다.	**Let's take a 10 minute break.** 렛스 테이커 텐 미닛 브레익
그 계획은 좀 수정이 필요해요.	**The plan needs some modifications.** 더 플랜 니즈 섬 마더피케이션
문제점을 말씀드리겠습니다.	**I'll tell you what the problem is.** 아일 텔유 왓 더 프라블럼 이즈
그런 위험을 감수할 수는 없어요.	**We can't take that risk.** 위 캔트 테익 댓 리스크

Unit 03 공공시설
Public facilities

01 관공서에서

• 관공서 관련 표현을 살펴보면, get a certified copy of residence/one's family register 주민등록등본/호적등본을 떼다, register one's marriage 혼인 신고를 하다, hand in(submit, turn in) an application 신청서를 접수시키다, be issued one's resident ID card 주민등록증을 발급받다 등이 있다.

담당 부서를 알려주시겠어요?	**Would you direct me to the right section?** 우쥬 디렉트 미 투 더 라잇 섹션
이 일은 누가 담당하십니까?	**Who am I supposed to see about this?** 후 앰 아이 서포우즈드 투 씨 어바웃 디스
문서로 작성하셔야 해요.	**You have to put it down in writing.** 유 햅투 푸릿다운 인 라이팅
우선 신청을 하셔야 해요.	**You have to apply for it first.** 유 햅투 어플라이 포릿 퍼스트
제가 작성할 서류가 뭐죠?	**Which form am I supposed to fill out?** 위치 폼 앰 아이 서포우즈드 투 필아웃
번호를 받으시고 앉아서 기다리세요.	**Please take a number and have a seat.** 플리즈 테이커 넘버 앤 해버 씨트
여기 서명하시고 날짜도 쓰세요.	**Just sign here and date it.** 저슷 사인 히어 앤 데이트 잇

02 은행에서

- 은행에서 저금을 하는 것은 saving이 아니고 deposit이다. saving은 일정 기간을 정해서 하는 적금이나 예금을 의미한다. 일반적인 의미의 예금은 deposit, 인출은 withdrawal이다.

계좌를 개설하고 싶습니다.	**I would like to open an account.** 아이 우드 라익 투 오픈 언 어카운트
신분증이 있으신가요?	**Do you have any ID?** 두 유 햅 애니 아이디
여기에 비밀번호를 누르세요.	**Press your PIN number here.** 프레스 유어 핀 넘버 히어
입금을 하고 싶습니다.	**I need to make a deposit.** 아이 니투 메이커 디파짓
이자가 얼마나 됩니까?	**What's the interest rate?** 왓스 디 인터리슷 레잇
송금하고 싶습니다.	**I want to wire this money.** 아이 원트 투 와이어 디스 머니
송금 수수료는 얼마입니까?	**What's the remittance charge?** 왓스 더 리미턴스 차쥐
인출하겠습니다.	**I need to make a withdrawal.** 아이 니투 메이커 위드로얼
잔고가 얼마 남았습니까?	**Could you tell me what my balance is?** 쿠쥬 텔미 왓 마이 밸런스 이즈

PART 07_ 비즈니스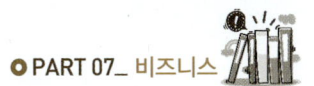

여기에 이서하세요.	**Endorse this, please.** 인도스 디스 플리즈
10달러를 25센트짜리와 10센트짜리로 바꿔 주십시오.	**Please break ten dollars into quarters and dimes.** 플리즈 브레익 텐 달러스 인투 쿼터스 앤 다임스
여행자 수표를 현금으로 바꿀 수 있습니까?	**Can you cash a traveler's check?** (한 장) 컨 유 캐쉬 어 트레벌러즈 첵 **I need to cash some traveler's checks.** (여러 장) 아이 니드 투 캐쉬 섬 트레벌러즈 첵스
고액권 지폐로 주세요.	**Large bills, please.** 라지 빌즈 플리즈
자동인출기에서 제 카드가 안 나와요.	**The ATM ate my card.** 디 에이티엠 에잇 마이 카드
대출을 신청하고 싶어요.	**I'd like to apply for a loan.** 아이드 라익 투 어플라이 포 어 론 **Can I get a loan?** 아이드 라익투 어플라이 포러 론

03 우체국에서

• 우편물이나 편지를 보낼 때 보내는 사람이 주어일 때는 send를 쓰고 우편물이 주어면 go를 쓴다. 예를 들면, I need to send this first calss./This neend to go first class. 이것을 일반우편으로 보내고 싶습니다.

근처에 우체국이 있나요?	**Is there a post office nearby?** 이즈 데어러 포스트 오피스 니어바이
우표는 어디에서 살 수 있습니까?	**Where can I buy stamps?** 웨어 컨 아이 바이 스템스
한국으로 편지를 보내고 싶습니다.	**I want to send a letter to Korea.** 아이 원 투 센더 래러 투 커리어
이 소포를 항공우편으로 보내고 싶습니다.	**I would like to send this parcel by air mail.** 아이 우드 라익 투 샌드 디쓰 파쓸 바이 에어 메일
우편 요금은 얼마인가요?	**How much is the postage?** 하우 머취 이즈 더 포우스티쥐
한국까지 선편으로 부탁합니다.	**By surface mail to Korea, please.** 바이 서피스 메일 투 커리어 플리즈
13센트 우표 10장 주십시오.	**Ten 13 cent stamps, please.** 텐 써틴 센트 스템스 플리즈
이 소포는 중량 제한 내에 들어갑니까?	**Is this parcel within the weight limit?** 이즈 디쓰 파쓸 위딘 더 웨잇 리밋

왕초보 실생활
기본패턴

PART 01

be 동사

- 001 This is ~ 이것은 ~이다
- 002 I'm ~ing ~하고 있다
- 003 Is this ~? 이게 ~입니까?
- 004 I'm going to ~ ~할 예정이다
- 005 be + 과거분사 ~되어지다
- 006 I am used to ~ing 내가 ~에 익숙하다
- 007 I'm concerned about ~ ~이 걱정이다
- 008 be tired of ~ ~에 질리다
- 009 I am supposed to ~ ~하도록 정해져 있다
- 010 be getting~ 점점 더 ~하다
- 011 There is ~ ~이 있다
- 012 Here is ~ ~가 여기 있습니다(받으세요)
- 013 ~ be driving me crazy ~이 나를 미치게 하다
- 014 I'm getting ~ 점점 ~되고 있다
- 015 I'm here to ~ ~하러 왔어요

- -

have 동사

- 016 I have ~ ~을 갖고 있다
- 017 I'll have ~ ~로 하겠습니다
- 018 Do you have ~ ? ~이 있습니까?
- 019 I have p.p.(과거분사) 이미 ~을 끝냈다 (완료)
- 020 I have p.p.(과거분사) ~을 계속 해오고 있다 (계속)
- 021 I've decided to ~ ~하기로 했다
- 022 have good taste in ~ ~에 조예가 깊다
- 023 have nothing to do with ~ ~과 관계가 없다
- 024 I have trouble with ~ ~때문에 고생하다

001

Part 1 | be동사

This is ~   이것은 ~이다

영어를 접하면서 제일 먼저 배우는 대명사인 This는 보통 사물이나 사람을 가리킨다. this man(이 사람)처럼 형용사로서 명사를 수식하기도 하고, 나아가서는 추상적인 일이나 장소를 나타낼 수도 있다. 특별한 용법으로는 전화 통화에서 자기를 가리키기도 한다.

This(That) is + 명사

This is Miss Yun.
이 분이 미쓰 윤입니다.

This is a textbook.
이것이 교재입니다.

This is my business card.
이게 제 명함입니다.

Is this hers?
이게 그녀의 것인가요?

• word •
textbook : 교재, 교과서
business card : 명함
(=name card)

A: What's that?
B: This is a blender.
A: 그게 뭔가요?
B: 이건 믹서입니다.

• **That girl is cute.**
  저 소녀는 귀엽다.   *cute : 귀여운

• **These are roses.**
  이것들은 장미이다.

Self test

1. 이것은 제 사전입니다.
   This _____ my dictionary.
2. 이것들은 백합이다.
   _____ are lilies.

1. is 2. These

002

I'm ~ing ~하고 있다

Part 1 | be동사

현재 동작의 진행(~ 을 하고 있다)을 나타내는 표현으로 가까운 미래를 의미하기도 한다.

I'm + 일반동사 + ing

I'm watching TV now.
지금 TV를 보고 있다.

I'm going to Miami.
마이애미로 가고 있습니다.

She is reading a novel.
그녀는 소설을 읽고 있다.

I'm having dinner with my boyfriend tomorrow.
내일 남자 친구와 저녁 먹을 예정이다.

· word ·
watch : 시청하다, 관찰하다
have : 가지다, 먹다

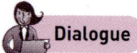

A: What are you doing now?
B: I'm studying Japanese at a library.
A: 지금 뭐 하세요?
B: 도서관에서 일본어 공부 중입니다.

- The water **is boiling**.
  물이 끓고 있다. *boil : 끓다, 익다

- They **are** still **sleeping**.
  그들은 아직 자고 있다. *still : 아직도, 여전히

self test

1. 그는 편지를 쓰고 있다.
   He is _____ a letter.
2. 그녀는 통화 중이다.
   She is _____ on the phone.

1. writing 2. talking

003

Is this ~? 이게 ~입니까?

Part 1 | be동사

의문문을 만드는 가장 기본적인 패턴인데, 실생활에서는 그냥 This is ~ ?라고 끝을 올려 읽어도 된다.

Be동사+this+명사?

Is this a calculator?
이게 계산기입니까?

Is this whiteout?
이것이 수정액인가요?

Is this your shirt?
이게 당신 셔츠인가요?

Are these your jeans?
이것이 네 청바지니?

• word •
calculator : 계산기, 계산표
whiteout : 수정액, 화이트
jeans : 청바지(=blue jeans)

*바지(pants), 구두(shoes), 안경(glasses) 등은 복수로, 셔츠는 shirt로 단수로 표기한다.

Dialogue

A: **Is this** your first visit to Korea?

B: No, this is my second visit, actually.

A: 한국엔 이번이 처음이세요?

B: 아뇨, 실은 이번이 두 번째 방문이에요.   *actually : 실은, 사실상

Step up

• **Is that** your new product?
그게 귀사의 신상품인가요?   *product : 상품, 제품

• **Are those** your glasses?
그게 당신의 안경인가요?   *glasses : 안경

Self test

1. 이것이 프랑스 레스토랑인가요?
   Is _____ a _____ restaurant?
2. 이분이 당신 어머니인가요?
   _____ your mother?

1. this, French   2. Is this

437

004
I'm going to ~   ~할 예정이다

Part 1 | be동사

자주 쓰이는 초보적인 표현으로 미래의 예정이나 계획을 나타낸다. 하지만 I'm going to LA.라는 표현은 단순히 go의 진행형으로 'LA에 가는 중이다'라는 뜻이다.

I'm going to + 동사원형

Marx is going to be off tomorrow.
막스는 내일 쉴 겁니다.

I'm going to marry Jane.
나는 제인과 결혼할 것이다.

Where is the party going to be held?
파티는 어디에서 열릴 예정인가요?

We're going to take a trip to the South Pacific.
우리는 남태평양으로 여행을 떠날 것이다.

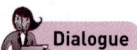

A: Are you going to buy a BMW?
B: No, I'm not. I'm going to buy a Honda.
A: BMW 자동차를 살 거니?
B: 아니, 혼다 차를 살 거야.

- **I'll be back soon.**
  조만간 돌아오겠습니다.   ＊be back : 돌아오다

- **I intend to become a movie star.**
  영화배우가 될 생각이다.   ＊movie star : 영화배우(=movie actor)

Self test

1. 나는 새 휴대용 TV를 구입할 것이다.
   I'm _____ _____ _____ a new portable TV.
2. 당신은 내일 스키 타러 갈 겁니까?
   ____ ____ _____ to go skiing?

1. going to buy   2. Are you going

005

Part 1 | be동사

be + 과거분사 ~되어지다

be+p. p.(과거분사) 형태는 아주 쉬운 표현이지만 우리말에는 수동태 표현이 없으므로 처음엔 입에서 잘 나오지 않는 표현이기도 하다. 그런데 실제 미국인들의 일상회화에서는 be+과거분사뿐 아니라 get+과거분사(형용사)의 수동형 표현을 즐겨 사용한다.

주어+be+과거분사

He was transferred to Shanghai branch.
그는 상하이 지점으로 전근 갔습니다.

Our company were established in 1987.
우리 회사는 1987년에 설립되었습니다.

This morning I was involved in a traffic accident.
오늘 아침 제가 교통사고를 당했습니다.

Are pets allowed here?
여기에 애완동물을 데리고 와도 되나요?

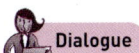

A: My cell phone number was changed.
B: Really? Then tell me your new number.

A: 내 휴대폰 번호가 바뀌었어.   *cell phone : 휴대폰(cellular phone)
B: 진짜? 그럼 새 번호를 말해 줘.

- I was laughed at by them.
  나는 그들에게 비웃음을 받았다.

- My shoes were cleaned by her.
  내 구두는 그녀에 의해 닦아졌다.

Self test

1. 나는 그대를 사랑하기 위해 태어났어요.
   I _____ _____ to love you.
2. 이 부품들은 일본제이다.
   These parts _____ _____ in Japan.

1. was born 2. are made

439

006

Part 1 | be동사

I am used to ~ing 내가 ~에 익숙하다

to 뒤에는 명사나 명사 상당어구가 온다. 새로운 환경이나 대상에 익숙해졌다고 표현할 때 쓰는 말이다. 비슷한 말로 got used to라고 하면 시간적으로 아주 최근에 있었다는 의미이다.

I am used to + 동사원형 + ing

I am used to sky diving.
나는 스카이다이빙에 익숙하다.

I am used to getting up early.
나는 아침 일찍 일어나는 것에 익숙하다.

I am used to my motorcycle.
나는 내 오토바이에 익숙해졌다.

I am used to Chinese food.
나는 중국 음식에 익숙하다.

• word •
sky diving : 스카이다이빙
motorcycle : 오토바이
(=motorbike), '오토바이'는
일본식 영어

Dialogue

A: How's your married life?
B: I am used to it.

A: 결혼 생활은 어떠세요?
B: 이제 익숙해졌습니다.

Step up

- **I got used to living alone.**
  나는 혼자 사는 데 익숙해졌다. *get used to : ~에 익숙해지다

- **He's all right once you get used to him.**
  그는 익숙해지면 괜찮은 사람이야.

Self test

1. 나는 스쿠버다이빙에 익숙하다.
   I am _____ _____ scuba diving.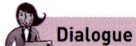
2. 그녀는 늦게까지 일하는 데 익숙하다.
   She _____ _____ _____ working late.

1. used to 2. is used to

007
I'm concerned about ~
~이 걱정이다

Part 1 | be동사

걱정스러운 점을 말할 때 쓰는 표현인데, 좀 딱딱한 느낌이라서 일상회화보다는 협상이나 회의 석상에서 어울리는 패턴이다. about 뒤에는 명사가 온다.

주어+be+concerned about+명사

We're concerned about the quality.
우리는 품질을 걱정하고 있습니다.

I'm concerned about the shipping costs.
저는 배송료가 걱정입니다.

She wasn't concerned about looking like a model.
그녀는 모델처럼 보이는 것에는 관심이 없었다.

We're concerned about our financial condition.
우리는 재정적인 상태에 대해 걱정하고 있다.

Dialogue
A: I'm concerned about my health.
B: Why don't you take a physical examination?
A: 저는 건강이 걱정입니다.
B: 건강검진 한 번 받아 보지 그래요.

*physical examination : 건강검진(=checkup)

Step up
- Don't **worry about** it.
  그건 걱정하지 마세요.

- Do not **be anxious about** anything.
  아무 걱정도 하지 마세요.

Self test
1. 그는 부인을 걱정하고 있다.
   He's concerned _____ _____ _____.
2. 당신은 아들을 걱정하는 겁니까?
   _____ _____ concerned about your son?

1. about his wife 2. Are you

441

Part 1 | be동사

008
be tired of ~ ~에 질리다

주어가 명사 / 동명사에 '싫증이 나다'라는 의미로 쓰인다. sick and tired of 는 더욱 강력한 감정 표현이다.

주어+be+tired of+명사/동명사

I am tired of curry and rice.
나는 카레라이스에 질렸어요.

I'm tired of playing computer games.
난 컴퓨터 게임에 질렸어.

She is sick and tired of your joke.
그녀는 네 농담에 아주 넌더리를 낸다.

My son is tired of pizza.
내 아들은 피자에 질렸다.

• word •
curry and rice : 카레라이스

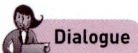
Dialogue

A: Why don't you find a new job?
B: Stop it ! I'm sick and tired of hearing that.
A: 너 왜 새 직장을 구하지 않는 거야?
B: 그만해! 그 얘긴 귀에 못이 박히도록 들었어.

Step up

• I am really disgusted with his singing.
  난 그의 노래에 아주 질렸어.

• Jessica got sick of his rustic manners.
  제시카는 그의 촌스러운 매너에 염증이 났다.

self test

1. 나는 이 일이 정말 지겨워 죽겠다.
   I am sick and _____ _____ this job.
2. 나는 싸우는 데 진력이 난다.
   I ____ _____ ___ fighting.

1. tired of 2. am tired of

442

009

Part 1 | be동사

I am supposed to ~
~하도록 정해져 있다

be supposed to ~ 는 주어가 '~ 하도록 예정되어 있다'는 뜻이다. 자신의 의지보다는 '상황에 따라 그렇게 될 예정이다'라는 뉘앙스가 있다. 또 예정이나 계획을 표현할 때 I will 보다 완곡한 표현으로 많이 쓰인다.

주어+be supposed to+동사원형

I **am supposed to** have dinner with my sweetheart tonight. 오늘밤 내 애인과 식사 약속이 되어 있다.

We **are supposed to** take a day off the day after tomorrow. 우리는 모레 하루 쉴 예정이다.

She **is supposed to** make a speech to a large audience. 그녀는 많은 청중들 앞에서 연설할 예정이다.

I'm **supposed to** meet Miss Kang at 7. 나는 7시에 미스 강과 만나기로 되어 있다.

A: When are you supposed to go to the clinic?
B: At four o'clock.
A: 넌 언제 병원에 가기로 되어 있니?   *clinic : 병원
B: 4시야.

- What **are** you **doing** tomorrow?
  내일 뭐 하실 예정입니까?

- I **expect** to visit New Zealand next month.
  나는 다음 달에 뉴질랜드를 방문할 예정이다.

Self test

1. 나는 그 회의에 참석하기로 되어 있다.
   I am supposed _____ _____ the meeting.
2. 우리는 신문에 광고를 내기로 되어 있다.
   We _____ _____ _____ place an ad in the paper.

1. to attend   2. are supposed to

010

Part 1 | be동사

be getting~ 점점 더 ~하다

get warm은 '따뜻해지다'이고 be getting warmer는 '점점 더 따뜻해지다'라는 뜻이 된다. 강조할 때는 비교급+and + 비교급으로 반복법을 사용한다.

be getting+비교급

It's getting warmer day by day.
나날이 점점 따뜻해진다.

They are getting closer to the playoffs.
그들은 플레이오프 경기에 점점 가까워지고 있다.

My cold is getting worse.
내 감기가 점점 악화되고 있다.

The hurricane is getting stronger.
허리케인이 점점 강해지고 있다.

•word•
playoff : 플레이오프, 결승 시합

Dialogue

A: How's everything?
B: I expect things will soon be getting better.

A: 경기(景氣)가 어떻습니까?
B: 점점 호전되리라고 기대합니다.   *get better : 좋아지다, 호전되다

Step up

- **The higher we climb, the thinner the air is.**
  높이 올라갈수록 공기는 점점 희박해진다.   *thin : 얇은, 엷은, 희박한

- **It grows hotter by degrees.**
  날씨가 점점 더워진다.

self test

1. 지구가 점점 더워지고 있다.
   The earth is getting _____.
2. 얼음이 점점 얇아지고 있다.
   The ice is getting _____.

1. warmer 2. thinner

011

Part 1 | be동사

There is ~   ~이 있다

There는 특별한 의미가 없고 그 다음에 단수가 오면 is, 복수가 오면 are 가 된다. 이 패턴은 정해진 사물을 나타내는 것이 아니므로 뒤에 the 가 오지 않는다.

There is(are)+명사

There is a tailor shop over there.
저쪽에 맞춤양복점이 하나 있다.

There are some Italian restaurants in Shinsa-dong.
신사동에 이태리식 레스토랑이 몇 군데 있다.

Is there a parking lot around here?
근처에 주차장이 있습니까?

There is a department store across this street.
이 길 건너편에 백화점이 있다.

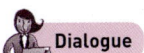

A: Is there a smoking area in this building?
B: Yes. It is on the second floor.
A: 이 건물에 흡연 장소가 있습니까?
B: 2층에 있습니다.

- We **have** many kinds of noodles.
  저희는 다양한 국수 요리를 갖추고 있습니다.

- A brown house **is situated on** a hill.
  갈색 집이 언덕 위에 있다.

Self test

1. 당신과 같은 분은 없습니다.
   _____ is none like you.
2. 그에 관한 소식이 아직도 없다.
   There is still no news _____ _____.

1. There   2. about him

012 Here is ~   ~가 여기 있습니다(받으세요)

Part 1 | be동사

Here's는 Here is의 생략형으로 뭔가 물건을 건네줄 때 사용한다. 편한 사이에서는 그냥 Here. 라고 하기도 한다.

Here is + 명사

Here is my business card.
이게 제 명함입니다.

Here are your books.
당신의 책들입니다.

Here's your sample.
여기 당신의 샘플입니다.

Here's my phone number.
이게 제 전화번호입니다.

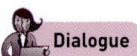 Dialogue

A: The entrance fee is ten dollars.
B: Here's ten dollars.

A: 입장료는 10달러입니다.   *entrance fee : 입장료(=admission charge)
B: 여기 10달러 있습니다.

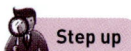 Step up

- Here you are.
  여기 있습니다.

- Here it is.
  자 받으세요.

Self test

1. 당신에게 드리는 제 선물입니다.
   Here ___ my present ___ ___.
2. 여기가 우리의 낙원입니다.
   ___ ___ ___ paradise.

1. is, for you 2. Here is our

446

013
~ be driving me crazy ~
~이 나를 미치게 하다

Part 1 | be동사

화가 날 때 자주 쓰이는 표현이다. 현재진행형으로 쓰이는 것이 보통이지만 She drives me crazy처럼 drive를 직접 사용할 수도 있다.

주어+be driving me crazy

You are driving me crazy.
너 때문에 화가 난다.

The noise is driving me crazy.
소음 때문에 미치겠다.

My roommate is driving me crazy.
룸메이트 때문에 미칠 지경이다.

That's driving me crazy.
그 일이 나를 미치게 하는군.

A: Mom, I'm awfully sorry. Forgive me.
B: You are driving me crazy, but I love you anyway.
A: 엄마, 진짜 미안해. 날 용서해 줘.
B: 너는 나를 화나게 하지만 그래도 널 사랑한단다.

- **She pushes me to the wall always.**
  그녀는 항상 나를 화나게 한다.

- **The noise outside is really getting on my nerves.**
  밖의 소음이 정말 신경 쓰이네요.

Self test

1. 더위 때문에 미치겠다.
   ____ ____ is driving me crazy.
2. 빚 때문에 미치겠다.
   ____ ____ is driving me crazy.

1. The heat 2. My debt

447

014

I'm getting ~ 점점 ~되고 있다

Part 1 | be동사

I got tired.는 '지금 아주 피곤하다'라는 뜻이고 I'm getting tired.는 '슬슬 피곤해지는 것 같다'라는 뜻으로 아직 무척 피곤한 상태는 아니다.

I'm getting + 형용사

I'm getting excited.
나 점점 흥분된다.

I'm getting happy.
나 점점 행복해진다.

I'm getting tired.
나 점점 피곤해진다.

I'm getting angry.
나 슬슬 화가 난다.

Dialogue
A: I'm getting tired of walking around.
B: Why don't you take a rest for a while?
A: 걸어 다녔더니 슬슬 피곤해지려고 해.
B: 잠시 좀 쉬지 그래요?

Step up
- I **become** tired.
  나는 피곤해졌다.
- He **grew** red in the face.
  그녀는 얼굴이 빨개졌다.

Self test

1. 슬슬 걱정이 된다.
   I'm getting _____.
2. 그 여자가 지겨워졌어.
   I'm sick and ____ ___ her.

1. worried 2. tired of

448

015

Part 1 | be동사

I'm here to ~   ~하러 왔어요

자기의 방문 목적을 얘기하는데 적합한데 사무적인 상황이나 친근한 사이에서도 쓸 수 있는 표현이다.

I'm here to + 동사 + 목적어

I'm here to say hello to you.
인사드리러 왔습니다.

I'm here to find some books.
책 좀 찾으러 왔어.

I'm here to meet Miss Jeong.
정 양을 만나러 왔습니다.

I'm here to help you.
널 도와주러 왔어.

A: What brings you here?
B: I'm here to use the Internet.
A: 안녕? 여기는 웬일이야?
B: 인터넷 좀 쓰려고 왔어.

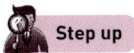

- **I came here to see her.**
  나는 그녀를 보기 위해 여기 왔다.

- **You've come to say good-bye?**
  작별 인사 하러 왔나요?

Self test

1. 나는 불어를 배우려고 왔어요.
   I am here to _____ French.
2. 우리 애들을 데려가려고 왔어요.
   I am here to _____ _____ my children.

1. learn 2. pick up

016

Part 1 | have동사

I have ~   ~을 갖고 있다

have 는 be 동사 다음으로 배우는 가장 초보적인 말이지만 쓰임새가 다양하여 기억해 둘 필요가 있다. 보통 소유를 나타내지만 특히 질병이 있을 때 병원에서 편리하게 말할 수 있다.

주어+have+명사

I have a cold.
감기에 걸렸습니다.(물론 현재 의미)

Kate has a headache.
케이트는 두통이 있다.

He has a convertible.
그는 오픈카를 갖고 있다.

• word •
cold : 감기
headache : 두통
convertible : 오픈카

I have no idea
모르겠습니다.(I don't know.와 같은 뜻으로 많이 쓰임)

Dialogue

A: Do you have a fever?
B: Yes, I do.

A: 열이 있으세요?
B: 네, 그렇습니다.

Step up

- It's Tom's.
  그건 톰 거야.

- That book belongs to me.
  그 책은 내 거야.   *belongs to : ~에 속하다, ~의 것이다

Self test

1. 저는 돈이 없습니다.
   I _____ _____ money.
2. 예약하셨나요?(약속이 있으신가요?)
   _____ _____ _____ an appointment?

1. have no 2. Do you have

017

Part 1 | have동사

I'll have ~로 하겠습니다

have는 eat와 같은 뜻이 있으므로 레스토랑에서 음식을 주문할 때 다양한 표현을 만들 수 있다. 물론 '먹는다'는 뜻 외에 '갖겠다'(구입)는 뜻으로 쓰일 수도 있다.

I'll have + 명사

I'll have shrimp and lobster.
새우와 바닷가재를 먹겠습니다.

I'll have apple juice.
사과 주스를 마시겠습니다.

I'll have the same.
같은 것으로 하겠습니다.

I'll have a sponge cake.
카스텔라를 먹겠습니다.

word
lobster : 바닷가재, 왕새우
sponge cake : 카스텔라

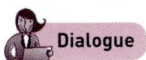
Dialogue
A: Are you ready to order?
B: I'll have beefsteak.
A: 주문하시겠습니까?
B: 비프스테이크로 하겠습니다.

Step up
- **I'd like** some vegetables.
  야채를 좀 먹겠습니다.

- **I'd prefer** steaks.
  스테이크가 더 낫겠네요. (여러 가지 중에서 선택을 요구받았을 때)

Self test

1. 이것으로 하겠습니다.
   I'll have _____.

2. 당신이 권하는 것으로 하겠습니다.
   I'll _____ _____ you recommend.

1. this 2. have what

018

Part 1 | have동사

Do you have ~? ~이 있습니까?

식당이나 상품 매장, 어디에서든 특정 물건 혹은 추상 명사도 가능한데 그것이 있느냐고 물을 때 쓰는 표현이다.

Do you have + 명사

Do you have a bigger one?
더 큰 것이 있습니까?

Do you have any cosmetics?
화장품 있나요?

Do you have any questions?
질문 있나요?

Do you have any baseball caps?
야구모자 있나요?

• word
cosmetic : 화장품

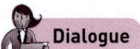

Dialogue

A: Do you have some money?
B: No, I have no money.
A: 돈 좀 있니?
B: 나 돈 없어.

Step up

- Do you **sell** fresh fish?
  신선한 생선을 팝니까?

- **Is there** any bread?
  빵 있습니까?

self test

1. 시간 좀 있으세요?
   ____ ____ have a little time?
2. 너 비밀 있니?
   Do you____ __ _____?

1. Do you 2. have a secret

452

019

Part 1 | have동사

I have p.p.(과거분사)
이미 ~을 끝냈다 (완료)

영어문법 중 시제를 배울 때 현재완료가 나오면 바짝 긴장하게 되는데, 왜냐하면 우리말에는 전혀 없는 용법이고 have + p. p.가 완료·경험·계속·결과 등 여러 가지 의미를 나타내기 때문이다. 여기에서는 '끝냈다'라는 완료 한 가지만 기억해 두자. 함께 쓰이는 부사로는 just, already, yet, recently 등이 있다.

주어+have(has)+과거분사

I have solved a mathematical problem.
나는 수학 문제 하나를 풀었다.

We've already finished our homework.
우리는 이미 숙제를 마쳤다.

He has gone to his country.
그는 자기 나라로 가 버렸다.

She has just come back home.
그녀는 방금 집에 돌아왔다.

• word •
solve : 풀다, 녹다, 해결하다

A: We've agreed on the unit price.
B: Oh, I'm sure everything is going on well.
A: 우리는 단가에 관하여 합의를 했어요.   *unit price : 개당 가격
B: 아, 이제 틀림없이 다 잘되겠네요.

- We **have had** dinner already.
  우리는 이미 저녁식사를 끝냈다.

- We **have just arrived** at Dongdaemun station.
  우리는 동대문역에 좀 전에 도착했다.

Self test

1. 이 책을 다 읽었다.
   I have _____ _____ book.
2. 나는 새 컴퓨터게임을 해 봤다.
   I've _____ _____ new computer game.

1. read this 2. tried the

020

Part 1 | have동사

I have p.p.(과거분사)
~을 계속해 오고 있다 (계속)

현재완료(have+과거분사) 패턴으로 '과거 어느 시점에서부터 지금까지 계속 ~를 해 오고 있다'라는 계속의 의미를 나타낸다. 함께 쓰이는 부사로는 during, for, since, from 등이 있다. 3인칭 단수 현재인 경우는 물론 has로 해 준다.

주어+have+p.p.(과거분사)

We've been in business for five years.
저희는 5년간 영업을 해 오고 있습니다.

I have lived in Mapo since last February.
나는 지난 2월부터 마포에 살고 있다.

He has written a novel for three years.
그는 3년간 소설을 써 오고 있다.

They have been in Yeouido for six years.
그들은 여의도에 6년째 살고 있다.

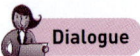
Dialogue
A: How long have you been in Korea?
B: I came here last January.
A: 한국에 사신 지 얼마나 되십니까?
B: 지난 1월에 여기에 왔습니다.

Step up
- **I haven't talked** to my wife for a month.
  아내와 말을 안 한 지 한 달이 되었습니다.
- **I haven't been** to Kangnam last summer.
  나는 지난 여름 이후 강남에 간 적이 없습니다.

Self test

1. 당신은 6년간 영업을 해 오고 있습니까?
   _____ _____ _____ in business for six years.
2. 당신은 그 공장에서 얼마 동안 근무하고 있습니까?
   How long have _____ _____ for the factory?

1. Have you been 2. you worked

021

Part 1 | have동사

I've decided to ~   ~하기로 했다

I've decided to ~는 결정한 사실을 말할 때 쓰는 표현으로, to 뒤에는 동사원형이 온다.
I've는 I have의 생략형이다.

주어+have decided to+동사원형

I've decided to buy a new computer.
신형 컴퓨터를 사기로 결심했습니다.

I've decided to cancel the reservation.
예약을 취소하기로 결심했다.

I've decided to master Japanese in three years.
3년 안에 일본어를 마스터하기로 결심했다.

We've decided to work together with Microsoft.
본사는 마이크로소프트와 협력하기로 결정했습니다.

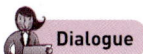

A: Why don't you have a smoke?
B: No. I've decided to quit smoking.
A: 담배 한 대 하지 그래?
B: 아냐. 나 금연하기로 결심했어.   *quit : 그만두다, 포기하다

- **I've** made up my mind to get up early.
  나는 일찍 일어나기로 결심했다.   *make up one's mind : 결심하다

- **I** made a decision to work out for an hour everyday.
  나는 매일 1시간씩 운동하기로 결심했다.

Self test

1. 윌슨 씨는 별장을 사기로 결정했다.
   Mr. Wilson has _____ _____ _____ a cottage.
2. 결정자는 결정하지 않기로 결정했다.
   The decider _____ _____ not to decide.

1. decided to buy 2. has decided

022
have good taste in~
~에 조예가 깊다

Part 1 | have동사

영어회화에서 가장 중요한 단어가 바로 have 동사다. 그만큼 쓰임새가 많다는 것이다. 이 패턴에서는 in 이하의 대상에 '심미안이 있다', '보는 눈이 있다' 등의 뜻으로 쓰인다.

have good taste in + 명사

You have good taste in cooking.
당신은 요리에 센스가 있네요.

He has good taste in music.
그녀는 음악에 훌륭한 감각을 가지고 있다.

She has good taste in clothes.
그녀는 패션 감각이 뛰어나다.

He has good taste in poetry.
그는 시에 조예가 있다.

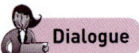

Dialogue
A: I don't have any talent.
B: No, I think you have good taste in books.
A: 난 아무 재능도 없어.
B: 아냐, 내 생각에 넌 책에 대한 감각이 뛰어나.

Step up
- Jennifer is at home with the world of soap operas.
  제니퍼는 시시한 드라마에 푹 빠져 있어. *soap opera : TV 연속극
- He is well versed in art and literature.
  그는 문예에 조예가 깊다.

Self test
1. 당신은 그림에 조예가 깊군요.
   You _____ _____ taste in painting.
2. 그는 환경디자인에 관심이 많다.
   He has good _____ _____ _____ design.

1. have good 2. taste in environmental

456

023
have nothing to do with~
~관계가 없다

with 뒤의 명사와 '관계가 없다'는 표현인데, nothing 대신 something 을 넣으면 '관계가 있다'라는 뜻이 된다.

have nothing to do with + 명사

I have nothing to do with you any more.
나는 너와 더 이상 상관이 없다.

He has nothing to do with the matter.
그는 그 문제와 상관이 없다.

This figure has nothing to do with the health.
이 수치는 건강과 무관하다.

Iraq had nothing to do with 9/11.
이라크는 911테러와 무관합니다.

*9/11 : 2001년 9월 11일 미국 뉴욕에서 발생한 대형 테러 사건

Dialogue
A: I have nothing to do with the criminal.
B: I can't believe you.

A: 나는 범인과 무관합니다. *criminal : 범인, 범죄자
B: 당신을 믿을 수 없군요.

Step up
- The fact has no dealings with me.
  그 사실은 나와 무관합니다.
- This has nothing to do with how smart you are.
  이것은 당신이 얼마나 똑똑한지와는 무관합니다.

Self test
1. 그 기사는 내 개인 의견과 무관합니다.
   The article has little _____ _____ _____ my personal opinions.
2. 대학 교육은 인생의 성공과 무관합니다.
   The university education has nothing to do _____ _____ _____ in life.

1. to do with 2. with the success

457

024
I have trouble with~
~때문에 고생하다

Part 1 | have동사

I have trouble with ~ 는 '~ 때문에 고민이다', '~에 시달리고 있다'라는 뜻으로 대상에는 사람이나 추상명사, 일반명사가 올 수 있다.

I have trouble with + 명사

I have trouble with my debts.
빚 때문에 고민입니다.

He has trouble with his toothache.
그는 치통으로 고생 중입니다.

I have trouble with my friend.
친구 때문에 고민입니다.

• word •
debt : 빚, 부채

I had a lot of **troubles while** driving in Seoul.
서울에서 운전하느라 고생 꽤나 했습니다.

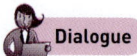

A: I have trouble with money.
B: It must be so hard, I know that.
A: 돈 때문에 걱정이야.
B: 무척 힘들겠다. 이해해.

- I had a hard time getting a job.
  직장 잡느라고 고생했어.   *have a hard time : 고생하다

- She has gone through all sorts of troubles.
  그녀는 온갖 고생을 겪었다.   *go through : 겪다, 경험하다

Self test

1. 나는 수학 때문에 고민이다.
   I have trouble _____ _____.
2. 그녀는 동료 직원 때문에 고민이다.
   She has trouble _____ _____ _____ workers.

1. with mathematics   2. with her fellow

PART 02

요청 / 소망

- 025 I'd like ~ ~을 주세요
- 026 I'd like to ~ ~하고 싶다
- 027 I feel like ~ing ~하고 싶다
- 028 Could you ~ ? ~해주시겠어요?
- 029 Would you ~ ? ~해주시겠습니까?
- 030 I'd appreciate it if ~ ~해 주시면 감사하겠습니다
- 031 Would you mind if I ~ ? 제가 ~ 해도 될까요?
- 032 Would you mind ~ing ~해주시겠습니까?
- 033 Can you tell me ~ ? ~을 말해주실 수 있으세요?
- 034 May I ask you ~ ? ~을 부탁드려도 될까요?
- 035 Is it OK if ~ ~해도 될까요?
- 036 I hope ~ ~라면 좋겠다
- 037 I wish ~ ~라면 좋겠는데
- 038 I look forward to ~ ~을 기대하다
- 039 Can I borrow ~ ? ~을 빌려주실래요?
- 040 If I were you, 만일 내가 너라면
- 041 I'd rather ~ 하는 것이 낫겠다
- 042 Don't tell me ~. ~라는 말은 아니겠지./~라고 하진 마

제안 / 허락

- 043 I can ~ ~할 수 있다
- 044 Would you like ~ ? ~는 어떻습니까?
- 045 Would you like to ~ ? ~하실까요?
- 046 How about ~ ? ~은 어때요?
- 047 Why don't you ~ ? ~하면 어떨까? (~하자)
- 048 Let's get ~ ~되게 하자
- 049 Shall we ~ ? ~할까요?
- 050 Why don't we ~ ? ~할까요?
- 051 Let's see ~ ~을 (시험 삼아) 보자

025

Part 2 | 요청/소망

I'd like ~   ~을 주세요

I'd like~는 I would like의 단축형으로 어떤 선택을 해야 할 경우 '~을 주세요'라는 뜻이다. I'll have ~ 표현과 유사하다. I'd like는 직접적인 표현인 I want ~ 보다 격식을 갖춘 표현이다.

I'd like + 명사 (목적어)

I'd like red wine.
적포도주 주세요.

I'd like some water.
물 좀 주세요.

I'd like your e-mail address.
이메일 주소 좀 알려 주세요.

I'd like a plastic bag.
비닐봉지 하나만 주세요.

• word •
plastic bag : 비닐봉지

Dialogue

A: What would you like?
B: I'd like pork cutlets.

A: 뭘로 하시겠습니까?
B: 돈가스로 하겠습니다.   *pork cutlets : 돈가스

Step up

- **I want** a window seat.
  창가 좌석을 원합니다. (공항 발권 카운터에서)

- **Can I have** some coffee?
  커피 좀 주실래요?

Self test

1. 칵테일 한잔 더 하실래요?
   _____ you like _____ cocktail?
2. 환불해 주세요.
   I'd ____ ____ refund.

1. Would, another 2. like a

026

Part 2 | 요청/소망

I'd like to ~   ~하고 싶다

I'd like to는 I want to~보다 정중한 표현으로, 격식을 갖춰야 하는 상대나 윗사람에게 사용하면 좋다. to뒤에는 물론 동사원형이 오게 된다.

I'd like to + 동사원형

I'd like to be your friend.
당신과 친구가 되고 싶어요.

I'd like to try this on.
이것을 입어 보고 싶어요.

I'd like to meet you this Sunday.
이번 일요일 당신과 만나고 싶어요.

I'd like to receive a refund.
환불을 받고 싶습니다.

• word •
try on : 입어 보다, 신어 보다, 써 보다

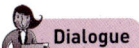
Dialogue

A: Where do you want to go on summer vacation?
B: I'd like to go to Santa Fe.

A: 여름휴가 때 넌 어디 가고 싶니?
B: 저는 산타페에 가고 싶어요.

※Santa Fe는 국내 H자동차의 한 모델이기도 하지만 미국 뉴멕시코 주의 주도임.

Step up

- **I want to work abroad.**
  저는 해외에서 근무하고 싶습니다.

- **I feel like going for a drink.**
  한잔하러 가고 싶네요.

Self test

1. 한국으로 국제 전화를 하고 싶습니다.
   I'd like _____ _____ an international call to Korea.
2. 정말로 너를 보고 싶어.
   I'd really like _____ _____ you.

1. to make 2. to see

461

027

Part 2 | 요청/소망

I feel like ~ing ~하고 싶다

I feel like ~ ing 는 '~ 하고 싶은 기분이 든다'라는 표현으로, 의도적이지 않은데 왠지 어떤 욕구가 생길 때 쓰면 좋다.

I feel like 동사원형+ing

I feel like drinking green tea.
녹차를 마시고 싶어요.

I feel like kissing you.
너에게 키스하고 싶어.

I feel like eating Chinese food.
중화요리를 먹고 싶군요.

I feel like listening to classical music.
클래식 음악을 듣고 싶다.

• word •
green tea : 녹차

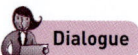

A: What's the matter with you? You look so depressed.
B: Sorry but I don't feel like talking to anybody now.
A: 무슨 일 있었니? 너 안 좋아 보인다.
B: 미안하지만 지금은 아무 하고도 말하고 싶지 않아.

- **I would like to go fishing.**
  나는 낚시 가고 싶다.

- **I hope to see you again.**
  너와 또 만나고 싶다.

Self test

1. 춤추고 싶지는 않다.
   I _____ _____ _____ dancing.
2. 토할 것 같다.
   I feel like _____ _____ .

1. don't feel like 2. throwing up

462

028

Part 2 | 요청/소망

Could you ~? ~해 주시겠어요?

Could you 동사원형 ~? 이 패턴은 정중하게 부탁하는 표현이다. 비슷한 표현으로는 Would you~?가 있지만 그보다 약간 더 정중한 느낌이다.

Could you + 동사원형

Could you tell me how to use this digital camera?
이 디지털카메라 사용법 좀 알려 주시겠어요?

Could you explain this for me?
제게 이걸 설명해 주시겠습니까?

Could you look over this brochure?
이 소책자 좀 훑어봐 주시겠습니까?

Could you give me a ride to the beach?
저를 해변까지 태워 주시겠습니까?

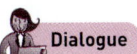

Dialogue

A: Could you come to my office?
B: Of course, I'd love to.

A: 제 사무실까지 좀 와 주시겠어요?
B: 물론이죠. 기꺼이 가겠습니다.

＊거절할 때는 I'm afraid I can't. (실례지만 안 될 것 같습니다.)

Step up

- **Will you pass me the pepper, please?**
  후추 좀 건네주시겠어요?

- **Would you give me a better price?**
  좀 더 저렴한 가격으로 해 주시면 안 될까요?

Self test

1. 추천할만한 것이 있습니까?
   Could you _____ _____ ?
2. 문서의 사본을 보내 주시겠습니까?
   Could you ____ ____ ____ ____ the document?

1. recommend something 2. send a copy of

463

029

Part 2 | 요청/소망

Would you ~? ~ 해 주시겠습니까?

이 표현에서 조동사 would는 과거의 의미는 없고 정중함을 표현하는 어법이다. 특히 윗사람이나 예의를 갖출 필요가 있는 낯선 사람에게 공손히 부탁할 때 쓰는 패턴이다.

Would you + 동사원형

Would you tell me your cell phone number?
휴대폰 번호 좀 알려 주시겠습니까?

Would you show me your passport?
여권 좀 보여 주실래요?

Would you lend me the laptop computer?
그 노트북 좀 빌려 주실래요?

Would you turn down the stereo?
스테레오 음량 좀 줄여 주실래요?

• word •
laptop computer
: 노트북컴퓨터

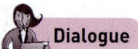

Dialogue

A: Would you go to the cinema with me?
B: That's a good idea.
A: 저와 영화관에 가실래요?
B: 그거 좋은 생각이네요.

Step up

• **May I** have your cell phone number?
휴대폰 번호 좀 알려 주시겠습니까?

• **Please** show me your ID card.
신분증 좀 보여 주십시오.   *ID card : 신분증(identification card)

self test

1. 당신의 역할에 대해 얘기해 주실래요?
   Would you ____ ____ _____ your role?
2. 거기 가는 지름길을 알려 주실래요?
   Would you ____ ____ ____ _____ to there?

1. tell me about   2. show me the short-cut

464

030
I'd appreciate it if ~
~해 주시면 감사하겠습니다

Part 2 | 요청/소망

it은 가목적어 역할을 하고 I'd는 I would의 간략형이다. appreciate는 목적어로 감사하는 대상을 취하고, thank는 뒤에 사람을 취한다.

I'd appreciate it if + 주어 + 동사

I'd appreciate it if you could stop going to bars with other men.
네가 다른 남자들이랑 술집 좀 그만 갔으면 좋겠는데.

I'd appreciate it if you could work for me.
네가 나를 위해 일해 주면 고맙겠는데.

I'd appreciate it if you could stop calling me.
나한테 전화 좀 그만했으면 좋겠다.

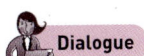
Dialogue
A: I'd appreciate it if you could let me kiss you.
B: Are you crazy?
A: 네가 나한테 키스를 허락하면 고맙겠는데.
B: 너 미쳤니?

Step up
- **I appreciate** all your help.
  당신의 모든 도움에 감사합니다.
- **I can't thank** you enough.
  뭐라고 감사를 드려야 할지 모르겠습니다.

Self test

1. 저를 도와주신다면 정말 감사하겠습니다.
   I'd sure appreciate it if you could ___ ___ ___ ___.
2. 아스피린을 좀 찾아 주시면 고맙겠습니다.
   I'd appreciate it if you could ___ ___ ___ ___.

1. give me a hand 2. find me some aspirin

031 Would you mind if I ~?
제가 ~ 해도 될까요?

Part 2 | 요청/소망

어떤 행동을 하기 전에 상대에게 미리 허락을 청하는 표현이다. mind 동사는 '싫어하다', '꺼려하다'라는 뜻이므로 승낙할 때는 부정으로 표현한다는 것을 명심해야 한다. 이 문장에서 if I 동사원형은 'my ~ ing'로 바꿔도 같은 뜻이 된다. 그런데 if I 뒤에 과거동사가 나오는 경우는 자신이 이미 행한 행위에 대해 양해를 구하는 것이다.

Would you mind if I+동사원형

Would you mind if I use your stapler?
당신의 호치키스를 사용해도 될까요?

Would you mind if I read this newspaper?
이 신문을 읽어도 괜찮을까요?

Would you mind if I change our appointment?
우리 약속을 바꿔도 될까요?

Would you mind if I sit beside you?
당신 옆에 앉아도 괜찮을까요?

A: Would you mind if I have a smoke here?
B: Of course not. Go ahead.

A: 제가 여기에서 담배를 피워도 될까요?
B: 물론이죠. 어서 피우세요.

*mind는 직역하면 '꺼려하다', '싫어하다'라는 뜻이므로 대답에 not을 넣어야 괜찮다는 의미가 된다.

- **Do you mind my** turning on the TV?
  TV를 켜도 괜찮겠니?

- **Can I** smoke a cigarette here?
  제가 여기에서 담배를 피워도 될까요?

self test

1. 당신의 실수를 바로잡아도 될까요?
   Would you mind if I _____ _____ _____?
2. 이번 주말에 차 좀 빌릴 수 있을까요?
   Would you mind if I _____ _____ _____ this weekend?

1. correct your mistakes 2. borrow your car

032

Part 2 | 요청/소망

Would you mind ~ ing
~해 주시겠습니까?

앞에 나온 Would you mind if I~? 패턴은 행동의 주체가 I이고, 상대방이 허락해 줄지를 묻는 것이지만, 이 패턴은 행동의 주체가 You이다. 따라서 상대방에게 행동해 달라고 부탁하는 것이다.

Would you mind+동사원형+ing

Would you mind typing this part for me?
이 부분을 타이핑해 주시겠어요?

Would you mind helping me move this sofa?
이 소파 옮기는 것을 도와주시겠어요?

Would you mind introducing me to your secretary?
저를 당신의 비서에게 소개시켜 주시겠어요?

Would you mind showing me around.
저를 안내해 주시겠습니까?

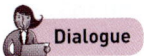

A: Would you mind telling Misun that I love her?
B: You'd better confess to her directly.
A: 미순 씨에게 내가 그녀를 사랑한다고 말해 줄래요?
B: 당신이 직접 고백하는 게 좋겠어요.

- **Could you** give me a hand?
  저를 좀 도와주시겠어요?

- **Can you** lend me a hundred?
  제게 100달러만 빌려 주시겠어요?

Self test

1. 여기서 잠시 기다려 주시겠습니까?
   Would you mind _____ _____ for a moment?
2. 창문을 열어 주실 수 없겠습니까?
   Would you mind _____ _____ _____?

1. waiting here 2. opening the window

033

Part 2 | 요청/소망

Can you tell me ~?
~을 말해 주실 수 있으세요?

어떤 정보를 얻고 싶을 때 쓰는 쉬운 표현으로 앞의 would로 시작되는 패턴보다 한결 말하기 편한 어법이다. 좀 더 정중하게 말하고 싶으면 can 대신에 would를 사용하면 된다.

Can you tell me + 명사?

Can you tell me the way to the Hilton Hotel?
힐튼 호텔로 가는 길을 말씀해 주시겠어요?

Can you tell me the secret?
그 비밀 좀 말해 주실래요?

Can you tell me who you are?
당신이 누구인지 알려 주실래요?

Can you tell me if he came to Seoul yesterday?
그가 어제 서울에 왔는지 말해 줄 수 있나요?

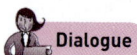

A: Can you tell me how to get to Dangsan station?
B: Yes, it's about two kilometers straight ahead.
A: 당산역으로 가는 길을 가르쳐 주시겠어요?
B: 예, 앞으로 2km 직진하시면 됩니다.

- **Would you** tell me the way to the Lotte Hotel?
  롯데 호텔로 가는 길 좀 말씀해 주시겠어요?

- **Can you** show me how to get to the Sheraton Walker Hill Hotel?
  쉐라톤 워커 힐 호텔로 가는 길 좀 말씀해 주시겠어요?

self test

1. 부자가 되는 법을 말씀해 주실래요?
   Can you tell me how to ____ ____?
2. 무슨 일이 일어났는지 얘기해 줄래요?
   Can you tell me ____ ____?

1. get rich   2. what happened

468

034

Part 2 | 요청/소망

May I ask you ~?
~을 부탁드려도 될까요?

영어에는 존경어가 뚜렷하지 않아서 존경어를 자주 쓰는 우리로서는 불편을 느낄 때가 있다. 하지만 이 표현을 사용하면 존경어와 비슷한 효과를 얻을 수 있다.

May I ask you + 명사?

May I ask you a few questions?
질문을 좀 드려도 괜찮을까요?

May I ask you the way to the station?
역까지 가는 길을 여쭤 봐도 될까요?

May I ask you for some advice?
약간의 충고를 부탁드려도 될까요?

May I ask you for further explanation on that part?
그 부분에 대해 추가 설명을 부탁드려도 될까요?

A: May I ask you to hand these booklets to him?
B: Oh, sure.
A: 그에게 이 소책자를 건네주십사 부탁드려도 될까요?
B: 아, 물론이죠.

- **Could you open the window?**
  창문 좀 열어 주시겠어요?

- **May I have your name?**
  당신의 존함을 여쭤 봐도 될까요?

self test

1. 그런 배터리를 어디에서 살 수 있나요?
   May I ask you _____ ___ _____ _____ those batteries?
2. 개인적인 질문을 드려도 될까요?
   May I ask you a very _____ _____?

1. where I can buy 2. personal question

469

035

Part 2 | 요청/소망

Is it OK if ~
~해도 될까요?

상대방의 의사를 묻거나 허락을 구할 때 쓰는 표현으로서 'May I~'처럼 딱딱하지 않아서 편하게 쓸 수 있는 패턴이다. OK 대신 all right 으로 바꿔도 좋다.

Is it OK if+주어+동사

Is it OK if I borrow this dictionary?
이 사전을 빌려 가도 괜찮아요?

Is it OK if I eat this hot dog?
이 핫도그 먹어도 돼요?

Is it OK if he takes a day off tomorrow?
그가 내일 하루 쉬어도 될까요?

Is it OK if I go out to play?
밖에 나가서 놀아도 돼요?

Dialogue

A: Is it OK if I drink wine?
B: I'm afraid not.

A: 제가 와인을 마셔도 괜찮아요?
B: 미안하지만 곤란해.

Step up

- **Is it possible** for me to leave here today?
  제가 오늘 여길 떠나도 돼요?

- **May I** come in?
  들어가도 돼요?

Self test

1. 내일 밥과 함께 콘서트에 가도 될까요?
   Is it OK that Bob _____ _____ _____ _____ tomorrow?
2. 제가 아빠의 차를 써도 돼요?
   Is it OK if I ____ _____ car?

1. goes to the concert 2. use your

036 I hope ~ ~라면 좋겠다

Part 2 | 요청/소망

hope의 목적어로 쓰인 that 절에서는 동사원형이 오지 않고 일반동사나 미래를 나타내는 조동사가 온다. hope 뒤에 부정사가 오기도 한다.

I hope (that)+주어+동사

I hope so.
그러면 좋겠네요.

I hope you will pass the exam.
당신이 시험에 합격하기를 바랍니다.

I hope tomorrow is like today.
내일도 오늘 같기를 바란다.

I hope it's nothing serious.
심각한 게 아니길 바라요.

Dialogue

A: I'll work out every morning and go to the library right afterward.
B: I hope you can carry through on your plan.

A: 매일 아침 운동하고 나서 도서관으로 곧장 갈 거예요.
B: 계획대로 잘 지켜나가길 바라요.

Step up

- **I want you to do it.**
  나는 당신이 그걸 해 줬으면 해요.

- **I expect you to succeed.**
  나는 당신이 성공하기를 기대합니다.

Self test

1. 당신을 또 보고 싶네요.
   I hope ____ ____ ____ again.
2. 당신이 곧 회복하시길 바랍니다.
   I hope ____ ____ ____ soon.

1. to see you 2. you get well

037

Part 2 | 요청/소망

I wish ~   ~라면 좋을 텐데

현실적으로 이루어지기 어려운 단순 소망을 표현하는 패턴인데 동사를 과거형으로 써야 한다는 점이 중요하다. 또 be동사의 경우 1인칭에 was가 아닌 were를 쓴다는 것을 꼭 기억 해야 한다. 그 이유는 가정법의 규칙이기 때문이다.

I wish + 주어 + 과거형 동사

I wish I were an astronaut.
내가 우주비행사라면 좋을 텐데.

I wish I could speak Italian.
내가 이태리어를 할 줄 알면 좋을 텐데.

I wish I had one more chance.
기회가 한 번 더 있으면 좋을 텐데.

I wish I could meet you.
당신을 만날 수 있으면 좋을 텐데.

• word •
astronaut : 우주비행사

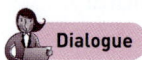

Dialogue
A: I wish I had a boyfriend.
B: Why don't you go to a club?
A: 남자 친구가 있으면 좋을 텐데.
B: 클럽에라도 나가 보지 그래?

Step up
- I wish I hadn't eaten so much cake.
  케이크를 그렇게 많이 먹지 말았어야 했는데. (과거 사실의 후회)
- If I had a million dollars, I would buy a nice mansion.
  내게 백만 달러가 있다면 좋은 저택을 살 텐데.   *mansion : 저택

self test

1. 공해가 없으면 좋겠습니다.
   I wish there _____ _____ pollution.
2. 내가 피아노를 아주 잘 연주할 수 있으면 좋겠다.
   I wish I _____ _____ _____ _____ very well.

1. were no 2. could play the piano

472

038

Part 2 | 요청/소망

I look forward to ~
~을 기대하다

'뭔가를 가슴 두근거리며 기다린다'는 뜻이다. 편지글 끝부분에서 자주 볼 수 있는 표현으로, be looking forward to 명사도 같은 의미가 된다.

I look forward to+명사(동명사)

I look forward to seeing you again.
당신과 다시 만날 것을 고대하고 있습니다.

I look forward to your reply as soon as possible.
가능하면 빠른 답장을 기대합니다.

I look forward to going to Mexico.
멕시코에 갈 것을 기대하고 있습니다.

I look forward to his promotion.
그의 승진을 기대합니다.

Dialogue
A: I'll let you know next week about our decision.
B: Thank you and I look forward to hearing from you.
A: 다음 주에 우리의 결정 사항을 통보해 드릴게요.
B: 감사합니다. 그럼 연락을 기대하겠습니다.

Step up
- **I'm looking forward to our reunion.**
  우리의 재회를 기대합니다.   *reunion : 재회, 재결합, 재통일

- **I expect you to rise in the world.**
  나는 네가 출세하리라 기대한다.   *rise in the world : 출세하다

Self test

1. 여러분과 함께 일하는 것을 기대합니다.(잘 부탁합니다)
   I look forward to _____ _____ you.
2. 나는 다양한 경험을 갖기를 기대한다.
   I look forward to _____ _____ _____.

1. working with 2. having wide experience

039

Part 2 | 요청/소망

Can I borrow ~? ~을 빌려 주실래요?

직역하면 '제가 ~를 빌릴 수 있을까요?'이지만 '~좀 빌려 주시겠습니까?'라는 정중한 요청으로 이해하면 된다. borrow는 '일정 시간 동안 가져가서 사용한다'는 의미이다.

Can I borrow + 목적어

Can I borrow your headphones?
헤드폰 좀 빌려 주시겠습니까?

Can I borrow your cell phone for a minute?
휴대폰 좀 잠시 빌릴 수 있을까요?

Can I borrow some money?
돈 좀 빌려 줄래?

Can I borrow it after you finish it?
당신이 그걸 다 쓰면 저에게 빌려 주실래요?

A: Can I borrow your umbrella?
B: Sure, go ahead.
A: Thanks. I appreciate it.

A: 네 우산 좀 빌려 주겠니?
B: 그래, 가져가.
A: 정말 고마워.

- **Can you lent me your car?**
  자동차 좀 빌려 가도 될까요?

- **Will you lend me your bicycle?**
  자전거 좀 빌려 주실래요?

self test

1. 당신의 교재 좀 빌려 주실래요?
   Can I borrow your _____?
2. 사전 좀 빌려 주실래요?
   Can I borrow the _____?

1. textbook 2. dictionary

040

Part 2 | 요청/소망

If I were you~   만일 내가 너라면~

현재 사실과 반대되는 가정법 과거 표현이므로, 문법적으로 be동사는 반드시 were를 써야 한다. 주절에는 '주어+조동사 과거형+본동사'가 온다.

If I were you, 주절

If I were you, I would begin with easy questions.
나는 쉬운 질문으로 시작할 것이다.

If I were you, I wouldn't do such a foolish thing.
나는 그런 어리석은 짓은 하지 않을 것이다.

If I were you, I would apologize to the teacher.
나는 선생님에게 사과할 것이다.

If I were you, I'd buy that cell phone.
나는 저 휴대폰을 살 것이다.

A: What do you think of my decision?
B: If I were in your shoes, I would send an e-mail to her.

A: 내 결심에 대해 어떻게 생각하니?
B: 내가 네 입장이라면, 그녀에게 이메일을 보낼 거야.

- **If I were in your shoes,** I'd like to go to Jeju Island.
  내가 네 입장이라면, 난 제주도에 갈 것이다.

- **If I were in your situation,** I wouldn't say so.
  내가 네 상황이라면, 나는 그렇게 말하지 않을 것이다.

Self test

1. 내가 너라면 빌과는 더 이상 사귀지 않을 거야.
   If I were you, I _____ go ___ with Bill.
2. 내가 너라면 그냥 침묵을 지켰을 거야.
   If I were you, I would just _____ _____.

1. wouldn't out 2. keep silent

041

Part 2 | 요청/소망

I'd rather ~하는 것이 낫겠다

두 가지를 비교하여 'A보다 차라리 B가 더 낫다'라고 표현할 수도 있고, 그냥 특정 행위를 하겠다는 의사표시일 수도 있다.

I'd rather + 본동사

I'd rather watch TV.
난 그냥 텔레비전 볼래요.

I'd rather not to go there.
거기 안 가는 편이 낫겠네요.

I'd rather dance with you.
그냥 당신과 춤을 출게요.

I'd rather have bad times with you.
차라리 당신과 함께 고생하겠어요.

Dialogue

A : You'd better see a doctor.
B : You're right. But I'd rather take a rest than see a doctor right away.

A: 병원에 가 보는 게 좋을 거야.
B: 네 말이 맞아. 하지만 지금은 병원보다 좀 쉬는 게 낫겠어.

Step up

- **I prefer to** leave for Busan early.
  부산으로 일찍 출발하는 편이 낫다.

- **I'd better** take a bus.
  버스 타는 게 낫겠다.

Self test

1. 난 그냥 집에 있을래.
   I'd rather _____ home.
2. 난 그냥 잠잘래.
   I'd rather _____.

1. stay 2. sleep

042

Part 2 | 요청/소망

Don't tell me ~
~라는 말은 아니겠지/~라고 하지는 마

'설마 ~는 아니겠지?', '제발 ~라고 말하지는 마라'라는 뉘앙스를 전달하는 표현이다. 이 문장 뒤에 that이 오는 것이 정식이지만 회화에서는 보통 생략되기도 한다. Don't tell me! 이 한 마디만으로도 사용된다.

Don't tell me+주어+동사

Don't tell me that it's over.
이제 끝이라고 하지 마세요.

Don't tell me I'm wrong.
내 잘못이라고 하지 마세요.

Don't tell me that you're someone I can trust.
너를 내가 믿을 수 있는 사람이라고 하지 마.

Don't tell me!
설마!

Dialogue

A: Don't tell me you're having second thoughts.
B: Of course not.
A: 한 번 더 생각해 보겠다는 얘기는 아니겠지?
B: 물론 아냐.

Step up

- You don't mean to say so?
  설마 농담이겠죠?

- You don't say!
  설마!

---

1. 설마 내게 질렸다는 건 아니겠지?
   Don't tell me you are getting ____ ____ ____ of me.
2. 내 차에 흠집을 냈다는 말은 아니겠지?
   Don't tell me you _____ my car.

1. sick and tired 2. scratched

043

Part 2 | 제안/허락

I can ~   ~할 수 있다

주어가 '~할 수 있다'는 것을 표현하는 패턴으로 능력뿐만 아니라 허가를 나타내기도 한다. 특히 의문문(Can I~)의 형태로 하여 상대방에게 요청하는 표현을 만들 수 있다.

I can + 동사원형

I can drive a bus.
나는 버스를 운전할 수 있다.

She can speak Chinese.
그녀는 중국어를 말할 수 있다.

You can leave earlier.
당신은 조퇴해도 된다.

We can swim at sea.
우리는 바다에서 수영할 수 있다.

• word •
leave earlier : 조퇴하다

Dialogue

A: Can I use your photocopier?
B: Yes, you can.
A: 복사기 좀 써도 될까요?   *photocopier : 복사기(=duplicator)
B: 네, 쓰세요.

Step up

- **I am able to do this.**
  나는 이것을 할 수 있다.

- **Is it possible to change my reservation?**
  예약을 변경할 수 있나요?

Self test

1. 그녀는 말을 탈 수 있다.
   She can _____ a horse.
2. 너는 영어를 말할 수 있니?
   Can you _____ _____?

1.ride 2.speak english

044

Part 2 | 제안/허락

Would you like ~?
~는 어떻습니까?

would 가 이끄는 의문문은 상대방의 의사를 묻는 권유 용법으로서 정중함을 나타낸다. 따라서 Would you like ~ 는 Do you want ~ 와 같은 뜻이며 정중함을 강조한 용법으로, 이 뒤에는 주로 사물이 온다. 처음 만난 상대나 격식을 차릴 필요가 있는 경우에 사용해 보자.

Would you like + 명사

Would you like some coffee?
커피 좀 드실래요?

Would you like a newspaper?
신문을 보시겠어요?

Would you like more bread?
빵 좀 더 드실래요?

Would you like a free map?
무료 지도를 드릴까요?

A: Would you like mineral water?
B: Yes, please.

A: 생수를 드릴까요?
B: 예, 부탁드립니다.

＊거절할 때는 No, thank you.(아니오, 괜찮습니다.)라고 한다.

- **How about Korean food?**
  한국 음식은 어떻습니까?

- **Do you want a coke?**
  콜라 드릴까요?

Self test

1. 너 소개팅할래?
   Would you like __ _____ _____?
2. 저녁 식사 후에 한잔 할래?
   Would you like __ _____ _____ dinner?

1. a blind date 2. a drink after

045
Would you like to ~?
~하실까요?

Part 2 | 제안/허락

앞에 나온 Would you like뒤에 to가 붙은 형태이므로 뒤에는 당연히 동사원형이 오게 된다. 따라서 동작을 나타내는 말이 필요하다.

Would you like to + 동사원형

Would you like to go shopping with me?
저와 같이 쇼핑 가시겠어요?

Would you like to get a refund?
환불을 원하시나요?

Would you like to take a rest?
좀 쉬시겠어요?

Would you like to wait a while?
잠시 기다리시겠어요?

• word •
refund : 환불
take a rest : 잠시 쉬다

Dialogue
A: Would you like to see our beer factory?
B: No, thank you.
A: 저희 맥주 공장을 견학하시겠습니까?
B: 아니오, 괜찮습니다.

＊승낙할 때는 Yes, I'd love to.(예, 꼭 그러겠습니다.) 또는 Sure.(물론이죠.)라고 한다.

Step up
• What about going to play golf?
  골프 치러 가실래요?

• Won't you have a smoke?
  담배 한 대 하실래요?

self test

1. 창문 좀 닫아 주시겠어요?
   Would you like to _____ ___ _____ for me?
2. 이번 주말에 저희 집에 저녁 드시러 오시겠어요?
   Would you like to ____ ___ ___ _____ ___ _____ this weekend?

1. close the window 2. come to my house for dinner

046

Part 2 | 제안/허락

How about ~? ~은 어때요?

상대방의 의견을 묻는, 쓰임새가 많은 표현이므로 꼭 알아두자. How about 뒤에 어떤 명사를 써도 괜찮고 How 대신에 What을 써도 된다.

How about + 명사

How about you?
당신(생각)은 어때요?

How about pop music?
팝 음악은 어때요?

How about this book?
이 책은 어때요?

How about playing violin?
바이올린 연주는 어때요?

A: I'll have a sandwich. How about you?
B: I'd like spaghetti.

A: 나는 샌드위치를 먹을게. 너는 어떻게 할래?
B: 저는 스파게티로 할게요.

- **What about your opinion?**
  네 의견은 어때?

- **Tell me what you think.**
  네 생각을 말해 봐.

Self test

1. 중국 요리로 주문하는 게 어때?
   How about _____ Chinese food?
2. 케이크 하나 더 드시겠어요?
   How about _____ _____ of cake?

1. ordering 2. another piece

481

047

Part 2 | 제안/허락

Why don't you ~?
~하면 어떨까?(~하자)

you 뒤에는 동사가 옵니다. 직역하면 '왜 ~하지 않는 거야?'가 되지만 사실은 '~하면 어떨까?', '~하자.'라는 가벼운 제안과 권유의 표현이다. 문장 뒤에 물음표가 있지만 자신의 생각을 상대방에게 제안하는 상황이므로 질문은 아니다.

Why don't you + 동사원형

Why don't you come with us for dinner?
우리와 함께 저녁 먹으러 가자.

Why don't you try this skirt?
이 스커트 입어 보지 그래?

Why don't you ask Betty to wash your shoes?
베티에게 네 신발을 닦아 달라고 부탁해 보지.

Why don't you invite Jim?
짐을 초대하지 그래?

Dialogue

A: Why don't you reboot the PC?
B: That's a good idea.

A: PC를 재부팅시키면 어떨까?   *reboot : 다시 켜다
B: 그거 좋은 생각이네.

Step up

• **How about** some cookies?
  쿠키 좀 먹지 그래?

• **Let's** take a break.
  잠시 휴식을 갖자.

Self test

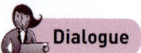
1. 당신도 동참하시겠어요?
   Why don't you _____ us?

2. 여행 좀 해 보시죠?
   Why don't you _____ ___trip?

1.join 2.take a

048

Part 2 | 제안/허락

Let's get ~   ~되게 하자

뭔가 제안을 할 때 요긴하게 쓸 수 있는 표현으로, Let's get 뒤에는 형용사나 과거분사를 넣는다. Let's는 Let us 를 줄인 말이다.

Let's get + 형용사

Let's get serious.
좀 진지해지자.

Let's get real.
정신 좀 차리자.

Let's get started.
자, 출발하자.

Let's get ready to fight.
자, 싸울 준비를 하자.

• word •
get real : 정신 차리다, 꿈 깨다
get started : 출발하다

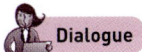
Dialogue

A: Let's get drunk.
B: Thank you! You are my best friend.

A: 한잔 하자.   *get drunk : 취하다
B: 고마워. 역시 너밖에 없다.

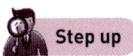
Step up

• **Let's** get out of here.
여기서 나가자.

• **Why don't you** come along?
너도 같이 갈래?

self test

1. 모입시다!
   Let's get _____!
2. 준비합시다.
   Let's get _____.

1. together 2. ready

483

049

Part 2 | 제안/허락

Shall we ~? ~할까요?

Shall we dance?(함께 춤추실까요?)라는 일본 영화도 있었는데, 직역하면 '우리가 ~될까요?'라고 묻는 것이므로 상대방의 의사를 묻는 패턴이다.

Shall we + 동사원형

Shall we vote by raising hands?
손을 들어 투표할까요?

Shall we enjoy wine?
와인 좀 드실까요?

Shall we eat out tonight?
오늘밤 외식을 할까요?

Shall we have lunch together?
함께 점심식사라도 할까요?

• word •
vote : 투표하다
eat out : 외식하다

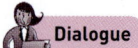
Dialogue
A: Shall we dance?
B: Yes, let's.
A: 함께 춤 좀 추실까요?
B: 네, 그러시죠.

Step up
- What time **shall we** meet?
  몇 시에 만날까요?
- Why don't we discuss the plan.
  그 계획에 대해 토론해 볼까요?

Self test

1. 여기에서 멈출까요?
   Shall we _____ here?
2. 잠시 얘기 좀 하실까요?
   Shall we have a _____?

1. stop 2. talk

050

Part 2 | 제안/허락

Why don't we ~? ~할까요?

이 패턴은 Shall we~? 또는 Let's와 유사한 표현인데, 두 가지보다 부드러운 느낌이 든다. we 대신 you로 바꾸면 상대에게 제안하는 패턴이 된다.

Why don't we + 동사원형

Why don't we just call it a day?
이쯤에서 오늘 일을 끝낼까?

Why don't we go for another round?
우리 2차 갈까요?

Why don't we get a bite to eat?
뭐 좀 먹으러 갈까요?

Why don't we take a coffee break?
우리 커피 좀 마실까?

A: Why don't we take an X-ray?
B: What ? Is there something wrong?
A: Better safe than sorry.

A: 엑스레이를 한 번 찍어 보죠.   *take an X-ray : 엑스레이를 찍다
B: 네? 뭐가 잘못됐습니까?
A: 탈이 나기 전에 검사해 두면 좋죠.

- **How about** going swimming?
  수영하러 갈까요?

- **What about** taking a trip?
  여행 어떠세요?

Self test

1. 우리 등산 갈까?
   Why don't we _____ _____?
2. 우리 다른 날 만날까?
   Why don't we meet _____ _____?

1. go climbing 2. another day

051

Part 2 | 제안/허락

Let's see ~   ~을 (시험 삼아) 보자

여기에서 see는 눈으로 본다는 뜻이 아니라 상황이나 결과를 확인한다는 뜻이다. Let's see 뒤에 단순 명사가 오면 그냥 '~을 보러 가자'는 뜻이다.

Let's see + 의문사 + 절

Let's see where he wants to go.
그가 어디 가고 싶어 하는지 봅시다.

Let's see who will be the first to leave.
누가 첫번째로 떠나는지 지켜 보자.

Let's see what time the meeting starts.
회의가 몇 시에 시작하는지 알아 보자.

Let's see how well you've done.
네가 얼마나 잘했는지 보자.

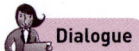 **Dialogue**

A: What movies are playing now?
B: Let's see what's playing in the net.

A: 지금 어떤 영화를 하고 있지?
B: 어떤 공연이 있는지 인터넷에서 찾아 보죠.

 **Step up**

- **Let me think** about it.
  거기에 대해 생각 좀 해 보겠습니다.

- **Let's wait and see.**
  상황을 좀 지켜 보자.

Self test

1. 공상과학 영화 보러 가자.
   Let's see a _____ fiction movie.
2. 결과가 어떤지 봅시다.
   Let's see what the _____ is.

1. science 2. result

PART 03

의문사 의문문

- 052　Who is ~ ?　~는 누구인가?
- 053　What is ~ ?　~는 무엇인가?
- 054　Which is ~ ?　어느 것이 ~인가?
- 055　When is ~ ?　~은 언제인가?
- 056　What kind of ~ ?　어떤 종류의 ~?
- 057　What is ~ like?　~은 어떤 느낌인가?
- 058　What's wrong with~ ?　~은 어떻게 되었니?
- 059　Why do you ~ ?　당신은 왜 ~하는가?
- 060　How is ~ ?　~은 어떤가?
- 061　How often ~ ?　얼마나 자주 ~?
- 062　Do you mean~ ?　~이라는 말인가?
- 063　How come ~?　무엇 때문에?/ 왜?
- 064　Don't you know ~ ?　~알지 않니? / ~도 모르니?
- 065　What makes you ~ ?　무엇 때문에 ~해요?
- 066　What brings you ~ ?　오게 된 이유는 뭐죠?
- 067　Do you ever ~?　~하긴 하는 거예요?

과거 사실

- 068　I + 과거형 동사　나는 ~했다
- 069　I was supposed to ~　~할 예정이었다
- 070　have + p.p.　~한 적이 있다 (경험)
- 071　have been to ~　~에 갔다 온 적이 있다
- 072　should have p.p.　~했어야 되는 건데
- 073　I used to ~　전에는 ~였다
- 074　I got ~　~이 되었다
- 075　I go to ~　나는 ~에 다닌다
- 076　I told you　그러니까 ~라고 했잖아

의지

- 077　Let me ~　~하도록 하겠습니다
- 078　I will ~　~할 것이다
- 079　I try to ~　~하려고 하다
- 080　I am determined to ~　반드시 ~을 하겠다
- 081　I'm thinking about ~ing　~하려고 생각하다
- 082　I'm willing to ~　기꺼이 ~할 거예요.
- 083　The last thing I want to do is ~　~은 절대 안 해요

052
Who is ~?   ~는 누구인가?

Part 3 | 의문사 의문문

어떤 사람에 대해 잘 모를 때 던지는 질문이다.

Who is + 명사

Who is he?
그는 누구지?

Who is your girl?
네 여자 친구는 누구야?

• word •
one's girl : ~의 여자 친구

Who is your favorite singer?
네가 제일 좋아하는 가수는 누구지?

Who is her (younger) brother?
그녀의 남동생은 누구지?

A: Who's that movie actress?
B: She is Kate Winslet.
A: 저 여배우는 누구니?
B: 케이트 윈슬릿이야.

- **Who loves her?**
  누가 그녀를 사랑하지?

- **Who is going to pay for it?**
  누가 돈을 내는 거지?

Self test

1. 그녀는 누구와 얘기하는 거야?
   Who is she _____ to?
2. 누구세요?(상대가 안 보일 때, 성별을 모를 때)
   Who is ___?

1. talking 2. it

053

Part 3 | 의문사 의문문

What is ~?   ~는 무엇인가?

사물에 대해 물어볼 때 사용하는 가장 기초적인 질문으로, 회화에서는 What's 라는 줄임말을 사용한다. 그 대답은 It is ~ 로 시작하면 된다.

What is + 명사

What is this box?
이 상자는 무엇인가요?

What are those books?
이 책들은 뭔가요?

What's your e-mail address?
네 이메일 주소는 어떻게 되니?

What is today's special?
오늘의 특별 요리는 뭔가요?

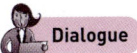

A: What is your favorite song?
B: It's 'Stand by me'.
A: 네가 가장 좋아하는 노래는 뭐니?
B: '스탠 바이 미'야.

- What do you mean?
  네 말은 무슨 뜻이야?

- What was your major?
  네 전공은 뭐였니?

Self test

1. 취미가 뭐니?
   What is your _____?
2. 지금 뭐하고 있니?
   What are you ____ _____?

1. hobby 2. doing now

489

054

Part 3 | 의문사 의문문

Which is ~?   어느 것이 ~인가?

Which는 선택을 전제로 한 표현이므로, 사물이나 사람을 모두 지칭할 수 있다.

Which is + 명사

Which is the more popular one?
어느 것이 더 인기 있는 것인가요?

Which is mine?
어느 게 내 것인가요?

Which is your daughter?
어느 쪽이 당신 딸입니까?

Which is my cup?
어느 것이 내 컵인가요?

Dialogue

A: Which cat is more beautiful?
B: The cat on the left is more beautiful.
A: 어느 고양이가 더 예쁜가요?
B: 왼쪽 고양이가 더 예쁩니다.

Step up

- Which do you like better, sandwiches or hamburgers?
  샌드위치와 햄버거 중에 어느 걸 좋아하세요?

- Which brand do you like?
  어느 브랜드를 좋아하세요?

self test

1. 어느 쪽에 더 낫습니까?
   Which one is _____?
2. 네 선택은 어느 것이니?
   Which is _____ _____?

1. better 2. your choice

055 When is ~? ~은 언제인가?

Part 3 | 의문사 의문문

시간이나 생일 등 날짜를 묻는 일반적인 패턴이다. When은 '언제'이므로 활용 범위가 넓고, what time이라고 하면 '시계'를 보고 대답하는 좁은 범위가 된다.

When is + 명사

When is your birthday?
네 생일은 언제니?

When is the next train to Berlin?
베를린행 다음 열차는 언제입니까?

When is the deadline?
마감 시간은 언제입니까?

• word •
deadline : 최종 기한, 금지선

When is the date with Susan?
수잔과 데이트는 언제니?

Dialogue

A: When is Tom's wedding ceremony?
B: It's on Sunday.
A: 톰의 결혼식은 언제입니까?   *wedding ceremony : 결혼식
B: 일요일입니다.

Step up
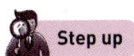

- **What time does the express train leave?**
  특급열차가 몇 시에 출발하지?

- **What time did you arrive at the airport?**
  몇 시에 공항에 도착했지?

self test
1. 체크아웃 시간이 몇 시입니까?
   When is _____ _____?
2. 당신은 언제 행복하세요?
   When _____ _____ happy?

1. checkout time 2. are you

056

Part 3 | 의문사 의문문

What kind of ~? 어떤 종류의 ~?

'어떤 종류의 명사'를 물어 볼 때 쓰는 패턴이다. kind 대신 sort나 type을 써도 비슷한 뜻이 된다. 그 뒤에는 부정관사 없이 단수 명사가 온다.

What kind of+명사+의문문?

What kind of food would you like to have for lunch?
점심으로 어떤 음식을 드실 겁니까?

What kind of activity will you participate in at school?
학교에서 어떤 활동에 참여할 거니?

What kind of teacher will be coming?
어떤 선생님이 오는 거죠?

What kind of music do you like?
어떤 종류의 음악을 좋아하니?

Dialogue

A: What kind of job are you looking for?
B: I'm looking for a job at a car dealership.

A: 어떤 직종을 찾으십니까?
B: 자동차 영업사원직을 찾고 있습니다.

＊car dealer : 자동차 영업사원   dealership : 판매대리점, 판매권

Step up

- **What sort of** food do you like best?
  어떤 음식을 가장 좋아하세요?

- **What type of** woman do you want to meet?
  어떤 타입의 여성을 만나고 싶으세요?

self test

1. 그건 무슨 보석인가요?
   What kind of _____ ___ that?
2. 어떤 스포츠를 좋아하세요?
   What kind of sports ___ _____ _____?

1. stone is 2. do you like

057

Part 3 | 의문사 의문문

What is ~ like? ~은 어떤 느낌인가?

사람, 또는 사물의 모습이나 느낌을 물을 때 쓰는 패턴이다.

What is + 명사 + like?

What is your boss **like?**
네 사장님은 어떤 사람이니?

What is the weather **like?**
날씨가 어때요?

What is the singer **like?**
그 가수는 어떠니?

What is this food **like?**
이 음식은 어떻습니까?

Dialogue

A: What is Mr. Park like?
B: It seems like he knows everything.
A: 미스터 박은 어때요?
B: 그는 마치 모든 것을 알고 있는 것 같아요.

Step up

- How does the sky look (like)?
  날씨가 어떻습니까?

- How do you like your new general manager?
  새로 온 부장님 어때? *general manager : 부장, 관리자, 지배인

Self test

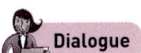
1. 그 영화는 어떤가?
   What is ___ _____ like?
2. 런던은 어떤 곳이야?
   What is _____ like?

1. the movie 2. London

058

Part 3 | 의문사 의문문

What's wrong with~?
~은 어떻게 되었니?

'~는 어떻게 된 거지?', '~가 뭔가 잘못되었나?'라는 뜻으로 사람이나 사물 모두 쓸 수 있다.

What's wrong with+명사?

What's wrong with this razor?
이 면도기는 뭐가 고장이니?

What's wrong with my car?
내 자동차가 고장이니?

What's wrong with my son?
내 아들한테 무슨 일이 있는 건가?

What's wrong with our company?
우리 회사에 무슨 일 있나?

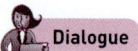

A: What's wrong with you?
B: I have a runny nose.
A: 너 몸이 안 좋니?
B: 콧물이 좀 흘러.   *runny nose : 콧물

- **What happened to you?**
  너한테 무슨 일 있니?

- **What's the problem?**
  무슨 일 있니?

self test

1. 제가 어디 안 좋은 건가요?(병원에서)
   What's wrong with ___?
2. 한국의 영어 교육은 뭐가 문제인가요?
   What's wrong with English _____ _____ Korea?

1.me 2.education in

059

Part 3 | 의문사 의문문

Why do you ~? 당신은 왜 ~하는가?

상대방의 생각이나 행동의 이유를 묻는 표현이다. '왜~인가?'라는 질문이므로 보통 Because ~(왜냐하면 ~이다)로 이유를 설명한다. Why 뒤에는 do동사가 아닌 다른 조동사나 be동사가 와도 된다.

Why do+주어+동사원형?

Why do you love me?
왜 나를 사랑하는 거죠?

Why do you want to go there?
왜 거기 가고 싶어 하는 거지?

• word •
ex-wife : 전 부인

Why do you try to meet your ex-wife?
왜 전(前) 부인을 만나려는 거죠?

Why did he start studying Chinese?
그는 왜 중국어 공부를 시작했나요?

Dialogue

A: Why did you apply to Samsoong Electronics?
B: Because they can give me a high salary.
A: 왜 삼숭전자에 지원하신 거죠?   *apply to : 지원하다, 신청하다, 적용하다
B: 왜냐하면 그들이 제게 봉급을 많이 줄 수 있으니까요.

Step up

• How come they didn't show up?
  왜 그들이 나타나지 않았을까요?   *show up : 나타나다

• What are you saying that for?
  왜 그 말을 하는 거지?

Self test

1. 당신은 왜 영어를 공부해야 한다고 생각하나요?
   Why do you think _____ _____ _____ study English?
2. 당신은 왜 하느님을 믿는가?
   Why do you _____ _____ God?

1.you have to 2.believe in

060

Part 3 | 의문사 의문문

How is ~? ~은 어떤가?

이 표현은 대상의 상태나 상황을 묻는 표현으로, How are you?라는 인사말로도 흔히 사용된다.

How is(are)+명사

How's your business?
사업은 어떠세요?

How're you?
잘 지내십니까?(직역 : 당신은 어때요?)

How is Miss Kang?
강 양은 잘 있나요?

How was your flight?
항공 여행은 어땠어요?

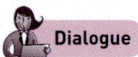

Dialogue

A: How was your holiday?
B: It was nice. I went to Thailand.

A: 휴가는 어떠셨어요?
B: 태국에 갔다 왔는데, 매우 좋았어요.

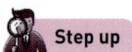

Step up

- **How's** it going?
  하시는 일은 어떠세요?

- **How's** things with you?
  요즘 어떠세요?

＊things : 좀 막연한 표현이지만 회화에서 많이 쓰이는 말로, 관계된 일이나 모든 주변 상황을 가리킨다.

Self test

1. 날씨는 어때요?
   How is _____ _____?
2. 너희 가족은 어떠니?
   How is _____ _____?

1.the weather 2.your family

061 How often ~? 얼마나 자주 ~?

Part 3 | 의문사 의문문

빈도를 묻는 표현으로 '얼마나 자주 ~하세요?'라고 해석된다. How often을 한 덩어리로 생각하고 그 뒤에는 조동사나 be동사가 올 수 있다.

How often + 의문문?

How often do you drink?
술은 얼마나 자주 하시죠?

How often do they take night duty?
그들은 얼마나 자주 야근을 하나요?

How often do you go overseas?
얼마나 자주 해외에 나가십니까?

How often do you go out with your sweetheart?
애인하고 얼마나 자주 만나세요?

• word •
night duty : 야근, 숙직
overseas : 해외로, 외국으로

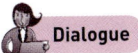
Dialogue

A: How often do you get a haircut?
B: Twice a month.
A: 머리는 얼마나 자주 깎으세요?
B: 한 달에 두 번 합니다.

Step up

- **How many times** do you wash your face a day?
  하루에 얼굴을 몇 번 씻으세요?

- **How many times** have you been to Jeju Island?
  너는 제주도에 몇 번 가 봤니?

Self test

1. 버스가 얼마나 자주 오나요?
   How often ____ ____ ____ ?
2. 이를 얼마나 자주 닦으세요?
   How often do you ____ ____ ____ ?

1. the buses come 2. brush your teeth

497

062

Part 3 | 의문사 의문문

Do you mean~?
~이라는 말인가?

상대방의 말을 제대로 알아듣지 못했거나 복잡한 문장 혹은 뜻밖의 얘기라서 그 말의 의도를 정확히 확인하는 의미로 흔히 나오는 패턴이다.

Do you mean + 주어 + 동사

Do you mean I am wrong?
그러니까 내가 틀렸다는 말이지?

Do you mean you can do all that?
당신이 그걸 전부 할 수 있다는 말이죠?

Do you mean this is the last time?
이게 끝이라는 말인가요?

Do you mean you're going now?
지금 떠나신다는 얘기인가요?

A: Do you mean there's a lot of work for you to do?
B: No, I mean I didn't plan on my job.
A: 지금 할 일이 많으시다는 말씀인가요?
B: 아뇨, 제 일에 대해 계획을 세우지 않았다는 얘기죠.

- **What do you mean by that?**
  그게 무슨 뜻인가요?

- **What's your point?**
  당신의 요점은 무엇인가요?

Self test

1. 무슨 뜻이죠?
   _____ do you mean?
2. 그러니까 당신은 아직 Jean에게 빠져 있다는 말인가요?
   Do you mean you're _____ _____ _____ Jean?

1. What 2. still mad at

063 How come ~?
무엇 때문에?/ 왜?

Part 3 | 의문사 의문문

의문문이지만 How come 주어+동사의 순서에 주의해야 한다. How did it come that의 생략형이라고 생각하면 이해하기 쉽다. How come은 why보다 비격식이고 구어 표현이다.

How come 주어+동사?

How come you're late?
웬일로 늦었어요?

How come she acts so silly?
그녀가 왜 그렇게 바보처럼 행동하지?

How come you speak such a good Chinese?
당신은 어떻게 그렇게 훌륭한 중국어를 구사하십니까?

How come I've never heard of him?
어떻게 내가 그의 소식을 듣지 못했을까?

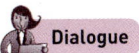

A: How come you quit your job?
B: Because my boss has given me a hard time.
A: 직장을 왜 그만두었니?
B: 사장이 줄곧 나를 힘들게 했기 때문이야.

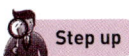

- **What** did you do that for?
  왜 그랬어요?

- **Why** were you so late this morning?
  오늘 아침 왜 그렇게 늦었어요?

Self test
1. 왜 그녀를 좋아하지 않니?
   How come you _____ _____ her?
2. 왜 혼자서 여행했니?
   How come you _____ alone?

1. don't like 2. traveled

064

Part 3 | 의문사 의문문

Don't you know ~?
~알지 않니? / ~도 모르니?

이 패턴은 '~도 몰라요?'라는 도전적인 뉘앙스도 있으므로 Do you know~를 사용하는 것이 좋을 수도 있다.

Don't you know+(목적어 / 목적절)?

Don't you know him?
너 그 아이를 알지 않니?

Don't you know how to write a report?
리포트 쓰는 법도 몰라요?

Don't you know I'd been waiting for you?
내가 당신을 얼마나 기다렸는지 모르시나요?

Don't you know you're beautiful?
당신이 아름답다는 걸 모르시나요?

A: May I smoke here?
B: Don't you know smoking is bad for your health?
A: Yes. But I can't quit it.

A: 여기에서 담배 피워도 될까요?
B: 흡연이 건강에 해롭다는 것도 모르세요?
A: 알지만 끊을 수가 없어요.

- **Don't you think** she is a good cook?
  그녀가 요리 잘한다고 생각하지 않아요?

- **Don't you remember** that we met here before?
  우리가 전에 여기에서 만났던 거 기억 안 나세요?

self test

1. 그녀의 이름을 모르세요?
   Don't you know her _____?
2. 치즈가 우유로 만들어진다는 거 모르세요?
   Don't you know cheese is _____ _____ milk?

1. name 2. made from

065
Part 3 | 의문사 의문문

What makes you ~?
무엇 때문에 ~해요?

영어 표현이 익숙하지 않을 때는 '왜 ~해요?'라고 말해야 할 경우 why를 주로 사용하지만, 원어민은 what makes you ~?를 주로 쓴다.

What makes you + 동사?

What makes you purchase the copying machine?
왜 그 복사기를 구입하세요?

What made you stay up all night?
무엇 때문에 밤새 깨어 있었어?

What makes you change your mind?
왜 당신 생각을 바꾸었나요?

What makes you busy nowadays?
요즘 왜 그렇게 바쁜 거죠?

Dialogue
A: This is an excellent restaurant!
B: What makes you think so?
A: The food is very delicious and the service is nice.

A: 이곳은 아주 멋진 레스토랑이야!
B: 왜 그렇게 생각하는데?
A: 음식이 아주 맛있고 서비스도 좋아.

Step up
- **On what grounds do you suspect her?**
  당신은 왜 그녀를 의심합니까?

- **How did you come to move to such a far-off place?**
  왜 그렇게 먼 곳으로 이사 갔습니까?

Self test

1. 왜 그렇게 생각하는 거니?
   What makes you _____ _____?
2. 왜 그런 말을 하는 거니?
   What makes you _____ that?

1. think so 2. say

501

066
Part 3 | 의문사 의문문

What brings you ~?
~오게 된 이유는 뭐죠?

bring이 '~을 가져오다'라는 뜻이므로 you 뒤에 동사가 없어도 말이 된다.

What brings you + 장소?

What brings you here today?
오늘 여기 어떻게 오게 된 거죠?

What brings you to Seoul?
서울에는 어떻게 오셨어요?

What brings you to this meeting?
이 모임에는 어떻게 오게 되었어요?

What brings you to the emergency room?
응급실엔 어떻게 오게 되었나요?

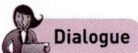

Dialogue
A: What brings you here?
B: I was invited, just like you.
A: 당신은 여기 왜 오게 된 거죠?
B: 초대받은 거죠, 당신과 마찬가지로.

Step up
- What makes you think I like her?
  당신은 왜 내가 그녀를 좋아한다고 생각하는 거죠?
- What did you do that for?
  왜 그랬습니까?

self test

1. 무슨 일로 이 병원에 오게 되었나요?
   What brings to this _____ today?
2. 무슨 일로 우리 집에 오셨나요?
   What brings to my _____?

1. hospital 2. house

067 Do you ever ~?
~하긴 하는 거예요?

Part 3 | 의문사 의문문

Have you ever(경험)와 비슷한 표현으로, ever는 '지금까지', '한번이라도', '평소', '혹시(현재의 습관이나 사실)'라는 의미를 뜻한다.

Do you ever+동사?

Do you ever eat out?
외식을 하긴 하세요?

Do you ever take family trip?
가족 여행을 하긴 하세요?

Do you ever board a plane?
비행기를 타긴 하세요?

Does your boyfriend ever call you?
남자 친구가 너에게 전화하긴 해?

Dialogue
A: Does your girlfriend ever call you?
B: Sometimes. Usually I call her.
A: 여자 친구가 너에게 전화하긴 해?
B: 가끔. 보통은 내가 전화하는 편이지만.

Step up
- Have you ever go abroad?
  외국에 가 본 적 있어요?

- I've tried everything under the sun.
  모든 걸 전부 다 해 봤어.

self test

1. 너 자전거 한번이라도 타니?
   Do you ever _____ _____ bicycle?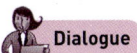
2. 노래방에서 노래 부르기도 하세요?
   Do you ever _____ _____ a karaoke?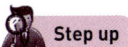

1. ride a 2. sing in

068

Part 3 | 과거 사실

I + 과거형 동사   나는 ~했다

과거의 행위를 나타낸다. 동사의 형태는 규칙동사의 경우는 ed를 붙이면 되고, 불규칙동사의 경우는 동사마다 형태를 따로 외워야 한다.

주어+과거형 동사 (+목적어)

I started a new business.
나는 새로운 사업을 시작했다.

A light plane **crashed** into the sea.
경비행기가 바다에 추락했다.

I **wrote** a long letter to my sister.
나는 누나에게 긴 편지를 써 보냈다.

Yesterday he **gave** me an engagement ring.
어제 그는 내게 약혼반지를 줬다.

• word •
crash : 추락하다, 충돌하다
engagement : 약속, 약혼, 계약

A: Did you finish the report?
B: Not yet. Maybe I can finish it tomorrow.
A: 리포트 작성 끝냈니?
B: 아직이야. 아마 내일 끝낼 수 있을 거야.

- **Didn't I ask** you to call back?
  내가 전화해 달라고 부탁하지 않았나요?

- Paul **ran away** with his friend's wife.
  폴은 친구의 아내와 함께 도망갔다.

Self test

1. 나는 어제 그를 보았다.
   I _____ _____ yesterday.
2. 나는 어젯밤에 늦게까지 안 잤다.
   I _____ _____ _____ last night.

1. saw him 2. stayed up late

069

Part 3 | 과거 사실

I was supposed to ~
~할 예정이었다

be동사 과거형 + supposed to~ 는 주어가 '~하도록 예정되어 있었는데 그러지 못했다'는 뜻이다. 예정이나 약속이 이행되지 못했을 때 쓸 수 있는 패턴이다.

I was supposed to + 동사원형

Yumi was supposed to see me yesterday.
유미는 어제 나를 만날 예정이었다.

Sarah was supposed to go on a honeymoon last week.
새라는 지난 주 신혼여행을 갈 예정이었다.

This package was supposed to be delivered by this morning.
이 꾸러미는 오늘 아침까지 도착해야 하는 거였다.

I didn't know what I was supposed to do.
내가 무엇을 해야 할지 몰랐어요.

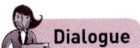

A: I was supposed to meet you at 9.
B: What happened to you?
A: 9시에 너를 만나게 되어 있었는데.
B: 무슨 일이 있었던 거야?

- I intended to finish this report by today.
  이 리포트를 오늘까지 끝내려고 했었다.

- This plan was expected to be completed by yesterday.
  이 계획은 어제까지 끝내도록 되어 있었다.

Self test

1. 그는 점심시간에 나를 데리러 오기로 되어 있었다.
   He was supposed to _____ _____ _____ at lunch time.
2. 너는 그녀에게 오라고 말하기로 되어 있었다.
   You were supposed to _____ _____ to come!

1. pick me up 2. tell her

505

070

Part 3 | 과거 사실

have + p.p. ~한 적이 있다 (경험)

과거의 경험을 나타내는 현재완료 용법으로, 현재완료 문장에 ever, often, never, once 가 들어가면 경험적 용법이 확실해진다.

주어+have+과거분사+목적어

I have seen Naomi once.
나오미를 한 번 본 적이 있다.

I have seen the new sales manager before.
신입 영업부장을 전에 본 적이 있다.

I have never met Yonsama.
나는 욘사마를 한 번도 만난 적이 없다.

· word ·
bungee jump(ing) : 번지점프

Have you ever tried bungee jumping?
번지점프 해 본 적 있으세요?

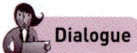

Dialogue
A: Have you ever heard of that movie?
B: I watched it last month.
A: 그 영화에 대해서 들어본 적 있니?
B: 지난달에 본 적 있어.

Step up
- Have you ever loved somebody so much?
  누군가를 몹시 사랑해 본 적이 있나요?
- I have been to a beautiful palace.
  나는 아름다운 궁전에 갔다 온 적이 있다.

self test

1. 인도 음식을 먹어 본 적이 있나요?
   Have you _____ _____ Indian food?
2. 로버트 드니로의 영화를 몇 편 본 적이 있다.
   I have _____ __ _____ Robert De Niro movies.

1. ever tried 2. seen a few

071 have been to ~ ~에 갔다 온 적이 있다

Part 3 | 과거 사실

현재완료의 경험 용법 중에서 특정 장소에 갔다 온 적이 있다는 표현이다.

주어+have+과거분사+목적어

I have been to a branch.
나는 지사에 갔다 온 적이 있다.

Have you been to Namsik's lately?
요즘에 남식이네 가 본 적 있니?

I have been to Europe twice.
유럽에 두 번 갔다 온 적이 있다.

I have been to the States.
나는 미국에 가 본 적이 있어.

* 두번째줄에서 have는 일종의 조동사 구실. the States는 미국(the United States)으로 정관사가 붙는다는 것에 유의한다.

Dialogue

A: Have you ever been to the Tokyo Disneyland before?
B: Yes, a few times.
A: 지금까지 도쿄 디즈니랜드에 다녀오신 적이 있나요?
B: 예, 몇 번 정도요.   *ever(한 번이라도)는 강조 용법.

Step up

- **Have you ever listened to Mozart's 25th symphony?**
  모차르트의 25번 교향곡을 들어 본 적이 있니?

- **I have never been to Hawaii.**
  나는 하와이에 한 번도 가 본 적이 없다.

Self test

1. 그녀는 영국에 가 본 적이 있나요?
   ____ ____ ____ to England?
2. 나는 미국에 가 본 적이 없다.
   I _____ _____ to the States.

1. Has she been 2. haven't been

072 should have p.p.
~했어야 되는 건데

Part 3 | 과거 사실

should have p. p.는 '~했어야 하는 건데'라는 뜻으로 과거의 행동에 대한 후회나 아쉬움을 나타낸다.

should have + 과거분사

You should have changed jobs last month.
넌 지난달에 직업을 바꿨어야 했어.

You should have followed her advice.
넌 그녀의 충고를 따랐어야 했어.

I should have played harder.
내가 더 열심히 경기했어야 하는 건데.

We should have started without her.
그녀 없이 우리가 시작했어야 했는데.

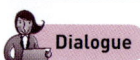
Dialogue

A: I failed my driving test again.
B: You should have practiced much more.

A: 운전면허 시험에 또 떨어졌어.   *driving test : 운전면허시험
B: 너는 훨씬 더 연습을 해야 했어.

Step up

- You **ought to have taken** my advice.
  너는 내 충고를 들었어야 했는데.

- I **wish I'd never gone out with her**.
  차라리 그녀와 사귀지 말았으면 좋았을걸.

*I wish는 가정법으로서 현실로는 불가능한 소망을 표현한다.

Self test

1. 내가 코트를 입었어야 했는데.
   I should have _____ __ _____.
2. 내가 진실을 말했어야 했는데.
   I should have _____ ___ _____.

1. worn a coat 2. told the truth

073

Part 3 | 과거 사실

I used to ~   전에는 ~였다

used to 는 과거의 지속적인 상태를 뜻하는데 지금은 그렇지 않은 사실을 말한다. 두 단어를 하나의 조동사처럼 생각하면 쉽다.

주어+used to+동사원형

I used to live in Chuncheon.
나는 전에 춘천에 살았다.

He used to be our boss.
그는 전에 우리 사장이었다.

We used to have a nice garden.
우리는 전에 멋진 정원이 있었다.

I used to go bowling.
전에는 볼링을 하곤 했다.

word
boss : 사장, 상관

Dialogue

A: Did you use to go to temple on Sundays?
B: No, I didn't use to go to temple.
A: 전에는 일요일에 절에 다니셨나요?
B: 아뇨, 절에는 다니지 않았습니다.

Step up

- **I am not used to fishing.**
  나는 낚시에 익숙하지 않다.

- **She would often go shopping in the evening.**
  그녀는 저녁에 자주 쇼핑을 하곤 했다.

*would는 과거의 불규칙적인 습관을 말한다.

Self test

1. 그녀는 전에 말괄량이였어.
   She used to ___ ___ ___.
2. 나는 이제 과거의 내가 아니다.
   I am not ___ ___ ___ ___ be.

1. be a tomboy 2. what I used to

074

I got ~   ~이 되었다

Part 3 | 과거 사실

이 표현(get + 형용사)은 일시적인 상태를 나타낸다. 반면에 become 동사는 영속적인 상태를 표시한다. 예) I became a teacher.

I got + 형용사 (과거분사)

I got nervous.
나는 긴장되었다.

He got drunk.
그는 술에 취했다.

I got fat.
나는 살이 쪘다.

I got sunburned.
햇볕으로 화상을 입었다.

• word •
nervous : 긴장된, 신경질적인, 불안한
drunk : 술 취한
sunburned : 햇볕에 탄

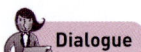
A: I got lost on my way.
B: That's too bad.
A: 저는 길을 잃었습니다.
B: 저런 안됐구나.

- He grew rich.
  그는 부유해졌다.

- I became puzzled.
  나는 당황하게 되었다.   *puzzle : 당황시키다

Self test
1. 나는 화가 났다.
   I got _____.
2. 난 결혼했어.
   I got _____.

1. angry 2. married

075

Part 3 | 과거 사실

I go to ~   나는 ~에 다닌다

습관적으로 특정 장소에 가거나 또는 학교나 회사처럼 매일 가게 되는 곳을 나타낼 수도 있다.

주어+go to+장소

I go to the pool every evening.
나는 매일 저녁 수영장에 다닌다.

I go to the hospital.
나는 그 병원에 다닌다.

• word •
fitness club : 헬스클럽
prestigious : 훌륭한, 일류의

My daughter **goes to** a fitness club.
내 딸은 헬스클럽에 다닌다.

She **goes to** a less prestigious university.
그녀는 3류 대학에 다니고 있다.

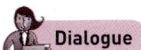

A: Which school do you go to?
B: I go to Vitamin high school.
A: 어느 학교에 다니세요?
B: 저는 비타민 고등학교에 다닙니다.

- I **attend** a small church.
  나는 작은 교회에 다닌다.

- She **works for** a small company.
  그녀는 작은 회사에 다닌다.

Self test

1. 나는 무역회사에 다닌다.
   I go to a _____ _____.
2. 그 마을에는 버스가 다니지 않는다.
   There's no bus that _____ _____ the village.

1. trading company   2. goes to

076

Part 3 | 과거 사실

I told you ~ 그러니까 ~라고 했잖아

비격식 표현으로 자신의 경고를 듣지 않아 나중에 좋지 않은 일을 당한 사람에게 하는 말이다.

> **I told you+(절 / 구 / 목적어)**
>
> **See, I told you!**
> 거봐, 내가 말했잖아.
>
> **I told you it wouldn't be easy.**
> 그리 쉽지는 않을 거라고 내가 말했잖아.
>
> **He shouted to camera crews, "I told you not to take pictures!"**
> 그는 촬영 기자들을 향해 "사진 찍지 마!"라고 외쳤다.

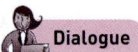
Dialogue
A: What happened to you?
B: I broke my leg.
A: I told you to be careful.
A: 무슨 일 있었니?
B: 다리가 부러졌어.
A: 그러게 내가 조심하랬잖아.

Step up
- **What did I tell you!**
  그러니까 내가 뭐랬니?

- **I told you many times!**
  몇 번이나 말했잖아!

self test
1. 내가 그거 그만두라고 했지!
   I told you stop _____ that!
2. 내가 그거 너한테 주겠다고 했지.
   I told you I would _____ ___ to you.

1. doing 2. give it

512

077

Part 3 | 의지

Let me ~   ~하도록 하겠습니다

직역하면 '당신의 허락을 부탁드립니다'가 되지만 그냥 '~을 하겠습니다'의 겸손한 표현이라고 기억하면 된다. 따라서 상대방의 허락을 구한다는 느낌을 기억해 둘 필요가 있다.

Let me + 동사원형

Let me introduce myself.
제 소개를 하겠습니다.

Let me read your report.
당신의 리포트를 읽게 해 주십시오.

Let me take you to Niagara Falls.
당신을 나이아가라폭포에 모셔다 드리겠습니다.

Let me check my schedule.
제가 일정표를 확인해 보겠습니다.

• word •
fall : 폭포(=waterfall)

Dialogue

A: Let me call her.
B: OK. Go ahead.
A: 내가 그녀에게 전화할게(전화해도 될까?).
B: 그래. 어서 해 봐.

Step up

• I will do it.(= Let me do it.)
  내가 그걸 할게.

• Can I e-mail you from now on?
  앞으로 너에게 이메일을 보내도 되니?

Self test

1. 내게 알려 주세요.
   Let me _____.
2. 나를 실망시키지 마세요.
   _____ let me _____.

1. know 2. Don't, down

513

078

Part 3 | 의지

I will ~   ~할 것이다

가장 기본적인 미래 표현이다. 단축형으로는 I'll이라 하고 단순한 미래 사실이나 주어의 의지·결심을 뜻하기도 한다.

I will + 동사원형

I will give you a shot.
주사 한 대 놔 드릴게요.

I'll do anything for you.
당신을 위해서 뭐든지 할게요.

I'll fry this fish.
이 생선을 튀길게요.

I'll wait for you.
당신을 기다릴게요.

• word •
give a shot : 주사를 놓다

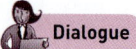

A: May I ask your age?
B: I'll be forty next month.
A: 나이를 여쭤 봐도 될까요?
B: 다음 달에 마흔입니다.

- **I am going to** visit my classmate next week.
  다음 주에 급우네 집을 방문할 겁니다.

- **He is to** go to Busan next Monday.
  그는 다음 월요일 부산에 갈 것이다.

Self test

1. 거기에 가 있을게요.
   I'll ____ _____.

2. 나는 내일 집에 머물지 않겠다.
   I ____ _____ ____ home tomorrow.

1. be there   2. won't stay at

079

Part 3 | 의지

I try to ~   ~하려고 하다

마음에 두고 시도하거나 노력하려는 일을 표현하는 패턴이다. 의미상 미래의 의미가 있는 경우엔 I'm trying to 로 표현한다.

I try to + 동사원형

I'm trying to save a lot of money.
나는 돈을 많이 모으려고 한다.

I'm trying to attract her.
나는 그녀를 유혹하려고 한다.

I try not to drink coffee.
나는 커피를 마시지 않으려고 한다.

• word •
attract : 끌어당기다, 유혹하다

I do try hard to keep my promises with my children.
내 아이들과 한 약속을 지키려고 열심히 노력한다.

Dialogue

A: Do you ever get stressed out? You seem to be happy all the time.
B: I always try to think positive.

A: 당신은 스트레스 받는 일이 없나요? 늘 행복해 보이네요.
B: 저는 항상 긍정적으로 생각하려고 해요.

Step up

- We have to **make an effort to** understand each other.
  우리는 서로 이해하려고 노력해야 해요.

- I **strive to** make friends with them.
  나는 그들과 잘 지내려고 노력한다.

*make an effort to : ~하려고 노력하다

Self test

1. 나는 항상 긍정적으로 생각하려고 노력해요.
   I _____ try to _____ _____.
2. 나는 너를 믿으려고 노력해.
   I try to _____ _____.

1. always, think positive   2. believe you

080

Part 3 | 의지

I am determined to ~
반드시 ~을 하겠다

상당한 어려움이 있더라도 꼭 해내겠다는 굳은 결심을 나타내는 표현이다. 이보다 정도가 약한 표현으로 '~을 하겠다'는 I will~을 쓰면 된다.

be determined to + 동사원형

I am determined to improve my command of English.
꼭 영어 능력을 향상시킬 것이다.

I am determined to finish my report by tomorrow.
내일까지는 리포트를 반드시 끝낼 것이다.

I am determined to climb Mont Blanc.
몽블랑 산을 등반할 것이다.

He is determined to go to Germany for further study.
그는 공부를 더 하기 위해 독일로 갈 결심이다.

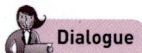

A: I am determined to pass the judicial examination in the next year.
B: Good luck to you!
A: 내년엔 사법고시에 꼭 합격하고야 말 거야.
B: 성공을 빌어!   *judicial examination : 사법고시

• **I made up my mind not to be fooled this time.**
난 이번엔 속지 않기로 결심했어.
*fool : 속이다, 낭비하다

Self test

1. 나는 많은 장애물을 극복하겠다고 결심했다.
   I am determined to _____ _____ _____ _____ hurdles.
2. 그녀는 목표에 도달하겠다고 결심했다.
   She is determined to _____ _____ _____ .

1. overcome a lot of 2. reach the goal

516

081
Part 3 | 의지

I'm thinking about ~ing
~하려고 생각하다

어떤 행동을 하기 전에 그것을 생각 중이라는 뜻이다.

I'm thinking about 동사원형+ing

I'm thinking about buying a new car.
새 차를 사려고 고려 중입니다.

I'm thinking about adopting a kid.
아이를 입양할까 생각합니다.

I'm thinking about running for president.
회장에 출마해 볼까 생각합니다.

I'm thinking about taking the same track you choose.
당신과 같은 길을 택할까 생각 중입니다.

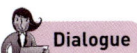
A: Why did you quit?
B: I'm thinking about starting my own business.
A: 왜 회사를 그만두었나요?
B: 사업을 시작해 볼까 합니다.

- We will **take** your abilities **into account**.
  우리는 당신의 능력을 고려할 것이다.
- The government will **give good consideration to** those suggestions.
  정부는 이런 제안들을 신중히 고려할 것이다.

Self test

1. 나는 상하이로 이사할 생각을 하고 있다.
   I'm thinking about _____ ___ Shanghai.
2. 나는 팸과 사귈 생각을 하고 있다.
   I'm thinking about _____ ___ _____ Pam.

1. moving to 2. going out with

517

082
I'm willing to ~   기꺼이 ~할 거예요

Part 3 | 의지

Be willing to~는 '기꺼이 ~을 하겠다', '~할 의향이 있다' 라고 해석하는데, '내가 비록 원치 않더라도 당신이 원한다면 기꺼이 하겠다'는 뉘앙스도 있습니다.

I'm willing to + 동사

I'm willing to take the chance.
나는 기꺼이 모험을 할 거예요.

I'm willing to lend you the money.
기꺼이 당신에게 돈을 빌려 줄게요.

I'm willing to do anything for you.
당신을 위해서라면 뭐든지 할게요.

I'm willing to help you.
나는 기꺼이 너를 도와주겠어.

Dialogue
A: Tom, are you crazy? The project is impossible.
B: I know it is very difficult. But I am willing to take the chance.

A: 톰, 당신 미쳤어? 그 사업은 불가능해.
B: 그게 아주 어렵다는 건 알아요. 하지만 난 기꺼이 모험을 해 볼 거예요.

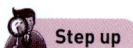
Step up
- **I will do that with pleasure.**
  기꺼이 그렇게 하겠습니다.

- **I'd love to help you.**
  기꺼이 도와 드리죠.

Self test

1. 나는 기꺼이 그걸 한번 해 볼 거야.
   I'm willing to _____ __ a try.
2. 나는 기꺼이 네 제안을 받아들일게.
   I'm willing to _____ your suggestion.

1. give it 2. accept

083
The last thing I want to do is ~

Part 3 | 의지

~은 절대 안 해요

이것은 영어식 표현으로 부정어가 없으면서도 부정적 의미를 나타낸다. 직역하면 '내가 하고 싶은 마지막 일은~'이니까 '가장 하기 싫은 일'이라는 의미가 된다.

The last thing I want to do is +보어

The last thing I want to do is to tell a lie.
내가 가장 싫은 것은 거짓말하는 것이다.

The last thing I want to do is to lose him.
내가 가장 원하지 않는 것은 그를 잃어버리는 것이다.

The last thing I want to do is to upset you.
내가 가장 하기 싫은 것은 너를 화나게 하는 것이다.

The last thing I want to do is to hurt you.
내가 가장 하기 싫은 것은 당신에게 상처를 주는 것이다.

Dialogue

A: Do you want to marry Jane?
B: The last thing I want to do is to marry her.

A: 너 제인과 결혼하고 싶은 거야?
B: 내가 가장 원하지 않는 일이 그녀와 결혼하는 거야.

Step up

- Miss Kim is **the last** woman I want to meet.
  김 양은 내가 제일 만나기 싫은 여자다.

- That's **the last** place I want to go.
  거기는 내가 가장 가고 싶지 않은 곳이다.

Self test

1. 그는 결코 지각하지 않는 사람이다.
   He is the ___ ___ to be late.
2. 그건 내가 결코 듣고 싶지 않은 거야.
   That is the last thing I want ___ ___.

1. last man 2. to hear

PART 04

판단 / 추측

084	You look ~	~으로 보인다
085	I feel (that) ~	~이라는 느낌이 들다
086	That sounds ~	그것은 ~인 것 같다
087	I think that ~	나는 ~이라고 생각한다
088	I'm afraid ~	(얘기하기 곤란하지만) ~인 것 같다
089	I'm sure ~	분명히 ~이라고 생각하다
090	I might ~	~일지도 모른다
091	It seems as if ~	~인 것 같다
092	as if ~	~처럼
093	You can't ~	~일 리가 없다
094	No wonder ~	어쩐지 ~하더라니
095	I wonder if ~	~일까?
096	I wonder why ~	왜 ~일까?
097	You had better ~	~하는 것이 좋겠다
098	You should ~	너는 ~해야 한다
099	You should ~	너는 ~할 것이다
100	You must ~	~임에 틀림없다
101	You must ~	~을 해야 한다
102	be 비교급 than ~	~가 더 ~하다
103	be the 형용사 최상급	~이 최고이다
104	Thank you for ~	~에 감사합니다
105	I'm sorry to ~	~해서 미안합니다
106	I agree with ~	~에 동의하다
107	hold good	유효하다
108	do good	이롭게 하다
109	It's like~	~인 것 같다
110	It seems that ~	~인 것 같다
111	Given ~	~을 고려하면

084

Part 4 | 판단/추측

You look ~   ~으로 보인다

You look ~ 은 상대의 외모나 어떤 점을 평가할 때 쓰는 패턴이다.

You look + 형용사

You look young for your age.
나이에 비해 어려 보이시네요.

You look very tired.
무척 피곤해 보이네요.

You look so intelligent.
아주 지적으로 보이시네요.

She looks very cute.
그녀는 아주 귀엽습니다.

A: You look so happy.
B: Yesterday I won the lottery!

A: 아주 행복해 보이네요.
B: 어제 복권에 당첨되었거든요!   *won the lottery : 복권에 당첨되다

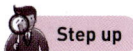

- He **appears** rich.
  그는 부자로 보인다.

- Kathy **seems** a kind girl.
  캐시는 친절한 소녀인 것 같다.

Self test

1. 너는 좀 산만해 보여.
   You look a little _____.
2. 그녀는 매우 영리한 것 같다.
   She looks very _____.

1. distracted 2. clever

521

085
I feel (that) ~이라는 느낌이 들다

Part 4 | 판단/추측

이성적인 판단보다는 글자 그대로 '느낌'이나 '감정'을 나타내지만 think와도 의미상 겹치는 개념이다. that은 생략 가능하다.

I feel (that)+주어+동사

I feel that she is not honest.
나는 그녀가 정직하지 않다고 느낀다.

I feel she loves me truly.
그녀가 나를 진심으로 사랑한다고 느낀다.

I feel he should get the job.
그가 그 일자리를 잡아야 한다고 본다.

I feel she is telling a lie.
그녀는 거짓말을 하는 것 같다.

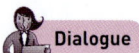 **Dialogue**

A: Which is more important, love or money?
B: I feel love is much more important than money.

A: 사랑과 돈 중에 어느 게 더 중요할까?
B: 나는 사랑이 돈보다 훨씬 더 중요하다고 봐.

 **Step up**

- **I guess** she is around forty.
  짐작건대 그녀는 40살 정도인 것 같다.

- **I believe** God does not exist.
  나는 신이 존재하지 않는다고 믿는다.

*around forty : 대략 38~42세 정도의 나이

Self test

1. 당신은 괜찮다고 생각합니까?
   Do you feel that you _____ _____?
2. 기분이 어떠세요?
   _____ _____ you feel?

1. are okay 2. How do

086

Part 4 | 판단/추측

That sounds ~   그것은 ~인 것 같다

여기서 동사 sound는 '~처럼 들린다', '~인 것 같다', '~라고 생각된다' 등으로 해석해도 괜찮다.

That sounds + 형용사

That sounds reasonable.
합리적인 것 같네요.

That sounds good.
좋겠네요.

That sounds fantastic.
그거 아주 환상적인데요.

It sounds like a proposal.
프러포즈처럼 들리는군요.

• word •
reasonable : 합리적인, 저렴한
fantastic : 멋진, 환상적인, 공상적인, 터무니없는

Dialogue

A: My boss fired the secretary last week.
B: That sounds terrible.

A: 우리 사장님이 지난주에 비서를 해고했어요.
B: 그거 심하군요.   *terrible : 지독한, 무서운

Step up

• **It seems** good for you to go there.
당신이 거기 가는 것이 좋을 것 같네요.

• **He looks** like a fashion model.
그는 마치 패션모델처럼 보여요.

Self test

1. 그거 재미있겠네요.
   That sounds _____.
2. 그건 설득력이 없는 것 같다.
   It sounds _____.

1. interesting 2. unconvincing

523

087 Part 4 | 판단/추측

I think that ~ 나는 ~라고 생각한다

이성적으로 생각한 내용을 말할 때 요긴하게 쓰는 표현으로, that은 생략해도 된다. 많이 쓰이는 구어 표현이지만 큰 의미 없이 사용된다.

I think (that) 주어+동사

I think that she is really smart.
내 생각에는 그녀가 정말로 똑똑한 것 같아.

I think she is seducing me into a trap.
내 생각에 그녀는 나를 유혹하여 함정에 빠뜨리려는 거야.

I think we should make haste.
우리는 서둘러야 한다고 생각해.

I think she is only a gold digger.
내 생각에 그 여자는 그저 돈만 노리고 접근하는 거야.

• word •
seduce A into B : A를 유혹하여 B에 빠뜨리다
make haste : 서두르다
gold digger : 돈만 보고 결혼하려는 여자(약간 속어)

Dialogue
A: I think Judy is very attractive.
B: I think so, too.
A: 주디는 아주 매력적이라고 생각해.
B: 나도 그렇게 생각해.

Step up
- I don't agree with that idea.
  내 생각으론 그 의견에 동의하지 않아.
- As far as I'm concerned, she is a good singer.
  그녀는 괜찮은 가수라고 생각해.

Self test
1. 내 생각엔 그게 비싸다.
   I think it's _____.
2. 내 생각에 그가 너와 함께 갈 거야.
   I think he'll ____ ____ ____.

1. expensive 2. go with you

088

Part 4 | 판단/추측

I'm afraid ~
(얘기하기 곤란하지만) ~인 것 같다

I'm afraid~ 라는 표현은 afraid가 두렵다는 뜻이므로 대체로 뒤에는 바람직하지 않은 상황이 묘사된다.

I'm afraid+주어+동사

I'm afraid I can't go there by three.
제가 거기에 3시까지 못 갈 것 같네요.

I'm afraid you've made a mistake.
당신이 실수하신 것 같습니다.

I'm afraid it's not my cup of tea.
미안하지만 그건 제 취향이 아니네요.

· word ·
one's cup of tea : 취향, 좋아하는 것

I'm afraid I must be leaving now.
미안하지만 이제 그만 가야 할 것 같네요.

A: Mom, can I go to the motor show this Sunday?
B: I'm afraid not.
A: 엄마, 이번 일요일에 모터쇼 가도 돼요?
B: 안 될 것 같구나.

- I think you are wrong.
  제 생각엔 당신이 잘못이라고 봅니다.

- It seems that they like me.
  그들이 나를 좋아하는 것 같다.

Self test

1. 그의 부모님이 나를 미워하실 것 같아.
   I'm afraid his parents ____ ____ ____.
2. 전화가 아직 통화 중인가 봐.
   I'm afraid the line ____ ____ ____.

1. will hate me 2. is still busy

089

Part 4 | 판단/추측

I'm sure ~   분명히 ~라고 생각하다

I'm sure ~는 '~을 확신한다', '보증한다', '확실하다'라는 뜻이다. 그 뒤에는 절이 올 수 있으며, 절을 이끄는 that은 생략 가능하다.

I'm sure+주어+동사

I'm sure that I will regret it later.
나는 분명히 나중에 후회할 거야.

I'm sure of my succeeding in business.
나는 사업에서 분명히 성공할 것이다.

I'm sure he will e-mail me back.
그는 분명히 내게 이메일 답장을 할 것이다.

I'm sure she is single.
그녀는 분명히 미혼일 것이다.

• word •
regret : 후회하다

A: I'm concerned about the oral test.
B: Don't worry. I'm sure you'll pass it.

A: 나는 면접시험이 걱정이야.   *be concerned about : 걱정하다
B: 걱정 마. 넌 분명히 합격할 거야.

- I believe it's true.
  나는 그게 사실이라고 믿습니다.

- I'm confident he made the right choice.
  나는 그가 옳은 선택을 했다고 확신합니다.

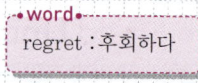

1. 모든 일이 잘될 거라고 확신한다.
   I'm sure that everything's going ____ ____ ____ .
2. 제가 어디를 가야 할지 잘 모르겠습니다.
   I'm not sure where ____ ____ ____ ____ .

1. to be okay 2. I need to go

090

Part 4 | 판단/추측

I might ~   ~ 일지도 모른다

미래를 추측하거나 가능성 있는 예상을 하는 표현으로, 확신이 없는 경우에 사용한다. 그리고 추측은 아니지만 쑥스러운 일을 말할 때 일부러 이런 애매한 표현을 쓰기도 한다.

주어 might+동사원형

This might be a good time to tell you.
지금이 너에게 말할 좋은 타이밍인 것 같다.

I might be late.
내가 늦을지도 몰라.

I might smile when you leave.
네가 떠나면 난 웃을지도 몰라.

I suppose she might not have got the e-mail.
아마도 그녀가 이메일을 받지 못했나 봐.

Dialogue

A: Why do you look so nervous?
B: Well, I might be in love with Jina.

A: 너 왜 그렇게 불안해 보이니?
B: 음, 내가 지나를 좋아하게 되었나 봐.

Step up

- **That may be true.**
  그게 사실일 수도 있어요.

- **I wonder if he wants to come.**
  그 사람이 오고 싶어 할까?

Self test

1. 내가 늦을지도 몰라.
   I might be _____.
2. 내가 비행기 멀미를 할지도 몰라.
   I might be _____.

1. late 2. airsick

091

Part 4 | 판단/추측

It seems as if ~   ~인 것 같다

형태는 가정법이지만 단순한 추측이나 주어의 단순한 느낌을 표현하는 패턴이다. 말하기 곤란한 사항을 표현하기도 한다.

It seems as if+주어+동사

It seems as if I'm lost.
길을 잃은 것 같아.

• word •
gain weight : 살이 찌다

It seems as if I've gained weight.
몸무게가 늘어난 것 같아.

It seems as if she's hiding something.
그녀가 뭔가 숨기는 것 같아.

It seems as if there's no happy ending.
행복한 결말이 없을 것 같아.

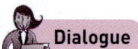

A: Is Veronica OK?
B: It seems as if she is very sick.
A: 베로니카는 잘 있니?
B: 그녀는 많이 아픈 것 같아.

- **It looks like** a wolf.
  그건 늑대와 비슷하다.

- **He looks as if** he is a tourist.
  그는 마치 관광객처럼 보인다.

self test

1. 그는 많은 외국 돈을 갖고 있는 것 같다.
   It seems as if he has ____ ___ _____ _____.
2. 한국은 미국에 의해 좌지우지되는 것 같다.
   It seems as if Korea is ____ _____ _____ _____ ____.

1. plenty of foreign currency 2. controlled by the United States

092

Part 4 | 판단/추측

as if~   ~처럼

추측이나 주어의 느낌을 표현하는 패턴인데 사실과는 확실히 다른 것을 표현한다. 예를 들면 She acts as if she is rich.는 '그녀는 분명히 부자가 아닌데 부자처럼 행동한다'는 의미로 쓰인다.

as if+주어+동사

She acts as if she is rich.
그녀는 부자처럼 행동한다.

She looks as if she is a cook.
그녀는 요리사처럼 보인다.

He talks as if he is a doctor.
그는 의사처럼 말한다.

They were talking as if they knew each other.
그들은 마치 서로 아는 사이처럼 말하고 있었어.

Dialogue

A: Do you like him?
B: No, he acts as if he knows everything.
A: 그를 좋아하니?
B: 아니, 그는 마치 뭐든 아는 것처럼 행동하거든.

Step up

- **She looks like an angel.**
  그녀는 마치 천사 같다.

- **The river is as clear as crystal.**
  강물이 마치 수정처럼 맑다.

Self test

1. 마치 내일이 없는 것처럼 오늘을 살아라.
   Live today as if _____ ____ _____ tomorrow.
2. 저 건물은 금방 무너질 것처럼 보인다.
   That building looks as if it's ____ ___ ____ ____soon.

1. there is no   2. going to fall down

093

Part 4 | 판단/추측

You can't ~   ~일 리가 없다

can't는 can의 부정으로 '~할 수 없다'는 뜻으로 쓰이는 경우가 더 많으므로 문맥에 따라 의미를 파악해야 한다.

주어 can't+동사원형

The rumor can't be true.
그 소문이 사실일 리가 없다.

You can't be Korean.
당신이 한국인일 리가 없다.

She can't have a cat.
그녀가 고양이를 키울 리가 없다.

He can't know me.
그가 나를 알 리가 없다.

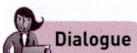

A: Worrying can't be good for your health.
B: But I can't stop it.
A: 걱정이 네 건강에 이로울 리가 없어.
B: 하지만 나도 그만둘 수가 없어.

- There is no reason for delay.
  늦어질 리가 없다.
- You can't help knowing about it.
  네가 그걸 모를 리가 없다.

self test

1. 그녀가 여배우일 리가 없어.
   She can't be ___ _____.
2. 그가 그녀의 부친일 리가 없지.
   He can't be ___ _____.

1. an actress 2. her father

094

Part 4 | 판단/추측

No wonder ~   어쩐지 ~하더라니

직역하면 '놀라운 일이 아니다'인데 '어쩐지 ~더라니' 정도의 뉘앙스이다. 상대의 이야기를 듣고 당연하다는 생각이 들 때 사용되며, 앞에 It is가 생략된 형태다. 반대로 '~는 놀라운 일이다'라고 표현할 때는 It's a wonder+절로 말한다.

No wonder+주어+동사

No wonder it looks so neat and clean.
어쩐지 깨끗해 보인다 싶더라니.

No wonder he's broke.
그가 빈털터리인 것도 당연하지.

• word •
broke : 빈털터리의, 무일푼의

No wonder you spoke in favor of him.
어쩐지 네가 그를 옹호하더라니.

It's no wonder you don't have any friends.
그러니까 네가 친구가 하나도 없는 거지.

 Dialogue

A: She goes to the States every summer to home stay.
B: No wonder she speaks English so well.

A: 그녀는 매년 여름 미국으로 홈스테이하러 가.
B: 그래서 그렇게 영어를 잘하는 거구나.

 Step up

• **I won't be surprised** if it's a dream.
이게 꿈이라 해도 놀라진 않을 거예요.

• **It seems natural** that they feel like they have to do it.
그들이 그걸 해야 한다고 생각하는 것도 당연하다.

self test

1. 그녀가 여길 떠나고 싶어 하는 것도 당연하지.
   No wonder she wants ___ ___ here.
2. 당신이 내게 선물을 한 번도 사 주지 않는 것도 당연하다.
   No wonder you ___ ___ ___ a present.

1. to leave 2. never buy me

095

Part 4 | 판단/추측

I wonder if ~   ~일까?

'~일까?'라고 해석되지만 의문문은 아니고 궁금하다는 혼잣말 같은 뉘앙스이다. 또 I'm wondering if~처럼 진행형으로도 자주 쓰인다.

I wonder if+주어+동사

I wonder if she will come to the concert.
그녀가 콘서트에 와 줄까?

I am wondering if I can take a break.
내가 쉬어도 되는 건지 궁금하네.

I was wondering if you'd go out with me.
네가 나와 데이트해 줄지 궁금했어.

I was wondering if you'd help me.
네가 나를 도와줄지 궁금했어.

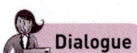

A: Happy birthday to you.
B: I was wondering if you'd remember.
A: 생일 축하해.
B: 네가 기억하고 있을지 궁금했어.

- **I am anxious to** hear from her.
  그녀의 소식이 궁금하다.

- **I am curious** how he will receive the result.
  그가 결과를 어떻게 받아들일지 궁금하다.

Self test

1. 네가 나와 얘기할 시간이 있는지 궁금해.
   I wonder if you have ____ ____ ____ ____ me.
2. 여기에서 누가 자동차를 가지고 있는지 궁금하다.
   I wonder if anybody ____ ____ a car.

1. time to talk with 2. here owns

096

Part 4 | 판단/추측

I wonder why ~   왜 ~일까?

이 패턴에서 why를 넣으면 '이유가 궁금하다'가 되고, where를 넣으면 '장소가 궁금하다'라는 문장이 된다.

I wonder why + 주어 + 동사

I wonder why she went there.
그녀가 왜 거기에 갔는지 궁금하다.

I wonder why she didn't call me.
그녀가 왜 내게 전화하지 않았는지 궁금하다.

I wonder where she is from.
그녀가 어디 출신인지 궁금하다.

I wonder who phoned me this morning.
오늘 아침에 누가 전화했는지 궁금하다.

Dialogue

A: I wonder why so many people are crazy about soccer.
B: Because soccer has such simple rules.

A: 왜 그렇게 많은 사람들이 축구에 열광하는 걸까?
B: 왜냐하면 축구는 규칙이 단순하니까.   *be crazy about : 열광하다

Step up

- **I wonder how** he made it.
  그가 어떻게 그걸 해냈을까?   *make it : ~을 해내다

- **I wonder whether** you love me or not.
  당신이 나를 사랑하는지 궁금하네요.

Self test

1. 나는 그가 왜 그러지 않았는지 궁금하다.
   I wonder why he _____ it.
2. 이런 일이 왜 내게 일어났는지 궁금하다.
   I wonder why these things _____ ____ me.

1. didn't 2. happened to

097

Part 4 | 판단/추측

You had better ~   ~하는 것이 좋겠다

had better 가 하나의 조동사처럼 쓰인다. 따라서 그 뒤에는 동사원형이 온다. 회화에서는 축약형으로 You'd better가 더 많이 쓰이는데, 이것은 상대에게 권유하는 표현 중에서도 격식을 갖추고 부드러운 어법이 된다.

You had better+동사원형

You had better leave home now.
넌 이제 집을 떠나는 게 좋아.

You'd better take an express train.
특급열차를 타는 게 나을 겁니다.

You'd better make sure.
확인하는 편이 좋을 거야.

You'd better not tell a lie.
거짓말은 안 하는 게 좋을 거야.

• word •
tell a lie : 거짓말하다

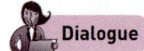

A: You'd better get to work on it at once.
B: I see. Then, we can cut out unnecessary expenses.
A: 즉시 일을 착수하는 것이 좋을 겁니다.
B: 알겠습니다. 그러면 불필요한 비용을 줄일 수 있을 겁니다.

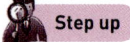

- **I'd advise you** not to eat too much.
  너무 많이 먹지 않는 게 좋을 거야.

- **I think you should** take a train in this bad weather.
  이런 악천후에는 열차를 타는 게 좋겠네요.

self test

1. 너는 더 조심해야겠다.
   You'd better ___ _____ careful.
2. 그걸 경찰에 신고하는 게 좋겠다.
   You'd better _____ ___ ____ the police.

1. be more 2. report it to

098

Part 4 | 판단/추측

You should ~   너는 ~해야 한다

상대에게 강하게 충고·권유하거나 가벼운 명령을 하고 싶을 때 쓰는 패턴이다.

You should + 동사원형

You should go to sleep early to stay young.
젊음을 유지하고 싶다면 일찍 자고 일찍 일어나야 한다.

You should find a new job.
새 직장을 찾아야 한다.

• word •
apologize : 사과하다

You should apologize to your husband.
네가 남편한테 사과해야 해.

We should learn how to control our desire.
우리는 욕심을 억제하는 법을 배워야 한다.

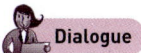
Dialogue
A: What should I do?
B: You should give her a ring.
A: 제가 어떻게 해야 할까요?
B: 네가 그녀에게 전화를 걸어야 해.   *give a ring : 전화 걸다

Step up
- We have to find a new market.
  우리는 새로운 시장을 찾아야 한다.
- You ought to pay your debts at once.
  당신은 즉시 빚을 갚아야 한다.

Self test

1. 내 구두를 현관에 두어야 하나요?
   Should I _____ ____ _____ at the entrance?
2. 우리가 왜 당신을 고용해야 할까요?
   Why should ____ _____ you?

1. leave my shoes 2. we hire

535

099

Part 4 | 판단/추측

You should ~   너는 ~할 것이다

주어에 대해서 강한 추측이나 당연한 일임을 표현할 때 쓰는 패턴이다. '분명히 그럴 것이다'라고 할 때 'Should be.'라고 한다.

주어+should+동사원형

She should be back by 5.
그녀는 분명히 5시까지 돌아올 것이다.

A brand-new motorbike should be expensive.
신형 오토바이는 틀림없이 비쌀 것이다.

Your request should be accepted.
당신의 요청은 분명히 수락될 것이다.

There should be another way.
분명 다른 방법이 있을 거야.

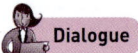
A: Should cigarettes be illegal?
B: The thing is smoking in public places.
A: 담배가 불법이 될까요?   *illegal : 불법적인
B: 문제는 공공장소에서의 흡연입니다.   *public place : 공공장소

- There must be a lot of trouble.
  골칫거리가 많을 것이다.
- I'm sure that he is blind.
  그는 분명히 앞을 못 보는 것이다.

self test

1. 너는 분명히 시험에 합격할 것이다.
   You should _____ _____ the exam.
2. 그의 사업은 잘될 것이다.
   His business _____ _____ OK.

1. succeed in   2. should be

100
You must ~   ~임에 틀림없다

Part 4 | 판단/추측

거의 확실한 사실을 추측할 때 쓰는 표현이다. 확신할 수 없는 추측일 경우에는 perhaps(아마), maybe(~일지도 모른다)라는 단어를 사용한다.

You must + 동사원형

You must be tired.
너는 분명히 피곤할 것이다.

He must be crazy to dance in the classroom.
교실에서 춤을 추다니 그는 미친 게 틀림없어.

She must be Korean.
그녀는 틀림없이 한국인일 거야.

He must know the secret.
그는 분명히 비밀을 알고 있을 거야.

Dialogue
A: Pam must know the truth.
B: Then ask her to tell the truth.
A: 팸은 분명히 진실을 알고 있을 거야.
B: 그럼 그녀에게 진실을 말해 달라고 부탁해.

Step up
- It ought to be rainy tomorrow.
  내일은 틀림없이 비가 내릴 것이다.
- I guess that'll be our train.
  아마도 저것이 우리가 탈 열차 같네요.

Self test
1. 그는 틀림없이 부유하다.
   He must ___ _____.
2. 그녀는 분명 거기 있을 것이다.
   She must ___ _____.

1. be rich 2. be there

101

Part 4 | 판단/추측

You must ~   ~을 해야 한다

must 는 강한 추측을 나타내기도 하지만, '~을 해야 한다'는 의무를 나타내기도 한다. 그 차이는 문맥으로 파악해야 한다. 의무를 나타내는 표현은 should, have to, ought to 등이 있지만 그중 must가 가장 정도가 강하다.

You must + 동사원형

You must quit smoking.
당신은 담배를 끊어야 합니다.

I must make up my mind.
나는 결심을 해야 한다.

Must I go there?
내가 거기 가야 할까요?

You must not drink too much.
너는 과음을 하면 안 된다.

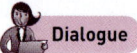 **Dialogue**
A: Must I wait for the teacher?
B: No, you need not.
A: 제가 그 선생님을 기다려야만 할까요?
B: 아니 그럴 필요 없어.

 **Step up**
- **She has to** go home by eight.
  그녀는 8시까지 귀가해야 한다.
- **Everybody should** keep his promise.
  모든 사람은 자기의 약속을 지켜야 한다.

*keep one's promise : 약속을 지키다

Self test

1. 너는 나쁜 버릇을 버려야 한다.
   You must ____ ____ ____ _____ bad habit.
2. 너는 집에 가야 한다.
   You must ____ _____.

1. get rid of your 2. go home

102

Part 4 | 판단/추측

be 비교급 than ~   ~가 더 ~하다

비교급의 뜻은 '~보다 더'라는 뜻인데 형용사, 부사 뒤에 er을 붙이면 된다. 단, 형용사가 3음절 이상으로 스펠링이 긴 경우에는 형용사 앞에 more를 붙인다.

be+비교급+than ~

I am older than you.
나는 너보다 더 나이 먹었다.

Imagination is more important than knowledge.
상상력은 지식보다 더 중요하다.

Being happy with a job is more important than having a high salary.
직장을 가진 행복감은 고소득보다 더 중요하다.

Nothing is more precious than time.
시간보다 더 소중한 것은 없다.

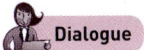

A: Do you love me?
B: I love you more than I can say.

A: 나를 사랑해?
B: 내가 말할 수 있는 것보다 더 당신을 사랑해.

- **The sooner, the better.**
  빠르면 빠를수록 좋다.

- **I prefer coffee to juice.**
  나는 주스보다 커피를 더 좋아한다. *prefer A to B : B보다 A를 더 좋아하다

Self test

1. 드레스 값은 내 생각보다 비싸지 않았다.
   The price of the dress was _____ _____ than I thought.
2. 이 신형 컴퓨터는 구형보다 더 좋다.
   This new computer is _____ _____ the old one.

1. less expensive 2. better than

103

Part 4 | 판단/추측

be the 형용사 최상급   ~이 최고이다

최상급은 '가장 ~한', '가장 ~하게'라는 의미이다. 비교급과 최상급은 형용사와 부사에만 해당되는 말로서 최상급을 만드는 방법은 형용사와 부사의 원급에 -est를 붙인다.

be+the+형용사 최상급

Mars is one of the closest planets to us.
화성은 우리에게 가장 가까운 혹성 중 하나이다.

The snake is the most interesting animal in the world.
뱀은 세상에서 가장 흥미로운 동물이다.

He is the tallest in his class.
그는 학급에서 가장 크다.

Mt. Halla is the highest mountain in Korea.
한라산은 한국에서 가장 높은 산이다.

 Dialogue

A: Which is the most populous city in China?
B: It's Chongqing.

A: 중국에서 가장 인구가 많은 도시는 어디입니까?　＊populous : 인구가 많은
B: 충칭(重慶)입니다.

 Step up

- No girls are more beautiful than she.
  그녀보다 더 예쁜 소녀는 없다.

- Sam is faster than any other boy in his class.
  샘은 학급에서 어떤 다른 소년보다 더 빠르다.

Self test

1. 그녀는 한국에서 가장 유명한 가수 중 하나다.
   She is one of _____ _____ _____ singers in Korea.
2. 나일 강은 세계에서 가장 긴 강이다.
   The Nile is _____ _____ river in the world.

1. the most famous　2. the longest

104 Thank you for ~ ~에 감사합니다

Part 4 | 판단/추측

특정한 사항에 관해서 고마움을 표시할 때는 Thank you for 다음에 표현한다.

Thank you for + 명사 (동명사)

Thank you for loving me.
저를 사랑해 주셔서 고마워요.

Thank you for your help.
당신의 도움에 감사드립니다.

Thank you for saving my life.
제 목숨을 구해 주셔서 감사합니다.

Thank you for your trouble.
수고해 주셔서 감사합니다.

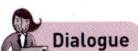
Dialogue

A: You have been completely cured of hepatitis.
B: Thank you for treating me.

A: 이제 간염에서 완치되셨습니다.
B: 저를 낫게 해 주셔서 감사드립니다.

*hepatitis : 간염(肝炎)   treat : 치료하다, 대접하다, 다루다

Step up

- **I heartily thank you.**
  진심으로 감사합니다.

- **I appreciate your kindness.**
  당신의 친절에 감사드립니다.   *heartily : 진심으로

Self test

1. 선물 고마워요.
   Thank you for ____ _____.
2. 꽃을 주셔서 감사합니다.
   Thank you for ____ _____.

1. the present 2. the flowers

105 I'm sorry to ~ ~해서 미안합니다

Part 4 | 판단/추측

I'm sorry. 는 상대에게 폐를 끼쳤거나 사과해야 할 경우에 가장 많이 사용되는 사과표현이다. 또 사과표현이 아닌 위로 표현(안 되셨습니다)으로 쓰이기도 한다.

I'm sorry to 동사원형

I'm sorry to have troubled you.
폐를 끼쳐 죄송합니다.

I'm sorry to make you wait so long.
오래 기다리게 해서 죄송합니다.

I'm sorry not to have answered earlier.
더 일찍 대답을 드리지 못해 죄송합니다.

I'm sorry to hear that.
그 말을 들으니 유감이군요.

• word •
trouble : 폐를 끼치다

Dialogue
A: I'm sorry to disturb you.
B: Don't worry. That's all right.
A: 번거롭게 해서 죄송합니다.
B: 걱정 마세요. 괜찮습니다.

Step up
- I apologize.
  당신에게 사과드립니다.
- Please, forgive me.
  부디 저를 용서해 주세요.

Self test

1. 제가 실수를 저질러서 죄송합니다.
   I'm sorry to _____ _____ a mistake.
2. 일찍 답장하지 않아서 죄송합니다.
   I'm sorry _____ _____ _____ you quickly.

1. have made 2. not to respond

106

Part 4 | 판단/추측

I agree with ~   ~에 동의하다

agree with 뒤에는 사람이나 추상명사가 온다.

I agree with + 명사

I totally agree with your opinion.
당신의 의견에 전적으로 찬성합니다.

I couldn't agree with you more.
내 생각이 바로 그거야.

My brother never agrees with me.
남동생은 내게 찬성한 적이 없다.

South Korea agrees to renegotiate the FTA pact with the U.S.
한국은 미국과의 FTA 재협상에 찬성한다.

• word •
renegotiate : 재협상하다
FTA : 자유무역협정
(Free Trade Agreement)

 **Dialogue**
A: Did you agree with Mr. Trump?
B: Yes, I did.
A: 트럼프 씨에게 찬성했습니까?
B: 예, 그랬죠.

 **Step up**
- **I am for it.**
  난 거기에 찬성이다.
- **He nodded in approval.**
  그는 동의한다고 고개를 끄덕였다.

Self test

1. 나는 당신이 말한 모든 것에 찬성합니다.
   I agree _____ _____ you said.
2. 그는 내게 찬성합니다.
   He agrees _____ ____.

1. with everything 2. with me

543

107

hold good 유효하다

Part 4 | 판단/추측

hold는 매우 중요한 동사로서 자동사와 타동사로 사용된다. hold good은 hold valid라고 바꿔 쓸 수 있으며, 또 be good for 라고 해도 된다.

주어+hold good

This medicine holds good.
이 약은 효력이 있다.

The contract holds good for a year.
계약 기한은 1년이다.

The ticket holds good until the end of this month.
티켓은 이달 말까지 유효합니다.

The rule holds good in all cases.
그 법칙은 모든 경우에 적용된다.

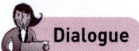

A: How long is this ticket good for?
B: The term of validity is written on it.
A: 이 표는 언제까지 유효하죠?   *validity : 유효함
B: 유효 기간은 거기 적혀 있습니다.

- This contract still **remains valid**.
  이 계약은 아직 유효한 상태입니다.   *valid : 유효한, 효력 있는

- Is 'Putting on a name tag' **effective**?
  실명제가 효력이 있을까?

self test

1. 그의 이론은 오늘날에도 유효하다.
   His theory holds good ____ ____.
2. 이 법칙은 어떤 시대에나 유효하다.
   This rule holds good ____ ____ ____.

1. even today 2. at all times

108 do good 이롭게 하다

Part 4 | 판단/추측

어떤 약이나 조치가 좋은 효과를 발휘한다는 뜻으로 많이 쓰인다. 반대말로는 do harm(해를 끼치다)이 있다.

주어+do good

This medicine will do you good.
이 약이 너한테 효과가 있을 거야.

Jesus commands us to do good.
예수님은 우리에게 선을 행하도록 요구하신다.

Much good may it do you!
너에게 많은 도움이 되면 좋으련만!

Bitters do good to the stomach.
좋은 약은 입에 쓰지만 몸에 이롭다.

• word •
command : 명령하다, 지시하다
bitter : 쓴, 쓴 약

 **Dialogue**
A: Why do you say to quit smoking?
B: Because smoking does more harm than good.
A: 왜 금연하라고 얘기하시는 거죠?
B: 담배는 백해무익하기 때문이죠.

 **Step up**
- The flood has **done harm** to the crops.
  홍수가 농작물에 피해를 줬다.
- She **does well** at the office.
  그녀는 회사에서 잘하고 있다.

 *self test*

1. 선을 행하는 것은 도움이 된다.
   It does good ___ ___ _____.
2. 학교에서의 경험이 도움이 되지 않을 수도 있다.
   The experience of a school ___ ___ _____ good.

1. to do good 2. may do little

545

109 It's like~   ~인 것 같다

Part 4 | 판단/추측

확신이 아니라 '마치 ~인 것 같다'라는 표현으로, It's like 뒤에 주어+동사가 올 수도 있고 명사가 올 수도 있다.

It's like (명사 / 절)

It's like water.
그건 물 같아.

It's like we're in Africa.
우리가 마치 아프리카에 있는 것 같아.

It's like I'm 20 again.
내가 마치 다시 스무 살이 된 것 같아.

It's not like you.
너답지 않다.

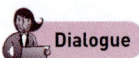
Dialogue
A: Come and take a look. There is something strange.
B: It's something like a star.
A: 이리 와서 좀 봐. 이상한 것이 있어.
B: 마치 별처럼 생겼네.

Step up
- It looks like an empty house.
  그건 빈집인 것 같아요.
- It sounds like a violin.
  바이올린 소리 같아요.

Self test

1. 마치 천국과 같다.
   It's like a _____.
2. 실수를 하다니 너답지 않구나.
   It's not like you to _____ a _____.

1. paradise 2. make mistake

110

Part 4 | 판단/추측

It seems that ~   ~인 것 같다

that 뒤에는 주어 + 동사가 오게 된다. 자신의 생각을 추측처럼 부드럽게 표현하는 방식이다. 시제는 It seems와 It seemed 두 가지만 사용된다. That 이하에는 주절 동사와 같은 시제이거나 선과거가 올 수 있다.

It seems that + 주어 + 동사

It seems that he was ill.
그는 몸이 아팠던 것 같다.

It seems that she has made a mistake.
그녀가 실수를 저지른 것 같다.

It seems that she was rich in those days.
당시에 그녀는 부유했던 것 같다.

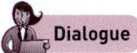

A: Miseon is considering plastic surgery.
B: Why does she think so?
A: It seems that she has some interest in show business.

A: 미선이는 성형수술을 고려 중이야.
B: 그녀는 왜 그렇게 생각하는 거지?
A: 연예계에 관심이 있는 것 같아.

- **It appeared that** she had been lonely.
  그녀는 외로웠던 것 같았다.

- **It seems like** she loves me.
  그녀가 나를 사랑하는 것 같다.

Self test

1. 그녀는 거짓말쟁이인 것 같다.
   It seems that she is a _____.
2. 일본에서 큰 지진이 있었던 것 같다.
   It seems that there was a big _____ ___ Japan.

1. liar 2. earthquake in

547

111

Part 4 | 판단/추측

Given ~   ~을 고려하면

단 하나의 단어(전치사)로 '~을 고려해 보면'이라는 뜻을 나타내는 아주 경제적인 표현이다. 그리고 '어떤 주어진 상황을 고려하면'이라는 뜻으로 가정법으로서의 의미도 가지고 있다.

Given + 목적어(목적절)

Given the engine's condition, it is a wonder that it started.
엔진 상태를 고려하면 그것이 작동한 것은 놀라운 일이다.

Given the current situation, I don't think that's possible.
현 상황을 고려하면 난 그게 가능하다고 생각하지 않는다.

Given his behaviors, I think he likes you.
그의 행동을 보면, 그가 널 좋아하는 것 같아.

Dialogue
A: Given his behaviors, I think he's into you.
B: Is he? But I don't care. He is not my type.
A: 그의 행동을 보면, 그가 널 좋아하는 것 같아.
B: 그래? 하지만 난 신경 안 써. 그는 내 타입이 아냐.

Step up
- All things **considered**, your opinion is right.
  모든 것을 고려해 보면 네 의견이 옳다.
- **Considering** his age, he writes very well.
  그의 나이를 고려하면 그는 글을 잘 쓴다.

self test

1. 주어진 시간적 제약을 고려하면, 그건 아마 불가능할 거야.
   Given the time limit, it ___ be _____.
2. 날씨가 좋다면 그건 가능할 거야.
   Given _____ _____, the thing can be done.

1. may impossible 2. good weather

PART 05

it / that구문

112	It is ~ to…	~하는 것은 ~하다
113	It's not so ~	그다지 ~는 아니다
114	Isn't it ~ ?	~가 아니니?
115	It depends on ~	~에 달렸다
116	It's too ~	너무 ~하다
117	It's too A to B	너무 A해서 B할 수 없다
118	Is it possible to ~ ?	~할 수 있습니까?
119	Rumor has it that ~	~라는 소문이 있다
120	That's what I ~	그것이 바로 내가 ~한 것이다
121	That's why ~	그것이 ~한 이유다
122	The thing is, ~	문제는 ~이다
123	It's clear to me ~	분명한 것은 ~
124	It's better to ~	~하는 것이 낫다

공식형

125	not A, but B	A가 아니라 B이다
126	both A and B	A도 B도 ~이다
127	not only A but also B	A뿐만 아니라 B도
128	either A or B	A나 B가 ~이다
129	neither A nor B	A도 B도 ~가 아니다
130	~, too	~도 역시
131	~, either	~도 …가 아니다

112
It is ~ to… …하는 것은 ~하다

Part 5 | it/that 구문

중학교 문법에 나오는 진주어, 가주어 구문이다. It is A to B는 'B하는 것은 A이다'라고 해석된다. A에는 형용사가 오고 B에는 동사원형이 나온다.

It is+형용사 to+동사원형

It is hard **to** master German.
독일어를 마스터하는 것은 어렵다.

It is strange **to** say such a thing.
그런 말을 하는 것은 이상하다.

It is important **to** study English everyday.
영어 공부를 매일하는 것은 중요하다.

It is fun **to** watch TV.
티비를 보는 것은 재미있다.

A: What is Tokyo like?
B: It is very convenient to live in Tokyo.

A: 도쿄는 어떻습니까?
B: 도쿄에 사는 것은 아주 편리합니다.

- **It was** wise of her **to** spend the money.
  그녀가 돈을 써 버리지 않은 것은 현명했다.

- **It is** dangerous for you **to** climb the mountain.
  네가 그 산을 오르는 것은 위험하다.

Self test

1. 백화점에서 이 드레스를 산 것은 탐이었다.
   It was Tom that _____ _____ _____ at the department store.
2. 내 어머니가 인천에서 비싼 드레스를 산 것은 사실이다.
   It is true that my mother _____ _____ dress in Incheon.

1. bought this dress 2. bought a expensive

550

113 It's not so~ 그다지 ~는 아니다

Part 5 | it/that 구문

'그다지 ~하지는 않다'라는 뜻인데 so 대신에 that으로 바꿀 수도 있다. it 대신에 3인칭대명사(she, he) 로 바꿔 말해도 된다.

It's not so + 형용사

It's not so cold.
그다지 춥지는 않다.

It's not so bad.
그리 나쁘진 않아.

It's not so easy.
그리 쉽지는 않아.

She's not so glamorous.
그녀는 그다지 매력적이지 않다.

• word •
glamorous : 매력적인, 멋진

Dialogue

A: How about your test?
B: It was not so good.
A: 시험 본 건 어땠어?
B: 그리 좋지는 않았어.

Step up

- **It's not that small.**
  그렇게 적지는 않아.

- **She is not particularly fond of coffee.**
  그녀는 커피를 그다지 좋아하지 않는다.   ∗be fond of : ~을 좋아하다

self test

1. 세상은 그리 넓지 않다.
   The world is _____ _____ _____.
2. 중국어는 그렇게 어렵지 않다.
   Chinese is not _____ _____.

1. not so wide 2. so difficult

114 Isn't it ~? ~가 아니니?

Part 5 | it/that 구문

it is의 부정 명령문 형태이지만 부정의 의미는 약하다. 부정 의문문은 동의를 전제로 한 확인용이다. 따라서 의미상으로 부가 의문문과 유사하다.

Isn't it + 명사(형용사)

Isn't it yours?
그거 네 것 아니니?

Isn't it expensive?
그거 비싸지 않니?

Isn't it too difficult?
그거 너무 어렵지 않니?

Isn't it real?
그거 진짜 아니니?

• word •
yours : 너의 것
real : 진짜의(=authentic)

 **Dialogue**
A: Isn't it free?
B: Yes, it is.
A: 그거 공짜 아닌가요?
B: 공짜 맞습니다.

 **Step up**
• **Don't you know you don't have to go on a business trip?**
네가 출장을 가지 않아도 된다는 걸 모르니?   ＊business trip : 출장여행

• **Aren't you Korean?**
너 한국인 아니니? (너 한국인 맞지?)

Self test

1. 아침 일찍 일어나는 거 어렵지 않니?
   Isn't it _____ ___ _____ _____ early in the morning?
2. 낭만적이지 않니?
   Isn't it _____?

1. hard to get up   2. romantic

115 It depends on ~   ~에 달렸다

Part 5 | it/that 구문

'~에 달려 있다', '~에 좌우되다'라는 뜻이다. It은 That으로 대치해도 된다.

It depends on + 명사

It depends on the weather.
그건 날씨에 좌우된다.

It depends on his ability.
그의 능력에 달렸다.

That depends on the money.
그건 돈에 달렸다.

The amount of bonus **depends on** the length of service.
상여금 액수는 근무연한에 따라 다릅니다.

Dialogue

A: Can I pass the written examination?
B: It depends on how hard you've studied.

A: 제가 필기시험에 합격할 수 있을까요?
B: 네가 얼마나 열심히 공부해 왔는지에 달렸다.

Step up

- It's up to you.
  그건 너에게 달렸다(네가 하기 나름이다).

- Everything hinges on her choice.
  모든 것이 그녀의 선택에 달렸다.   *hinge on : ~에 달려 있다

Self test

1. 그의 일자리는 올리버의 결정에 달려 있다.
   His job depends on Oliver's _____.
2. 그 나라는 관광업에 크게 의존하고 있다.
   The country depends heavily ___ _____.

1. decision 2. on tourism

116
It's too ~   너무 ~하다

Part 5 | it/that 구문

뭐든 정도가 지나치다고 생각할 때 쓸 수 있는 패턴이다. 주어로는 it 외에 다른 단어가 와도 된다.

It's too + 형용사

It's too difficult.
너무 어렵다.

It's too cold today.
오늘은 너무 춥다.

It's too dirty.
너무 지저분합니다.

This bag is too heavy.
이 가방은 너무 무거워요.

Dialogue

A: What do you think of our schedule?
B: I think it's too tight.

A: 우리 계획을 어떻게 생각하세요?
B: 너무 빡듯해요.

Step up

- **It's so expensive.**
  너무 비쌉니다.

- **Am I going too far?**
  제가 너무 지나친가요?

Self test

1. 이건 제게 너무 비싸네요.
   It's too expensive ____ ____.
   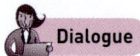

2. 이 치마는 너무 야해요.
   This skirt is ____ ____.

1. for me 2. too loud

117
It's too A to B
너무 A해서 B할 수 없다

Part 5 | it/that 구문

많이 쓰이는 표현인데, 'B하기엔 너무 A하다'라고 말해도 괜찮다.

It's too + 형용사 + to + 동사원형

It's too heavy to carry.
가져가기엔 너무 무겁다.

It's too good to be true.
너무 좋아서 진짜(현실) 같지 않다(더 이상 좋을 수 없다).

She is too weak to walk such a long distance.
그렇게 먼 거리를 걷기엔 그녀는 너무 허약하다.

She is too honest to tell a lie.
그녀는 너무 정직해서 거짓말을 못한다.

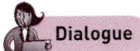
Dialogue
A: Why don't you go out and play with your friends?
B: It is too cold to go outside.
A: 밖에 나가서 친구들하고 놀지 그러니?
B: 밖에 나가기엔 너무 추워요.

Step up
- I'm so tired that I can't help you.
  내가 너무 지쳐서 당신을 도울 수 없다.
- You're too good for me.
  당신은 제게 과분해요.

self test

1. 그녀는 너무 어려서 혼자 여행할 수 없다.
   She's too young ___ ___ ___.
2. 이 구두는 너무 커서 신을 수 없다.
   This shoes are too ___ ___ ___.

1. to travel alone 2. big to wear

118
Is it possible to ~?
~할 수 있습니까?

Part 5 | it/that 구문

상대방에게 여러 가지 조건의 가능성을 질문할 때 쓰는 패턴이다.

Is it possible (for 사람) to+동사원형?

Is it possible to hire a guide?
안내원을 한 명 고용할 수 있나요?

Is it possible to connect to the Internet?
인터넷에 접속할 수 있나요?

Is it possible to rent a garage?
차고를 임대할 수 있나요?

• word •
garage : 차고
lie : 거짓말하다

Is it possible to live for a year without lying?
일년간 거짓말하지 않고 살 수 있을까?

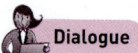
Dialogue
A: Is it possible to pay in installments?
B: I'm afraid we don't accept installment payments.
A: 할부로 지불해도 될까요?
B: 할부는 안 될 것 같습니다.   *installment : 할부(분할 납부 1회분)

Step up
• **Would it be possible to** meet you for an hour tomorrow afternoon?
내일 오후 당신을 한 시간쯤 뵐 수 있을까요?

• **Is it OK to** eat on the subway?
지하철에서 뭔가 먹어도 괜찮을까요?

self test
1. 방을 바꿔도 될까요?
   Is it possible ___ ___ ___ _____ the room ?
2. 회사를 옮기지 않아도 될까요?
   Is it possible ____ ____ _____ the company?

1. for me to change 2. not to change

119 Rumor has it that ~
~라는 소문이 있다

Part 5 | it/that 구문

여기서 have는 say와 같은 의미이고, it은 상황을 설명하는 모호한 의미로 쓰인 것이다. it은 have의 목적어, that은 it을 설명해 주는 절이다. Rumor 대신에 언론 매체가 주어로 오면 '~ 라고 보도하다'가 된다.

Rumor has it that+주어+동사

Rumors had it that their days were numbered.
소문을 들으니 그들은 얼마 못 가서 망할 거래.

Rumor has it that he works for a secret group.
그는 비밀 그룹에서 일한다는 소문이 있다.

Rumor has it that you've bought a new house.
네가 새 집을 샀다는 소문이 있어.

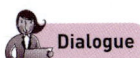
Dialogue

A: Are you interested in Seungcheol?
B: Yes, he's pretty cool.
A: Yes, he is. But rumor has it that he's a playboy.

A: 너 승철이한테 관심 있지?
B: 그래! 맞아, 그는 꽤 근사해.
A: 그렇기는 해. 그런데 바람둥이라는 소문이 있어.

＊playboy : 바람둥이, 오렌지족

Step up

• **Rumours circulate that** Ange and Brad are split.
안젤리나 졸리와 브래드 피트의 결별 소문이 돈다.

＊split : 쪼개다, 헤어지다. 현재-과거-과거분사형이 모두 동일함.

Self test

1. 소문으로는 캐리가 이달에 사직한대.
   Rumor has it that Carrie's going __ _____ this month.
2. 소문으로는 그들이 이혼했대.
   Rumor has it that _____ ____ _____.

1. to resign 2. they got divorced

120 That's what I ~
그것이 바로 내가 ~한 것이다

Part 5 | it/that 구문

'그게 바로 내가 ~했던 거야'라는 재미있는 표현이다. 동사 자리에는 현재형이나 과거형 모두 괜찮다.

That's what I + 동사

That's what I thought.
그게 바로 내가 생각했던 거야.

That's what I mean.
그게 바로 내가 의도하는 거야.

That's exactly what I wanted to talk to you about.
그게 바로 제가 거기에 관하여 말하고 싶었던 겁니다. ㅍ

That's what I said.
그게 바로 내가 말했던 거지.

A: It must be nice to get away from the routine.
B: That's exactly what I am going to do.

A: 그러면 일상에서 벗어나 확실히 멋진 일이 되겠네요.
B: 그게 바로 내가 하려는 거지요.

- **That's why I was late.**
  그게 바로 내가 늦은 이유야.

- **That's what counts.**
  그게 바로 중요한 거야.   *count : 중요하다, 문제가 되다

self test

1. 그게 바로 내가 찾는 거야.
   That's what I'm _____ _____.
2. 그게 바로 내가 여자 친구에게 얘기한 거야.
   That's what I _____ _____ _____.

1. looking for 2. told my girl

121

That's why ~ 그것이 ~한 이유다

Part 5 | it/that 구문

'그게 바로 ~가 ~을 한 이유다' 또는 '그래서 ~가 ~한 거다'라고 해석되는데 뭔가 이유를 설명할 때 유용한 패턴이다.

That's why 주어+동사

That's why I went away.
그게 내가 떠났던 이유다.

That's why I was absent.
그것이 내가 결석한 이유다.

That's why we like it.
그래서 우리가 그걸 좋아하는 거죠.

That's why we respect him.
그래서 우리가 그를 존경하는 거죠.

• word •
absent : 결석한, 부재중인
go away : 떠나다

A: She broke her promise again.
B: That's why I don't trust her.
A: 그녀가 또 약속을 어겼어.
B: 그러니까 내가 그를 믿지 않는 거야.

- I like you. That's because you like me.
  나는 너를 좋아해. 그건 네가 나를 좋아하기 때문이야.

- That's because my daughter is sick.
  그건 제 딸이 아프기 때문입니다.

Self test

1. 그래서 당신이 영어를 잘하시는 거죠.
   That's why _____ _____ _____ at English.
2. 그래서 이번 경기가 특별한 겁니다.
   That's why this game _____ _____ _____ _____.

1. you are good   2. will be something special

122

Part 5 | it/that 구문

The thing is, ~ 문제는 ~이다

문제가 되는 중요 사항을 말할 때 앞에 두면 좋은 패턴이다.

The thing is, 주어+동사

The thing is, they demand higher wages.
문제는 그들이 임금 인상을 요구한다는 것이다.

The thing is, I made up my mind to break with her.
그러니까 말야, 내가 그녀와 헤어질 결심을 했다는 거야.

The thing is, she still loves me.
문제는 그녀가 아직 나를 사랑한다는 거야.

The thing is, we don't have enough time to take a rest.
문제는 우리가 휴식할 시간이 충분하지 않다는 거지.

Dialogue
A: What do you mean by that?
B: The thing is, any train will do.
A: 그게 무슨 얘기죠?
B: 그러니까 아무 열차나 타셔도 된다는 거죠.

Step up
- **I mean,** we can't be a couple.
  그러니까 우리는 결혼할 수가 없다는 말입니다.

- **My point is,** she two-timed me.
  문제는 그녀가 나를 속이고 다른 남자를 만났다는 거야.

*two-time : 양다리 걸치다, 다른 이성을 만나다

self test

1. 문제는 우리가 그걸 풀 수 없다는 거죠.
   The thing is, we ___ ___ ___.
2. 문제는 제가 해고됐다는 거죠.
   The thing is, ___ ___ ___.

1. cannot solve it   2. I got fired

123

Part 5 | it/that 구문

It's clear to me ~   분명한 것은 ~

자신이 확신하는 사항을 말할 때 쓰는 표현이다. It's clear to me가 단독으로 쓰이면 '확실히 이해했습니다'라는 뜻이 된다.

It's clear to me (that)+주어+동사

It's clear to me she is not involved.
그녀는 관련되지 않았다는 것이 분명해요.

It's clear to me that everything has changed.
모든 게 달라졌다는 것이 분명하다.

It's clear to me that violence only begets violence.
폭력은 폭력만을 낳는다는 것은 분명하다.

• word •
beget : 초래하다, 낳다

A: How was that coffee shop?
B: It's clear to me they close the shop soon. Their coffee just sucks.
A: 그 커피숍 어땠어?
B: 거기 곧 문 닫을 게 분명해. 커피가 아주 형편없어.

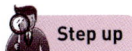

- **I'm sure** you'll pass the test.
  네가 시험에 합격할 것은 틀림없어.

- **It is crystal clear to me** what these changes will accomplish.
  이런 변화가 무엇을 이룰지는 너무나 명백하다.

self test

1. 네가 이 문제를 풀 수 없다는 것은 분명하다.
   It's clear to me you can't _____ this problem.
2. 그녀가 나를 사랑하지 않는다는 것은 분명하다.
   It's clear to me that she _____ _____ me.

1. solve 2. doesn't love

124

Part 5 | it/that 구문

It's better to ~   ~하는 것이 낫다

이 표현은 당장은 그것이 불리해 보일지 몰라도 결국은 그것이 올바른 길이라는 표현이다. It's better to say nothing. 이라는 문장은 To say nothing is better. 와 같은 표현이다.

It's better to+동사+목적어

Sometimes it's better to say nothing.
때로는 아무 말 하지 않는 것이 낫다.

It's better to leave the truth undiscovered.
밝혀지지 않은 진실은 그대로 두는 것이 낫다.

Sometimes it is better to forget the past.
때로는 과거를 잊는 것이 낫다.

A: You are driving too dangerous. Slow down.
B: I have to hurry. Otherwise we'll be late.
A: It's better to be safe than sorry.

A: 너 너무 위험하게 운전하는구나. 속도 좀 줄여.
B: 서둘러야 해. 아니면 우리는 지각할 거야.
A: 후회하기보다는 안전한 편이 나아.

- **You'd better stop smoking.**
  당신은 담배를 끊는 편이 좋겠습니다.

- **I'd better take a break.**
  나는 쉬는 게 낫겠어.

Self test

1. 당신은 병원에 가 보는 게 좋아요.
   It's better for you to _____ _____ a doctor.
2. 돈을 저축하는 것이 좋아요.
   It's better to _____ the money.

1. go see 2. save

562

125
not A, but B — A가 아니라 B이다

Part 5 | 공식형

A와 B에는 같은 문장 요소가 오게 되는데, 보통 형용사·명사·구 등이 올 수 있다.

not+A+ but+B

I'm not Chinese, but Korean.
나는 중국인이 아니라 한국인이다.

It is not the time but the will that is wanting.
부족한 것은 시간이 아니라 의지다.

He wanted not to become a TV personality but to become an announcer.
그는 TV 탤런트가 아니라 아나운서가 되기를 원했다.

A: She prefers to send me a message by cell phone.
B: It's not because she enjoys it but she does not want to face an embarrassing situation.

A: 그녀는 내게 휴대폰으로 문자 보내는 것을 가장 선호하지.
B: 그건 그녀가 문자 보내는 걸 좋아해서가 아니고 난처한 상황에 처하는 걸 원치 않는 거야.   *embarrassing : 당황스러운

- He is **more** frugal **than** stingy.
  그는 인색한 것이 아니라 검소한 편이다.

- Work is **no more** the object of life **than** play is.
  일은 노는 것과 마찬가지로 인생의 목적이 아니다.

Self test

1. 그는 포항이 아니라 부산 출신이다.
   He is not from Pohang ___ ___ ___.
2. 그녀는 학교가 아니라 영화관에 갔다.
   She went not to school ___ ___ ___.

1. but from Busan 2. but to cinema

126

both A and B A도 B도 ~이다

Part 5 | 공식형

두 가지 대상을 논할 때 쓰면 좋은 패턴이다. A와 B는 같은 문장 요소로 보통 명사나 구 등이 올 수 있다. 동사는 A와 B를 합한 복수로 받는다.

Both+A+and+B

Both spaghetti **and** pizza are my favorites.
스파게티와 피자는 둘 다 내가 좋아하는 것이다.

Both Betty **and** Andy finished the work.
베티와 앤디 둘은 작업을 끝냈다.

Both my wife **and** I have been to Guam.
아내와 나는 괌에 다녀온 적이 있다.

I decided to travel to **both** Vietnam **and** Saipan.
나는 베트남과 사이판 양쪽을 여행하기로 결심했다.

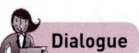

A: Do you like to watch basketball games?
B: I like both watching and playing.
A: 농구 경기 보는 걸 좋아하세요?
B: 관전이나 직접 경기하는 것 다 좋아합니다.

- I'll travel to **either** London **or** Paris.
  나는 런던이나 파리 둘 중 한 곳을 여행할 것이다. (양자택일)

- **Neither** Julia **nor** Mary has been to Jeju-do.
  줄리아나 메리 모두 제주도에 갔다 온 적이 없다. (양자 부정)

Self test

1. 나는 중국어와 일본어를 말할 수 있다.
   I can speak both _____ _____ _____.
2. 아내와 나는 30살이 넘었다.
   Both my wife and I _____ _____ _____.

1. Chinese and Japanese 2. are over thirty

127

Part 5 | 공식형

not only A but also B
A뿐만 아니라 B도

A와 B에는 같은 문장 요소가 오게 되는데, 보통 also는 생략되는 경우가 많다. 뒤에 오는 동사의 수일치는 B를 기준으로 한다.

not only + A + but also + B

He is **not only** good-looking **but also** humorous.
그는 잘생겼을 뿐만 아니라 재미도 있다.

Not only can water float a boat, it can sink it **also**.
물은 배를 띄우기도 하지만 침몰시키기도 한다.

Not only the town **but** the surrounding suburbs experienced flooding.
그 도시뿐만 아니라 교외 지역도 홍수를 당했다.

Dialogue

A: Can Jane play the piano?
B: She not only plays the piano but she also writes songs.

A: 제인이 피아노를 칠 줄 아나요?
B: 그녀는 피아노를 칠 뿐만 아니라 작사도 합니다.

Step up

- He gave us food **together with** clothes.
  그는 우리에게 음식뿐 아니라 의복도 주었다.

- In theory **as well as** in practice, the idea was unsound.
  이론적으로나 실제적으로나 그 생각은 부적절했다.

Self test

1. 나는 돼지고기뿐 아니라 야채도 좋아한다.
   I like not only pork ____ ____ _____.
2. 이 씨는 부정직할 뿐 아니라 탐욕스럽다.
   Mr. Lee is not only _____ ____ ____ greedy.

1. but also vegetables 2. dishonest but also

565

128

Part 5 | 공식형

either A or B   A나 B가 ~이다

A나 B 양자택일의 의미이고 두 가지 모두 명사인 경우 뒤에 오는 동사의 수일치는 B를 기준으로 한다. 구(句)가 문장 중간에 올 수도 있다.

Either A or B + 동사 (B에 맞춤)

Either you **or** he has to go there.
너 아니면 그가 거기 가야 해.

Life is **either** a daring adventure **or** nothing.
인생은 대담한 모험이거나 아무것도 아니다.

He that is out to sea, must **either** sail **or** sink.
그가 바다에 나온 이상 노를 젓거나 침몰하거나 둘 중 하나다.

Every man I love is **either** bold, poor **or** talkative.
내가 사랑한 남자는 대머리거나 가난뱅이 또는 수다쟁이다.

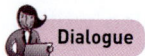

A: Could you tell me where Gyodae station is?
B: You can get there either on the green or orange lines.
A: 교대역이 어디 있는지 가르쳐 주시겠어요?
B: 2호선이나 3호선을 타시면 갈 수 있어요.

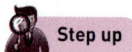

- **Neither** my husband **nor** I like the restaurant.
  남편이나 나나 그 식당을 좋아하지 않는다.

- His novel is instructive **as well as** interesting.
  그의 소설은 재미도 있고 또 유익하다.

Self test

1. 그녀는 멕시코 인이거나 파나마 인이다.
   She is _____ _____ ____ Panamanian.
2. 넌 춤을 추든가 노래를 불러야 돼.
   You have to either _____ ____ _____.

1. either Mexican or   2. sing or dance

129
neither A nor B
A도 B도 ~가 아니다

Part 5 | 공식형

뒤에 오는 동사의 수일치는 B를 기준으로 한다.

neither A nor B + 동사 (B에 맞춤)

He neither bought it nor borrowed it.
그는 그걸 사지도 빌리지도 않았다.

Who has seen the wind? Neither you nor I.
누가 바람을 보았을까요? 당신도 나도 아닙니다.

Neither you nor I am responsible for the accidents.
너와 나는 모두 그 사고에 책임이 없다.

He is neither a musician nor a painter.
그는 음악가도 화가도 아니다.

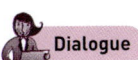
Dialogue
A: Neither you nor I was wrong.
B: Then, who was wrong?
A: 너도 나도 틀리지 않았어.
B: 그럼 누가 틀린 거지?

Step up
- **I don't want either of them.**
  나는 둘 다 원치 않는다.

- **Not only the passengers but also the driver was injured.**
  승객들뿐 아니라 운전사도 다쳤다.   *passenger : 승객

Self test
1. 나는 키도 안 크고 잘생기지도 않았다.
   I am _____ _____ _____ handsome.
2. 소책자도 지도도 도움이 안 됐다.
   _____ _____ _____ _____ the map was helpful.

1. neither tall nor   2. Neither the brochure nor

130

~, too ~도 역시

Part 5 | 공식형

'~도 역시 ~이다'라는 의미의 too는 문장 끝에 위치한다. 그런데 이 too와 비교되는 것으로는 either가 있는데 긍정문에는 too, 부정문에는 either가 온다.

절(문장)+, too

She has a dog, too.
그녀도 한 마리의 개를 기르고 있다.

I love you, too.
나도 너를 사랑해.

You are a soldier, too.
너도 역시 군인이다.

I have been to Canada, too.
나도 캐나다에 갔다 온 적이 있다.

Dialogue

A: I'd like coffee.
B: Me, too.

A: 커피로 할게요.
B: 나도요.

Step up

- **Tim can also play the violin.**
  팀은 또한 바이올린도 연주할 수 있다.

- **Watch me and do likewise.**
  나를 잘 보고 똑같이 해 봐.   *likewise : 비슷하게, 마찬가지로, 역시

Self test

1. 그녀도 재즈를 좋아한다.
   She _____ _____, too.
2. 그도 좋은 사람이다.
   He is ___ _____ _____, too.

1. likes jazz   2. a good man

131

~, either ~도 ~가 아니다

Part 5 | 공식형

either는 '~도 역시'라는 뜻을 가졌는데 보통 부정문에 사용된다. 따라서 not이 따라오게 되므로 '~도 역시 아니다'라는 뜻을 완성시킨다.

절(문장)+, either

She can't read Spanish, either.
그녀도 스페인어를 읽을 수 없어.

I have no money, either.
나도 돈이 없어.

Either way is fine with me.
난 어느 쪽이든 괜찮아.

> 둘 중의 하나라는 의미로 긍정문에도 많이 쓰인다.

I don't like either car.
어느 차도 마음에 들지 않습니다.

A: Today I have a date with my boyfriend.
B: I don't want to stay home today, either.

A: 오늘 남자 친구와 데이트가 있어.
B: 나도 오늘 집에 머물고 싶지 않아.

- They love me, and I love them **in the same way**.
  그들은 나를 사랑하고 나도 같은 식으로 그들을 사랑한다.

- Your opinion is **similar to** mine.
  당신 의견은 내 것과 마찬가지다.

Self test

1. 그도 교사가 아니다.
   He _____ _____ teacher, either.
2. 나는 핫도그도 좋아하지 않는다.
   I _____ _____ hot dog, either.

1. isn't a 2. don't like

PART 06

접속사구

- 132　because ~　~이므로
- 133　as long as ~　~하는 한
- 134　as ~ as possible　가능하면 ~하게
- 135　When ~　~할 때
- 136　When it comes to ~,　~라면
- 137　whatever　~은 뭐든지
- 138　If ~　만일 ~이라면
- 139　What if　~하면 어떨까?

명령 / 축복 / 감탄

- 140　Don't 일반동사　~하지 마세요
- 141　Make sure ~　꼭 ~해줘
- 142　Have ~!　~을 빌어!
- 143　Feel free to ~　부담 갖지 말고(언제든) ~하세요
- 144　What a ~!　너무나 ~하군!
- 145　How ~!　너무나 ~같으니!

단순구

- 146　like ~　~같은
- 147　kind of　좀 어느 정도
- 148　in front of ~　~의 앞에
- 149　in addition to ~　~뿐만 아니라
- 150　in terms of ~　~에 관하여, ~의 관점에서 보면
- 151　just in case　만약을 위해
- 152　I almost ~　하마터면 ~할 뻔했다
- 153　go well with~　~와 잘 어울리다

132
because ~   ~이므로

Part 6 | 접속사구

because는 상대방이 뭔가 이유를 질문했을 때 또는 내가 논리를 펼쳐나갈 때 흔히 나오는 접속사이다.

because+주어+동사

I like her because she is very noble.
그녀가 무척 고상하기 때문에 나는 그녀가 좋다.

I can't lend him money because he is untrustworthy.
그는 믿을 수 없기 때문에 돈을 빌려 줄 수 없다.

I'll call you later because I'm in a hurry right now.
지금은 바쁘니까 나중에 전화할게.

I was late because of a traffic accident.
교통사고 때문에 지각했다.

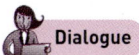

A: Why do you like her?
B: Because she has a very sweet voice.
A: 왜 그녀를 좋아하는 거죠?
B: 왜냐하면 그녀는 아주 달콤한 목소리를 가졌으니까요.

- The baseball game was postponed **on account of** rain.
  야구 경기는 비 때문에 연기되었다.
- We had to cancel the meeting, **owing to** her illness.
  그녀의 질병 때문에 우리는 모임을 취소해야 했다.

Self test

1. 내가 너에게 사랑받았으니까.
   Because ___ ___ _____ by you.
2. 협상에서 아무런 진전도 없었기 때문이다.
   Because no progress ___ _____ _____ in negotiation.

1. I was loved 2. has been made

133

Part 6 | 접속사구

as long as ~   ~하는 한

As long as 뒤에 주어+동사가 와서 '~하기만 하면', '~하는 한'이라는 조건절을 만든다. 비슷한 표현으로 so long as가 있다.

as long as + 주어 + 동사

I don't care what you did as long as you love me.
당신이 나를 사랑하는 한 당신이 과거에 무슨 일을 했는지 상관하지 않아요.

I can read any book as long as it is written in English.
영어로 씌여져 있다면 나는 어떤 책이든 읽을 수 있다.

Will everything be okay as long as I do not disturb this?
이것만 안 건드리면 다 괜찮은 거죠?

As long as there is life, there is hope.
생명이 있는 한 희망은 있다.

Dialogue
A: Can I stay here till the next month?
B: You can stay here as long as you want to.
A: 다음 달까지 제가 여기 있어도 될까요?
B: 당신이 원하는 만큼 여기 있어도 됩니다.

Step up
- I swam **as far as** I could.
  나는 할 수 있는 한 멀리까지 헤엄쳐 갔다.

- You may stay here **so long as** you keep quiet.
  조용히 지낸다면 여기에 있어도 된다.   *keep quiet : 조용히 하다

Self test

1. 네가 열심히 일하는 한 너는 가난해지지 않을 것이다.
   As long as ___ ___ ___, you won't be poor.
2. 그가 나를 사랑하는 한 그의 믿음을 저버리지 않을 것이다.
   As long as he loves me, I ___ ___ his trust.

1. you work hard 2. won't betray

134
as ~ as possible 가능하면 ~하게

Part 6 | 접속사구

'가능한 한'이란 표현이다. 비슷한 표현으로는 as ~ as one can, so far as possible 등이 있다.

as+형용사 (부사, 명사)+as possible

I'll pay back as soon as possible.
가능하면 일찍 돈을 갚을게.

I need to fix my computer as soon as possible.
내 컴퓨터가 가능한 한 빨리 고쳐져야 한다.

I wish Korea would be unified as soon as possible like Germany.
한국이 가능하면 독일처럼 조속히 통일되기를 소망한다.

Just try to postpone it as long as possible.
가능하면 오래 연기시키도록 해 봐.

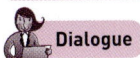
Dialogue
A: Will you e-mail me back as soon as possible?
B: I'll do my best.
A: 가능하면 빨리 메일 답장을 해 주시겠습니까?
B: 최선을 다해 보겠습니다.

Step up
- He'll walk as fast as he can.
  그는 가능하면 빨리 걷도록 할 것이다.
- My responsibility is to make as much money as possible for the company.
  내 의무는 회사를 위해 가능한 많은 돈을 버는 것이다.

Self test
1. 거의 대부분의 사람이 가능하면 오래 살고 싶어 한다.
   Almost everybody _____ _____ _____ as long as possible.
2. 나는 가능하면 높이 날고 싶다.
   I want to _____ _____ _____ _____ possible.

1. wants to live 2. fly as high as

573

135

Part 6 | 접속사구

When ~   ~할 때

when(주어+동사)이 이끄는 절은 주어가 '~할 때'라는 표현으로 활용 가치가 많은 패턴이다. when 절은 문장의 앞에 와도 되고 뒤에 위치시켜도 괜찮다.

When+주어+동사

I'll call you when I get to my office.
사무실에 도착하면 너한테 전화할게.

When you see a green building, turn to the right.
녹색 건물이 보이면 우회전을 해.

When I picked up the phone, I felt some warmth in the receiver.
내가 전화기를 들었을 때 수화기에서 온기가 느껴졌다.

 **Dialogue**

A: How old was your son when you left the States?
B: He was only five.

A: 당신이 미국을 떠날 때 아드님은 몇 살이었죠?
B: 겨우 다섯 살이었죠.

 **Step up**

- **As I entered the hall, they applauded.**
  내가 홀에 들어설 때 그들이 환호하더군요.

- **As soon as I hung up the phone, I went out.**
  전화를 끊자마자 밖으로 나갔다.

*As나 as soon as는 시간을 나타내는 표현인데, 앞뒤 절의 내용이 동시에 일어남을 뜻한다.   applaud : 환호하다, 박수치다   hang up : 전화를 끊다

self test

1. 그녀가 흥분할 때 그는 그녀를 혼자 두고 갈 것이다.
   When ___ ___ _____, he will leave her alone.
2. 여기에 처음 도착했을 때 나는 5학년이었다.
   When ___ __ __ _____ here, I was in the fifth grade.

1. she is upset   2. I first arrived

136
When it comes to ~,
~라면

Part 6 | 접속사구

When it comes to 동사+ing는 '~하게 되면', '~의 경우에'라는 뜻이다. to 뒤에는 동명사가 와야 하고, When이 이끄는 절은 뒤에 두어도 괜찮다. 예를들면, I feel excited when it comes to going out with Betty. 베티와 데이트하기만 하면 나는 흥분된다.

When it comes to + 명사

When it comes to drinking, he always drinks like a fish.
술을 마시게 되면 그는 항상 과음을 합니다.

I'm all thumbs **when it comes to** cooking.
난 요리라면 형편없어요.

I feel rested **when it comes to** playing baduk.
나는 바둑을 둘 때면 마음이 편안하다.

• word •
be all thumbs
: 서투르다, 손재주가 없다

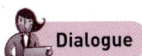
Dialogue

A: Does Mr. Kang play golf?
B: When it comes to playing golf, he is next to none.
A: 강 선생은 골프를 치나?
B: 골프에서라면 그는 누구에게도 안 져.

Step up

• **In case of** your misunderstanding, I have no idea.
당신이 오해할 경우엔 난 모르겠다.

• **Supposing** it were false, what should I do?
그게 거짓이라면 난 어떻게 할 것인가?

Self test

1. 탁구라면 톰이 최고의 선수다.
   When it comes to table tennis, ___ ___ ___ ___ player.
2. 피자로 말하자면, 나는 미디엄 한 판을 혼자서 먹을 수 있다.
   When it comes to pizza, ___ ___ ___ a mediumsize one all by myself.

1. Tom is the best 2. I can eat

137
whatever ~   ~은 뭐든지

Part 6 | 접속사구

'~한 것은 뭐든지'라는 뜻이며, 선행사와 관계사를 합한 역할이므로 anything that으로 대치할 수 있다. 그리고 whatever에서 기억해야 할 요점은 의미는 복수지만 동사 선택에서는 단수로 취급한다는 것이다.

Whatever+주어+동사

Whatever food my mom prepares is delicious.
엄마가 만드는 음식은 뭐든지 맛있다.

I'll follow **whatever** you say.
네가 말하는 거라면 뭐든지 따르겠다.

I'll do **whatever** you like.
네가 좋아하는 거라면 뭐든 하겠다.

Whatever you do, I believe in you.
네가 무엇을 하든지 나는 너를 믿는다.

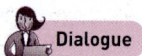

A: Forget me. I'll go abroad for study.
B: Wherever you go, whatever you do, I will be here waiting for you.
A: 나를 잊어줘. 난 외국으로 유학 떠날 거야.
B: 네가 어딜 가든, 무엇을 하든, 나는 여기서 너를 기다리고 있을 거야.

- Ask **anything that** you'd like to know.
  뭐든지 알고 싶으신 것은 물어 보세요.

- I want to teach **whoever** studies French.
  불어를 공부하는 사람이면 누구든 내가 가르치고 싶다.

Self test

1. 네가 원하는 것 아무거나 먹어.
   Have _____ ____ ____.
2. 네가 어딜 가든 내가 따라갈게.
   I'll follow you _____ ____ ____.

1. whatever you want 2. wherever you go

138

If ~   만일 ~이라면

Part 6 | 접속사구

'만약 ~이라면'이라는 조건을 나타내는 문장이다.

If + 주어 + 동사, 절

If you go there, you can get the bag.
당신이 거기에 가면 가방을 얻게 될 것이다.

If you leave me now, you'll take away the biggest part of me.
당신이 지금 나를 떠나면 내게서 가장 큰 부분을 빼앗는 것입니다.

If you want me, I'll run to you.
네가 나를 원한다면 너에게 달려갈게.

• word •
take away : 빼앗다
reluctant : 꺼리는, 내키지 않는

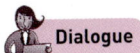
Dialogue

A: If you find her, tell her to call me.
B: OK. I will.
A: 그녀를 찾으면 나한테 전화하라고 얘기해 줘.
B: 알았어. 그럴게.

Step up

- **Supposing** it were true, what would happen?
  그게 사실이라면 어떤 일이 벌어질까?

- People will relate to you **provided** you are trustworthy.
  만약 당신이 신뢰할 수 있다면, 사람들은 당신과 관계를 맺을 것입니다.

*provided : 만일 ~라면

Self test

1. 내가 사랑에 빠진다면 그건 영원할 겁니다.
   ___ ___ ___ ___, it will be forever.
2. 네가 가면 나도 가겠다.
   I'll go ___ ___ ___.

1. If I fall in love 2. if you go

139
What if   ~하면 어떨까?

Part 6 | 접속사구

What if 는 what will happen if ~의 생략된 패턴이다. 우리말로 풀이하면 'if절의 경우가 된다면 무슨 일이 일어날까?'라고 할 수 있다. 즉, if 이하가 종속절이 되는 것이다.

What if + 주어 + 동사

What if this plan doesn't work out?
이 계획이 효과가 없으면 어떻게 하지?

But **what if** the government takes no heed?
하지만 만일 정부가 귀를 기울여 주지 않으면 어쩌지?

What if we can't meet the condition?
우리가 그 조건을 충족시키지 못하면 어떻게 하나?

What if we are to be together?
우리가 만나게 된다면 어떻게 하지?

• word •
work out : 성공하다, 잘 되다
take heed : 관심을 보이다
meet : 만족시키다, 충족시키다

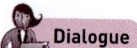
Dialogue

A: What if he is not American?
B: He is surely American.
A: 그가 미국인이 아니면 어쩌지?
B: 그는 틀림없이 미국인이야.

Step up

• Can I return it **if** it doesn't fit?
  만일 맞지 않으면 바꿀 수 있나요?   *fit : 꼭 맞다, 어울리다

• Don't act **unless** you're certain.
  만일 의심스러우면 하지 마라.

self test

1. 만일 그녀가 너에게 돌아온다면 어떡할 거야?
   What if _____ _____ _____ to you?
2. 내가 지각하면 어떡하지?
   What if _____ _____?

1. she comes back   2. I'm late

140

Part 6 | 명령/축복/감탄

Don't 일반동사 ~하지 마세요

가장 무난한 부정 명령문이다. 어조를 부드럽게 하고 싶다면 문장 끝에 please를 붙이면 된다.

Don't+동사원형

Don't worry, be happy.
걱정하지 말고 행복하세요.

Don't tempt her.
그녀를 유혹하지 마라.

Don't be angry, please.
제발 화내지 마세요.

Don't touch me.
나를 건드리지 마세요.

• word •
tempt : 유혹하다, 부추기다

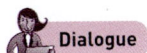

A: Don't drink and drive.
B: OK. I drank only a bottle of beer.

A: 음주운전하지 마세요. *drink and drive : 음주운전하다
B: 알았어요. 난 맥주 한 병밖에 안 마셨어요.

- **Never surrender!**
  굴복하지 말라!

- **You'd better not go out.**
  밖에 나가지 않는 게 좋을 겁니다.

Self test

1. 네 목표를 잊지 마라.
   Don't _____ ___ ____.
2. 과음하지 마세요.
   Don't ____ ____ ____.

1. forget your goal   2. drink too much

141

Part 6 | 명령/축복/감탄

Make sure ~   꼭 ~해 줘

'꼭 ~해라', '잊지 말고 ~해 줘'라는 명령 혹은 부탁의 표현이다.

Make sure + you + 동사원형

Make sure you call me tomorrow.
내일 꼭 내게 전화해 줘.

Make sure you take a pair of scissors with you.
꼭 가위 한 자루 가져와.

Make sure to bookmark it.
거기를 꼭 즐겨찾기 해 놔.

Make sure to turn the tap off.
잊지 말고 수도꼭지 잠가.

• word •
bookmark : 즐겨찾기 하다
　　　　　(인터넷 서핑)
tap : 수도꼭지

A: Make sure to take out the garbage.
B: OK, I will.
A: 쓰레기 꼭 밖에 내놔.
B: 알았어, 그렇게.

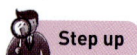

• You **must** arrive there at five o'clock sharp **without fail**.
거기에 다섯 시까지 꼭 도착해야 한다.

• **Don't forget to** give it back to me later.
나중에 그거 내게 돌려주는 거 잊지 마.

self test

1. 꼭 재확인을 하세요.
　Make sure __ _____!

2. 우리 온라인 가게에 꼭 방문하세요.
　Make sure ___ ___ ___ _____ _____!

1. to double-check 2. to visit our online store

142

Part 6 | 명령/축복/감탄

Have ~   ~을 빌어!

명령형을 취하여 뭔가 행운을 빌거나 덕담을 말할 때 쓸 수 있는 편리한 표현이다.

Have + (관사) 명사

Have a nice weekend!
즐거운 주말이 되길!

Have fun!
재미있는 시간을 보내!

Have a great dream!
큰 꿈을 가져!

Have a good one!
즐거운 하루가 되십시오!   *여기의 one은 day라는 의미.

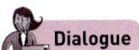

Dialogue

A: Have a good time!
B: Thank you. You, too.

A: 즐거운 시간을 가지세요.
B: 고마워요. 당신도요.

Step up

- Take a rest!
  좀 쉬세요.

- Keep a cool head!
  냉정을 유지하세요.

Self test

1. 즐거운 여행하세요!
   Have a _____ _____!
2. 즐거운 새해가 되시길!
   Have a _____ _____ _____!

1. nice trip 2. nice new year

581

143

Part 6 | 명령/축복/감탄

Feel free to ~
부담 갖지 말고(언제든) ~하세요

'부담 갖지 말고 원하면 언제라도 ~해'라고 권유하는 의미의 회화 패턴이다. to 다음에는 동사원형이 온다.

Feel free to + 동사

Feel free to call me anytime.
언제든 내게 전화해.

Feel free to use this microwave.
언제든지 이 전자레인지를 써도 돼.

Feel free to say no.
싫으면 언제든 말해.

Feel free to say anything.
할 말 있으면 무슨 얘기든 하세요.

• word •
microwave : 전자레인지
(microwave oven)

Dialogue

A: Can I contact your family members written on your resume?
B: Sure, go ahead. If you need more, feel free to call me.

A: 당신의 이력서에 적혀 있는 가족에게 연락해도 되겠습니까?
B: 물론이죠. 더 필요하시면 편히 전화하십시오.

Step up

• I have a friend who is easy to talk to.
  나는 부담 없이 얘기할 수 있는 친구가 한 명 있다.

• Please make yourself at home.
  자, 편하게 있으세요.

Self test

1. 부담 갖지 말고 쉬세요.
   Feel free to _____ ___ _____.
2. 아무거나 물어 보세요.
   Feel free to _____ _____.

1. take a rest 2. ask anything

144

Part 6 | 명령/축복/감탄

What a ~   너무나 ~하군!

가장 일반적인 감탄문이다. 서구인들은 감정 표현이 풍부한 편이라 대단하지 않은 선물을 받아도 크게 감사를 표현한다. 뒤의 주어 동사는 생략되는 경우가 많다.

What a(an) + 명사 (+ 주어 + 동사)?

What a small world!
세상 참 좁군!

What a fast boy he is!
그는 참 빠른 소년이구나!

What a nice building it is!
그 빌딩 참 멋지구나!

What a genius you are!
당신은 정말 천재군요!

A: Last night I drank six bottles of soju and five bottles of beer.
B: What a stupid man!

A: 어젯밤 소주 여섯 병하고 맥주 다섯 병을 마셨어.
B: 바보 같은 사람!

- It's a **real** beauty!
  정말 멋지네요! (상대의 소유물 등을 칭찬하는 경우)

- How **well** she sings!
  그녀는 정말 노래를 잘하는구나!

Self test

1. 아주 멋진 골인이네!
   What a _____ _____!
2. 멋진 아가씨구먼!
   What a _____ _____!

1. wonderful goal 2. nice girl

145

How ~! 너무나 ~같으니!

Part 6 | 명령/축복/감탄

감탄문을 이끄는 두 가지 패턴은 'What a +형용사+명사+주어+동사'와 'How + 형용사+주어+동사'가 있다.

How+형용사 (주어+동사)

How exciting!
정말 흥분되는군!

How stupid!
이런 바보 같으니!

How nice!
멋지군!

How beautiful she is!
그녀는 정말 아름답군!

Dialogue

A: How foolish you are!
B: I'm not foolish.

A: 당신은 정말 바보네!
B: 난 바보가 아닙니다.

Step up

- **What a** good singer she is!
  그녀는 정말 좋은 가수구나!

- **What an** old car!
  낡아빠진 차구나!

Self test

1. 넌 정말 운이 좋구나!
   How lucky ____ ____!
2. 정말 귀여워!
   How _____!

1. you are 2. lovely

146
like ~   ~같은

Part 6 | 단순구

like는 형용사이지만 뒤에 목적어를 취한다. 비슷한 어휘로는 such as가 있다.

like + 명사

I want to be a movie star like Tom Cruise.
나는 톰 크루즈 같은 영화배우가 되고 싶다.

I like a sitcom like "Nonstop".
나는 '논스톱' 같은 시트콤을 좋아한다.

It sounds like a cat.
마치 고양이 소리 같다.

I have never met so beautiful a woman like you.
나는 지금까지 당신처럼 예쁜 여자는 본 적이 없어요.

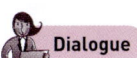

Dialogue

A: I haven't seen you for a long time.
B: Time really flies like an arrow.

A: 오랫동안 당신을 만나지 못했군요.
B: 정말 세월이 화살처럼 지나가네요.

※ 일상회화에서는 보통 Time flies.라고 짧게 표현한다.

Step up

- **He talks as if he were a billionaire.**
  그는 억만장자가 된 것처럼 말한다.

- **The spring water is as clear as crystal.**
  샘물이 마치 수정처럼 투명하다.

Self test

1. 그들은 쌍둥이처럼 보인다.
   They look _____ _____.
2. 나는 네 것과 같은 자동차를 갖고 있다.
   I have a car _____ _____.

1. like twins 2. like yours

147

kind of 좀/ 어느 정도

Part 6 | 단순구

kind of 는 구어체 표현이다. 발음은 보통 '카인더' 정도로 짧게 하며, 철자도 kinda라고 쓰기도 한다. 물론 informal(비공식적인)한 경우다. 의미는 '약간', '일종의' 등으로 딱 잘라 말하기 어려운 경우에 자주 쓰인다.

kind of + 명사 (형용사)

It's kind of easy.
그건 쉬운 편이다.

She's kind of slim.
그녀는 좀 날씬하다.

I kind of expected it.
다소는 예상했었다.

It's a kind of good-bye party.
그것은 일종의 송별 파티다.

• word •
good-bye party : 송별회

Dialogue
A: What kind of child was I?
B: You were a naughty boy.
A: 나는 어떤 아이였나요?
B: 너는 개구쟁이였단다.   *naughty : 장난이 심한

Step up
• **I'm sort of happy.**
나는 그런대로 행복한 편이다.   *sort는 kind보다 더 막연한 의미.

• **I want a new type of car.**
나는 신형 자동차를 원한다.

Self test

1. 예전에는 내가 좀 강한 편이었지.
   I used to be ____ ___ _____.
2. 그건 좋은 편이다.
   It's ____ ___ _____.

1. kin of tough 2. kind of good

586

148

Part 6 | 단순구

in front of ~   ~의 앞에

'~의 앞에'라고 해석되는데, 공간적인 위치만을 나타낸다.

in front of + 명사

Let's meet **in front of** the Vitamin Department Store.
비타민 백화점 앞에서 만나요.

Do you fart **in front of** your boyfriend?
당신은 남자 친구 앞에서 방귀를 뀌나요?

There is a book store **in front of** the station.
역 앞에 서점이 있습니다.

Would you pull over **in front of** that station?
저 역 앞에 세워 주시겠어요?

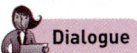

Dialogue

A: Have you seen my mobile phone?
B: Are you kidding? It's right there, in front of your nose!
A: 내 휴대폰 혹시 봤어요?
B: 지금 농담하는 거야? 바로 거기 당신 앞에 있잖아!   *kid : 장난하다

Step up

- I sat **at the back of** the cute girl.
  나는 귀여운 소녀의 뒤에 앉았다.

- Tom came to see me and sat **beside me**.
  톰은 내게로 와서 내 옆에 앉았다.

Self test

1. 대사관 앞에서 너를 기다릴 거야.
   I'll _____ _____ _____ in front of the embassy.
2. 예전에 집 앞에 꽃집이 있었다.
   There _____ _____ _____ _____ _____ _____ in front of my house.

1. wait for you   2. used to be a flower shop

587

149

Part 6 | 단순구

in addition to ~   ~뿐만 아니라

in addition to는 하나의 전치사로 간주되며 '~에 더하여', '~이외에도'라는 뜻이며 to 다음에는 반드시 명사, 대명사 또는 동명사가 온다. 동의어로 besides가 있다.

in addition to + 명사

In addition to being lazy, he is dishonest.
그는 게으를 뿐만 아니라 정직하지도 않다.

He writes well **in addition to** being a good musician.
그는 훌륭한 음악가인데다가 글도 잘 쓴다.

In addition to being exhausted, I've caught a cold.
녹초가 되었을 뿐만 아니라 감기까지 걸렸다.

In addition to free meals, you are provided with a private room.
무료 식사 외에도 당신은 개인용 방을 제공받습니다.

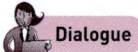 **Dialogue**

A: Can you speak Japanese?
B: In addition to not knowing Japanese, I also don't understand English.
A: 일본어 할 줄 알아요?
B: 일본어는커녕 영어도 몰라요.

 **Step up**

- Besides history, we have to study philosophy.
  우리는 역사뿐만 아니라 철학도 공부해야 한다.
- He's smart as well as charming.
  그는 매력적일 뿐 아니라 똑똑하기도 하다.

Self test

1. 당신은 읽기 기술뿐 아니라 듣기 기술도 필요하다.
   You _____ _____ _____ in addition to reading skill.
2. 나는 기타뿐 아니라 피아노도 칠 수 있다.
   I _____ _____ _____ in addition to guitar.

1. need listening skill 2. can play piano

150 in terms of ~
~에 관하여/ ~의 관점에서 보면

term은 의미가 다양한 단어이다. 꼭 알아야 할 의미로는 '기간' · '조건' · '용어' 등이다. 여기에서 terms는 '언어' · '표현' · '관점' 정도의 의미라고 보면 된다.

in terms of + 명사

My mother sees the life **in terms of** money.
우리 엄마는 인생을 돈의 관점에서 본다.

Why don't you talk **in terms of** the other people's interest.
다른 사람들의 관심거리에 관하여 말하는 게 어떠니?

Do you have any expectations **in terms of** your salary?
네 월급에 대해 어떤 기대를 갖고 있는 거니?

A: How was the man you met in terms of a marriage partner?
B: He seems not so bad.
A: 네가 만난 남자 결혼 상대로서 어땠어?
B: 그리 나쁘진 않은 것 같아.

- **In view of** this circumstance, we've decided not to take legal action.
  이러한 상황을 고려하여 우리는 법적 조치를 하지 않기로 결정했다.

- I've made inquiries **concerning** his past.
  나는 그의 과거에 관해서 조사를 끝냈다.

*inquiry : 조사   concerning : ~에 관하여

Self test

1. 어떤 사람들은 급여라는 측면에서 직업 만족을 생각한다.
   Some people _____ ___ _____ _____ in terms   of salary.
2. 재산이라는 면에서 우리는 꽤 부유하다.
   In terms of property, we ___ ____ _____.

1. think of job satisfaction 2. are quite rich

589

151

just in case 만약을 위해

Part 6 | 단순구

'만일의 상황을 대비하여'라는 뜻이다. Just in case. 라고만 해도 충분히 문장이 이루어진다. 또 in case 뒤에 조건절이 오는 경우엔 just가 생략된다.

주어+동사+Just in case

Take an umbrella with you just in case.
혹시 모르니까 우산을 갖고 가.

Wear a raincoat, just in case.
만일을 위해 우비를 입어.

You'd better take your sweater in case it snows.
눈이 올지 모르니까 스웨터를 갖고 가는 게 좋아.

Do you learn just in time or just in case?
필요할 때 배울 것인가, 만일을 위해 배울 것인가?

A: Why are you copying the addresses and phone numbers?
B: Just in case I lose my address book.
A: 왜 전화번호와 주소를 복사하니?
B: 주소록을 잃어버릴 걸 대비해서.

- You need to take your umbrella **in case** it rains.
  비올 때를 대비해 우산을 갖고 가.
- Do you **happen to** know Kim's phone number?
  너 혹시 킴의 전화번호 아니?

Self test

1. 만일을 위해 그에게 알려 줄 거야.
   I'll ____ ____ ____ just in case.
2. 혹시 모르니 내가 너에게 좋은 말해 줄게.
   I ____ ____ ____ just in case.

1. let him know 2. give you advice

152

Part 6 | 단순구

I almost ~   하마터면 ~할 뻔했다

연관 있는 단어로 most는 '대부분', '대부분의', '가장 많은'이라는 뜻의 형용사이고, almost는 '거의'라는 뜻의 부사이다.

I almost+동사 (I am+almost ~)

I almost couldn't believe my eyes!
나는 거의 내 눈을 믿지 못할 지경이었다.

I almost got into a car accident.
나는 하마터면 차 사고를 당할 뻔했다.

I almost forgot your face.
나 네 얼굴을 잊어버릴 뻔했어.(오랜만에 만날 때 인사)

I'm almost ready.
난 거의 준비됐어.

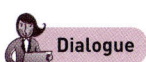
Dialogue
A: Oh, you must have been red in the face.
B: I almost had a heart attack when I saw her face.
A: 아, 너 정말 당황했겠다.
B: 그녀 얼굴을 봤을 때 심장이 멎는 줄 알았어.   *heart attack : 심장마비

Step up
- He **narrowly** escaped being run over by a truck.
  그는 하마터면 트럭에 치일 뻔했다.   *narrowly : 가까스로(=barely)
- I **barely** escaped death.
  나는 가까스로 죽음을 모면했다.

self test

1. 그게 무척이나 감동적이어서 나는 거의 울 뻔했다.
   It _____ _____ _____ that I almost cried.
2. 나는 하마터면 손을 델 뻔했다.
   I almost _____ _____ _____.

1. was so moving 2. burned my hand

591

153

Part 6 | 단순구

go well with~ ~와 잘 어울리다

'A go well with B'는 'A와 B는 잘 어울리다'는 의미로 대상이 사람이든 물건이든 다 쓸 수 있는 표현이다.

주어+go well with+목적어

Does this blouse go well with my pants?
이 블라우스 내 바지와 잘 어울리니?

What colors go well with yellow?
노란색과 어울리는 색은 뭐죠?

Which glasses go well with my face?
내 얼굴에는 어떤 안경이 잘 어울릴까요?

This tie goes well with my jacket.
이 넥타이는 내 재킷과 잘 어울린다.

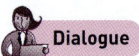
Dialogue
A: Do you think this blouse goes well with my pants?
B: How would I know? I don't wear women's clothes.
A: 이 블라우스가 내 스커트와 어울린다고 생각해?
B: 내가 어떻게 알겠어? 난 여자 옷을 안 입으니까.

Step up
- These new curtains don't **match well with** the rugs.
  이 새 커튼은 융단과 잘 어울리지 않는다.
- Red **suits** you very **well**.
  빨간색이 당신에게 잘 어울린다.

self test

1. 내 생각엔 콜라는 피자와 잘 어울려.
   I _____ coke goes well with pizza.
2. 어느 안경이 내 얼굴에 어울릴까?
   _____ glasses go well with my face?

1. think 2. Which

나도 영어로 말할 수 있다!
왕초보 실생활 영어회화+기본패턴

초판 23쇄 발행 | 2025년 10월 10일

지은이 | 이형석, 반인호
편　집 | 이말숙
디자인 | 유형숙

제　작 | 선경프린테크
펴낸곳 | Vitamin Book
펴낸이 | 박영진

등　록 | 제318-2004-00072호
주　소 | 07250 서울특별시 영등포구 영등포로 37길 18 리첸스타2차 206호
전　화 | 02) 2677-1064
팩　스 | 02) 2677-1026
이메일 | vitaminbooks@naver.com
웹하드 | ID vitaminbook / PW vitamin

© 2015 Vitamin Book
ISBN 978-89-92683-67-8 (13740)

잘못 만들어진 책은 바꿔드립니다.

웹하드에서 mp3 파일 다운 받는 방법

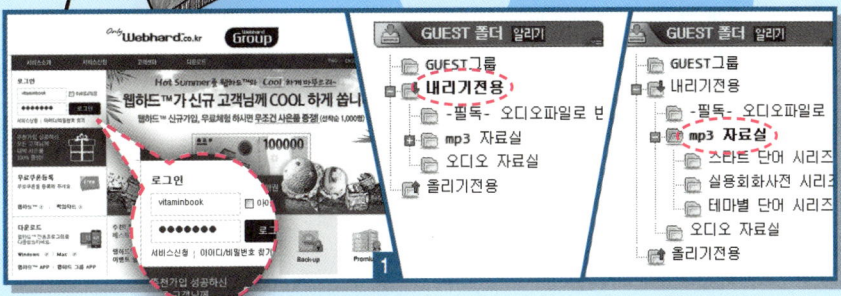

💙 다운 방법

STEP 01   웹하드 (www.webhard.co.kr)에 접속
아이디 (vitaminbook) 비밀번호 (vitamin) 로그인 클릭

STEP 02   내리기전용 클릭

STEP 03   Mp3 자료실 클릭

STEP 04   왕초보 실생활 영어 회화 + 기본 패턴 클릭하여 다운